ŒUVRES
COMPLÈTES
DE J. RACINE

AVEC UNE VIE DE L'AUTEUR

ET

UN EXAMEN DE CHACUN DE SES OUVRAGES

PAR

M. LOUIS MOLAND

TOME CINQUIÈME

PARIS
GARNIER FRÈRES, LIBRAIRES-ÉDITEURS
6, RUE DES SAINTS-PÈRES

M DCCC LXXVII

CHEFS-D'ŒUVRE

DE LA

LITTÉRATURE

FRANÇAISE

24

ŒUVRES

COMPLÈTES

DE J. RACINE

TOME CINQUIÈME

ŒUVRES
COMPLÈTES
DE J. RACINE

AVEC UNE VIE DE L'AUTEUR

ET

UN EXAMEN DE CHACUN DE SES OUVRAGES

PAR

M. LOUIS MOLAND

TOME CINQUIÈME

PARIS

GARNIER FRÈRES, LIBRAIRES-ÉDITEURS

6, RUE DES SAINTS-PÈRES

M DCCC LXXVII

VIE DE RACINE

TROISIÈME ET DERNIÈRE PARTIE

— 1677-1699 —

Devenu un personnage officiel, historiographe du roi, marié et bientôt père de famille (11 nov. 1678), Racine entra dans une vie nouvelle. C'est à l'âge de trente-huit ans qu'il accomplit cette révolution. M. Saint-Marc Girardin en a parfaitement expliqué les causes multiples : aux dégoûts que lui donnaient les jalousies et les hostilités qu'il rencontrait au théâtre, il faut joindre les scrupules que les sentiments de piété où il avait été élevé faisaient naître dans sa conscience, et aussi l'ambition d'être quelque chose, comme nous disons maintenant, d'avoir rang à la cour, de faire une honorable figure dans le monde, et de vivre parmi les grands, lui, né dans une obscure famille de province.

Racine n'était pas de ceux qui négligent leur fortune. Il établit assez solidement la sienne. Sa pension d'homme de lettres, qui était de 600 livres en 1664, fut portée à 800 en 1666, à 1,200 en 1668, à 1,500 en 1670, à 2,000 en 1679. Il fut, vers 1674, pourvu par Colbert d'une sinécure honorable : il eut dès lors, en effet, la charge de trésorier de

France, en la généralité de Moulins; dispensé de la résidence et de toute fonction, il n'alla jamais à Moulins. Cette charge conférait la noblesse transmissible aux enfants. Comme historiographe du roi, sa pension fut de 4,000 livres. Lorsqu'il était obligé d'accompagner le roi dans ses campagnes, il recevait des gratifications sur la cassette ; Louis Racine en a donné le compte, qui monte à 3,900 louis ou 42,900 livres. Le 12 décembre 1690, il fut nommé gentilhomme ordinaire de Sa Majesté, à la charge de payer 10,000 livres à la veuve de celui qu'il remplaçait.[1] Il fut, en outre, des deux Académies, de la grande et de la petite ; et les jetons de présence rapportaient une certaine somme.

Tout cela formait un bon revenu, qu'on peut évaluer à 12 ou 15,000 livres, somme qu'il faudrait quadrupler si l'on voulait avoir celle qu'elle représente aujourd'hui. Il est vrai qu'il était obligé à d'assez fortes dépenses à cause des voyages continuels qu'il devait faire. Il avait carrosse petit et grand, et menait un certain train de maison. Enfin, il éleva sept enfants.

Catherine de Romanet, qu'il épousa le 1er juin 1677, apporta à Racine un revenu égal à celui qu'il avait alors et qui ne comprenait pas encore tout ce que nous venons d'énumérer. Elle passait pour avoir du bien, ainsi que le constate le *Mercure galant*, en annonçant le mariage de Racine. Fille d'un trésorier de France en la généralité d'Amiens, originaire de Montdidier, elle avait vingt-cinq ans et était orpheline, lorsque Racine l'épousa. Elle habitait, à Paris, chez son tuteur, Louis Le Mazier, qui était de la parenté des Vitart, par qui se fit certainement le mariage.

Ce fut un mariage de raison, à ce qu'il semble. Il n'est nulle part question, pas même dans le *Mercure galant*, de la beauté de la nouvelle épouse. On loue principalement son

---

1. Charge valant plus de 50,000 livres. (Voy. lettre de M. Vuillard à M. de Préfontaine du 26 avril 1699, tome VIII, p. 276.)

jugement excellent, son égalité d'âme, sa piété. Tout ce que l'on connaît d'elle révèle la mère de famille tout entière à ses devoirs. Telle qu'elle était, elle paraît avoir eu beaucoup d'influence sur son époux, et lui avait inspiré une affection profonde. Racine fut, du reste, pendant cette dernière partie de sa carrière, qui va de sa trente-huitième année à sa mort, à près de soixante ans, un mari irréprochable, le père le plus tendre et le plus dévoué ; c'est la partie de son existence la mieux connue, celle sur laquelle les témoignages contemporains sont les plus nombreux et les plus divers, et tous confirment cette austérité des mœurs domestiques qu'il fit régner chez lui et dont il donnait l'exemple.

Racine eut, pendant cette période, une vie double, dont le contraste devait être assez frappant : la vie simple et bourgeoise qu'il menait à la ville, dans son intérieur, que quelques-unes de ses lettres à son fils Jean-Baptiste nous font si bien connaître, et sa vie à Versailles et à la cour qu'il était obligé d'accompagner fort assidûment. Il suit le roi, non-seulement dans ses résidences, à Fontainebleau, Saint-Germain, Marly, mais encore dans ses campagnes. Il fait partie de ce monde brillant qui entoure Louis XIV. Il est dans cette fournaise d'ambitions et de passions. Il a su plaire au roi.

I

RACINE A LA COUR. — A LA SUITE DES ARMÉES.

Il est au nombre des familiers les plus favorisés. Il peut, au lever du roi, entrer quand il veut, sans que l'huissier ait rien à faire qu'à l'introduire. On lit dans l'*État de la France* qui n'était alors que l'*État de la cour* (année 1697) : « M. de Chamlay et M. Racine entrent sans que l'huissier aille demander pour eux. » Privilége rare et envié ! Ce M. de

Chamlay, qui en jouissait comme Racine, avait toute la confiance du roi, « et, dit Saint-Simon, était employé par lui en des négociations secrètes et en des voyages inconnus ».

Tant de faveur n'était pas sans exciter d'âpres jalousies, d'autant plus que celui qui en était l'objet était un homme de naissance obscure, un petit bourgeois doué de quelques talents pour les lettres.

Quoique tous deux eussent des droits à la noblesse, Racine et Boileau se donnaient pour ce qu'ils étaient réellement, à preuve l'anecdote bien connue dont Mme de Sévigné régale son cousin Bussy, dans sa lettre du 3 novembre 1677 : « Le roi, lui écrit-elle, dit à Racine et à Despréaux : « Je suis « fâché que vous ne soyez venus à cette dernière campagne ; « vous auriez vu la guerre, et votre voyage n'eût pas été « long.[1] » Racine lui répondit : « Sire, nous sommes deux « bourgeois qui n'avons que des habits de ville ; nous en « commandâmes de campagne ; mais les places que vous « attaquiez furent plus tôt prises que nos habits ne furent « faits. »

La réponse était spirituelle ; Bussy, qui fait le difficile, n'aurait pas trouvé mieux. Il faudrait conclure de là que la nomination de Racine au poste d'historiographe suivit de bien près la première représentation de *Phèdre*, puisque celle-ci est, comme on sait, du 1er janvier 1677, et qu'il aurait accepté la charge qui lui était offerte avant la fin du mois de février suivant.

Mme de Sévigné ajoute cette réflexion significative : « Ah ! que je connois un homme de qualité à qui j'aurois bien plutôt fait écrire mon histoire qu'à ces bourgeois-là, si j'étois son maître ! C'est cela qui seroit digne de la postérité ! »

Et Bussy de faire le beau sur-le-champ et de déclarer avec dignité que s'il était chargé d'écrire l'histoire du roi, il saurait

---

[1]. Le roi, parti de Saint-Germain le 28 février 1677, rentra à Versailles le 31 mai.

le louer sans dégoûter le lecteur par ses louanges. On ne le croirait guère, à voir la manière dont il se proposa lui-même à Louis XIV pour remplir ces fonctions, attendu que « le plus noble usage où l'esprit humain puisse être employé est d'écrire les actions du plus grand prince que le ciel, à mon avis, ait jamais fait naître. [1] »

L'année suivante, 18 mars 1678, pendant que Racine et Boileau accompagnent le roi en Flandre, Mme de Sévigné revient plus vivement à la charge contre ces intrus : « Que dites-vous de la prise de Gand? écrit-elle à son cousin. Il y avoit longtemps qu'on n'y avoit vu un roi de France. En vérité, le nôtre est admirable et mériteroit bien d'avoir d'autres historiens que deux poëtes; vous savez aussi bien que moi ce qu'on dit en disant *des poëtes;* il n'en auroit nul besoin : il ne faudroit ni fable, ni fiction pour le mettre au-dessus des autres; il ne faudroit qu'un style droit, pur et net, comme j'en connois. J'ai toujours cela dans la tête, et je reprendrai le fil de la conversation avec le ministre, [2] comme le doit une bonne Françoise.

« Ces deux poëtes historiens suivent donc la cour, plus ébaubis que vous ne le sauriez penser, à pied, à cheval, dans la boue jusqu'aux oreilles, couchant poétiquement aux rayons de la belle maîtresse d'Endymion. Il faut cependant qu'ils aient de bons yeux pour remarquer exactement toutes les actions du prince qu'ils veulent peindre. Ils font leur cour par l'étonnement qu'ils témoignent de ces légions si nombreuses et des fatigues qui ne sont que trop vraies; il me semble qu'ils ont assez l'air de deux *Jean Doucet*. [3] Ils disoient l'autre jour au roi qu'ils n'étoient plus si étonnés de la valeur extraordinaire des soldats, qu'ils avoient raison de souhaiter

---

1. Mémoire de Bussy au roi, 1690.

2. Pomponne, à qui elle a parlé de Bussy. (V. lettre du 11 janvier 1678.)

3. Types de poltrons et de niais de la Comédie-Italienne. Voyez la *Muse historique* de Loret, lettre du 14 février 1654.

d'être tués pour finir une vie si épouvantable. Cela fait rire, et ils font leur cour. Ils disoient aussi, qu'encore que le roi craigne les senteurs, ce *gant d'Espagne* ne lui fera point de mal à la tête.[1] J'y ajoute qu'un autre moins sage que Sa Majesté en pourroit bien être entêté, sans avoir de vapeurs. Voilà bien des sottises, mon cher cousin; je ne sais comment Racine et Despréaux m'ont conduite sans y penser; c'est ma plume qui a mis tout ceci sans mon consentement. »

Bussy s'empresse d'approuver du bonnet : « Vous avez raison de trouver mauvais que des poëtes soient ses historiens, car, outre que ces gens-là décréditent les vérités quand il leur en échappe, c'est que les actions du roi sont un peu incroyables par leur grandeur... Je serai fort trompé si les deux poëtes ne tombent à la fin comme Nogent et l'Angeli.[2] »

Voilà comme les gens d'esprit, dans la noblesse, traitaient les historiographes. A l'armée, c'était bien pis encore. On les appelait *Messieurs du Sublime,* et on faisait des gorges-chaudes de leur tournure pacifique et de leur naïve inexpérience. Louis Racine a rapporté quelques traits de ces railleries plus ou moins inoffensives dont ils furent d'abord l'objet. C'est M. de Cavoye leur faisant accroire qu'avant de partir en guerre il faut traiter avec un maréchal ferrant, afin qu'il vous garantisse que les fers qu'il met aux pieds de vos chevaux y resteront six mois. C'est le même M. de Cavoye cherchant à effrayer Boileau : « Le roi, lui dit-il, n'est pas content de vous; il a remarqué aujourd'hui une chose qui vous fait un grand tort. » Boileau s'agite, s'alarme : « Eh quoi

---

1. Ni Boileau ni Racine n'étaient gens à faire de si méchants jeux de mots. Leur goût suffit à démentir la marquise qui rapporte ce que lui en ont dit de mauvais plaisants, et qui tâche de ridiculiser les deux bourgeois qui ont le tort d'être préférés par le roi à l'homme de qualité qui a écrit l'*Histoire amoureuse des Gaules.*

2. Nicolas Bautru, comte de Nogent, qui divertissait Anne d'Autriche par ses bouffonneries. L'Angeli, fou de Louis XIV, le dernier en titre d'office.

donc! s'écrie-t-il, qu'a-t-il remarqué? — Que vous étiez tout de travers à cheval. — Si ce n'est que cela, reprend Boileau, laissez-moi dormir. »

Pradon était l'écho de ces plaisanteries, lorsqu'il disait dans les épîtres en vers qui sont en tête de ses *Nouvelles Remarques* : [1]

> . . . Tu n'étois pas né pour la cour et les armes ;

C'est à Boileau qu'il s'adresse :

> On ne le vit que trop au voyage de Gand,
> Lorsque demi-soldats, l'air presque assassinant,
> Les Messieurs du Sublime, avec longue rapière,
> Et du mieux qu'ils pouvoient prenant mine guerrière,
> Alloient, chacun monté sur un grand palefroi,
> Aux bons bourgeois de Gand inspirer de l'effroi...
> Ces auteurs, affamés de gloire et de combats,
> Signaloient leur esprit à défaut de leur bras.
> C'est là que leur ardeur s'est encor signalée,
> Disant aux officiers : « Verrons-nous la mêlée ? »
> Lorsqu'ils furent trouver un de nos généraux
> Pour avoir un lieu propre à mettre leurs chevaux,
> Et qu'il leur répondit avec un froid extrême :
> « Messieurs, donnez-les-moi, je les tiendrai moi-même. »
> Prononçoit-on un mot qu'ils ne connoissoient pas,
> Ils s'en faisoient instruire alors par les soldats
> Et dans leur grand recueil et leur docte mémoire
> Écrivoient *bouliner* [2] pour servir à l'histoire.
> Muse, ressouviens-toi de la route de Gand,
> Quand l'un des deux tomba dans un noir outregand ;
> Là ce guerrier n'eut pas la figure poudreuse,
> Mais bien, comme le Rhin, la barbe limoneuse,
> Et sortant du bourbier, jurant et menaçant,
> Accusoit de sa chute un cheval innocent.
> . . . Pour voir sans danger les périls, les alarmes,
> Ils avoient apporté des lunettes pour armes,
> Dont ces deux champions se servant au besoin
> N'approchoient l'ennemi que pour le voir de loin.
> Le haut du mont Pagnote étoit leur mont Parnasse ;

---

1. *Nouvelles Remarques sur tous les ouvrages du sieur D****, 1 vol. in-12, 1685.
2. Terme de l'argot militaire signifiant : piller, voler.

> C'étoit là que brilloit leur fierté, leur audace...
> Mais quand le grand Louis alloit tout reconnoître,
> On ne les voyoit point, à côté de leur maître,
> Partager les périls de ce roi si chéri,
> Tel qu'on vit d'Aubigné suivre le grand Henri.

Le mont Pagnote, c'était le mont d'où l'on pouvait regarder le combat sans péril, le poste des poltrons curieux.

Si les grands seigneurs exerçaient volontiers leur verve satirique aux dépens des hommes de lettres que le roi introduisit à la cour, les inférieurs, les valets, souvent plus vaniteux que leurs maîtres, étaient malveillants pour eux. On sait que les valets de chambre de Louis XIV se croyaient déshonorés d'être obligés de faire le lit du roi avec Molière. Racine rappelle, dans une de ses lettres, un souvenir du même genre : « L'huissier Rousseau avoit toujours envie de me fermer la porte au nez quand je venois chez le roi. »

On leur eût volontiers joué quelques tours, si la crainte du monarque n'eût retenu les mauvais plaisants. Il y a une anecdote rapportée par Sainte-Beuve dans ses *Causeries du lundi*,[1] qui a bien l'air d'une niche faite à Messieurs du Sublime, comme on disait :

« Mme de Montespan, écrit le P. Quesnel à Arnaud vers 1680, a deux ours qui vont et viennent comme bon leur semble. Ils ont passé une nuit dans un magnifique appartement que l'on a fait à Mlle de Fontanges. Les peintres, en sortant le soir, n'avoient pas songé à fermer les portes; ceux qui ont soin de cet appartement avoient eu autant de négligence que les peintres. Ainsi, les ours, trouvant les portes ouvertes, entrèrent et toute la nuit gâtèrent tout. Le lendemain, on dit que les ours avoient vengé leur maîtresse, et autres folies de poëtes. Ceux qui devoient avoir fermé l'appartement furent grondés, mais de telle sorte qu'ils résolurent bien de fermer les portes de bonne heure.

---

1. T. VI, p. 510.

« Cependant, comme on parloit fort du dégât des ours, quantité de gens allèrent dans l'appartement voir tout ce désordre. MM. Despréaux et Racine y allèrent aussi vers le soir, et, entrant de chambre en chambre, enfoncés ou dans leur curiosité ou dans leur douce conversation, ils ne prirent pas garde qu'on fermoit les premières chambres ; de sorte que quand ils voulurent sortir, ils ne le purent. Ils crièrent par les fenêtres, mais on ne les entendit point. Les deux poëtes firent bivouac où les deux ours l'avoient fait la nuit précédente et eurent le loisir de songer ou à leur poésie passée ou à leur histoire future. »

Cependant Racine était assez fin et habile homme pour se faire bientôt une place incontestée dans ce milieu d'abord hostile. Nous en avons un témoignage qui, malgré une malveillance visible, laisse voir les progrès du poëte courtisan : Spanheim, envoyé par l'Électeur de Brandebourg, et son chargé d'affaires à Paris, a, dans ses *Mémoires*, tracé de Racine ce portrait satirique :

« M. de Racine a passé du théâtre à la cour, où il est devenu habile courtisan, dévot même. Le mérite de ses pièces dramatiques n'égale pas celui qu'il a eu de se former en ce pays-là, où il fait toutes sortes de personnages, où il complimente avec la foule, où il blâme et crie dans le tête-à-tête, où il s'accommode à toutes les intrigues dont on veut le mettre ; mais celle de la dévotion domine chez lui : il tâche toujours de tenir ceux qui en sont le chef. Le jansénisme, en France, n'est plus à la mode ; mais, pour paroître plus honnête homme et pour passer pour spirituel, [1] il n'est pas fâché qu'on le croie janséniste. On s'en est aperçu, et cela lui a fait du tort. Il débite la science avec beaucoup de gravité ; il donne ses décisions avec une modestie suffisante, qui impose. Il est bon grec, bon latin ; son françois est le plus pur, quel-

---

1. *Spirituel* n'a pas ici le sens qu'on lui donne communément aujourd'hui ; il signifie : ayant le goût des choses spirituelles, mystiques.

quefois élevé, quelquefois médiocre, et presque toujours rempli de nouveauté. Je ne sais si M. de Racine s'acquerra autant de réputation dans l'histoire que dans la poésie, mais je doute qu'il soit fidèle historien. Il voudroit bien qu'on le crût propre à rendre service, mais il n'a ni la volonté ni le pouvoir de le faire; c'est encore beaucoup pour lui que de se soutenir. Pour un homme venu de rien, il a pris aisément les manières de la cour. Les comédiens lui en avoient donné un faux air; il l'a rectifié, et il est de mise partout, jusqu'au chevet du lit du roi, où il a l'honneur de lire quelquefois : ce qu'il fait mieux qu'un autre. S'il étoit prédicateur ou comédien, il surpasseroit tout en l'un et l'autre genre. C'est le savant de la cour. La duchesse de Bourgogne est ravie de l'avoir à sa table ou après son repas, pour l'interroger sur plusieurs choses qu'elle ignore : c'est là qu'il triomphe. »

L'envoyé allemand est caustique jusqu'à l'injustice ; mais il reconnaît toutefois la place que Racine a su se faire à la cour. Et Saint-Simon, qui n'est pas suspect de complaisance, le corrige en disant mieux : « Personne n'avoit plus de fond d'esprit, ni plus agréablement tourné (que Racine), rien du poëte dans son commerce, et tout de l'honnête homme, de l'homme modeste, et, sur la fin, de l'homme de bien. Il avoit les amis les plus illustres à la cour, aussi bien que parmi les gens de lettres... Cet emploi (d'écrire l'histoire du roi), ces pièces (*Esther* et *Athalie*), ces amis lui acquirent des privances. Il arrivoit même quelquefois que le roi n'avoit point de ministres chez Mme de Maintenon, comme les vendredis, surtout quand le mauvais temps de l'hiver y rendoit les séances fort longues; ils envoyoient chercher Racine pour les amuser. »

Un homme, qui avait de telles *privances* chez le roi, chez Mme de Maintenon, plus tard chez la duchesse de Bourgogne, devait être plus recherché que raillé, et c'est ce qui arriva en effet. A l'armée même, il ne tarda pas à faire oublier les mauvaises plaisanteries du voyage de Gand, comme dit Boileau, qui prétend qu'elles vont retomber tout entières sur lui seul.[1]

Ils ne firent ensemble que leurs premières campagnes. Boileau, empêché par des raisons de santé, resta à Paris, tandis que son collègue assista à la visite de la forteresse de Luxembourg (1687), aux siéges de Mons (1691) et de Namur (1592), à la campagne des Pays-Bas (1693), et alla partout où le roi se rendit en personne. Les lettres très-intéressantes adressées par l'un des historiographes à l'autre pendant ce temps-là (quelques-unes ont été publiées par Louis Racine) nous le montrent entouré d'une grande considération, traité presque amicalement par le maréchal de Luxembourg, aidé et estimé de Vauban, écrivant, sur les renseignements d'Albergotti, le récit de la bataille de Nerwinde pour la *Gazette*, enfin jouant un rôle fort honorable et nullement ridicule.

Nous voyons, dans ces lettres, Racine très-attentif à s'instruire, interrogeant les grands et les petits, demandant des mémoires aux chefs d'expédition, des plans aux ingénieurs, se préparant avec zèle à remplir sa tâche d'historiographe. Il est certain qu'il prit cet emploi très au sérieux. S'il n'est rien resté de l'œuvre des deux poëtes, périe dans l'incendie de la maison de leur continuateur Valincourt, on trouvera ci-après bien des documents qui prouvent que Racine ne se croyait nullement investi d'une sinécure, et qu'il se faisait une haute idée de ses devoirs. On aura, dans les *Fragments et Notes historiques*, un spécimen des lectures et des recherches auxquelles il se livra. On a retrouvé un exemplaire de l'histoire latine de Jean de La Barde, marquis de Marolles-sur-Seine, in-4°,[2] attentivement annoté de sa main. On voit par l'étendue de ses études qu'il avait conçu un plan assez vaste et qui embrassait non-seulement le règne, mais les

---

1. Lettre du 25 mars 1691. (Voy. tome VIII, p. 56.
2. *Johannis Labardœi, Matrolorum ad Sequanam marchionis, Regis ad Helvetios et Rhetos extra ordinem legati, de Rebus Gallicis historiarum libri decem, ab anno 1643 ad annum 1652*, Parisiis, 1671.

événements qui l'avaient précédé, non-seulement la France, mais les principaux États de l'Europe.

Des morceaux étendus en avaient été composés. C'est ce qu'on peut conclure de la mention suivante faite par Dangeau dans son *Journal,* sous la date du 20 mars 1686 : « Le roi s'est fait lire, dans ses dernières après-dînées, l'histoire que font Racine et Despréaux, et en paroît fort content. » Les auteurs parlent quelquefois eux-mêmes des progrès de leur entreprise : « J'eus l'honneur de voir Mme de Maintenon, écrit Racine à son collaborateur. [1] Elle me demanda des nouvelles de notre travail ; je lui dis que votre indisposition et la mienne, mon voyage à Luxembourg et votre voyage à Bourbon, nous avoient un peu reculés, mais que nous ne perdions cependant pas notre temps. » Boileau lui répond : [2] « J'ai déjà formé mon plan pour l'année 1667, où je vois de quoi ouvrir un beau champ à l'esprit. »

Cette histoire de Louis XIV aurait-elle été aussi pleine de flatteries, aussi fastidieusement louangeuse que le prétend Bussy-Rabutin? On peut s'en rapporter, pour croire le contraire, à l'esprit judicieux et au tact parfait des deux écrivains. Ce n'était pas sans profit sans doute que Racine avait traduit, comme pour se mettre constamment ses devoirs sous les yeux, les principales recommandations de Lucien à ceux qui écrivent l'histoire : [3] « L'éloge et l'histoire sont éloignés infiniment, et, comme disent les musiciens, δις διὰ πασῶν, c'est-à-dire que ce sont les deux extrémités... Alexandre jeta dans l'Hydaspe l'histoire d'Aristobule, qui lui faisoit faire des actions merveilleuses qu'il n'avoit point faites, et lui dit qu'il lui faisoit grâce de ne l'y pas faire jeter lui-même... L'historien doit être libre, n'espérant ni ne craignant rien... juge équitable et indifférent, sans pays, sans maître et sans dépen-

---

[1]. 4 août 1687.
[2]. 9 août 1687
[3]. Voy. t. VI, p. 393.

dance, Ἀπολίς, αὐτονομος, ἀβασίλευτος. » Et Boileau, de son côté, reprochait à Pellisson ses flatteries exagérées : « Ce qu'il a écrit de l'histoire du roi, disait-il, [1] est un perpétuel panégyrique; il loue le roi sur un buisson, sur un arbre, sur un rien. Quand on vouloit le remontrer là-dessus, il disoit qu'il vouloit louer le roi. » Boileau, en faisant cette critique, pensait donc éviter lui-même ce défaut.

Cependant, il faut en convenir, il leur eût été difficile d'avoir l'impartialité rigoureuse que Lucien exige; on ne tracera jamais avec une entière liberté le tableau des événements contemporains, surtout lorsque ce tableau doit être mis sous les yeux de celui qui en est le héros, et quand ce héros est Louis XIV, le plus adulé, le plus encensé des souverains! Il y avait alors dans la nation entière un culte monarchique qui se confondait avec le patriotisme. C'eût été passer pour impie que de ne pas s'y associer. Racine et Boileau étaient des fidèles de cette religion. « Dieu m'a fait la grâce, disait Racine, de ne jamais rougir du roi ni de l'Évangile. » C'est comme si quelqu'un disait à présent : « Dieu m'a fait la grâce de ne jamais rougir d'être Français ni d'être chrétien. »

Racine et Boileau avaient, comme Molière, des raisons particulières d'aimer et de révérer Louis XIV, car Louis XIV honora et récompensa leur génie. Songez à la représentation des *Plaideurs,* cette satire si hardie pour le temps, le juge Perrin Dandin disant à Isabelle :

    Dis-nous : à qui veux-tu faire perdre la cause?

et lui proposant d'aller voir donner la question, qui n'était pas abolie; et, lorsque la jeune fille se récrie, ajoutant avec une cruauté cynique :

    Bon ! cela fait toujours passer une heure ou deux.

croyez-vous que cette comédie eût eu le champ libre, si

---

[1]. *Récréations littéraires* de Cizeron-Rival, p. 81.

l'on n'avait su que le roi l'approuvait? Dans les jours qui suivirent la première représentation, les bruits de poursuites dirigées contre le poëte se répandirent. Ce n'est qu'après que Louis XIV eut fait jouer *les Plaideurs* devant lui et qu'il eut donné le signal des applaudissements, que ces bruits cessèrent. Il ne faut pas trop vous en étonner. Il est fort douteux que *les Plaideurs*, s'ils étaient écrits de nos jours, obtinssent le *visa* de la censure.

Racine avait donc trouvé dans Louis XIV un appui, et quoi de plus légitime que de soutenir du mieux qu'on le peut celui qui vous soutient? Il en était de même de Boileau, défendu par le monarque contre les rancunes qu'il avait soulevées de toutes parts. C'est le roi qui lui ouvrit, comme on sait, les portes de l'Académie, où ses ennemis étaient les plus forts. S'ils étaient courtisans, ils l'étaient donc à plus juste titre que pas un de ceux qui étaient rangés sur l'Olympe de Versailles.

II

RACINE DANS SON MÉNAGE.

Autant il fait honorable figure sur ces sommets, autant, avons-nous dit, il est simple et patriarcal, pour ainsi dire, dans son intérieur parisien. Indiquons d'abord les logements qu'il occupa successivement. A l'époque de son mariage, il demeurait dans la Cité, sur la paroisse Saint-Landry; l'année suivante, on le voit, d'après l'acte de baptême de J.-B. Racine, habitant l'île Saint-Louis. De 1680 à 1685, il réside rue du Cimetière-Saint-André-des-Arts, « dans une maison, dit l'éditeur de 1807, située au coin de la rue de l'Éperon, remarquable par une petite tourelle qui faisait saillie sur la rue à la hauteur du premier étage ». C'est à cette paroisse Saint-André-des-Arts que trois de ses filles sont baptisées. En novembre 1686, il logeait rue des Maçons-Sorbonne, [1] ainsi que le constate l'acte de naissance de sa fille Jeanne. Il y était encore en mai 1692, comme le prouve la lettre à Boileau du 21 mai. Le 2 novembre de la même année, [2] on le trouve dans la rue des Marais-Saint-Germain, [3] où il reste jusqu'à sa mort.

Il eut sept enfants, deux fils et cinq filles :

Jean-Baptiste, né le 11 novembre 1678.
Marie-Catherine, née le 16 mai 1680.
Anne (Nanette), née le 20 juillet 1682.
Élisabeth (Babet), née le 31 juillet 1684.
Jeanne-Nicole-Françoise (Fanchon), née le 29 novembre 1686.
Madelaine (Madelon), née le 14 mars 1688.
Louis (surnommé Lionval [4]), né le 2 novembre 1692.

Racine fut le père le plus tendre. Louis Racine, dans ses *Mémoires,* nous a laissé des traits charmants de cet amour paternel. Revenant un jour de Versailles et prêt à se mettre à table, un écuyer de M. le Duc (Henri-Jules de Bourbon, fils du grand Condé) vient lui dire de la part de son maître qu'on l'attend à dîner à l'hôtel de Condé. Racine déclare au messager qu'il lui est impossible de se rendre auprès de Son Altesse : « Il y a huit jours, dit-il, que je n'ai vu mes enfants et ma femme ; ils se font une fête de manger avec moi une très-belle carpe ; je ne leur refuserai pas ce plaisir. — Mais, monsieur, reprend l'écuyer, vous ne songez pas qu'il y a chez M. le Duc une compagnie nombreuse qui se fait aussi une fête de vous avoir à dîner ; Son Altesse sera très-mortifiée de votre refus. » Alors Racine, pour argument décisif, fait apporter la carpe qu'il montre à l'écuyer, en disant : « Voyez, monsieur,

---

1. Aujourd'hui rue Champollion.
2. D'après l'acte de baptême de Louis Racine.
3. Aujourd'hui rue Visconti.
4. A douze kilomètres de la Ferté-Milon, il y avait une ferme du nom de *Lionval.* On ne dit pas qu'elle ait jamais appartenu à Racine, mais peut-être quelque souvenir de la première enfance de Louis, élevé à la Ferté-Milon, lui fit donner ce surnom.

ces pauvres enfants ont voulu me régaler. Ils n'auraient plus de plaisir s'ils mangeaient ce plat sans moi. Aurais-je le courage de les chagriner? Faites valoir, je vous prie, cette raison à M. le Duc. » Le prince, en effet, rit beaucoup de la carpe et ne put s'empêcher de louer la bonté et la bonhomie de Racine.

L'amour qu'il avait pour ses enfants lui causait des angoisses si vives qu'il n'était plus maître de lui-même. Il murmurait alors les vers de Térence :

> . . . *Vah! quemquamne hominem in animum instituere, aut*
> *Parare, quod sit carius quam ipse est sibi?* [1]

« A quoi pense un homme de se loger dans le cœur un objet d'affection qui lui soit plus cher que lui-même? »

Ou bien, voyant un de ses enfants en danger de la vie, il s'écriait : « Que ne me suis-je fait chartreux? » tant il avait de peine, avec cette sensibilité extrême qui fut son tourment, à supporter de si cruelles inquiétudes !

Les lettres à Jean-Baptiste Racine nous montrent admirablement, du reste, le bon père de famille, affectueux, prudent et vigilant. On ne peut s'empêcher surtout de lire avec attendrissement celles où il raconte la prise de voile de sa seconde fille (Lettre LIII), et de noter tous ces détails qui nous peignent si bien les mœurs simples et sévères des bonnes familles bourgeoises de l'ancienne France.

On s'est demandé si dans cette existence de cour et cette vie de ménage, il n'était pas secrètement agité par le démon poétique. On lui a reproché de s'être trop facilement accommodé de la retraite et du silence. Dans des articles que Sainte-Beuve, il est vrai, a désavoués par la suite, l'éminent critique disait :

« Les facultés innées qu'on a exercées beaucoup et qu'on arrête brusquement au milieu de la carrière, après les pre-

---

1. Voy. Introduction au tome VIII. Avertissement mis par Louis Racine en tête des Lettres de Racine à son fils.

miers instants donnés au délassement et au repos, se réveillent et recommencent à désirer le genre de mouvement qui leur est propre. D'abord, il n'en vient à l'âme qu'une plainte sourde, lointaine, étouffée, qui n'indique pas son objet et nous livre à tout le vague de l'ennui. Bientôt l'inquiétude se décide ; la faculté sans aliment *s'affame,* pour ainsi dire ; elle crie au dedans de nous. C'est comme un coursier généreux qui hennit dans l'étable et demande l'arène. On n'y peut tenir, et tous les projets de retraite sont oubliés. Qu'on se figure, par exemple, à la place de Racine, au sein du même loisir, quelqu'un de ces génies incontestablement dramatiques, Shakespeare, Molière, Beaumarchais, Scott. Oh! les premiers mois d'inaction passés, comme le cerveau du poëte va fermenter et se remplir ! Comme chaque idée, chaque sentiment va revêtir à ses yeux un masque, un personnage, et marcher à ses côtés! Que de générations spontanées vont éclore de toutes parts et lever la tête sur cette eau dormante ! Que d'êtres inachevés, flottants, passeront dans ses rêves et lui feront signe de venir! Que de voix plaintives lui parleront comme à Tancrède dans la forêt enchantée! La reine Mab descendra en char et se posera sur ce front endormi. Soudain Ariel ou Puck, Scapin ou Dorine, Chérubin ou Fénella, merveilleux lutins, messagers malicieux et empressés, s'agiteront autour du maître, le tirailleront de mille côtés pour qu'il prenne garde à leurs êtres chéris, à leurs amants séparés, à leurs princesses malheureuses ; ils les évoqueront devant lui comme dans l'Élysée antique le devin Tirésias ou plutôt le vieil Anchise évoquait les âmes des héros qui n'avaient pas vécu; ils les feront passer par groupes, ombres fugitives, rieuses ou éplorées, demandant la vie, et, dans les limbes inexplicables de la pensée, attendant la lumière du jour. Diana Vernon à cheval, franchissant les barrières et se perdant dans le taillis; Juliette au balcon tendant les bras à Roméo ; l'ingénue Agnès à son balcon aussi, et rendant à son amant salut pour salut, du matin au soir; la moqueuse Suzanne et la belle comtesse habillant le page; que sais-je? toutes ces apparitions enchantées souriront au poëte et l'appelleront à elles du sein de leur nuage. Il n'y résistera pas longtemps, et se relancera, tête baissée, dans le monde qui tourbillonne autour de lui. Chacun reviendra à ses goûts et à sa nature. Beaumarchais, comme un joueur excité par l'abstinence, tentera de nouveau avec fureur les chances et la folie des intrigues. Scott, plus insouciant peut-être, et comme un voyageur simplement curieux qui a déjà vu beaucoup de siècles et de pays, mais qui n'est pas las encore, se remettra en marche, au risque de repasser, chemin faisant, par les mêmes aventures. Molière, penseur profond, triste au dedans, ayant hâte de sortir de lui-même et d'échapper à ses peines secrètes, sera cette fois d'un comique plus grave ou plus fou qu'à l'ordinaire. Shakespeare redoublera de grâce, de fantaisie ou d'effroi.[1] Le grand Corneille enfin (car il est de cette famille), Corneille, couvert de cicatrices, épuisé, mais infatigable et sans relâche comme ses héros, pareil à ce valeureux comte de Fuentès dont parle Bossuet et qui combattit à Rocroi jusqu'au dernier soupir, Corneille ramènera obstinément au combat ses vieilles bandes espagnoles et ses drapeaux déchirés.[2] »

Nous avons cité volontiers cette brillante fantaisie du critique encore poëte. Mais nous n'ajouterons pas avec lui que rien de cette impatience ni de cette difficulté à se contenir ne paraît avoir troublé le long silence de Racine. C'est une pure conjecture que semblent démentir tous ces bruits de pièces qu'il eût voulu traiter : *Alceste, OEdipe*. « Il avoit de la répugnance, dit Louis Racine, à se prêter aux conversations qui rouloient sur des matières poétiques; » ce n'est pas une

---

1. Les dernières biographies de Shakespeare nous le montrent au contraire, à quarante-neuf ans, se retirant à Stratford, et s'y enfermant dans la vie de gentilhomme campagnard avec un étrange oubli ou dédain de sa renommée. (L.M.)
2. *Portraits littéraires*, t. I, p. 96.

preuve que la poésie lui fût devenue indifférente, bien loin de là, mais c'est ce qui nous explique qu'on ne retrouve dans ses lettres aucune trace de ses tentations secrètes. Il évitait ce sujet comme on évite ce qui peut rappeler une maîtresse qu'on a quittée et qui vous tient au cœur. Il est certain qu'il corrigea les éditions de ses œuvres qui furent publiées en 1687 et en 1697 ; il n'est donc pas vrai qu'il ne portât plus aucun intérêt à ces œuvres profanes. Que le poëte ne fût pas mort en lui, on en peut bien juger par l'empressement et l'ardeur avec laquelle il entra dans la carrière nouvelle que lui ouvrit Mme de Maintenon.

III

TRAGÉDIES SACRÉES.

Il y avait onze ans que Racine avait cessé de travailler pour le théâtre lorsque Mme de Maintenon, par une heureuse inspiration dont il faut lui savoir gré, s'avisa de demander au poëte une petite pièce pour exercer les demoiselles de Saint-Cyr. Mme de Caylus a rapporté, dans ses *Souvenirs,* les circonstances de l'appel inattendu qui fut fait à Racine, circonstances que personne ne pouvait mieux connaître qu'elle. On trouvera au tome VIII, dans les Mémoires de Louis Racine, l'extrait des souvenirs de Mme de Caylus.[1] Nous nous contenterons ici de les résumer :

Mme de Brinon, que la fondatrice avait placée à la tête de l'institution nouvelle, quoique bonne religieuse, était une sorte de femme savante. Elle avait une facilité extrême à parler et à écrire, connaissait les Pères de l'Église, faisait elle-même des sermons, des explications de l'Évangile, voire des vers sur des sujets pieux. Elle avait imaginé aussi de faire

---

1. Tome VIII, p. 391.

déclamer aux demoiselles qui étaient confiées à ses soins des scènes de tragédies qu'elle composait elle-même : Mme de Maintenon trouva ces pièces fort ridicules et conseilla à la supérieure de prendre plutôt, parmi les œuvres de Corneille et de Racine, « celles qui lui sembleroient assez épurées des passions dangereuses à la jeunesse ».

Cinna, Andromaque, Iphigénie, furent choisies par Mme de Brinon et déclamées par les demoiselles de la plus haute classe devant leurs compagnes. Les vers de Racine, d'*Andromaque* surtout, furent récités avec tant d'âme, et les demoiselles entrèrent si bien dans l'esprit des personnages, que Mme de Maintenon écrivit au poëte : « Nos petites filles ont joué hier *Andromaque,* et l'ont jouée si bien qu'elles ne la joueront plus ni aucune de vos pièces. »

Mme de Maintenon tenait beaucoup cependant à ce genre de récréation. Elle dit elle-même, dans ses *Lettres et Entretiens sur l'éducation,* que ces sortes d'amusements sont bons à la jeunesse, qu'ils donnent de la grâce, ornent la mémoire, élèvent le cœur, remplissent l'esprit de belles choses. Elle les croyait d'ailleurs propres « à retirer ses chères filles des conversations qu'elles ont entre elles et à amuser les grandes qui, depuis quinze ans jusqu'à vingt, s'ennuient un peu de la vie de Saint-Cyr ». Enfin elle ajoute : « Nous voulions que les demoiselles ne fussent pas si neuves quand elles s'en iroient que le sont la plupart des filles élevées dans les couvents, et qu'elles sussent des choses dont elles ne seroient point honteuses dans le monde.[1] »

Mme de Maintenon demanda donc à Racine s'il ne pourrait pas lui faire, dans ses moments de loisir, « quelque espèce de poëme moral ou historique dont l'amour fût entièrement banni, et dans lequel il ne crût pas que sa réputation fût intéressée, puisqu'il demeureroit enseveli dans Saint-Cyr et ne seroit nullement connu du public ».

---

1. Lettre à Mme du Pérou dans les *Mémoires,* ch. xxviii. — *Lettres édifiantes,* tome III, p. 672.

« Cette lettre, dit Mme de Caylus, jeta Racine dans une grande agitation. Il vouloit plaire à Mme de Maintenon ; le refus étoit impossible à un courtisan, et la commission délicate pour un homme qui, comme lui, avoit une grande réputation à soutenir, et qui, s'il avoit renoncé à travailler pour les comédiens, ne vouloit pas du moins détruire l'opinion que ses ouvrages avoient donnée de lui. Despréaux, qu'il alla consulter, décida brusquement pour la négative : ce n'étoit pas le compte de Racine. Enfin, après un peu de réflexion, il trouva sur le sujet d'Esther tout ce qu'il falloit pour plaire à la cour. Despréaux lui-même en fut enchanté et l'exhorta à travailler avec autant de zèle qu'il en avoit eu pour l'en détourner. Racine ne fut pas longtemps sans porter à Mme de Maintenon, non-seulement le plan de sa pièce (car il avoit accoutumé de les faire en prose, scène par scène, avant d'en faire les vers), mais même le premier acte tout fait. »

Remarquez ces derniers détails. Racine est vivement ému de cette proposition si simple en apparence. C'était la muse, cette muse qui avait sans doute, quoi qu'en dise Sainte-Beuve, plus d'une fois troublé son cœur, qui lui apparaissait non plus sous les traits profanes de la Champmeslé, mais innocente et sanctifiée, telle enfin qu'elle devait être pour qu'il pût céder à son penchant légitime. Boileau, lui conseillant de refuser, ne fait pas preuve d'une grande perspicacité. Racine passe outre sans hésiter. Il est tout de suite en recherches, tout de suite à l'œuvre. Dangeau inscrit dans son journal, à la date du 18 février 1688 : « Racine, par l'ordre de Mme de Maintenon, fait un opéra dont le sujet est *Esther et Assuérus*. Il sera chanté et récité par les petites filles de Saint-Cyr. Tout ne sera pas en musique. C'est un nommé Moreau qui fera les airs. » Dangeau donne la nouvelle de première main, et Racine ne devait pas être depuis longtemps à l'œuvre. *Esther* était terminée à la fin de cette année 1688, et représentée à Saint-Cyr le 26 janvier de l'année suivante.

Racine choisit ses actrices parmi les demoiselles qui

n'étaient âgées que de quinze ans. Elles avaient ainsi les grâces de l'enfance sans les séductions de la jeunesse. Toutes les actrices d'*Esther* étaient nées en 1674, à l'exception de Mlle d'Abancourt et de Mornay, nées en 1672 et 1673. La maison renfermait alors environ soixante demoiselles plus âgées [1].

Le rôle d'Esther fut confié à Mlle Dupont de Veilhan, dont la figure charmante convenait à ce personnage. Mlle de Lastic, « belle comme le jour », au dire de Mme de Maintenon, faisait le personnage d'Assuérus. Élise, c'était Mlle Le Maistre de La Maisonfort, sœur cadette de cette Mme de La Maisonfort, d'abord chanoinesse de Poussai, à qui Mme de Maintenon avait remis la surveillance des classes. Le roi la distinguait à cause de sa grâce extrême et de sa jolie voix. Mlle de Glapion, qui représentait Mardochée, était une grande et belle personne. Elle se tenait à l'écart parmi ses compagnes ; Racine la découvrit, et, tout joyeux de sa trouvaille, dit à Mme de Maintenon : « J'ai trouvé un Mardochée dont la voix va droit au cœur. » Les rôles d'Aman, de Zarès, d'Hydaspe furent remplis par Mlles d'Abancourt, de Marcilly [2], de Mornay, qui étaient « des personnes pleines d'agrément ». Les chœurs, dont la musique avait été faite par Moreau, musicien de la communauté, furent conduits par Mlles de Champigny, de Beaulieu, de La-Haye-le-Comte, et Hurault de Saint-Denis. « Les trois premières ont été dames de Saint-Louis, disent les *Mémoires des dames de Saint-Cyr*, où elles ont bien employé leur talent à chanter les louanges de Dieu. »

La préparation était assez avancée, à la date du 7 janvier 1689, pour que la pièce pût être ce jour-là répétée pour la seconde fois, chez Mme de Maintenon, avec la symphonie, devant le roi, monseigneur le Dauphin et monsieur le Prince.

---

1. *Mme de Maintenon et la maison royale de Saint-Cyr*, par Théophile Lavallée, page 85, note 3.

2. Voyez la *Correspondance*, t. VIII, p. 266.

VIE DE RACINE.

C'est ce que constate encore Dangeau, dans ses éphémérides officielles.

Il est clair que les jeunes actrices ne furent admises devant un tel auditoire que lorsqu'elles surent leurs rôles. Déjà, depuis longtemps sans doute, Racine les leur faisait réciter à Saint-Cyr. Boileau le secondait dans cette tâche. Une jeune personne étrangère à la maison, la nièce (à la mode de Bretagne) de Mme de Maintenon, la fille du marquis de Villette, mariée en 1686, à l'âge de treize ans, au comte de Caylus, et ayant seize ans alors, par conséquent, se joignit aux pensionnaires. Voici dans quelles circonstances, qu'elle rapporte elle-même :

« On n'imaginoit pas que je dusse y représenter un rôle ; mais me trouvant présente aux récits que M. Racine venoit faire à Mme de Maintenon, de chaque scène, à mesure qu'il les composoit, j'en retenois des vers ; et, comme j'en récitois un jour à M. Racine, il en fut si content qu'il demanda en grâce à Mme de Maintenon de m'ordonner de faire un personnage ; ce qu'elle fit. Mais je n'en voulus point de ceux que l'on avoit d'abord destinés, ce qui l'obligea de faire pour moi le prologue de la Piété.

« Cependant, ajoute Mme de Caylus, ayant appris, à force de les entendre, tous les autres rôles, je les jouai successivement à mesure qu'une des actrices se trouvoit incommodée : car on représenta *Esther* tout l'hiver ; et cette pièce, qui devoit être renfermée dans Saint-Cyr, fut vue plusieurs fois du roi et de toute la cour, toujours avec le même applaudissement. »

Mais ne devançons pas la première représentation.

Mme de Maintenon, voyant le succès imprévu qui semblait promis à son heureuse tentative, voulut la rendre plus parfaite et digne de divertir le roi. Elle procura aux actrices des habits à la persane, ornés de perles et de diamants, qui avaient servi jadis à Louis XIV dans ses ballets. La façon qu'il fallut leur donner coûta plus de 14,000 livres. Elle fit aussi peindre des décors par Bérain, le décorateur des spectacles de la cour, et fit venir les musiciens du roi pour exercer les choristes sur la musique de Moreau, et Nivert, l'organiste de la maison, pour les accompagner sur le clavecin. Enfin on dressa par son ordre un théâtre dans le vestibule des dortoirs, qui se trouvait au deuxième étage du grand escalier des demoiselles.

Ce vestibule, très-spacieux et très-élevé, fut partagé en deux parties, l'une pour la scène, l'autre pour les spectateurs. Deux amphithéâtres furent adossés aux murs : le plus petit réservé à la communauté ; le plus grand aux pensionnaires : les rouges, celles qui avaient moins de onze ans, occupèrent les gradins d'en haut ; au-dessous d'elles, les vertes, qui n'avaient pas encore quatorze ans ; au-dessous des vertes, les jaunes, comprenant les demoiselles de quatorze à dix-sept ans. Sur les gradins d'en bas étaient les plus grandes, les bleues. Entre les deux amphithéâtres étaient des siéges pour les spectateurs du dehors. Le tout était éclairé par des lustres de cristal.

La première représentation eut lieu le mercredi 26 janvier 1689. Dangeau relate ainsi le fait dans son journal : « A trois heures, le roi et Monseigneur (le dauphin) allèrent à Saint-Cyr, où l'on représenta pour la première fois la tragédie d'*Esther*, qui réussit à merveille. Mme de Maintenon avoit disposé de toutes les places, et il n'y eut aucun embarras. Toutes les petites filles jouèrent et chantèrent très-bien, et Mme de Caylus fit le prologue mieux que n'auroit pu faire la Champmeslé. Le roi, les dames et les courtisans qui eurent la permission d'y aller en revinrent charmés. Il y avoit de courtisans : MM. de Beauvilliers, La Rochefoucauld, de Noailles, de Brionne, de La Salle et de Tilladet, dans le second carrosse du roi, et MM. de Louvois, de Chevreuse, les évêques de Beauvais, de Meaux (Bossuet) et de Châlons-sur-Saône ; MM. de Montchevreuil, d'Aubigné et moi. »

Le roi entra d'abord dans la salle de la communauté, où les religieuses étaient assemblées, et leur témoigna le plaisir qu'il aurait à les voir au spectacle d'*Esther*. Lorsqu'il fut mont dans le vestibule du théâtre, il regarda avec satisfaction les demoiselles qui étaient rangées sur leurs bancs dans l'ordre que nous avons dit, et s'étant mis à sa place avec Mme de Maintenon, qui avait un fauteuil un peu en arrière pour être à portée de répondre à ses questions, le spectacle commença.

Les jeunes actrices, d'abord un peu tremblantes, se rassurèrent; l'interprétation sembla ravissante, et cela devait être, en effet. Cette jeunesse et cette innocence des interprètes, cette poésie si parfaite, ces allusions délicates à lui-même, à la grande guerre qu'il allait entreprendre, à Mme de Maintenon, à la fondation de Saint-Cyr, tout cela était bien fait pour enchanter le monarque.

De retour à Versailles, le roi parla d'*Esther* avec un tel enthousiasme que madame la Dauphine, le duc d'Orléans, les princes de la maison royale et les plus grands seigneurs demandèrent à voir cette merveille. Il consentit à leur donner ce plaisir. Une deuxième représentation eut lieu le 29 janvier. Il y amena aussi plusieurs ecclésiastiques, entre autres huit jésuites, au nombre desquels était le P. Gaillard, et des personnes célèbres par leur piété et leur charité, comme Mme de Miramion : « Aujourd'hui, dit Mme de Maintenon, nous jouons pour les saints. »

Ce fut cette fois Mme de Caylus qui représenta la reine. Saint-Simon a peint ainsi cette jeune femme : « Jamais un visage si spirituel, si touchant, si parlant; jamais une fraîcheur pareille; jamais tant de grâces ni plus d'esprit, jamais tant de gaieté et d'amusement, jamais de créature plus séduisante... Elle surpassa les plus fameuses actrices à jouer des comédies. Elle s'y surpassa à celles d'*Esther* et d'*Athalie* devant le roi. » L'abbé de Choisy ajoute : « Toutes les Champmeslé du monde n'avoient pas les tons ravissants qu'elle laissoit échapper en déclamant. »

L'effet de la deuxième représentation ne fut pas moindre que celui de la première. *Esther* fut de plus en plus le bruit de la cour et de la ville. Tous les grands personnages désirèrent être admis à assister à ce spectacle Il y eut une telle émulation de curiosité qu'il fallut multiplier les représentations. Il y en eut quatre pendant le mois de février. Les demoiselles, aidées par les conseils de Racine et de Boileau, qui se tenaient derrière le théâtre pendant le spectacle, continuèrent à bien jouer leurs rôles. « Elles avoient, lit-on dans les *Mémoires des dames de Saint-Cyr*, elles avoient bonne envie de faire honneur à leurs maîtres et que le roi et Mme de Maintenon fussent contents. Elles y alloient même si simplement que quelques-unes, dans la peur de manquer, se mettoient à genoux derrière le théâtre et disoient *Veni Creator*, afin d'obtenir de ne pas broncher ; et je crois que Dieu, qui voyoit leur innocence et leur bonne intention, avoit leur prière agréable, car elles jouoient si naturellement et de si bonne grâce, sans hésiter le moins du monde, qu'on eût dit que ce qu'elles disoient couloit de source. »

Les troisième, quatrième, cinquième et sixième représentations d'*Esther* eurent lieu les 3, 5, 15 et 19 février. Sous la date du jeudi, 3 février, Dangeau écrit dans son Journal : « Après dîner, le roi, Monseigneur et Mme la Dauphine et toute la maison royale allèrent à Saint-Cyr, où on joua la tragédie d'*Esther*. Il n'y vint que les dames et les courtisans que le roi nomma, et tout le monde en fut également charmé. »

Sous la date du samedi, 5 février : « Le roi dîna de bonne heure et en sortant de table alla à Saint-Cyr. Sur les trois heures, le roi et la reine d'Angleterre (Jacques II et Marie d'Este) y arrivèrent. Le roi les reçut dans le chapitre, et ensuite les mena voir la tragédie d'*Esther* ; il y avoit trois fauteuils. La reine d'Angleterre étoit assise au milieu, le roi d'Angleterre à droite, et le roi à gauche. Mme de Caylus joua le rôle d'Esther, et jamais la pièce n'avoit mieux réussi. »

Sous la date du mardi, 15 février : « Le roi, Monseigneur, Monsieur, Madame, Mademoiselle et les princesses allèrent à Saint-Cyr voir la tragédie d'*Esther*, qu'on admire toujours de plus en plus. »

Enfin, sous la date du samedi, 19 février : « Le roi et Monseigneur en sortant de dîner allèrent à Saint-Cyr voir la dernière représentation de la tragédie d'*Esther*. »

Tout ce qu'il y avait de plus illustre par la naissance, les dignités, l'esprit, les vertus, compta parmi les spectateurs de ces six représentations : « Comme cette pièce étoit pieuse, disent les dames de Saint-Cyr, les gens d'une profession grave ne faisoient pas de difficulté de demander à y venir ; il y eut plusieurs évêques et des ecclésiastiques très-vertueux à qui le roi l'accorda ; d'autres qu'il y convia ; d'autres aussi à qui Mme de Maintenon fut bien aise de faire ce plaisir. »

« Elle y fait aller, dit de son côté Mme de Sévigné, tous les gens d'une profonde sagesse. Racine lui parla de M. de Pomponne : elle fit un cri, et le roi aussi, et Sa Majesté lui fit ordonner d'y aller. Il y fut donc hier (3 février) cet illustre Pomponne. » Et elle reprend dans sa lettre du 7 février : « Je fus de là chez M. de Pomponne ; il revenoit de Saint-Cyr. Mme de Vins vous aura mandé comme Mme de Maintenon le nomma, et comme il eut ordre du roi de venir le lendemain à cette belle tragédie. Le roi lui dit le matin qu'il étoit fort digne d'en juger, qu'il en seroit assurément content ; et, en effet, il l'est au dernier point. Racine s'est surpassé ; il aime Dieu comme il aimoit ses maîtresses ; il est pour les choses saintes comme il étoit pour les profanes. La Sainte Écriture est suivie exactement dans cette pièce ; tout est beau, tout est grand, tout est traité avec dignité. Vous avez vu ce que M. le chevalier (de Grignan) m'en a écrit ; ses louanges et ses larmes sont bonnes. Le roi et la reine d'Angleterre y étoient samedi. Quand elle sera imprimée, je l'enverrai à ma chère fille : plût à Dieu qu'elle la pût voir ! »

Une place à ce spectacle était briguée comme une marque de haute faveur. Les seules personnes qui y allèrent avec regret et l'évitèrent autant qu'elles purent furent les dames de Saint-Louis.

Quelle que fut l'affluence qui se pressa à ces représentations, l'ordre y régna toujours. Les *Mémoires des dames de Saint-Cyr* nous donnent à ce sujet les intéressants renseignements que voici : Mme de Maintenon faisait faire une liste de ceux qui devaient entrer, qu'on donnait à la portière, afin qu'elle n'en laissât pas passer d'autres ; et, quand le roi était arrivé, il se mettait à la porte en dedans, en tenant sa canne haute pour servir de barrière. Il demeurait ainsi jusqu'à ce que toutes les personnes conviées fussent entrées ; alors il faisait fermer la porte. « Il en a toujours usé de même toutes les fois qu'il nous faisoit l'honneur de venir ici ; et dans ces occasions-là il ne faisoit guère entrer de monde de sa suite, ayant une grande attention à nous garantir du désordre que cause la multitude. Il vouloit que les gens de sa maison se tinssent dans les vestibules ou autres lieux publics, proche celui où il étoit, sans oser dire un mot à personne... Depuis le vestibule d'en haut jusqu'à la porte de clôture, c'est-à-dire l'escalier des demoiselles, le grand corridor, l'escalier des dames, tout étoit éclairé aux bougies. Quant au théâtre, Mme de Maintenon y avoit mis un grand ordre. Comme il étoit au bout du dortoir des jaunes, les actrices avoient tout ce dortoir pour se tenir prêtes à représenter quand il étoit temps : il y avoit du feu et toutes les choses nécessaires. La maîtresse générale des classes les gardoit avec les autres maîtresses, afin qu'il ne se passât rien qui ne fût dans l'ordre ; et M. Racine y étoit aussi pour les faire aller et venir sur le théâtre quand il falloit : sa conduite étoit si sage qu'en un besoin il auroit bien valu une maîtresse.

« Il arriva un jour que Mlle de La Maisonfort hésita en peu en jouant son rôle. Racine, qui étoit toujours derrière le théâtre et fort attentif au succès de la pièce, s'en aperçut et en fut ému. Aussi, quand Mlle de La Maisonfort sortit de dessus le théâtre, il lui dit d'un air fâché : « Ah ! mademoiselle, qu'avez-vous fait ? Voilà une pièce perdue ! » Elle, sur le mot de pièce perdue, croyant qu'elle l'étoit en effet par sa faute, se mit à pleurer. Lui, qui avec tout son esprit ne laissoit pas de faire quelquefois des traits de simplicité, étoit peiné de l'avoir contrariée, et, craignant, comme elle devoit retourner sur le théâtre, qu'il ne parût qu'elle avoit pleuré, voulut aussi la consoler, et, pour essuyer ses larmes, il tira son mouchoir de sa poche et l'appliqua lui-même à ses yeux, comme on fait aux enfants pour les apaiser, en lui disant des paroles douces, afin de l'encourager, et que cela ne l'empêchât pas de bien achever ce qu'elle avoit encore à faire. Malgré cette précaution, le roi s'aperçut qu'elle avoit les yeux un peu rouges, et dit : « La petite chanoinesse a pleuré. » Quand on sut ce que c'étoit et la simplicité de M. Racine, on en rit et lui-même aussi, qui, n'ayant en tête que la pièce, avoit fait cette action sans penser le moins du monde à ce qu'elle avoit de peu convenable. »

La jolie scène! et comme ce transport de Racine, cette impossibilité de se contenir au moindre danger que court son œuvre, répondent bien à ceux qui prétendent qu'il faisait bon marché de sa gloire littéraire et de son art et que le poëte était mort en lui! On le surprit un soir à la porte de la chapelle « étouffant devant Dieu la joie et l'orgueil dont il se sentoit le cœur gonflé ».

De toutes ces représentations, la quatrième, celle du 5 février, fut la plus brillante. La présence du roi d'Angleterre, renversé du trône par Guillaume d'Orange, et, depuis trois semaines, arrivé à Saint-Germain, lui donna beaucoup de lustre, car c'était la cause de ce monarque que Louis XIV soutenait contre la ligue d'Augsbourg, et l'on pouvait presque entendre de lui ce que la Piété disait de Dieu dans le Prologue :

> . . . . Lui seul de tant de rois,
> S'arme pour ta querelle et combat pour tes droits.

« Nous vîmes alors, disent les dames de Saint-Cyr, trois têtes couronnées dans notre maison et presque tous les princes et princesses du sang. Les actrices, animées par de si augustes spectateurs et l'empressement qu'on mettoit à les voir, en prirent une nouvelle émulation et eurent un succès surprenant. La musique ne fut pas un des moindres agréments de la pièce ; car, outre que nous avions de belles voix, les instruments des musiciens du roi en relevoient l'harmonie. Le roi avoit donné pour ce jour-là quelques-unes de ses musiciennes des plus sages et des plus habiles pour mêler avec les demoiselles, afin de fortifier le chœur des Israélites. On les habilla comme elles à la persane, ce qui auroit dû les confondre avec les autres ; mais ceux qui ne les connoissoient pas pour être de la musique du roi les distinguoient fort bien pour n'être pas de nos demoiselles en qui on remarquoit une certaine modestie et une noble simplicité bien plus aimable que les airs affectés que se donnent les filles de cette sorte... Tout le monde convint que l'Opéra et la Comédie n'approchoient pas de ce spectacle. D'un côté, on voyoit sur le théâtre de jeunes demoiselles bien faites, fort jolies, qui représentoient parfaitement bien, qui ne disoient que des choses capables d'inspirer des sentiments honnêtes et vertueux, et dont l'air noble et modeste sans affectation ne donnoit aux spectateurs que l'idée de la plus grande innocence. Si l'on tournoit la tête de l'autre côté, on voyoit cette multitude de demoiselles, rangées pour ainsi dire en pyramides, très-proprement mises dans leurs habits de Saint-Cyr, qui, avec les rubans de chaque couleur qu'elles portent, faisoient une diversité agréable ; pour ce qui est de la place du milieu, on y voyoit les rois et tout ce qu'il y avoit de plus grand à la cour. »

Entraîné par le désir de mieux faire, on avait peut-être été trop loin dans cette circonstance : ces chanteuses d'Opéra confondues parmi de jeunes pensionnaires offraient un inconvénient et un danger auxquels on n'avait pas réfléchi sans doute. On voulut réparer ce moment d'oubli. Mme de Caylus cessa même de remplir le personnage d'*Esther*. « Elle faisoit trop bien, dit Mme de Sévigné, elle étoit trop touchante ; on ne veut plus que la simplicité toute pure de ces âmes innocentes. »

La sixième et dernière représentation d'*Esther* en l'année 1689 eut lieu, avons-nous dit, le 19 février. C'est à celle-là qu'assista la marquise de Sévigné. Mmes de Coulanges et de Chaulnes avaient sollicité cette faveur pour elle, mais la presse était devenue si extrême, « que je ne croirai y aller, dit-elle, que quand je serai partie ».

Dans la lettre du 21 février elle raconte à sa fille cette journée mémorable ; laissons-lui la parole :

« Je fis (ma cour) l'autre jour à Saint-Cyr, plus agréablement que je n'eusse jamais pensé. Nous y allâmes samedi, Mme de Coulanges, Mre de Bagnols, l'abbé Testu et moi. Nous trouvâmes nos places gardées. Un officier dit à Mme de Coulanges que Mme de Maintenon lui faisoit garder un siége auprès d'elle : vous voyez quel honneur! « Pour vous, madame, me dit-il, vous pouvez choisir. » Je me mis avec Mme de Bagnols au second banc derrière les duchesses. Le maréchal de Bellefonds vint se mettre, par choix, à mon côté droit, et devant c'étoient Mmes d'Auvergne, de Coislin, de Sully. Nous écoutâmes, le maréchal et moi, cette tragédie avec une attention qui fut remarquée, et de certaines louanges sourdes et bien placées, qui n'étoient peut-être pas sous les fontanges de toutes les dames. Je ne puis vous dire l'excès de l'agrément de cette pièce : c'est une chose qui n'est pas aisée à représenter, et qui ne sera jamais imitée; c'est un rapport de la musique, des vers, des chants, des personnes, si parfait et si complet, qu'on n'y souhaite rien ; les filles qui font des rois et des personnages sont faites exprès : on est attentif, et on n'a point d'autre peine que celle de voir finir une si aimable pièce; tout y est simple, tout y est innocent, tout y est sublime et touchant; cette fidélité de l'histoire sainte donne du respect; tous les chants convenables aux paroles, qui sont tirées des *Psaumes* ou de la *Sagesse*, et mis dans le sujet, sont d'une beauté qu'on ne soutient pas sans larmes : la mesure de l'approbation qu'on donne à cette pièce, c'est celle du goût et de l'attention.

« J'en fus charmé, et le maréchal aussi, qui sortit de sa place pour aller dire au roi combien il étoit content et qu'il étoit auprès d'une dame qui étoit bien digne d'avoir vu *Esther*. Le roi vint vers nos places, et, après avoir tourné, il s'adressa à moi, et me dit : « Madame, je suis assuré que vous avez été contente. » Moi, sans m'étonner, je répondis : « Sire, je suis charmée : ce que je sens est au-dessus des paroles. » Le roi me dit : « Racine a bien de l'esprit. » Je lui dis : « Sire, il en a beaucoup; mais, en vérité, ces jeunes personnes en ont beaucoup aussi : elles entrent dans le sujet comme si elles n'avoient jamais fait autre chose. » Il me dit : « Ah ! pour cela il est vrai. » Et puis Sa Majesté s'en alla et me laissa l'objet de l'envie : comme il n'y avoit quasi que moi de nouvelle venue, il eut quelque plaisir de voir mes sincères admirations sans bruit et sans éclat.

« Monsieur le prince, madame la princesse me vinrent dire un mot; Mme de Maintenon un éclair : elle s'en alloit avec le roi; je répondis à tout, car j'étois en fortune. Nous revînmes le soir aux flambeaux. Je soupai chez Mme de Coulanges, à qui le roi avoit parlé aussi avec un air d'être chez lui qui lui donnoit une douceur trop aimable. Je vis le soir monsieur le chevalier (de Grignan); je lui contai tout naïvement mes petites prospérités, ne voulant point les cachoter sans savoir pourquoi, comme de certaines personnes. Il en fut content, et voilà qui est fait : je suis assurée qu'il ne m'a point trouvée, dans la suite, ni une sotte vanité, ni un transport de bourgeoise : demandez-lui. M. de Meaux (Bossuet) me parla fort de vous; monsieur le prince aussi; je vous plaignis de n'être point là. »

Applaudir *Esther*, marquer plus ou moins spirituellement son admiration, était devenu, comme le dit Mme de Sévigné, une manière de faire sa cour. Il n'était pas permis même de garder le silence. Mme de Coulanges, qui était en guerre avec la maréchale d'Estrées, lui reprocha le silence qu'elle gardait au sujet d'*Esther* : « Il faut que madame la maréchale, dit-elle, ait renoncé à louer jamais rien, puisqu'elle ne loue pas cette pièce ». La maréchale fut embarrassée ; elle se plaignit qu'on voulût lui *faire une affaire*.

Aussi, dans le camp des mécontents, témoignait-on quelque aigreur. Mme de La Fayette nous donne la contrepartie de Mme de Sévigné. Voici comment elle s'exprime dans ses *Mémoires de la cour de France*. Nous y verrons indiquer par une contemporaine les allusions que les courtisans voulaient trouver dans la pièce et qui avaient été une des principales causes de ce prodigieux succès :

« Mme de Maintenon, dit la comtesse de La Fayette, pour divertir ses petites filles et le roi, fit faire une comédie par Racine, le meilleur poëte du temps, que l'on a tiré de sa poésie, où il étoit inimitable, pour en faire, à son malheur et à celui de ceux qui ont le goût du théâtre, un historien très-imitable. Elle ordonna au poëte de faire une comédie, mais de choisir un sujet pieux ; car, à l'heure qu'il est, hors de la piété, point de salut à la cour aussi bien que dans l'autre monde. Racine choisit l'histoire d'Esther et d'Assuérus, et fit des paroles pour la musique. Comme il est aussi bon acteur qu'auteur, il instruisit les petites filles. La musique étoit bonne ; on fit un joli théâtre et des changements. Tout cela composa un petit divertissement fort agréable pour les petites filles de Mme de Maintenon. Mais comme le prix des choses dépend ordinairement des personnes qui les font ou les font faire, la place qu'occupe Mme de Maintenon fit dire à tous les gens qu'elle y mena que jamais il n'y avoit rien eu de plus charmant ; que la comédie étoit supérieure à tout ce qui s'étoit jamais fait en ce genre-là ; et que les actrices, même celles qui étoient transformées en acteurs, jetoient de la poudre aux yeux de la Champmeslé, de la Raisin, de Baron et des Montfleury. Le moyen de résister à tant de louanges !

« Mme de Maintenon étoit flattée de l'invention et de l'exécution. La comédie représentoit en quelque sorte la chute de Mme de Montespan et l'élévation de Mme de Maintenon :

toute la différence fut qu'Esther étoit un peu plus jeune et moins précieuse en fait de piété. L'application qu'on lui faisoit du caractère d'Esther et de celui de Vasthi à Mme de Montespan, fit qu'elle ne fut pas fâchée de rendre public un divertissement qui n'avoit été fait que pour la communauté et quelques-unes de ses amies particulières. Le roi en revint charmé ; les applaudissements que Sa Majesté donna augmentèrent encore ceux du public ; enfin l'on y porta un degré de chaleur qui ne se comprend pas, car il n'y eut ni petit ni grand qui n'y voulut aller ; et ce qui devoit être regardé comme une comédie de couvent devint l'affaire la plus sérieuse de la cour. Les ministres, pour faire leur cour en allant à cette comédie, quittoient leurs affaires les plus pressées.

« A la première représentation où fut le roi, il n'y mena que les principaux officiers qui le suivent quand il va à la chasse. La seconde fut consacrée aux personnes pieuses, telles que le P. de La Chaise et douze ou quinze jésuites, auxquels se joignit Mme de Miramion et beaucoup d'autres dévots et dévotes. Ensuite cela se répandit aux courtisans. Le roi crut que ce divertissement seroit du goût du roi d'Angleterre : il l'y mena et la reine aussi. Il est impossible de ne point donner de louanges à la maison de Saint-Cyr et à l'établissement : ainsi ils ne s'y épargnèrent pas et y mêlèrent celles de la comédie. Tout le monde crut toujours que cette comédie étoit allégorique ; que Vasthi, qui étoit la femme concubine détrônée, paroissoit pour Mme de Montespan ; Esther tomboit sur Mme de Maintenon ; Aman représentoit M. de Louvois, mais il n'y étoit pas bien peint, et apparemment Racine n'avoit pas voulu le marquer. »

C'est ce que dit aussi Mme de Caylus : « Sa modestie (la modestie de Mme de Maintenon) ne put l'empêcher de trouver dans le caractère d'Esther, et dans quelques circonstances de ce sujet des choses flatteuses pour elle. La Vasthi avoit ses applications. Aman avoit de grands traits de ressemblance. »

VIE DE RACINE.

Dans les termes où Mme de Caylus s'exprime en ce qui concerne Mme de Maintenon, cela est incontestable. Il y avait des allusions à la fondatrice de Saint-Cyr ; Esther disant des filles de Sion :

> Dans un lieu séparé de profanes témoins.
> Je mets à les former mon étude et mes soins, etc. [1]

est assurément Mme de Maintenon, et ce « nombreux essaim d'innocentes beautés » qu'aperçoit Élise [2] nous représente parfaitement les filles de Saint-Cyr. Mais je ne crois pas que Racine ait voulu aller au delà de ce rapport manifeste, et qu'il ait songé à des allusions plus suivies.

Si Mme de Maintenon est Esther, on en conclut que Vasthi est Mme de Montespan. Dans une des lettres de Mme de Maintenon publiée par La Beaumelle, celle-ci aurait elle-même accepté cette interprétation, en écrivant à Mme de Fontenay :

> « . . . . Non, depuis la disgrâce
> De l'altière Vasthi dont j'occupe la place,

je n'eus jamais un plaisir égal à celui que je ressens aujourd'hui. » Mais M. Théophile Lavallée a démontré que cette lettre est apocryphe, et l'on pouvait aisément soupçonner que Mme de Maintenon ne convenait pas ainsi qu'elle occupait la place de Mme de Montespan. Racine avait trop d'obligations à cette dernière pour vouloir l'immoler publiquement à la malignité de la cour. Il en est de même de Louvois. Racine n'avait qu'à se louer de ce ministre, comme il l'écrivait lui-même à Boileau : [3] « J'eus l'honneur de demander cinq ou six éclaircissements à M. de Louvois, qui me parla avec beaucoup de bonté. Vous savez sa manière et comme ses paroles sont pleines de droit sens et vont au fait. En un mot, j'en sortis très-savant et très-content. »

1. Acte I, sc, I.
2. Acte I, sc. II.
3. 24 août 1687.

Mais les commentaires des courtisans dépassèrent les intentions de l'auteur. Les rapports entre Louvois et Mme de Maintenon étaient en ce moment « froids, gênés, difficiles », ainsi que le constate M. Camille Rousset dans son *Histoire de Louvois*. Dès lors le ministre fut l'impérieux Aman ; on prétendit même qu'il s'était échappé à dire quelque chose comme ce que dit Aman :

> Il sait qu'il me doit tout. . . . . . .

Mais si Racine eût eu en vue ce grand personnage, il se fût gardé certainement de poursuivre :

> Et que pour sa grandeur,
> J'ai foulé sous mes pieds remords, crainte, pudeur ;
> Qu'avec un cœur d'airain exerçant sa puissance
> J'ai fait taire les lois et gémir l'innocence..., etc.

Car l'attaque eût été presque aussi vive contre Louis XIV que contre le ministre.

Les courtisans, en voie d'applications indiscrètes, ne s'arrêtèrent pas à de pareilles considérations. La prétendue allégorie fut poussée jusqu'au bout. L'édit autorisant le massacre des Juifs devint l'édit de révocation de l'édit de Nantes, et l'on fit remarquer que justement Mme de Maintenon, d'origine protestante, était, comme Esther, de la race proscrite. Louis XIV n'eût pas été aussi ravi, s'il avait pu soupçonner que le poëte se fût permis de s'immiscer aussi témérairement dans les affaires de son royaume.

Toutes ces prétendues allusions furent ramassées dans des couplets qu'on attribua au jeune baron de Breteuil, qui fut depuis introducteur des ambassadeurs et père de la célèbre marquise du Châtelet.

> Racine, cet homme excellent,
> Dans l'antiquité si savant,
> Des Grecs imitant les ouvrages,
> Nous peint sous des noms empruntés
> Les plus illustres personnages
> Qu'Apollon ait jamais chantés.

Sous le nom d'Aman le cruel
Louvois est peint au naturel;
Et de Vasthi la décadence
Nous retrace un tableau vivant
De ce qu'a vu la cour de France
A la chute de Montespan.

La persécution des Juifs
De nos huguenots fugitifs
Est une vive ressemblance;
Et l'Esther qui règne aujourd'hui
Descend de rois dont la puissance
Fut leur asile et leur appui. 1

Pourquoi donc, comme Assuérus,
Notre roi, comblé de vertus,
N'a-t-il pas calmé sa colère?
Je vais vous le dire en deux mots :
Les Juifs n'eurent jamais affaire
Aux jésuites et aux bigots. 2

Cette chanson respectait du moins Mme de Maintenon; ses ennemis y ajoutèrent un couplet injurieux; ils ne pouvaient se satisfaire à moins :

Comme la Juive d'autrefois,
Cette Esther qui tient à nos rois
Éprouva d'affreuses misères;
Mais, plus dure que l'autre Esther,
Pour chasser la foi de ses pères,
Elle prend la flamme et le fer.

Les protestants donnèrent eux-mêmes à la nouvelle tragédie un sens qui leur était favorable. Une édition d'*Esther* parut cette année-là (1689) à Neufchâtel, chez Jean Pistorius, avec un avertissement des éditeurs, où il est dit que le sujet de cette pièce a un grand rapport avec l'état présent de l'Église réformée; que « l'on y voit clairement un triste récit

---

1. Quelques-uns prétendoient que Jeanne d'Albret, après la mort d'Antoine de Navarre, avoit épousé secrètement d'Aubigné. » (*Chansons historiques*. VII, 290, note manuscrite.)

2. Ces couplets étaient sur l'air *des Rochelois*, alors fort en vogue.

de la dernière persécution »; enfin « que le lecteur pourra faire aisément une application des personnages d'Assuérus et d'Aman ». C'est un renseignement assez curieux que l'on doit à M. Ed. Fournier, qui en a tiré, il faut le dire, des conclusions singulièrement exagérées. [1]

Tout ce que l'on peut affirmer, c'est qu'il y a dans la pièce de Racine une recommandation générale de clémence; de ces conseils aux rois qu'on a toujours fait entendre à Louis XIV sans le blesser et qu'il n'a jamais songé à prendre pour des offenses.

> On peut des plus grands rois surprendre la justice...
> Dieu, notre Dieu sans doute a versé dans son cœur
> Cet esprit de douceur...
> Détourne, roi puissant, détourne tes oreilles
> De tout conseil barbare et mensonger.

Mais si Racine avait voulu faire allusion à quelques persécutés, c'était plutôt, comme le croit Sainte-Beuve, aux persécutés de Port-Royal.

« Il nous est difficile, dit Sainte-Beuve, de ne pas voir dans cette pièce une arrière-pensée triste et tendre, un chaste retour de l'âme du poëte aux impressions de sa propre enfance. Quoi! les deux premiers vers par lesquels il signale sa rentrée dans une poésie désormais sacrée :

> Du séjour bienheureux de la Divinité
> Je descends dans ce lieu par la Grâce habité.

s'appliquent à Port-Royal encore plus exactement qu'à Saint-Cyr, à Port-Royal, ce *Séjour de la grâce* par excellence; croirions-nous que Racine ne l'a pas voulu?... Mardochée l'inflexible, et qui ne *se courba* jamais, n'avait-il rien du grand Arnauld?... »

Ces vers :

> Ton Dieu n'est plus irrité.
> Réjouis-toi, Sion, et sors de la poussière;

---

1. *Racine à Uzès*, p. 94.

> Quitte les vêtements de ta captivité,
> Et reprends ta splendeur première.
> Les chemins de Sion à la fin sont ouverts!...

A qui convenaient-ils mieux?

Aussi *Esther* fut-elle goûtée tout particulièrement des exilés de Port-Royal. Arnauld parle de cette pièce avec des éloges intarissables. Il écrit (le 13 mars 1689) au prince landgrave de Hesse-Reinfels :

« Il faut avouer qu'il n'y a point de royaume chrétien où il y ait tant de livres propres à faire avancer les fidèles dans la piété qu'il y en a en France. Peut-être que Votre Altesse sera étonnée que je mette de ce nombre la tragédie d'*Esther* : il est vrai néanmoins qu'on n'a rien fait dans ce genre de si édifiant, et où on ait eu plus de soin d'éviter tout ce qui s'appelle galanterie et d'y faire entrer de parfaitement beaux endroits de l'Écriture, touchant la grandeur de Dieu, le bonheur qu'il y a de le servir, et la vanité de ce que les hommes appellent bonheur ; outre que c'est une pièce achevée pour ce qui est de la beauté des vers et de la conduite du sujet. »

Et plus tard, dans une lettre du mois de mai 1692, il écrit ces lignes significatives : « La conjoncture des affaires tient quelque chose de celle du temps d'Esther : si elle avoit consulté tout autre que Mardochée, jamais elle n'auroit fait la démarche qu'elle fit avec un si grand et si heureux succès, et si peu attendu :

> Elle a parlé, le Ciel a fait le reste.

Dieu le demandoit d'elle et peut-être le demande-t-il de nous, et peut-être attend-il de quelque âme fidèle, pour faire miséricorde à son Église, ce qu'il attendoit d'Esther pour sauver son peuple. »

« On devine maintenant, ajoute Sainte-Beuve, pourquoi Arnauld, et sans doute Port-Royal avec lui, préféraient *Esther* à *Athalie;* ils y voyaient des leçons plus applicables à leur situation de bannis, de spoliés et d'opprimés. Qui donc avait plus qu'eux le droit de dire :

> Dieu d'Israël, dissipe enfin cette ombre ;
> Des larmes de tes saints quand seras-tu touché? [1] »

Il y a là, en effet, quelque chose qui doit compter dans les origines d'*Esther*, qui mérite d'être indiqué et signalé, pourvu qu'on reste comme Sainte-Beuve dans la juste limite : [2] il ne s'agit que d'une inspiration secrète, d'une arrière-pensée voilée, d'une image, qui revenait naturellement à l'esprit, qui s'insinuait partout et presque sans le vouloir.

Ainsi *Esther* était un thème à toute sorte de commentaires. Chacun y trouvait ce qu'il voulait, chacun y cherchait ce qui flattait ses passions, ses haines, ses espérances ; tandis que l'œuvre, supérieure à ces appréciations passagères, demeurait dans les régions sereines et irréprochables de la poésie pure.

Le 19 février 1689, jour de la sixième représentation d'*Esther*, la nouvelle de la mort subite de la jeune reine d'Espagne, fille du duc d'Orléans, nièce du roi, parvint à Versailles, et mit fin pour cette année à ces fêtes que Mme de Maintenon n'avait pas dessein, du reste, de prolonger. Elle écrivait à l'abbé Gobelin le 14 février : « La représentation d'*Esther* m'empêche de les voir (les Dames de Saint-Louis) si souvent que je le voudrois ; je ne puis plus en supporter la fatigue, et j'ai résolu, sans le dire, de ne la plus faire jouer pour le public... Nous retrouverons tout en paix, s'il plaît à Dieu, pour passer saintement notre carême. »

Les représentations recommencèrent dès les premiers jours de l'année 1690. Il y en eut sept, les 5, 10, 19, 23 et 30 janvier, 3 et 10 février. Le roi y prit le même plaisir que l'année précédente ; les courtisans ne se montrèrent pas

---

1. Acte II, sc. VIII.
2. Voy. ci-après, page 108.

moins empressés, et avec eux plusieurs célèbres jésuites, entre autres le P. Bourdaloue.

Dès le 3 février 1689, le roi avait accordé aux Dames de la communauté de Saint-Louis le privilége pour l'impression d'*Esther*, faisant défense aux comédiens de jouer cette tragédie.[1]

« Ce grand succès (d'*Esther*), lisons-nous dans les *Souvenirs de Mme de Caylus*, mit Racine en goût. Il voulut composer une autre pièce, et le sujet d'*Athalie*, c'est-à-dire la mort de cette reine et la reconnaissance de Joas, lui parut le plus beau de tous ceux qu'il pouvoit tirer de l'Écriture Sainte. »

Racine avait aperçu une nouvelle carrière ouverte à son génie, et il s'y lança avec un redoublement d'ardeur. Il voulut composer cette fois non plus une œuvre pour des jeunes filles, mais une œuvre pour de grands esprits. Le spectacle, tel qu'il avait été donné à Saint-Cyr, pouvait servir à déployer une page vraiment tragique de la Bible. A supposer qu'il commença à méditer sa nouvelle œuvre après les dernières représentations d'*Esther* au mois de février 1689, il l'avait terminée au mois de novembre 1690, comme on le voit par la lettre de l'abbé Duguet, que nous reproduisons dans la correspondance.[2] Il avait mis un an et demi à composer *Athalie*. Mais il allait se voir fermer cette carrière où sa première apparition avait été si brillamment fêtée.

Les représentations dramatiques de Saint-Cyr avaient fait tort à l'esprit de cet institut : « Cette affluence du plus beau monde, disent les Dames de Saint-Louis, les applaudissements que nos demoiselles en avoient reçus, la fréquentation des gens du bel esprit, leur avoient beaucoup enflé le cœur, et donné une telle vivacité de goût pour l'esprit et les belles choses, qu'elles devinrent fières, dédaigneuses, hautaines, présomptueuses, peu dociles... Il n'étoit plus question entre

---

1. Voyez ce privilége p. 13-14.
2. Tome VIII, p. 259.

elles que d'esprit et de bel esprit; on se piquoit d'en avoir et de savoir mille choses vaines et curieuses ; on méprisoit les demoiselles qui étoient plus simples et moins susceptibles de ce goût. Une grande partie des bleues étoient devenues insupportables par cette haute opinion qu'elles avoient d'elles-mêmes, et ce goût s'étoit communiqué à la communauté. « Saint-Cyr est maintenant à la mode, » disoient-elles; et elles croyoient que le monde entier avoit les yeux fixés sur elles. Elles en vinrent à ne plus vouloir chanter à l'église pour ne pas gâter leurs voix avec des psaumes et du latin. »

Enfin ce n'était pas sans danger que toute cette jeunesse innocente et charmante était exposée aux regards de la cour. Le blâme se fit entendre. Si Bossuet, Fénelon, l'abbé Gobelin, les plus fameux jésuites, excusèrent ces amusements, d'autres prêtres plus rigides les désapprouvèrent. Hébert, curé de Versailles, très-austère, très-éclairé, les condamnait hautement. Des lettres circulèrent, où l'on disait qu'il était honteux à Mme de Maintenon de faire monter sur le théâtre et d'exposer aux regards avides de la cour des demoiselles rassemblées de toutes les parties du royaume pour recevoir une éducation chrétienne, et que c'était mal répondre à l'idée que Saint-Cyr avait fait concevoir. On faisait craindre les dangers du voisinage trop immédiat de Saint-Cyr et de Versailles. En Hollande, dans cette officine de pamphlets, de calomnies et d'injures contre Louis XIV, on osa imprimer que « Saint-Cyr était un sérail que la vieille sultane avait préparé au moderne Assuérus ».

Ces outrages, ces blâmes, ces avis émurent sans doute Mme de Maintenon ; ses propres réflexions et ses scrupules firent encore plus pour l'alarmer et lui faire prendre de nouvelles décisions. Un prêtre de Saint-Sulpice en qui elle avait toute confiance, l'abbé Godet-Desmarets, acheva de la convaincre. Mme de Maintenon l'envoya chercher pour faire des confessions extraordinaires à l'institut de Saint-Louis. Il se prononça, dès ses premières visites, contre les représentations dramatiques : ce spectacle, tout saint et tout innocent qu'il paraissait, était, selon lui, un piége tendu à ces filles, à qui les applaudissements du roi et de la cour devaient inspirer la vanité, l'amour du monde et toutes ses suites. Plus cela était beau et singulier, plus cela était dangereux. Il conseillait de faire cesser ces divertissements.

Mme de Maintenon céda à ses conseils. Mais quand elle parla au roi de mettre fin aux représentations de Saint-Cyr, Louis XIV ne voulut pas brusquer l'affaire. On laissa Racine achever sa pièce et on la fit apprendre aux demoiselles. Mais on la joua sans théâtre, sans pompe, sans décorations, dans la classe bleue, les actrices n'ayant que leurs habits de Saint-Cyr, auxquels elles trouvèrent moyen seulement d'ajouter quelques rubans et quelques perles. La première de ces représentations eut lieu le vendredi 4 janvier 1691. Dangeau note en effet dans son *Journal* à la date de ce jour : « Le roi et Monseigneur allèrent l'après-dînée à Saint-Cyr, où il y eut une répétition d'*Athalie* avec la musique. » Le jeudi 8 février, nouvelle représentation : « Il y eut à Saint-Cyr, dit le même Dangeau, une répétition d'*Athalie* en particulier. » Enfin, une troisième représentation, qui paraît avoir été la plus solennelle, eut lieu le jeudi 22 février. Le roi et la reine d'Angleterre y assistèrent, plus cinq ou six personnes au nombre desquelles l'archevêque de Cambrai, le P. La Chaise, plusieurs ecclésiastiques. Godet-Desmaretz, qui avait été promu évêque de Chartres au commencement de 1690, avait été sollicité de s'y trouver par Mme de Maintenon. Fénelon, qui était son ami, chercha à l'y déterminer. Mais il n'y réussit pas. L'évêque de Chartres fit même, pendant le spectacle, une conférence aux dames de Saint-Louis sur l'état déplorable des chrétiens qui se livrent avant le carême à des plaisirs scandaleux. C'est du moins ce que La Beaumelle, dont l'autorité, il est vrai, n'est pas irréfragable, rapporte dans les *Mémoires de Mme de Maintenon*.

Le carnaval touchait à sa fin, le carême commençait le

28 février. Cette troisième représentation de la grande tragédie fut la dernière. Dès lors, le roi laissa Mme de Maintenon céder aux observations qui lui étaient faites avec tant de persistance. Il déclara que ni lui ni personne de la cour ne viendrait plus aux spectacles de Saint-Cyr, lesquels se passeraient dorénavant devant les demoiselles seules et la communauté. Mme de Maintenon fit à ce sujet les recommandations les plus sévères. « Renfermez, disait-elle, ces amusements dans votre maison et ne les faites jamais en public sous quelque prétexte que ce soit. Il sera toujours dangereux de faire voir à des hommes des filles bien faites et qui ajoutent des agréments à leurs personnes en faisant bien ce qu'elles représentent. N'y souffrez donc aucun homme, ni pauvre, ni riche, ni vieux, ni jeune, ni prêtre, ni séculier ; je dis même un saint, s'il y en a sur la terre. » On voit combien l'idée des dangers qu'offraient ces représentations théâtrales avaient fait des progrès dans l'esprit de la fondatrice de Saint-Cyr.

Toutefois, en 1691 et les deux années suivantes, le roi demanda à Mlle de Maintenon que les demoiselles vinssent quelquefois à Versailles pour jouer, sans appareil, dans sa propre chambre, en présence des princes du sang et de quelques seigneurs de distinction. Les représentations se firent comme il l'avait demandé. Les demoiselles étaient amenées dans les carrosses du roi et gardées par des dames de la cour, pieuses et âgées ; elles jouaient sans autre parure que leur habit ordinaire, et n'en étaient pas moins applaudies : « On trouva même que la simplicité de leur habit ne gâtoit rien, et qu'il avoit son agrément.[1] Celles qui restoient ici donnèrent en cette occasion des marques de la noblesse de leurs sentiments ; car, sans porter envie à celles qui alloient à Versailles et qui étoient de la tragédie, elles se dépouillèrent de tout ce qu'elles avoient de plus neuf

---

1. C'est la dame de Saint-Cyr qui a écrit les *Mémoires*, Mme du Pérou, qui s'exprime ainsi.

en habits, gants, rubans, etc., et les prêtèrent à leurs compagnes, se faisant un plus grand plaisir de les parer et de faire par là honneur à la maison que si c'eût été elles-mêmes; elles demeuroient ici fort mal vêtues ces jours-là, sans s'en souvenir. Au retour, elles s'empressoient bien davantage à prendre part aux applaudissements qu'avoient eus leurs compagnes qu'à reprendre ce qu'elles avoient prêté... On alla ainsi à Versailles en différents temps, tantôt pour *Athalie*, tantôt pour *Esther*, puis encore pour *Jonathas* dont M. Duché étoit l'auteur. Quant aux spectacles de Saint-Cyr, ils ne cessèrent pas, mais devinrent rares : on jouoit quelquefois dans la classe bleue pour quelques dames que Mme de Maintenon amenoit et qu'elle vouloit amuser agréablement : mais on ne jouoit plus du tout avec appareil ni en autre habit que celui de Saint-Cyr. »

On voit que le chef-d'œuvre de Racine avait été en quelque sorte tenu dans l'ombre et le mystère. Peut-on savoir du moins quelle impression il produisit sur le très-petit nombre de spectateurs qui furent admis à l'entendre? Mme de Caylus dit dans ses *Souvenirs* : « Cette pièce est si belle que l'action n'en parut pas refroidie ; il me semble même qu'elle produisit alors plus d'effet qu'elle n'en a produit sur le théâtre de Paris. » Mais ce témoignage est tardif. Il paraît certain qu'*Athalie* ne fut pas admirée comme elle aurait dû l'être. Mme de Maintenon se déclara pour elle ; on verra, dans la lettre de l'abbé Duguet, que la grandeur de l'œuvre n'échappa point à tout le monde. Si la lettre de Boileau, publiée par M. Aimé Martin, et qu'on trouvera en note, t. VIII, p. 141, était bien authentique, nous aurions un témoignage très-formel du succès d'*Athalie* à la cour. Mais cette authenticité est mise en doute avec grande apparence de raison.

Je ne crois pas que la valeur réelle d'*Athalie* ait été méconnue par des spectateurs d'un goût si fin et si exercé. Il n'est pas vrai non plus, comme on l'a prétendu, que Louis XIV ait été offensé de quelques vers de l'ouvrage. Cette opinion que

M. de Lamartine a développée dans son XIVe *Entretien* ne se soutient pas. Fénelon mettait immédiatement la pièce entre les mains de son élève, le duc de Bourgogne. « J'ai vu, écrivait-il plus tard,[1] un jeune prince, à huit ans (le duc de Bourgogne avait huit ans et demi en mars 1691), un jeune prince, à huit ans, saisi de douleur à la vue du péril du jeune Joas ; je l'ai vu impatient sur ce que le grand-prêtre cachoit à Joas son nom et sa naissance. » Soyez persuadé que si le roi n'avait pas été satisfait d'*Athalie*, s'il y eût aperçu quelque sujet d'ombrage, cette pièce n'eût pas été mise de la sorte immédiatement entre les mains de son petit-fils. Il ne l'eût pas vu aussi souvent d'ailleurs, car, quoiqu'il ne lui ait pas voulu donner l'éclat d'*Esther*, il résulte des documents que nous venons de citer que Louis XIV assista presque une demi-douzaine de fois à la représentation de la nouvelle tragédie sacrée. Il n'eut pas autorisé et favorisé sur le théâtre de Versailles une reprise dont nous parlerons ailleurs.[2] Les satires qui s'attaquèrent à *Athalie* laissent deviner l'approbation royale, en faisant supposer que la charge de gentilhomme ordinaire accordée à Racine au mois de décembre 1690 fut la récompense du poëme qui s'achevait alors :

> Ta famille en est anoblie,
> Mais ton nom ne le sera pas,

disait à ce propos un chansonnier contemporain.

Il est vrai, cependant, qu'*Athalie* n'excita pas cet enthousiasme qui aurait dû faire de la représentation même clandestine de cette incomparable tragédie un événement plus considérable que ne l'avait été celle d'*Esther*. Elle fut imprimée au mois de mars 1691. Le public ne fut pas non plus très-frappé. Mme de Sévigné n'en dit mot. Antoine Arnauld l'admira, mais moins qu'*Esther*. « Pour moi, écrit-il (10 avril 1691), je vous dirai franchement que les charmes de la cadette n'ont pu

---

1. Lettre à l'Académie française.
2. Voy. ci-après, pages 261-264.

m'empêcher de donner la préférence à l'aînée. J'en ai beaucoup de raisons, dont la principale est que j'y trouve beaucoup plus de choses très-édifiantes et très-capables d'inspirer la piété. » La cadette, c'est-à-dire *Athalie*. « On a besoin d'un moment de réflexion, ajoute Sainte-Beuve; on ne se figure pas d'abord qu'*Athalie* soit la cadette de personne. »

Il ne faut pas s'étonner qu'au premier moment le petit nombre ait été seul sensible aux beautés d'*Athalie*. Ces beautés sont si hautes que les esprits même éclairés n'y atteignent pas du premier coup; il y faut une certaine préparation.

L'opinion générale étant ainsi quelque peu déroutée, les ennemis jugèrent l'occasion belle et s'empressèrent de la saisir. Ils décochèrent des couplets, des épigrammes. Il en est une qu'on a attribuée à Fontenelle :

> Gentilhomme extraordinaire,
> Poëte missionnaire,
> Transfuge de Lucifer,
> Comment diable as-tu pu faire
> Pour renchérir sur *Esther*? [1]

Si Fontenelle est vraiment l'auteur de ces vers, il faut avouer qu'ils font peu d'honneur à son esprit. Nous avons cité tout à l'heure les deux derniers vers du quatrain suivant :

> Racine, de ton *Athalie*
> Le public fait bien peu de cas.

---

1. Recueil de Maurepas. Voltaire donne ainsi ces deux derniers vers :
> Pour avoir fait pis qu'*Esther*
> Comment diable as-tu pu faire?

Dans l'édition de Racine commentée par La Harpe, on trouve cette épigramme refaite ainsi d'après, dit-on, un ancien manuscrit :
> Pour expier ses tragédies
> Racine fait des psalmodies
> En style de *Pater noster*.
> Moins il peut émouvoir et plaire,
> Plus l'œuvre lui semble exemplaire.
> Mais pour nous donner pis qu'*Esther*,
> Comment Racine a-t-il pu faire?

Ta famille en est anoblie,
Mais ton nom ne le sera pas. [1]

Ne craignons pas, pour la consolation des auteurs maltraités par leurs contemporains, de multiplier ces monuments de l'injustice publique : un autre rimailleur fit ce sixain, dont la pointe est fort émoussée :

Quand tu récitois *Athalie*,
Je disois d'une âme ravie :
« Racine est poëte excellent; »
Mais quand tout seul j'ai pu la lire,
J'ai dit : « Que l'ouvrage est méchant !
Comment a-t-il pu me séduire ? [2]

L'impression qui paraît bien résulter de l'ensemble des circonstances et des témoignages, c'est qu'*Athalie* fut reçue avec froideur. D'autre part, Racine, il faut le répéter, était soutenu par Boileau, par Mme de Maintenon, par Fénelon, par le prince de Conti. On n'a pas oublié peut-être le mot attribué à Racine, déjà cité t. IV, p. 438. On lui demandait quelle était celle de ses tragédies qu'il estimait le plus : « Je suis pour *Phèdre* et M. le prince de Conti est pour *Athalie*. » On lit dans les anecdotes de Spence (section 1) ce témoignage de Ramsay, qui n'a rien que de vraisemblable : « L'archevêque de Cambrai avait coutume de dire que l'*Athalie* de Racine était la pièce la plus complète qu'il eût jamais lue et que, dans son opinion, il n'y avait rien chez les anciens, pas même dans Sophocle, qui l'égalât. » C'était de quoi rassurer l'auteur, s'il avait pu concevoir quelque doute sur la valeur de son œuvre.

Il en demeura là cependant; il laissa Boyer, Duché, Longepierre, l'abbé Genest, fournir des pièces plus ou moins bibliques (*Jephté, Judith, Jonathas, Absalon, Débora, Saül, Joseph*) aux demoiselles de Saint-Cyr. Faut-il croire que l'accueil fait à *Athalie* le décida à renoncer à de nouvelles

---

1. Même recueil.
2. *Ibid.*

créations? Nature sensible et susceptible, il est bien probable que Racine était aussi découragé de la froideur publique qu'il était animé par le succès. Si *Athalie* avait eu la fortune d'*Esther*, qui sait si Racine, qui vécut huit années encore, ne leur aurait pas donné une troisième sœur?

IV

DERNIÈRES QUERELLES LITTÉRAIRES.

Il rentra dans le silence. Trois ans après, en 1694, il donna quatre cantiques spirituels pour Saint-Cyr. Ces cantiques, mis en musique par Moreau, le même qui avait fait la musique des chœurs d'*Esther* et d'*Athalie*, furent chantés devant le roi; ils furent admirés comme ils devaient l'être. Ces quatre compositions lyriques couronnent dignement, en effet, la carrière du poëte. Racine, s'il n'a pas produit peut-être tout ce qu'il aurait pu, a du moins ce grand avantage de n'avoir pas dans son œuvre des parties trop faibles, des inégalités trop frappantes. Ses deux premières pièces, si elles n'ont pas toute la perfection de celles qui suivirent, sont déjà très-remarquables. A partir d'*Andromaque*, chaque tragédie se soutient à une même hauteur. Le génie de Racine ne fléchit pas à la fin; il s'élève jusqu'à sa dernière création. Et ces quatre cantiques, qui furent le chant du cygne, comme dit eoffroy, sont comme un dernier chœur ajouté à *Athalie*.

Quoiqu'il nous apparaisse alors loin du vulgaire et du profane, Racine n'était pas plus qu'autrefois à l'abri des orages qui troublent trop souvent la république des lettres. Cette république n'était pas aussi calme qu'on pourrait croire qu'elle dut être sous le protectorat de Louis XIV. Il y avait une première cause de division: la fameuse querelle des Anciens et des Modernes suscitée par Charles Perrault. Racine était associé à Boileau dans cette querelle, et, comme toujours, il avait le don de s'attirer les plus vives hostilités. Charles Perrault était fortement soutenu par Fontenelle, et pour prouver sa reconnaissance au neveu des Corneille, il réservait à Pierre Corneille toute son admiration. Quoique Racine, dans le discours qu'il avait prononcé à l'Académie, à la réception de Thomas Corneille, eût cherché à effacer, par les éloges donnés à l'auteur du *Cid* ce qu'une ancienne rivalité avait pu laisser de souvenirs amers[1], la vieille question de prééminence se réveilla et fut débattue avec autant d'aigreur que jadis. La Bruyère, ami de Racine, qui fut reçu sur ces entrefaites à l'Académie (15 juin 1693), voulut venger son ami. Il dit dans son discours de réception en passant en revue les illustres académiciens d'alors : « Cet autre vient après un homme loué, applaudi, admiré, dont les vers volent en tous lieux et passent en proverbe, qui prime, qui règne sur la scène, qui s'est emparé de tout le théâtre : il ne l'en dépossède pas, il est vrai, mais il s'y établit avec lui; le monde s'accoutume à en voir faire la comparaison; quelques-uns ne souffrent pas que Corneille, le grand Corneille lui soit préféré, quelques autres qu'il lui soit égalé; ils en appellent à l'autre siècle; ils attendent la fin de quelques vieillards qui, touchés indifféremment de tout ce qui rappelle leurs premières années, n'aiment peut-être, dans *Œdipe*, que le souvenir de leur jeunesse. »

Ce passage et quelques autres du discours du nouvel académicien soulevèrent d'ardentes récriminations. On raconte que le parti opposé à Racine dans l'Académie demanda qu'on supprimât à l'impression les lignes où La Bruyère semblait placer l'auteur d'*Athalie* au-dessus de Corneille; mais que Racine fit dire par Bossuet à ses confrères que, si on lui faisait cette injure, il ne remettrait plus les pieds à l'Académie et se plaindrait au roi. Rien de plus douteux et de plus

---

1. Voy. tome VII, c. ix, et p. 266.

improbable que Racine, à cette époque, après *Athalie,* ait fait preuve d'une telle susceptibilité et qu'il ait donné à Bossuet une mission pareille. Ce sont là de vains bruits qui coururent dans les ruelles littéraires; ils servirent de prétexte à des chansons qui ont été conservées dans le recueil de Maurepas [1].

CHANSON.

PREMIER COUPLET.

Les quarante beaux esprits
Grâce à Racine ont pris
L'excellent et beau La Bruyère,
Dont le discours ne fut pas bon.
Du dernier je vous en réponds,
Mais de l'autre, non, non...

4ᵉ COUPLET.

Avec d'assez brillants traits,
Il fit de faux portraits.
Racine au dessus de Corneille
Pensa faire siffler, dit-on.
Du dernier, etc.

5ᵉ COUPLET.

L'Académie en frémit,
Et dans son courroux dit :
Je vengerai bien ce grand homme,
L'honneur le veut et la raison.
Du dernier, etc.

6ᵉ COUPLET.

Racine, ce franc dévot,
En a fait dire un mot
Par un grand et modeste évêque,
Qui vint menacer en son nom.
Du dernier, etc.

7ᵉ COUPLET.

L'Académie a cédé;
Quelques-uns ont grondé.

1. Bibliothèque nationale. *Chansons historiques,* volume VII, pages 556 et suivantes :

Mais, toujours juste et toujours sage,
Elle a tremblé pour le jeton.
Du dernier je vous en réponds,
Mais de l'autre, non, non.

AUTRE CHANSON.

3ᵉ COUPLET.

Pour Racine et Despréaux,
Leurs portraits sont des plus beaux.
Ils sont flattés à merveille,
Aux dépens du grand Corneille.

4ᵉ COUPLET.

Le *bénigne* Bossuet
Est un prélat tout parfait.
Sa personne est un chef-d'œuvre.
Notre Harlay[1] n'y fait œuvre.[2]

Ce qui faisait à Racine le plus d'ennemis, c'était moins sa supériorité littéraire peut-être que la dévotion qu'il professait. La dévotion étant bien vue à la cour et devenant pour beaucoup un moyen de fortune, les mécontents ne voulurent plus voir dans les dévots que des ambitieux et des hypocrites. Citons encore quelques couplets empruntés au chansonnier de Maurepas, où cette animosité particulière est encore plus accusée que l'autre :

PREMIER COUPLET.

Suis ce que je te conseille :
Sans t'en vouloir prendre au roi,
Souffre que le grand Corneille
Soit mis au-dessus de toi.
— Je ne saurois.
— Qu'il soit en place pareille.
— J'en mourrois.

---

1. « François de Harlay, archevêque de Paris, duc et pair de France, aussi de l'Académie françoise, vint à cette réception. La Bruyère ne dit pas un mot de lui et loua l'évêque de Meaux en sa présence. » (*Note manuscrite.*) Cela nous paraît tout naturel aujourd'hui. On voit que le chansonnier, écho sans doute d'un certain nombre des auditeurs contemporains, en est scandalisé.

2. *Chansons historiques,* vol. VII, p. 437.

2ᵉ COUPLET.

Ta vanité me chagrine.
Loin d'être friand d'honneur,
La dévotion, Racine,
Veut qu'on soit humble de cœur.
— Je ne saurois.
— Fais-en du moins quelque mine.
— J'en mourrois.

3ᵉ COUPLET.

Si tu ne veux pas me croire,
Quitte le dévot sentier;
Reprends ton premier métier.
— Je ne saurois.
— Imprime donc *ton histoire*.[1]
— J'en mourrois.[2]

Un *Noël* de 1697 commence ainsi :

Le célèbre Racine
Après eux arriva;
D'une dévote mine
D'abord il s'écria :
« Seigneur, de ces pécheurs
« Détourne ta colère! »
Et sa dévotion, don, don,
Chacun édifia, là, là,
Hors l'enfant et la mère.

De faire sa fortune
Les moyens sont divers.
Racine en trouvoit une
Dans le fruit de ses vers.
Mais son ambition
N'étant pas satisfaite,
De la dévotion, don, don,
Le masque il emprunta, là, là,
Pour n'être plus poëte.

Rien de plus injuste à coup sûr que ces accusations; Sainte-Beuve a parfaitement montré dans le sixième volume

---

1. L'*Histoire du roi Louis XIV*. (Note manuscrite.)
2. *Chansons historiques*, vol. VII, p. 445.

de son *Port-Royal* combien la dévotion de Racine était sincère et profonde. « Il y a croyance et croyance, dit-il ; celle de Racine était entière et absolue : c'est la vraie. Il avait la foi dans toute la force du mot, la foi des petits et des simples. »

V

RACINE ET PORT-ROYAL.

Racine était si peu dévot par ambition que ce qu'il y avait de particulier dans ses sentiments religieux était précisément ce qui menaçait sa faveur auprès du roi. Attaché à Port-Royal, il ne dissimulait en aucune façon cet attachement. Il allait souvent à Port-Royal des Champs, et chaque année il y menait sa famille à la procession du Saint-Sacrement. Ses filles y étaient pensionnaires. Il rendait de grands services à la communauté. Il s'entremettait auprès de l'archevêque de Paris, M. de Noailles, pour obtenir que l'abbé Roynette, qui était agréable aux religieuses, fût nommé leur supérieur. Il rédigea un mémoire pour la défense des religieuses des Champs, lorsque les religieuses de Paris essayèrent de revenir sur le partage des biens des deux maisons réglé en 1669.

Il était en relations étroites et affectueuses avec l'illustre proscrit du Jansénisme, Antoine Arnauld, avec le P. Quesnel, compagnon de celui-ci, avec Vuillard, leur correspondant, qui, plus tard, devait payer si cher cette correspondance. Il était complètement réconcilié avec Nicole. Il avait formellement condamné la lettre à l'auteur des *Imaginaires,* et, un jour qu'on la lui reprochait en pleine Académie : « Vous avez raison, monsieur, dit-il à celui qui lui adressait ce reproche ; c'est l'endroit le plus honteux de ma vie. » Lorsque son ancien maître fut frappé d'apoplexie, en 1695, Racine accourut de Versailles, apportant des gouttes d'Angleterre qui parurent le ressusciter.

Les témoignages de son dévouement à Port-Royal sont nombreux. Ils lui suscitaient des ennemis dans le camp opposé. Un certain jésuite, régent de troisième au collége de Clermont, osa poser cette question dans une harangue latine : *Racinus an christianus? an poeta?* « Racine est-il chrétien? est-il poëte? » et sur ces deux points conclure négativement.

D'après une anecdote de Louis Racine, le poëte s'étonnait qu'on lui en voulût comme janséniste; il disait à Boileau : « Vous avez loué plus d'une fois dans vos vers des personnes dont les miens ne disent rien. Tout le monde connaît votre rime à *l'ostracisme*. C'est vous qu'on doit accuser, et cependant, c'est moi qu'on accuse. Quelle en peut être la raison? — Elle est toute naturelle, répondit Boileau : Vous allez à la messe tous les jours, et moi je n'y vais que les fêtes et dimanches [1]. »

Fénelon, parlant des visites de la comtesse de Gramont à Port-Royal, écrit, le 30 novembre 1699, au duc de Beauvilliers : « Elle a obligation à ce monastère, elle n'y croit rien voir que d'édifiant; elle a devant les yeux l'exemple de Racine qui y alloit très-souvent, qui le disoit tout haut chez Mme de Maintenon, et qu'on n'en a jamais repris. »

Quoi qu'en dise Fénelon, les sympathies jansénistes de Racine ne furent pas étrangères au refroidissement que Louis XIV lui témoigna. La lettre à Mme de Maintenon, du 4 mars 1698,[2] est très-significative à cet égard. On serait presque tenté de croire qu'il n'y a pas eu d'autre cause de ce refroidissement. Racine parle, il est vrai, au commencement de sa lettre, d'un mémoire qu'il aurait fait remettre au roi au sujet de la taxe extraordinaire imposée sur les charges de secrétaires du roi. Racine en avait acheté une au mois de février 1696. Il semble bien qu'on lui eût fait quelque reproche de la manière dont il avait fait parvenir ses récla-

---

1. Voy. tome VIII, p. 422.
2. Voy. t. VII, p. 482.

mations au roi. Mais évidemment l'affaire n'était pas grave, et si on lui avait cherché querelle à ce propos, c'est qu'on était mal disposé à son égard.

VI

RACINE A-T-IL ÉTÉ EN DISGRACE?

Louis Racine, dans ses Mémoires sur la vie de son père, donne des détails circonstanciés sur l'espèce de disgrâce où serait tombé Racine environ deux ans avant sa mort. A la suite d'une conversation de Mme de Maintenon avec Racine, sur la misère du peuple, Mme de Maintenon lui demanda de lui adresser un mémoire sur ce sujet, lui promettant que ce mémoire ne sortirait pas de ses mains. Racine s'empressa de lui obéir. Louis XIV surprit Mme de Maintenon lisant le mémoire; il voulut en connaître l'auteur. Mme de Maintenon nomma Racine. « Parce qu'il sait faire parfaitement des vers, dit le roi, croit-il tout savoir? et parce qu'il est grand poëte, veut-il être ministre? »

Depuis ce moment, Racine crut s'apercevoir que le roi n'était plus le même avec lui. Il en conçut un profond chagrin. Mme de Maintenon lui avait recommandé de ne pas chercher à la voir. Elle le rencontra un jour dans les jardins de Versailles. Après quelques paroles de consolation, elle lui dit : « Laissez passer ce nuage, je ramènerai le beau temps. — Non, non, madame, repartit Racine, vous ne le ramènerez jamais pour moi. — Mais, reprit-elle, pourquoi vous forger de semblables idées? Doutez-vous de mon cœur ou de mon crédit? — Je sais, madame, quel est votre crédit, et quelles bontés vous avez pour moi; mais j'ai une tante qui m'aime d'une façon bien différente. Cette sainte fille demande tous les jours à Dieu pour moi des disgrâces, des humiliations, des sujets de pénitence, et elle aura plus de crédit que vous. » On entendit en ce moment le bruit d'une calèche. « C'est le roi qui se promène, s'écria Mme de Maintenon, cachez-vous ! » Il se sauva dans un bosquet. Depuis, sa santé ne fit que dépérir.

On a contesté l'exactitude de ce récit ; on a prétendu que ce n'était qu'un roman. « Louis Racine, dit Sainte-Beuve, tout enfant qu'il était à la mort de son père, écouta du moins sa mère, son frère aîné ; il dut recueillir la tradition domestique, et s'il s'est mépris sur quelques points de peu d'importance, le fond doit être vrai. L'impression morale, fidèlement transmise par un témoin si proche, est plus sûre que nos tardives dissertations. Il me paraît hors de doute que Racine a eu ne fût-ce qu'un éclair de disgrâce. »

VII

DERNIERS JOURS ET MORT DE RACINE.

Dire d'autre part que Racine mourut de cette disgrâce, c'est aller bien loin ; elle put seulement hâter les progrès de la maladie. Au mois d'avril 1698, il souffrit de ce qu'il nomme « une espèce de petit érésipèle ». Il se rétablit au bout de quelques semaines ; mais en septembre et octobre il eut une rechute plus grave. Mme Racine, comme on le voit dans la correspondance,[1] est obligée de prendre la plume et d'écrire en sa place à leur fils Jean-Baptiste. « Il ne lui reste plus, dit-elle, qu'une douleur dans le côté droit, quand on y touche ou que votre père s'agite. » La maladie se caractérisa bientôt par une dureté, puis par une tumeur à ce même côté. Le 30 janvier 1699, il écrit à son fils Jean-Baptiste à Versailles qu'il a pu aller encore promener avec Mme Racine aux

---

1. Tome VII, page 243.

Tuileries, mais qu'un point insupportable dans le dos l'obligea de rentrer au plus vite. Tous les détails des derniers six mois de l'existence de Racine sont précisés dans les *Lettres de divers à divers,* depuis la ve jusqu'à la xviiie, où M. Vuillard annonce à M. Préfontaine la mort de son ami.[1]

« Il avoit, nous dit son fils,[2] un exemplaire de ses œuvres sur lequel il avoit corrigé de sa main toutes les expressions et les rimes dont il n'étoit pas content, et mon frère m'a assuré que ces corrections étoient en très-grand nombre. Peu de jours avant sa mort, par un entier détachement d'une réputation qui lui paroissoit frivole, il se fit apporter cet exemplaire et le jeta au feu. Ce fut par un motif tout contraire que Virgile voulut brûler son *Énéide.* »

Sa fin fut absolument chrétienne. Mme de Maintenon, écrivant plus tard à Mme de La Maisonfort, à qui on reprochait un goût trop prononcé pour les raffinements de l'esprit, disait :[3] « Comment surmonterez-vous les croix que Dieu vous enverra dans le cours de votre vie, si un accent normand ou picard vous arrête ; ou si vous vous dégoûtez d'un homme parce qu'il n'est pas aussi sublime que Racine ? Il vous auroit édifié, le pauvre homme, si vous aviez vu son humilité dans sa maladie et son repentir sur cette recherche de l'esprit. Il ne chercha point dans ce temps-là un directeur à la mode ; il ne vit qu'un bon prêtre de sa paroisse. » « Ce prêtre, ajoute Louis Racine en note, étoit depuis longtemps son confesseur ordinaire et le fut jusqu'à la fin (c'était un prêtre de la paroisse Saint-André-des-Arts). Cependant il eut dans sa dernière maladie de grandes obligations à l'abbé Boileau, le prédicateur, qui venoit souvent lui parler de Dieu.[4] »

---

1. Tome VIII, p. 264-275.
2. Lettre de Racine fils à l'abbé d'Olivet, au tome VI des *Mélanges* publiés par la Société des bibliophiles.
3. Recueil des Lettres de J. Racine publié par Louis Racine, 1747, p. 399.
4. Voyez aussi les *Mémoires,* tome VIII, p. 425.

Il eut autour de lui, du reste, de nombreux amis : Vuillard, le médecin Dodart, janséniste, à qui le malade, deux jours avant de mourir, remit le manuscrit de l'*Histoire de Port-Royal*; Valincourt; l'abbé Renaudot; Boileau enfin, à qui il dit en l'embrassant : « Je regarde comme un bonheur pour moi de mourir avant vous. »

Il expira le 21 avril 1699, entre trois et quatre heures du matin, à l'âge de cinquante-neuf ans et quatre mois.[1]

1. Voici les trois principaux actes de l'état civil du poëte :

ACTE DE BAPTÊME.

« Le vingt-deuxième décembre mil six cent trente-neuf fut baptisé Jean Racine, fils de Jean Racine, procureur, et de Jeanne Sconin, tenu sur les fonts par Mre Pierre Sconin, commissaire, et Marie des Moulins.

« *Signé* : F. N. (Frère Nicolas) COLLETET. »
(*Registres de la paroisse Saint-Vaast à la Ferté-Milon.*)

ACTE DE MARIAGE DE RACINE ET DE CATHERINE DE ROMANET.

« Le premier jour de juin mil six cent soixante et dix-sept, après la publication d'un ban, dispense obtenue de monseigneur l'archevêque, le vingt-neuvième du mois précédent, de la publication des deux autres, et permission de fiancer et marier le même jour, furent fiancés et épousés avec les solennités requises M. Jean-Baptiste Racine, conseiller du roi, trésorier de France en la généralité de Moulins, de la paroisse de Saint-Landry, et dame Catherine de Romanet, de cette paroisse, en présence, du côté dudit Racine, de Nicolas Vitart, seigneur de Passy, et de M. Nicolas, sieur des Préaux; et du côté de ladite Romanet, en présence de Claude de Romanet, son frère, et de M. Louis Le Mazier, conseiller et secrétaire du roi et greffier en chef des requêtes, son cousin, et autres.

Signé : RACINE.   CATHERINE DE ROMANET.
         VITART.   LEMASIER.
         DE ROMANET.   ÉLISABETH DE COULANGES (femme
                        de L. Le Mazier).
         N. BOILEAU.   GALLOYS.
         LE MAZIER.   A. LEMAZIER.
         MAZIER.   MARGUERITE LEMASIER.
                C. DE GOUSSENCOURT. »

(*Registres de la paroisse Saint-Séverin.*)

ACTE DE DÉCÈS.

« Le vingt-unième jour d'avril 1699, a été fait le convoi et transport [à]

VIII.

LA TOMBE ET LA FAMILLE.

Son décès fut annoncé dans la *Gazette* du 25 avril en ces termes :

« Le sieur Jean Racine, secrétaire du roi, gentilhomme ordinaire de la maison de Sa Majesté[1], un des quarante de l'Académie françoise, mourut en cette ville le 21 de ce mois, âgé de cinquante-neuf ans, autant recommandable par sa piété que par son esprit, son savoir et son génie merveilleux, qui feront passer ses ouvrages et son nom à la postérité, comme d'un des plus rares hommes de ce siècle. »

Dangeau écrit dans son *Journal* : « Le pauvre Racine mourut à Paris. C'étoit un homme de mérite et illustre par ses ouvrages. Il travailloit à l'histoire du roi; il étoit de l'Académie françoise. Je n'ai jamais connu d'homme qui eût tant d'esprit que celui-là. »

On verra dans la correspondance, quels regrets exprima Louis XIV de la perte qu'il venait de faire[2] et ce qu'en dit Boileau à Brossette. Le roi accorda à la veuve et aux enfants une pension de deux mille livres.

Racine fut, selon le désir qu'il avait exprimé dans son

---

l'église de Port-Royal des Champs de messire Jean-Baptiste Racine, conseiller secrétaire du roi et gentilhomme originaire de sa chambre, âgé de cinquante-neuf ans, décédé le jour même entre trois et quatre heures du matin en sa maison, rue des Marets; et ont assisté audit convoi et transport maître Claude-Pierre Colin de Morambert, avocat en parlement, gendre dudit sieur défunt, et maître Germain Vuillard, bourgeois de Paris, ami dudit défunt, qui ont signé. »

(*Registres de la paroisse Saint-Sulpice.*)

1. On trouvera une rectification sur ce point dans la lettre de Vuillard, du 26 avril 1699. Voy. t. VII, p. 276.

2. *Lettres de divers à divers*, XXI et XXII, t. VIII, p. 278-279.

testament, inhumé dans le cimetière de Port-Royal, non au-dessous de M. Hamon, comme il l'avait demandé, mais au-dessus, parce qu'au-dessous il ne se trouvait pas de place. Une épitaphe composée en français par Boileau, et mise en latin par M. Dodart, fut inscrite sur sa tombe.[1] Une autre épitaphe en latin et en français, par M. Tronchai, est donnée par le *Nécrologe de Port-Royal.* Il semble que les jansénistes, dont l'esprit de rigueur allait s'exagérant parmi les persécutions, aient trouvé l'épitaphe de Boileau trop indulgente et aient inséré l'autre dans le *Nécrologe* à titre de correctif, pour ainsi dire. Il nous paraît inutile de la reproduire. Voici seulement comment la carrière poétique de Racine y est caractérisée : « L'ensorcellement des niaiseries du monde obscurcit le bien qui se trouvoit en ce jeune homme ; et les passions volages de la concupiscence lui renversèrent l'esprit. Bientôt, devenu sans peine, mais malheureusement pour lui, le prince des poëtes tragiques, il fit longtemps retentir les théâtres des applaudissements que l'on y donnoit à ses pièces. Mais enfin, se ressouvenant de l'état d'où il étoit déchu, il en fit pénitence et rentra dans la pratique de ses premières œuvres. Il frémit d'horreur au souvenir de tant d'années qu'il ne devoit employer que pour Dieu, et qu'il avoit perdues en suivant le monde et ses plaisirs. Détestant dans l'amertume de son cœur les applaudissements profanes qu'il ne s'étoit attirés qu'en offensant Dieu, il en auroit fait une pénitence publique, s'il lui eût été permis. »

Boileau dit simplement : « Après avoir longtemps charmé la France par ses excellentes poésies profanes, il consacra ses muses à Dieu et les employa uniquement à louer le seul objet digne de louange. » Cela sans doute ne parut pas suffisant aux puritains. M. Tronchai se chargea d'appuyer sur les erreurs et le repentir du poëte, et l'on voit s'il l'a fait avec

---

1. On la trouvera tome VIII, p, 335 et suiv.

insistance ; mais, quoi qu'en dise le *Nécrologe,* cette épitaphe ne fut pas gravée sur la tombe.

Lorsque Port-Royal, en 1709, eut été détruit, les familles qui avaient des parents dans les sépultures de l'abbaye furent invitées à les exhumer et à les transporter en d'autres lieux. Les enfants de Racine obtinrent, en 1711, de transporter à Saint-Étienne-du-Mont, les restes de leur père. Il y fut inhumé le 2 décembre de cette année, en même temps que MM. de Saci et Antoine Le Maître. La place est indiquée avec précision dans le testament de Mme Racine, qui voulait être mise auprès de son mari : « derrière le chœur... sous la tombe de M. de Bois-Roger et de M. Thomas Dufossé, à côté gauche de la tombe de M. Pascal en regardant l'autel de la Vierge. [1] »

La pierre tombale, sur laquelle était inscrite l'épitaphe faite par Boileau, fut laissée parmi les débris de l'abbaye. Elle fut retrouvée en 1808, dans l'église de Magny-Lessart ou Magny-les-Hameaux, près de Chevreuse, où elle servait de dallage. Les mots *Joannes Racine* avaient été détruits avec le ciseau. Cette pierre resta à Magny jusqu'en 1817. Elle fut portée à Saint-Étienne du Mont, le 21 avril 1818, jour anniversaire de la mort de Racine, en même temps que la pierre tumulaire de Pascal, qui avait été tirée du musée des Petits-Augustins. La cérémonie se fit avec solennité.

La veuve de Racine lui survécut près de trente-trois ans. Elle mourut, à l'âge de quatre-vingts ans, le 15 novembre 1732. Elle fut inhumée, selon son désir, à côté de son mari.

Racine, lorsqu'il expira, n'avait perdu aucun de ses sept enfants.

L'aîné, J.-B. Racine, sur qui son père avait fondé tant d'espérances, renonça de bonne heure à la diplomatie. « Tous les avis que mon père dans ses lettres, dit Louis Racine, [2]

---

1. Testament de Mme Racine, *Lettres inédites de J. Racine,* publiées par l'abbé Adrien de La Roque, 1862, p. 185.
2. Recueil de 1747, p. 402.

donna à mon frère pour se faire à la cour des amis et des protecteurs, furent inutiles à un homme que dominoit l'amour de la solitude, et qui, sitôt qu'il fût devenu son maître, a fui le monde, quoiqu'il y fût fort aimable quand il étoit obligé d'y paroître. M. de Torcy, continuant ses bontés pour lui après la mort de mon père, l'envoya à Rome avec l'ambassadeur de France. Il y resta peu, et, ayant obtenu la permission de vendre sa charge de gentilhomme ordinaire, il s'enferma dans son cabinet avec ses livres et y a vécu jusqu'à soixante-neuf ans, sans presque aucune liaison qu'avec un ami très-capable à la vérité de le dédommager du reste des hommes. On a bien pu dire de lui : *bene qui latuit, bene vixit*. Sans aucune ambition, et même sans celle de devenir savant, son seul plaisir fut de parcourir toutes les sciences, s'attachant particulièrement aux belles-lettres, et s'étant toujours contenté de lire, sans avoir jamais rien écrit, ni en vers, ni en prose, quoiqu'il fût très-capable d'écrire et par ses connoissances et par son style. »

J.-B. Racine mourut à Paris, sans avoir été marié, le 31 janvier 1747.

Marie-Catherine avait épousé, le 7 janvier 1699, M. Colin de Morambert, directeur des fermes à Paris.[1] Elle perdit son mari en 1746 et mourut en 1751, laissant deux filles, dont l'une fut mariée près de Vitry-le-François à M. Jacobé de Naurois d'Ablancourt, et l'autre se fit religieuse.

Anne (*Nanette*), la religieuse de Melun, mourut dans son cloître à une date incertaine. Suivant les traditions de la famille, elle précéda dans la tombe les autres enfants de Racine.

Élisabeth (*Babet*) fit profession en 1700, au couvent de Notre-Dame de Variville, au diocèse de Senlis, et mourut en 1745 ou 1746.

Jeanne-Nicole-Françoise (*Fanchon*) resta auprès de sa mère,

---

1. Voyez sur ce mariage la *Correspondance,* t. VIII, pp. 267-270.

VIE DE RACINE.

à la mort de laquelle elle entra comme pensionnaire à l'abbaye de Malnoue; elle mourut en 1739.

Madeleine (*Madelon*) vécut dans la retraite, ne se maria pas, et mourut en 1741.

Louis Racine avait sept ans à la mort de son père. Élevé par Rollin, il parut se décider d'abord pour l'état ecclésiastique et entra chez les Pères de l'Oratoire; mais au bout de trois ans il revint au monde. Il fut admis à vingt-six ans dans l'Académie des inscriptions et belles-lettres. En 1722, nommé inspecteur général des fermes en Provence, puis directeur des fermes, il résida tour à tour à Marseille, Salins, Moulins et Lyon. Il fut ensuite directeur des gabelles à Soissons et maître particulier des eaux et forêts du duché de Valois. Il épousa en 1738 Marie Presle de l'Écluse, fille d'un conseiller du roi à la cour des Monnaies de Lyon. De ce mariage naquirent un fils et deux filles. Louis Racine composa, pendant qu'il était chez les Pères de l'Oratoire, le poëme de la *Grâce*; le poëme de la *Religion* vit le jour en 1742. Les *Réflexions sur la poésie*, en 2 volumes, et les *Mémoires sur la vie de Jean Racine*, suivis de la correspondance, furent publiés en 1747. Les *Remarques sur les tragédies de Jean Racine*, 2 vol. in-12, en 1752. Le *Paradis perdu*, traduit en français, 3 vol. in-12, en 1755. Une édition de ses œuvres en 6 volumes in-8°, a été faite en 1808. Sa *Correspondance littéraire avec Chevaye de Nantes*, de 1743 à 1757, a été imprimée à Nantes en un volume in-8°, en 1858; et M. l'abbé de La Roque a donné, en 1862, à la suite des *Lettres inédites de Jean Racine*, de nombreuses lettres également inédites de Louis. Louis Racine mourut le 29 janvier 1763.

Son fils, âgé de vingt et un ans, se trouvant sur la chaussée de Cadix au moment du tremblement de terre de Lisbonne en 1755, fut entraîné dans les flots, où il périt. Ses deux filles mariées, l'aînée à M. de Neuville de Saint-Héry, fils d'un fermier général, la cadette à M. d'Hariague, ont laissé toutes deux une nombreuse postérité.

IX

JUGEMENTS SUR RACINE

Nous commencerons par discuter une appréciation singulière, que celui-là même qui fut le plus ferme appui de Racine pendant sa vie, Boileau-Despréaux, aurait laissé échapper en vieillissant. Interrogé par Falconnet, par Boindin, par La Motte, sur ceux qu'il considérait vraiment comme les génies de son siècle : « Je n'en connais que trois, disait-il sans marchander : Corneille, Molière... et moi. — Et Racine? demandait l'interlocuteur un peu étonné. — Racine, répliquait Boileau, n'était qu'un très-bel esprit à qui j'ai appris à faire difficilement des vers faciles. » Duclos, Voisenon, d'Alembert racontent tous trois l'anecdote comme la tenant de témoins dignes de foi.

Il semblerait résulter de là que Boileau lui-même n'avait pas compris le génie de son ami. Je sais bien qu'on a cherché à expliquer ces paroles. « Il faut savoir comprendre, dit Sainte-Beuve, en quel sens Boileau le prenait. Oui, Racine est un *très-bel esprit,* qui connaissait la marche du cœur humain et qui savait en mettre en jeu tous les ressorts. Voilà pourquoi il n'est pas inégal; il était toujours lui; il avait de la force quand il le fallait; il savait toujours où il en était. Corneille et Molière ont eu chacun leur démon. La Fontaine, oublié par Boileau, en avait un. Boileau lui-même avait le sien, et qui avait ses quintes. Racine, lui, n'avait pas un démon déterminé. C'est ainsi que j'entends et que je traduis le mot, un peu singulier, et pourtant bien authentique, de Boileau. »

Malgré cette explication, il y a dans le jugement de Boileau, s'il l'a vraiment formulé en ces termes, une méconnaissance indéniable des dons naturels de Racine. On croirait que

Boileau n'accordait plus à son ami que le mérite d'une apparente facilité, laborieusement acquise. Il avait pu assurément lui apprendre à se contenter moins vite, à viser plus constamment à la perfection; mais il n'avait pu lui enseigner, lui donner ce large souffle poétique que Racine possédait à un bien plus haut degré que Boileau lui-même. Boileau ne sentait donc pas la différence qu'il y avait entre les vers de *Phèdre* et d'*Athalie* et les vers de l'*Art poétique* et du *Lutrin*. Quelque estime qu'on ait pour ceux-ci, il ne viendra jamais à l'esprit de personne de penser qu'ils sont l'œuvre du maître, et les vers de *Phèdre* et d'*Athalie* l'œuvre du disciple. Quand nous nous rappelons seulement des vers comme ceux-ci :

> Dieu d'Israël, dissipe enfin cette ombre.
> Des larmes de tes saints quand seras-tu touché?

nous ne pouvons nous empêcher de sourire de la prétention de Boileau, s'imaginant que ces vers-là sont les fruits de ses leçons.

Mais ce qu'il méconnaissait plus étrangement encore, c'est le génie dramatique de l'auteur d'*Andromaque*. Il se figurait sans doute que ces grands drames qui se développent avec une logique admirable se composaient tout seuls; qu'il ne fallait pas avoir pour cela un don spécial, ou, comme dit Sainte-Beuve, un démon déterminé. Lorsque à vingt-sept ans Racine créait Hermione, et trouvait le plus puissant effet dramatique qu'il y ait dans notre littérature : Hermione, après avoir poussé Oreste au meurtre de Pyrrhus, l'accueillant comme l'on sait :

> Pourquoi l'assassiner? Qu'a-t-il fait? A quel titre?
> Qui te l'a dit?

lorsque Racine inventait ce terrible retour de passion, il n'était qu'un *bel esprit* à qui Boileau avait appris à faire difficilement des vers faciles! Non, vraiment, malgré notre respect pour le législateur du Parnasse, le mot qu'on lui attribue n'est explicable que par les défaillances de l'âge et aussi par les illusions de l'amour-propre.

La plupart des jugements sur Racine se produisirent d'abord sous la forme de parallèles entre Racine et Corneille. De ces morceaux, où la rhétorique a presque toujours une trop grande part, nous ne transcrirons que les plus célèbres; avant tout celui de La Bruyère, si souvent cité :

LA BRUYÈRE.

Corneille ne peut être égalé dans les endroits où il excelle : il a pour lors un caractère original et inimitable ; mais il est inégal. Ses premières comédies sont sèches, languissantes, et ne laissoient pas espérer qu'il dût ensuite aller si loin; comme ses dernières font qu'on s'étonne qu'il ait pu tomber de si haut. Dans quelques-unes de ses meilleures pièces, il y a des fautes inexcusables contre les mœurs,[1] un style de déclamateur qui arrête l'action et la fait languir, des négligences dans les vers et dans l'expression, qu'on ne peut comprendre en un si grand homme. Ce qu'il y a eu en lui de plus éminent, c'est l'esprit, qu'il avoit sublime, auquel il a été redevable de certains vers, les plus heureux qu'on ait jamais lus ailleurs, de la conduite de son théâtre qu'il a quelquefois hasardée contre les règles des anciens, et enfin de ses dénoûments, car il ne s'est pas toujours assujetti au goût des Grecs et à leur grande simplicité ; il a aimé, au contraire, à charger la scène d'événements dont il est presque toujours sorti avec succès : admirable surtout par l'extrême variété et le peu de rapport qui se trouve pour le dessein entre un si grand nombre de poëmes qu'il a composés. Il semble qu'il y ait plus de ressemblance dans ceux de Racine, et qui tendent un peu plus à une même chose ; mais il est égal, soutenu, toujours le même partout, soit pour le dessein et la conduite de ses pièces, qui sont justes, régulières, prises dans le bon sens et dans la

---

1. La Bruyère veut parler ici non de la morale, mais des *mœurs dramatiques*, des *caractères*. (CHASSANG.)

nature; soit pour la versification, qui est correcte, riche dans ses rimes, élégante, nombreuse, harmonieuse : exact imitateur des anciens, dont il a suivi scrupuleusement la netteté et la simplicité de l'action; à qui le grand et le merveilleux n'ont pas même manqué, ainsi qu'à Corneille ni le touchant ni le pathétique. Quelle plus grande tendresse que celle qui est répandue dans tout *le Cid,* dans *Polyeucte* et dans *les Horaces?* quelle grandeur ne se remarque point en Mithridate, en Porus et en Burrhus? Ces passions encore favorites des anciens, que les tragiques aimoient à exciter sur les théâtres, et qu'on nomme la terreur et la pitié, ont été connues de ces deux poëtes. Oreste, dans l'*Andromaque* de Racine, et Phèdre du même auteur, comme l'*Œdipe* et *les Horaces* de Corneille, en sont la preuve. Si cependant il est permis de faire entre eux quelque comparaison, et les marquer l'un et l'autre par ce qu'ils ont eu de plus propre, et par ce qui éclate le plus ordinairement dans leurs ouvrages, peut-être qu'on pourroit parler ainsi : Corneille nous assujettit à ses caractères et à ses idées, Racine se conforme aux nôtres; celui-là peint les hommes comme ils devroient être, celui-ci les peint tels qu'ils sont. Il y a plus dans le premier de ce que l'on admire et de ce que l'on doit même imiter; il y a plus dans le second de ce que l'on reconnoît dans les autres, ou de ce que l'on éprouve dans soi-même. L'un élève, étonne, maîtrise, instruit; l'autre plaît, remue, touche, pénètre. Ce qu'il y a de plus beau, de plus noble et de plus impérieux dans la raison est manié par le premier; et par l'autre, ce qu'il y a de plus flatteur et de plus délicat dans la passion. Ce sont dans celui-là des maximes, des règles, des préceptes; et, dans celui-ci, du goût et des sentiments. L'on est plus occupé aux pièces de Corneille; l'on est plus ébranlé et plus attendri à celles de Racine. Corneille est plus moral, Racine plus naturel. Il semble que l'un imite Sophocle, et que l'autre doit plus à Euripide.

Après La Bruyère, nous donnons la parole à Vauvenargues. Le parallèle de Corneille et de Racine est l'objet de la première lettre de Vauvenargues à Voltaire. Il le retoucha par la suite sur les observations de son correspondant; il ne revint pas toutefois de sa prévention contre Corneille. « Il paraît moins occupé, disait Suard, à caractériser Corneille et Racine qu'à justifier son extrême prédilection pour ce dernier. C'est qu'à sa préférence pour Racine se joignait le sentiment de l'injustice qu'on faisait à ce grand poëte, que généralement on plaçait encore au-dessous de Corneille... Ce qui fait qu'il a dû nécessairement relever davantage les beautés alors moins senties de l'un et les défauts moins avoués de l'autre. » En effet, ce parallèle n'est, au fond, qu'un plaidoyer; ajoutons que ce plaidoyer, à n'en juger que la forme, est certainement un des meilleurs morceaux de la critique du xviiie siècle, et que ce n'est pas une médiocre gloire pour Vauvenargues d'avoir le premier rencontré si juste, au moins en ce qui concerne Racine, que La Harpe et Voltaire lui-même n'ont pu que revenir, après lui, sur des mérites qu'il avait tous sentis et indiqués.

VAUVENARGUES.

Je dois à la lecture des ouvrages de M. de Voltaire le peu de connaissance que je puis avoir de la poésie. Je lui proposai mes idées, lorsque j'eus envie de parler de Corneille et de Racine, et il eut la bonté de me marquer les endroits de Corneille qui méritent le plus d'admiration, pour répondre à une critique que j'en avais faite. Engagé par là à relire ses meilleures tragédies, j'y trouvai sans peine les rares beautés que m'avait indiquées M. de Voltaire. Je ne m'y étais pas arrêté en lisant autrefois Corneille, refroidi ou prévenu par ses défauts, et né, selon toute apparence, moins sensible au caractère de ses perfections. Cette nouvelle lumière me fit craindre de m'être trompé encore sur Racine et sur les défauts mêmes de Corneille; mais, ayant relu l'un et l'autre avec quelque attention, je n'ai pas changé de pensée à cet égard, et voici ce qu'il me semble de ces hommes illustres.

Les héros de Corneille disent souvent de grandes choses sans les inspirer ; ceux de Racine les inspirent sans les dire. Les uns parlent, et toujours trop, afin de se faire connaître ; les autres se font connaître parce qu'ils parlent. Surtout Corneille paraît ignorer que les grands hommes se caractérisent souvent davantage par les choses qu'ils ne disent pas que par celles qu'ils disent.

Lorsque Racine veut peindre Acomat, Osmin l'assure de l'amour des janissaires ; ce visir répond :

> Quoi ! tu crois, cher Osmin, que ma gloire passée
> Flatte encor leur valeur, et vit dans leur pensée ?
> Crois-tu qu'ils me suivroient encore avec plaisir,
> Et qu'ils reconnoîtroient la voix de leur vizir ?
> *Bajazet*, acte I, scène I.

On voit dans les deux premiers vers un général disgracié, que le souvenir de sa gloire et l'attachement des soldats attendrissent sensiblement ; dans les deux derniers, un rebelle qui médite quelque dessein ; voilà comme il échappe aux hommes de se caractériser sans en avoir l'intention. On peut voir, dans la même tragédie, que lorsque Roxane, blessée des froideurs de Bajazet, en marque son étonnement à Atalide, et que celle-ci proteste que ce prince l'aime, Roxane répond brièvement :

> Il y va de sa vie, au moins, que je le croic.
> *Bajazet*, acte III, scène VI.

Ainsi cette sultane ne s'amuse point à dire : « Je suis d'un caractère fier et violent. J'aime avec jalousie et avec fureur. Je ferai mourir Bajazet s'il me trahit. » Le poëte tait ces détails, qu'on pénètre assez d'un coup d'œil, et Roxane se trouve caractérisée avec plus de force. Voilà la manière de peindre de Racine : il est rare qu'il s'en écarte, et j'en rapporterais de grands exemples si ses ouvrages étaient moins connus.

Écoutons maintenant Corneille, et voyons de quelle manière il caractérise ses personnages. C'est le comte qui parle dans *le Cid* :

> Les exemples vivants sont d'un autre pouvoir ;
> Un prince dans un livre apprend mal son devoir.
> Et qu'a fait, après tout, ce grand nombre d'années
> Que ne puisse égaler une de mes journées ?
> Si vous fûtes vaillant, je le suis aujourd'hui,

VIE DE RACINE.

>Et ce bras du royaume est le plus ferme appui.
>Grenade et l'Aragon tremblent quand ce fer brille :
>Mon nom sert de rempart à toute la Castille;
>Sans moi, vous passeriez bientôt sous d'autres lois,
>Et vous auriez bientôt vos ennemis pour rois.
>Chaque jour, chaque instant, pour rehausser ma gloire,
>Met lauriers sur lauriers, victoire sur victoire.
>Le prince à mes côtés feroit, dans les combats,
>L'essai de son courage à l'ombre de mon bras;
>Il apprendroit à vaincre en me regardant faire,
>Etc.
>
> *Le Cid*, acte I, scène VI.

Il n'y a peut-être personne aujourd'hui qui ne sente la ridicule ostentation de ces paroles. Il faut les pardonner au temps où Corneille a écrit, et aux mauvais exemples qui l'environnaient. Mais voici d'autres vers qu'on loue encore, et qui, n'étant pas aussi affectés, sont plus propres, par cet endroit même, à faire illusion. C'est Cornélie, veuve de Pompée, qui parle à César :

>César; car le destin, que dans tes fers je brave,
>Me fait ta prisonnière, et non pas ton esclave;
>Et tu ne prétends pas qu'il m'abatte le cœur
>Jusqu'à te rendre hommage et te nommer seigneur.
>De quelque rude trait qu'il m'ose avoir frappée,
>Veuve du jeune Crasse, et veuve de Pompée,
>Fille de Scipion, et pour dire encor plus,
>Romaine, mon courage est encore au-dessus.
>. . . . .
>Je te l'ai déjà dit, César, je suis Romaine ;
>Et, quoique ta captive, un cœur comme le mien,
>De peur de s'oublier ne te demande rien.
>Ordonne, et, sans vouloir qu'il tremble ou s'humilie,
>Souviens-toi seulement que je suis Cornélie.
>
> *Pompée*, acte III, scène IV.

Et, dans un autre endroit où la même Cornélie parle de César, qui punit les meurtriers du grand Pompée :

>Tant d'intérêts sont joints à ceux de mon époux,
>Que je ne devrois rien à ce qu'il fait pour nous,
>Si, comme par soi-même un grand cœur juge un autre,
>Je n'aimois mieux juger sa vertu par la nôtre,
>Et croire que nous seuls armons ce combattant
>Parce qu'au point qu'il est j'en voudrois faire autant.
>
> *Pompée*, acte V, scène I.

« Il me paroît, dit Fénelon (dans sa *Lettre sur l'éloquence*), qu'on a donné souvent aux Romains un discours trop fastueux... Je ne trouve point de proportion entre l'emphase avec laquelle Auguste parle dans la tragédie de *Cinna,* et la modeste simplicité avec laquelle Suétone le dépeint dans tout le détail de ses mœurs.... Tout ce que nous voyons dans Tite-Live, dans Plutarque, dans Cicéron, dans Suétone, nous représente les Romains comme des hommes hautains dans leurs sentiments, mais simples, naturels et modestes dans leurs paroles, etc. »

Cette affectation de grandeur, que nous leur prêtons, m'a toujours paru le principal défaut de notre théâtre, et l'écueil ordinaire des poëtes. Je n'ignore pas que la hauteur est en possession d'imposer à l'esprit humain ; mais rien ne décèle si parfaitement aux esprits fins une hauteur fausse et contrefaite, qu'un discours fastueux et emphatique. Il est aisé d'ailleurs aux moindres poëtes de mettre dans la bouche de leurs personnages des paroles fières ; ce qui est difficile, c'est de leur faire tenir ce langage hautain avec vérité et à-propos. C'était le talent admirable de Racine, et celui qu'on a le moins daigné remarquer dans ce grand homme. Il y a toujours si peu d'affectation dans ses discours qu'on ne s'aperçoit pas de la hauteur qui s'y rencontre. Ainsi, lorsque Agrippine, arrêtée par l'ordre de Néron et obligée de se justifier, commence par ces mots si simples :

> Approchez-vous, Néron, et prenez votre place :
> On veut sur vos soupçons que je vous satisfasse.
> *Britannicus,* acte IV, scène II.

Je ne crois pas que beaucoup de personnes fassent attention qu'elle commande, en quelque manière, à l'empereur de s'approcher et de s'asseoir, elle qui était réduite à rendre compte de sa vie, non à son fils, mais à son maître. Si elle eût dit comme Cornélie :

> Néron ; car le destin, que dans tes fers je brave,
> Me fait ta prisonnière, et non pas ton esclave ;
> Et tu ne prétends pas qu'il m'abatte le cœur
> Jusqu'à te rendre hommage, et te nommer seigneur...

Alors je ne doute pas que bien des gens n'eussent applaudi à ces paroles, et ne les eussent trouvées fort élevées.

Corneille est tombé trop souvent dans ce défaut de prendre l'ostentation pour la hauteur, et la déclamation pour l'éloquence; et ceux qui se sont aperçus qu'il était peu naturel à beaucoup d'égards ont dit, pour le justifier, qu'il s'était attaché à peindre les hommes tels qu'ils devraient être. Il est donc vrai, du moins, qu'il ne les a pas peints tels qu'ils étaient : c'est un grand aveu que cela. Corneille a cru donner sans doute à ses héros un caractère supérieur à celui de la nature. Les peintres n'ont pas eu la même présomption : lorsqu'ils ont voulu peindre les anges, ils ont pris les traits de l'enfance; ils ont rendu cet hommage à la nature, leur riche modèle. C'était néanmoins un beau champ pour leur imagination; mais c'est qu'ils étaient persuadés que l'imagination des hommes, d'ailleurs si féconde en chimères, ne pouvait donner de la vie à ses propres inventions. Si Corneille eût fait attention que tous les panégyriques étaient froids, il en aurait trouvé la cause en ce que les orateurs voulaient accommoder les hommes à leurs idées, au lieu de former leurs idées sur les hommes.

Mais l'erreur de Corneille ne me surprend point : le bon goût n'est qu'un sentiment fin et fidèle de la belle nature et n'appartient qu'à ceux qui ont de l'esprit naturel. Corneille, né dans un siècle plein d'affectation, ne pouvait avoir le goût juste. Aussi l'a-t-il fait paraître, non-seulement dans ses ouvrages, mais encore dans le choix de ses modèles, qu'il a pris chez les Espagnols et les Latins, auteurs pleins d'enflure, dont il a préféré la force gigantesque à la simplicité plus noble et plus touchante des poëtes grecs. De là ses antithèses affectées, ses négligences basses, ses licences continuelles, son obscurité, son emphase, enfin ces phrases synonymes, où la même pensée est plus remaniée que la division d'un sermon. De là encore ces disputes opiniâtres, qui refroidissent quelquefois les plus fortes scènes, et où l'on croit assister à une thèse publique de philosophie, qui noue les choses pour les dénouer. Les premiers personnages de ses tragédies argumentent alors avec la tournure et les subtilités de l'école, et s'amusent à faire des jeux frivoles de raisonnements et de mots, comme des écoliers ou des légistes.

Cependant je suis moins choqué de ces subtilités que des grossièretés de quelques scènes. Par exemple, lorsque Horace quitte Curiace, c'est-à-dire dans un dialogue d'ailleurs admirable, Curiace parle ainsi d'abord :

> Je vous connois encore, et c'est ce qui me tue.
> Mais cette âpre vertu ne m'étoit point connue :
> Comme notre malheur elle est au plus haut point;
> Souffrez que je l'admire, et ne l'imite point.
> *Horace*, acte II, scène III.

Horace, le héros de cette tragédie, lui répond :

> Non, non, n'embrassez pas de vertu par contrainte;
> Et, puisque vous trouvez plus de charme à la plainte,
> En toute liberté goûtez un bien si doux :
> Voici venir ma sœur pour se plaindre avec vous.

Ici Corneille veut peindre apparemment une valeur féroce, mais la férocité s'exprime-t-elle ainsi contre un ami et un rival modeste ? La fierté est une passion fort théâtrale; mais elle dégénère en vanité et en petitesse, sitôt qu'elle se montre sans qu'on la provoque. Me permettra-t-on de le dire ? Il me semble que l'idée des caractères de Corneille est presque toujours assez grande; mais l'exécution en est quelquefois bien faible, et le coloris faux ou peu agréable. Quelques-uns des caractères de Racine peuvent bien manquer de grandeur dans le dessein; mais les expressions sont toujours de main de maître, et puisées dans la vérité et la nature. J'ai cru remarquer encore qu'on ne trouvait guère, dans les personnages de Corneille, de ces traits simples qui annoncent d'abord une grande étendue d'esprit. Ces traits se rencontrent en foule dans Roxane, dans Agrippine, dans Joad, Acomat, Athalie. Je ne puis cacher ma pensée : il était donné à Corneille de peindre des vertus austères, dures et inflexibles; mais il appartient à Racine de caractériser les esprits supérieurs, et de les caractériser sans raisonnements et sans maximes, par la seule nécessité où naissent les grands hommes d'imprimer leur caractère dans leurs expressions. Joad ne se montre jamais avec plus d'avantage que lorsqu'il parle avec une simplicité majestueuse et tendre au petit Joas, et qu'il semble cacher tout son esprit pour se proportionner à cet enfant; de même Athalie. Corneille, au contraire, se guinde souvent pour élever ses personnages, et l'on est étonné que le même pinceau aît caractérisé quelquefois l'héroïsme avec des traits si naturels et si énergiques.

Cependant, lorsqu'on fait le parallèle de ces deux poëtes, il semble que l'on ne convienne de l'art de Racine que pour donner à Corneille l'avantage du génie. Qu'on emploie cette distinction pour marquer le caractère d'un faiseur de phrases, je la trouverai raisonnable ; mais lorsqu'on parle de l'art de Racine, l'art qui met toutes les choses à leur place ; qui caractérise les hommes, leurs passions, leurs mœurs, leur génie ; qui chasse les obscurités, les superfluités, les faux brillants ; qui peint la nature avec feu, avec sublimité et avec grâce ; que peut-on penser d'un tel art, si ce n'est qu'il est le génie des hommes extraordinaires, et l'original même de ces règles que les écrivains sans génie embrassent avec tant de zèle, et avec si peu de succès ? Qu'est-ce, dans la *Mort de César,*[1] que l'art des harangues d'Antoine, si ce n'est le génie d'un esprit supérieur, et celui de la vraie éloquence ?

C'est le défaut trop fréquent de cet art, qui gâte les plus beaux ouvrages de Corneille. Je ne dis pas que la plupart de ses tragédies ne soient très-bien imaginées et très-bien conduites ; je crois même qu'il a connu mieux que personne l'art des situations et des contrastes ; mais l'art des expressions et l'art des vers, qu'il a si souvent négligés ou pris à faux, déparent ses autres beautés. Il paraît avoir ignoré que, pour être lu avec plaisir, ou même pour faire illusion à tout le monde dans la représentation d'un poëme dramatique, il fallait, par une éloquence continue, soutenir l'attention des spectateurs, qui se relâche et se rebute nécessairement quand les détails sont négligés. Il y a longtemps que l'on a dit que l'expression était la principale partie de tout ouvrage écrit en vers ; c'est le sentiment des grands maîtres, qu'il n'est pas besoin de justifier. Chacun sait ce qu'on souffre, je ne dis pas à lire de mauvais vers, mais même à entendre mal réciter un bon poëme : si l'emphase d'un comédien détruit le charme naturel de la poésie, comment l'emphase même du poëte, ou l'impropriété de ses expressions, ne dégoûteraient-elles pas les esprits justes de sa fiction et de ses idées ?

Racine n'est pas sans défauts : il a mis quelquefois dans ses

---

1. Tragédie de Voltaire.

ouvrages un amour faible qui fait languir son action; il n'a pas conçu assez fortement la tragédie; il n'a point assez fait agir ses personnages; on ne remarque pas dans ses écrits autant d'énergie que d'élévation, ni autant de hardiesse que d'égalité; plus savant encore à faire naître la pitié que la terreur, et l'admiration que l'étonnement, il n'a pu atteindre au tragique de quelques poëtes. Nul homme n'a eu en partage tous les dons. Si d'ailleurs on veut être juste, on avouera que personne ne donna jamais au théâtre plus de pompe, n'éleva plus haut la parole, et n'y versa plus de douceur. Qu'on examine ses ouvrages sans prévention : Quelle facilité! quelle abondance! quelle poésie! quelle imagination dans l'expression! Qui créa jamais une langue ou plus magnifique, ou plus simple, ou plus variée, ou plus noble, ou plus harmonieuse et plus touchante? Qui mit jamais autant de vérité dans ses dialogues, dans ses images, dans ses caractères, dans l'expression des passions? Serait-il trop hardi de dire que c'est le plus beau génie que la France ait eu et le plus éloquent de ses poëtes?

Corneille a trouvé le théâtre vide, et a eu l'avantage de former le goût de son siècle sur son caractère; Racine a paru après lui, et a partagé les esprits; s'il eût été possible de changer cet ordre, peut-être qu'on aurait jugé de l'un et de l'autre fort différemment. — Oui, dit-on, mais Corneille est venu le premier, et il a créé le théâtre. — Je ne puis souscrire à cela. Corneille avait de grands modèles parmi les anciens; Racine ne l'a point suivi; personne n'a pris une route, je ne dis pas plus différente, mais plus opposée; personne n'est plus original à meilleur titre. Si Corneille a droit de prétendre à la gloire des inventeurs, on ne peut l'ôter à Racine; mais si l'un et l'autre ont eu des maîtres, lequel a choisi les meilleurs et les a mieux imités?

On reproche à Racine de n'avoir pas donné à ses héros le caractère de leur siècle et de leur nation : mais les grands hommes sont de tous les âges et de tous les pays. On rendrait le vicomte de Turenne et le cardinal de Richelieu méconnaissables en leur donnant le caractère de leur siècle; les âmes véritablement grandes ne sont telles que parce qu'elles se trouvent, en quelque manière, supérieures à l'éducation et aux coutumes. Je sais qu'elles retiennent toujours quelque chose de l'un et de l'autre; mais le poëte peut négliger ces bagatelles, qui ne touchent pas plus au fond du caractère que la coiffure et l'habit du comédien, pour ne s'attacher qu'à peindre vivement les traits d'une nature forte et éclairée, et ce génie élevé qui appartient également à tous les peuples. Je ne vois point d'ailleurs que Racine ait manqué à ces prétendues bienséances du théâtre : ne parlons pas des tragédies faibles de ce grand poëte : *Alexandre, la Thébaïde, Bérénice, Esther,* dans lesquelles on pourrait citer encore de grandes beautés; ce n'est point par les essais d'un auteur et par le plus petit nombre de ses ouvrages qu'on en doit juger, mais par le plus grand nombre de ses ouvrages et par ses chefs-d'œuvre. Qu'on observe cette règle avec Racine, et qu'on examine ensuite ses écrits : dira-t-on qu'Acomat, Roxane, Joad, Athalie, Mithridate, Néron, Agrippine, Burrhus, Narcisse, Clytemnestre, Agamemnon, etc., n'aient pas le caractère de leur siècle et celui que les historiens leur ont donné? Parce que Bajazet et Xipharès ressemblent à Britannicus, parce qu'ils ont un caractère faible pour le théâtre, quoique naturel, sera-t-on fondé à prétendre que Racine n'ait pas su caractériser les hommes, lui dont le talent éminent était de les peindre avec vérité et avec noblesse?

Je reviens encore à Corneille, afin de finir ce discours. Je crois qu'il a connu mieux que Racine le pouvoir des situations et des contrastes; ses meilleures tragédies, toujours fort au-dessous, par l'expression, de celles de son rival, sont moins agréables à lire, mais plus intéressantes quelquefois dans la représentation, soit par le choc des caractères, soit par l'art des situations, soit par la grandeur des intérêts; moins intelligent que Racine, il concevait peut-être moins profondément, mais plus fortement ses sujets; il n'était ni si grand poëte ni si éloquent; mais il s'exprimait quelquefois avec une grande énergie; personne n'a des traits plus élevés et plus hardis; personne n'a laissé l'idée d'un dialogue si serré et si véhément; personne n'a peint avec le même bonheur l'inflexibilité et la force d'esprit qui naissent de la vertu. De ces disputes mêmes que je lui reproche, sortent quelquefois des éclairs qui laissent l'esprit étonné, et des combats qui véritablement élèvent l'âme; et, enfin, quoiqu'il lui arrive continuellement de s'écarter de la nature, on est obligé d'avouer qu'il la peint naïvement et bien fortement dans quelques endroits; et c'est uniquement dans ces morceaux naturels qu'il est admirable. Voilà ce qu'il me semble qu'on peut dire sans partialité de ses talents; mais lorsqu'on a rendu justice à son génie, qui a surmonté si souvent le goût barbare de son siècle, on ne peut s'empêcher de rejeter, dans ses ouvrages, ce qu'ils retiennent de ce mauvais goût, et ce qui servirait à le perpétuer dans les admirateurs trop passionnés de ce grand maître.

Les gens du métier sont plus indulgents que les autres à ces défauts, parce qu'ils ne regardent qu'aux traits originaux de leurs modèles, et qu'ils connaissent mieux le prix de l'invention et du génie. Mais le reste des hommes juge des ouvrages tels qu'ils sont, sans égard pour le temps et pour les auteurs, et je crois qu'il serait à désirer que les gens de lettres voulussent bien séparer les défauts des plus grands hommes de leurs perfections; car, si l'on confond leurs beautés avec leurs fautes par une admiration superstitieuse, il pourra bien arriver que les jeunes gens imiteront les défauts de leurs maîtres, qui sont aisés à imiter, et n'atteindront jamais à leur génie.

Passons rapidement à des temps plus rapprochés de nous. Cette comparaison, cette balance entre deux grands créateurs dramatiques n'est plus dans le goût de notre époque, où l'on sait fort bien les comprendre et les apprécier tous deux indépendamment l'un de l'autre, sans éprouver nul besoin de rabaisser celui-ci pour grandir celui-là. « Dans la sphère des Corneille et des Racine, dit fort bien un éminent professeur de l'Université, il y a des égaux, il n'y a pas de rang. »

Geoffroy, le critique du commencement de ce siècle qui a suivi pendant de longues années la fortune de Racine au théâtre, qui, à mesure que les tragédies du poëte passaient sur la scène, en a parlé en d'excellents termes, et qui de plus a donné une édition de œuvres de Racine, mérite d'être entendu ici, et nous lui emprunterons une page qui contient en quelque sorte ses conclusions :

VIE DE RACINE.

GEOFFROY.

Racine est l'homme le plus extraordinaire qui ait paru dans la littérature française, par la souplesse de son esprit, la variété de ses talents, et par le génie le plus heureux dont jamais aucun homme ait été doué ; génie remarquable par sa perfectibilité, marquant tous ses pas dans la carrière par des progrès nouveaux, et si naturellement porté à se perfectionner, qu'on serait presque tenté de croire que s'il n'eût point interrompu ses travaux, il eût pu aller encore plus loin qu'*Athalie*. Ce qu'il faut admirer ensuite, c'est la prodigieuse facilité de ce génie, qui se plie avec grâce à tous les genres, à tous les tons, à tous les styles, et qui sait se proportionner à l'âge, au sexe, au rang, au caractère, à la situation de tous les personnages qu'il fait parler : supérieur en cela à tous nos poëtes, à Corneille lui-même. Il n'est pas moins unique par cette heureuse alliance du génie avec le goût, du délire poétique avec la raison la plus sévère : alliance si rare qui ne s'était encore rencontrée au même degré que dans Virgile, et qui établit une merveilleuse conformité de goût et de style entre ces deux écrivains. Racine est notre Virgile, quoiqu'il ait écrit dans un genre bien différent ; et si Virgile fût né de nos jours, il serait notre Racine.

Aussi grand orateur que grand poëte, Racine est l'auteur le plus propre à former l'esprit et le goût. Ses deux dernières tragédies surtout pourraient suffire aux jeunes gens pour les instruire à fond de tous les secrets du grand art d'écrire, et des règles de tous les genres d'éloquence. C'est lui qui a épuré et poli le théâtre, où Corneille avait encore laissé bien des vestiges de barbarie. C'est lui qui a fixé notre idiome poétique, qui a introduit dans notre versification une foule innombrable de tours, de figures et d'expressions qui la rendent plus belle et plus riche en la rendant plus facile, et qui semblent avoir mis la langue française en état de ne plus rien envier aux langues grecque et latine. Dans ses tragédies profanes, il a porté l'art aussi loin que la nature de notre théâtre, nos goûts et nos habitudes nationales le lui permettaient ; il a déterminé le genre de pathétique qui convient à l'esprit et au caractère français ; il a marqué le point qui sépare ce qui est vraiment terrible et touchant, de ce qui n'est qu'horrible, effroyable et dégoûtant, et peut-être, en donnant des exemples, a-t-il rendu plus de services encore à notre littérature, que Boileau en donnant des préceptes.

Ce sentiment d'admiration plénière est le dernier mot du xviiie siècle et il prévaut encore, sans conteste, pendant le premier quart du siècle actuel. Mais quand le mouvement de révolution littéraire s'accusa avec énergie dans les dernières années de la Restauration, ce fut Racine que le romantisme attaqua avec le plus de violence. Quoique son œuvre, dans sa beauté marmoréenne, dût, à ce qu'il semble, être au-dessus de tous les débats, il était dans les destinées de Racine de provoquer les luttes après sa mort comme de son vivant. C'est sur son nom et sur son œuvre que se livrèrent, à cette époque de présomptueuse agitation, les batailles les plus ardentes. On sait à quelles injures se laissèrent emporter les enfants perdus de la nouvelle école. Il nous paraît sans intérêt de rappeler ces gamineries impertinentes, ces insultes qui n'avaient d'autre mérite que de contraster avec le respect universel, ces faciles et grossières audaces, qui n'ont laissé d'autre souvenir que celui d'un scandale et d'un outrage au bon goût et à la gloire nationale.

Racine ne reçut aucune atteinte de ces attaques impuissantes. Il continua de rayonner sur ses « obscurs blasphémateurs ». Et ceux qui s'étaient déclarés ses ennemis eurent le chagrin de voir son théâtre tout entier, grâce à une interprète digne de lui, reparaître à leurs yeux mêmes avec un incomparable éclat et rejeter dans l'ombre les œuvres informes qu'ils avaient voulu lui opposer. Ses défenseurs parlèrent de son génie avec un sentiment plus profond qu'autrefois. Parmi les critiques qui se sont faits le plus hautement les champions de Racine, il faut citer M. Désiré Nisard qui s'exprime ainsi :

D. NISARD.

Racine est un de ces génies accomplis, de la famille des Virgile, des Raphaël, des Mozart; esprits variés, simples, harmonieux, non moins étonnants pour s'être sauvés de tous les défauts que pour avoir réuni toutes les qualités; lumières douces et pénétrantes, qui éclairent les plus ignorants comme les plus versés dans la science des choses humaines, et qui n'éblouissent personne; chez qui nulle qualité n'est poussée jusqu'à son défaut, quoiqu'il y en ait une qui domine et par laquelle ils sont les premiers parmi les hommes de génie, la sensibilité. Car tel est le privilége de cette faculté, que tandis que la raison nous jette dans l'excès du raisonnement, que l'imagination, en grandissant les sensations, les fausse, le cœur ne peut ni trop aimer, ni se développer qu'en s'épurant.

C'est de leur cœur que s'est répandu dans le nôtre cet intérêt plus vif que l'admiration, qui nous fait aimer tout ce qu'ils ont aimé, sentir tout ce qu'ils ont senti. Virgile nous fait compatir aux terreurs de la nature, à l'approche des grandes tempêtes; au plaisir de la terre, quand Jupiter y fait descendre les pluies printanières; aux travaux de l'abeille; aux souffrances de la vigne, dont le fer abat les branches; aux jeunes taureaux rendant leurs âmes innocentes auprès de la crèche pleine d'herbes; à l'oiseau, pour qui les airs mêmes ne sont plus un sûr asile, et que la peste atteint jusque dans la nue.

Je ne puis m'arrêter devant la *Tête de jeune homme*, par Raphaël, sans m'attendrir pour ce charmant adolescent, qui semble rêver à l'entrée de la vie, dont il ignore encore les biens et les maux, et qui se recueille avant l'action.

Mozart me fait revivre tous mes jours; il me rend mes joies d'autrefois sans leur emportement, et mes plaisirs sans leur aiguillon; il me donne une langue pour exprimer les choses qui se dérobent aux langues parlées; il fait de la mélancolie, que dissipe ou aigrit la réflexion exprimée par des paroles, un état de l'âme délicieux qu'on voudrait voir durer toujours. Combien de regrets, de désirs, d'espérances, qu'on ne peut dire à personne, soit qu'on ne les conçoive pas assez clairement, soit qu'il n'y ait aucune amitié dans ce monde pour en recevoir le secret, et qui néanmoins ne laissent pas de peser sur le cœur! Ses chants divins les attirent au dehors, et nous en soulagent.

Le charme de ces quatre grands enchanteurs, Virgile, Raphaël, Mozart, Racine, c'est qu'ils ont beaucoup aimé. « Mon père était un homme tout sentiment et tout cœur, » dit Louis Racine; et il avoue ne pouvoir copier les lettres paternelles « sans verser à tous moments des larmes, parce qu'il me communique, dit-il, la tendresse dont il étoit rempli. » [1] Les vers de Virgile, les tableaux de Raphaël, les chants de Mozart, rendent le même témoignage; comme Racine, ils ont été tout sentiment et tout cœur.

Dans beaucoup de productions du génie, la raison et l'imagination se montrent seules, soit que le sujet n'ait pas appelé le sentiment, soit qu'il n'y paraisse qu'indirectement, par une certaine chaleur d'exécution qui les anime. Inspirées par l'imagination et la raison, c'est à ces deux facultés qu'elles s'adressent; elles excitent l'admiration; elles instruisent; elles ne touchent pas. Il est tel chef-d'œuvre qu'on peut lire tout entier, sans qu'il nous avertisse un moment que nous avons un cœur. Les ouvrages de sentiment ont seuls le privilége de toucher; et s'ils sont les premiers dans l'ordre des productions de l'esprit humain, c'est que, de tous les effets des lettres et des arts, ils produisent le plus grand, qui est de tirer des larmes du cœur de l'homme. L'admiration n'est souvent qu'un ravissement passager et stérile; les plaisirs de la raison peuvent dessécher l'esprit par leur sévérité même; les émotions du cœur sont seules fécondes et durables.

C'est, dans la culture de l'homme moral, la différence entre deux labourages, dont l'un ne fait qu'effleurer le sol, et dont l'autre le retourne à fond.

Le théâtre de Corneille parle surtout à l'imagination et à la raison. Par l'imagination nous sommes émus de la grandeur qu'il imprime à ses personnages, de ce surhumain dont il les a marqués. Par la raison, par l'opinion que chacun de nous a de la sienne, nous sommes touchés de cette quantité de belles sen-

---

1. Mémoires de Louis Racine.

tences, politiques ou morales, dont il a semé leur langage. Corneille sait aussi nous tirer des larmes; mais ce sont des larmes d'admiration plutôt que de sentiment. Il est telle surprise de l'âme qui nous ébranle et nous amollit jusqu'à produire cet effet de tendresse, et nos yeux se mouillent sans que notre cœur soit remué. Ce qui remue le cœur, ce sont les passions, et non cette force d'âme qui les sacrifie au devoir. L'homme, dans Corneille, s'immole à une idée; dans Racine, à sa passion même. Et c'est cette faiblesse, toujours combattue de remords, qui trouble si profondément notre cœur, et qui en arrache, sous la forme de larmes, l'aveu qu'il s'agit bien là de nous, et que ces personnages qui se débattent en vain contre la fatalité des passions, c'est nous-mêmes, dans ces éternels combats où nous sommes si souvent vaincus.....

La vérité, dans la tragédie cornélienne, est plus haute; elle est plus générale dans Racine, par la raison qu'il y a plus d'hommes que de héros. Corneille la tire de ces grands cœurs où les faiblesses humaines n'arrivent que pour y susciter la vertu. Racine la reçoit, comme un aveu, de la conscience même de ces hommes chez qui le mal est mêlé de bien, au-dessous du nombre infiniment petit des héros, au-dessus de cette foule sans nom, qui se conduit par l'imitation, et à qui n'appartiennent ni ses vertus ni ses vices.

La vérité cornélienne n'a guère qu'une expression, une forme, un style : c'est le sublime. Hors des situations héroïques, dont le sublime est en quelque sorte le langage familier, les personnages deviennent douteux, et leur langage obscur et incertain. Les héros de Corneille ne savent pas être des hommes : il semble qu'ils se ménagent pour l'effort que va leur demander le poëte, ou que, cet effort accompli, ils soient épuisés.

L'expression de la vérité, dans Racine, sublime où il le faut, est variée comme cette nature intermédiaire à laquelle il emprunte ses types.

Les belles scènes de Corneille ressemblent à certains chants sublimes, qui consistent en un rhythme simple, formé de quelques accords. Racine, c'est le musicien qui parcourt le domaine infini de l'harmonie, et qui fait jaillir, sous ses doigts inspirés, des chants de tous les caractères.

Les héros de Corneille sont raisonneurs. C'est le tour d'esprit qui leur convenait. Ils sont les gardiens et comme les champions de quelque grande vérité morale à laquelle ils ont dévoué leur vie. Le regard fixé sur cette vérité, toutes leurs pensées sont comme les prémisses d'une conclusion invincible. Tous les obstacles qu'on leur suscite, toutes les difficultés de la situation où ils sont jetés, tous les piéges que leur tend la passion pour les détacher de cette vérité qui les possède, tout cela leur est sophisme; et c'est ainsi qu'ils raisonnent jusque dans l'enthousiasme et le sentiment.

Racine n'a pas de tour de langage particulier : ses personnages sont esclaves de la passion ; et la passion, comme on dit, ne raisonne pas. Non qu'elle parle sans suite dans le théâtre de Racine ; mais elle n'est pas en présence d'une vérité morale plus forte, qui la ramène à la logique d'où elle veut s'échapper. Elle sent; elle s'exprime par des mouvements; toute forme lui est bonne, même celle du raisonnement, quand elle en a besoin pour se débattre contre le devoir qui lui apparaît, et dont elle essaye de s'arracher par des sophismes. Cette diversité de passions et de caractères produit un langage où se mêlent toutes les expressions et toutes les nuances, et où ne domine aucun tour particulier.

Racine nous inspire une autre sorte d'admiration que Corneille. Nous admirons Corneille d'avoir une si haute idée de nous; Racine, de nous connaître si bien. Tous deux étonnent; car il y a de l'étonnement dans toute admiration : le premier, parce qu'il révèle en nous une grandeur que nous ne nous sentions pas; le second, parce qu'il découvre au fond de notre cœur la faiblesse que nous voulions nous cacher.

L'intérêt, dans les pièces de Corneille, c'est celui qu'on prend à des aventures de demi-dieux, qui n'ont de l'homme que le visage. Tant de grandeur nous enlève, sans nous convaincre toujours. C'est à nous-mêmes que nous nous intéressons dans les pièces de Racine. Chaque parole de ses personnages nous trahit, nous arrache des aveux, nous accuse quelquefois. Pourquoi n'en voulons-nous pas à Pyrrhus? Je n'ose le dire. Ne serait-ce pas parce que nous ne nous sentons pas de force à faire autrement? Son manque de foi est d'ailleurs si cruellement expié, que nous pouvons nous intéresser à lui honorablement : en nous faisant solidaires de sa faute, nous souscrivons à son châtiment. Ainsi, l'effet moral des deux théâtres est le même : il y a le même profit pour la conscience à reconnaître la justice de l'expiation qu'à applaudir à la justice de la récompense.

Je me figure l'impression d'un spectateur éclairé, revenant de la première représentation d'*Andromaque*. Sous une fable brillante et populaire, il vient de reconnaître des événements de la vie réelle. Sous les noms de la Grèce héroïque, il a vu l'homme de tous les temps. Sa conscience approuve le triple châtiment qui ôte la raison ou la vie à trois des personnages principaux, coupables d'avoir sacrifié le devoir à la passion. Mais son cœur est ému de pitié au souvenir de leurs combats, du prix dont ils payent les passagères douceurs de leurs espérances; car, dans cet admirable ouvrage, la peine suit d'aussi près la faute que l'ombre suit le corps, et ces tristes cœurs ne goûtent pas un moment de joie qui soit pur de regret ou de crainte. Notre spectateur les a blâmés et les a plaints. La seule Andromaque lui a paru admirable par cette fidélité à son devoir, qui met dans sa dépendance les trois personnages qui ont manqué au leur. Enfin l'illusion du temps où se passe la fable, la condition des personnages, ne lui ont pas caché les traits par lesquels ce drame ressemble à tant de drames domestiques, dont les acteurs sont inconnus, et dont le théâtre est notre propre maison : des amours malheureux; des cœurs rebutés; une femme passionnée, qui se sert de l'amant dédaigné pour se venger de l'amant aimé; l'amour faisant rompre la foi jurée; une Andromaque, une jeune mère, belle de sa jeunesse et de son malheur, qui se donne en frémissant au protecteur de son fils.

Était-ce donc là de la tragédie rabaissée? Personne ne le crut, sauf dans les compagnies où l'admiration pour le vieux Corneille rendait toute nouveauté incommode. Racine ne rabaissait pas la tragédie, il la rendait plus générale, il la rapprochait de toutes les conditions. Qu'y a-t-il donc de plus noble que notre cœur? Et que serait-ce pour nous qu'une tragédie qui s'accomplirait entre des personnages inaccessibles, agités de passions ou capables de vertus sans aucune ressemblance avec les nôtres?....

La grande nouveauté de ce théâtre, c'est qu'à la différence de celui de Corneille, où les situations font les caractères, ici les caractères font les situations. Racine ne tient aucun personnage pour connu avant le lever du rideau; ceux dont les noms sont le plus populaires viennent sur la scène se faire reconnaître par la peinture même de leurs sentiments. Leurs noms ôtés, ils vivraient encore comme types. Sous l'empire irrésistible de leur caractère et de leur passion, ils marchent à l'événement sans langueur, sans relâchement, sans qu'il y ait une parole perdue, sans que le caractère s'interrompe un moment. Les situations, dans Racine, sont préparées de plus loin par les passions qui vont les rendre inévitables; elles sont plus prévues que dans Corneille : aussi les trouve-t-on moins frappantes. La négligence des scènes intermédiaires, dans Corneille, nous rend plus impatients d'arriver aux principales, ce qui ajoute à l'effet de ces dernières. Voilà pourquoi l'on se souvient plus des dénoûments dans Corneille, de l'action dans Racine. Les coups que frappe le premier sont plus soudains et plus forts; le second, en préparant les siens, en affaiblit l'effet sur l'imagination; mais il les rend plus sensibles pour la raison. Si l'on sort plus étonné d'une pièce de Corneille, on sort plus ému et plus instruit d'une pièce de Racine.

C'est par cette supériorité dans l'analyse des caractères, outre la tendresse de cœur qui lui était propre, et le goût de son temps, que Racine a donné une si grande part aux femmes dans son théâtre. Les deux tiers de ses pièces ont pour premier rôle une femme dont elles portent le nom. Agrippine, Roxane, Monime, auraient pu donner leurs noms à *Britannicus,* à *Bajazet,* à *Mithridate.* Sur ce point, Corneille avait laissé presque tout à faire à son successeur : les femmes, dans ses pièces, sauf Chimène et Pauline, sont des hommes. Il l'avouait lui-même ; et, dans une boutade contre les succès de Quinault, il se loue d'avoir mieux aimé élever les femmes jusqu'à l'héroïsme viril, que d'avoir rabaissé les hommes jusqu'à la mollesse des femmes.

Corneille, en ne souffrant que des femmes capables de l'héroïsme des hommes, suivait sa nature et son système. Esprit plus vigoureux que délicat, plus subtil que pénétrant, plus porté à l'enthousiasme qu'à l'analyse, il n'avait pas la curiosité tendre et patiente qui nous fait lire au fond de ce mystère de mobilité et de persévérance, de dissimulation et d'abandon, d'amour et de haine, d'ambition et de dévouement, que recèle le cœur d'une femme. La tragédie de Corneille, dont la principale beauté est dans le sacrifice de la passion au devoir, ne pouvait pas s'accommoder de caractères chez qui le devoir n'est le plus souvent que de l'amour. Ce n'était pas assez, pour le surhumain de ses situations, de la force fébrile et passagère que tirent les femmes de leur exaltation même. L'héroïque sang-froid d'un Rodrigue, d'un Horace, d'un Auguste, d'un Polyeucte, immolant leur passion ou s'immolant eux-mêmes à un devoir, à une politique ou à une foi, convenait mieux à Corneille que cet héroïsme d'emportement, dont le suprême effort n'est le plus souvent que la vie sacrifiée à la passion.

Racine, en donnant de grands rôles à toutes les femmes de son théâtre, et le principal rôle à quelques-unes, obéissait également à son tour d'esprit, et aux conditions de cette tragédie plus humaine où les situations naissent du développement des caractères. Génie plus étendu, plus profond, plus délicat, il aimait à chercher au loin dans la vie passée, ou au plus enveloppé du cœur de ses personnages, les causes et les caractères de la passion qui devait les précipiter. Il se plaisait à développer cette logique des passions, par laquelle les actes sortent de la succession et du combat des pensées. Il l'avait étudiée dans son propre cœur, où ses maîtres de Port-Royal lui avaient appris à lire sans complaisance ; il l'avait reconnue dans la fatalité du théâtre antique. Son dessein étant de montrer sur la scène les effets de la passion, et plutôt le mal qu'on se fait en y cédant que la gloire de la résistance, il dut choisir, parmi tous les cœurs sujets à ses ravages, celui où la passion est toute la vie morale, le cœur d'une femme.

Quel spectacle plus attachant pour cette âme si tendre que cette lutte de la femme entre toutes les contraintes de sa nature et de sa condition, et l'entraînement irrésistible de ses passions ! Il s'y formait à ces délicatesses du langage, expression des alternatives de cette lutte, reflets de la mobilité du cœur, où nul poëte n'a excellé autant que lui. On l'a appelé le peintre des femmes; et ce n'est pas une petite gloire que les femmes n'y aient pas contredit, et qu'elles aiment mieux se reconnaître aux faiblesses charmantes qu'il leur donne qu'à l'héroïsme dont les a dotées Corneille.

N'y eût-il dans le théâtre de Racine que cette vérité des rôles de femmes, ce serait assez pour le mettre au premier rang dans son art. Un caractère de femme, un portrait de femme, une statue de femme, voilà l'écueil ou le triomphe du poëte et de l'artiste. La perfection d'un ouvrage de ce genre est la suprême beauté dans les arts. Est-ce parce qu'il a plu aux hommes d'attacher la plus grande gloire au mérite de représenter l'objet de leurs plus chères complaisances? Est-ce parce que rien n'est plus difficile que d'exprimer ce qu'il y a d'ardeur et de délicatesse dans l'âme d'une femme, de finesse et de lumière sur son visage, de suavité dans ses formes, et qu'il faut, pour y réussir, joindre à la raison et à l'imagination la plus rare sorte d'intelligence, celle du cœur? Nous donnons le prix à celui qui a su exprimer l'idéal dans la personne d'une femme. On en jugeait ainsi chez les anciens, quoique la femme n'y fût pas l'égale de l'homme. Combien plus dans nos sociétés modernes, où les mœurs et la religion lui ont rendu son rang, et où l'union de la beauté morale et de la beauté physique compose l'idéal de la femme?

Mais c'est cet idéal qu'on reproche à Racine, transportant dans une fable grecque, juive ou romaine, des caractères de femme façonnés par la société moderne. Il faut bien souffrir un peu de mensonge dans les ouvrages d'art. Si l'on n'y peut pas faire entrer à la fois la vérité locale et la vérité telle que la connaît un grand poëte dans un grand siècle, il faut savoir se passer de la vérité locale. J'aime mieux que les personnes pèchent par le costume que par le fond. Le manque d'exactitude dans le costume ne touche que les savants; des caractères mal développés ou incomplets, des personnages qui ne diraient pas tout ce qu'ils doivent sentir, des passions écourtées, des sentiments sans nuances, choqueraient, dans un parterre moderne, tout ce qui a du cœur et de la raison. Demandez aux spectateurs qui assistent à une pièce de Racine, s'ils trouvent qu'Andromaque en dit trop pour la fille d'un roi qui menait paître ses bestiaux. Ils vous répondront d'abord qu'ils ne connaissent pas cette particularité de l'histoire d'Andromaque; ensuite, qu'une mère, Andromaque ou toute autre, n'en peut trop dire pour sauver son enfant, et que Racine n'a fait que connaître à fond le cœur maternel...

Je conviens que ces jeunes filles grecques, juives ou romaines, dans la fable de Racine, sont plus françaises que de leur pays, plus contemporaines du siècle de Louis XIV que de la Grèce héroïque ou de la Rome des Césars. Mais mon plaisir n'en est point gâté. Est-il quelque peinture authentique de la véritable fille d'Agamemnon, de la Bérénice dont parle Suétone, de Junie, la plus agréable de toutes les jeunes filles, comme l'appelle Sénèque, de la Monime de Plutarque, qui valût mieux que ces aimables et charmantes filles, belles comme les originaux qui les ont inspirées, mais plus ingénieuses, et sachant mieux lire dans un cœur plus profond? Comme personnages historiques, elles pourraient intéresser la curiosité; comme types, on les aime. Et si c'est ainsi que nos filles sentent et s'expriment, j'en suis bien vain pour la France, puisqu'elle a inspiré à l'un de ses plus grands poëtes les plus nobles types de la jeune fille...

Là est la vérité du poëme dramatique. Nous vivons dans une si profonde obscurité sur nous-mêmes, et avec un si violent besoin de nous connaître, que l'excellence de l'art est de nous apprendre qui nous sommes et avec qui nous vivons. Et tel est le charme de la vérité pour les mortels, qu'ils applaudissent à la peinture de leur propre misère, et qu'ils se consolent presque de souffrir, en sachant pourquoi ils souffrent. La vérité, au théâtre, est toujours un aveu sur nous-mêmes, pénible ou doux, qui tantôt nous est arraché comme un cri de douleur, tantôt nous échappe comme un soupir de joie. Quiconque sort d'une représentation théâtrale sans y avoir été autant acteur que spectateur, est incapable de ce noble plaisir. Ne disons pas qu'on rabaisse l'art en lui donnant l'office d'un enseignement : il n'y a rien de plus grand que le cœur du plus simple des hommes. L'art, qui est sorti de l'homme, aurait-il la prétention d'être plus haut que son origine? Pourquoi Dieu, dans la Genèse, prend-il la parole, si ce n'est pour nous parler de nous?...

Que penserait Racine, lui qui ne se souciait que de l'invention, de tous ces éloges qu'on fait de son talent d'écrire? Il faut le prendre au mot. Les vers ont été pour lui le travail secondaire; le travail principal, c'est la pensée, c'était le plan. Trouver des caractères, les engager dans des intérêts naturels et contradictoires, faire sortir de cette lutte des situations vraisemblables et un événement suprême qui punît ou récompensât chacun selon ses actes, voilà où portait tout l'effort de Racine. C'est le travail de l'architecte qui dessine et fonde l'édifice, comparé à celui de l'ouvrier qui le bâtit.

En donnant beaucoup d'admiration aux vers de Racine, on ne loue dans ses ouvrages que ce qu'il en estimait le moins. Pour le juger à son prix, il faut fermer les oreilles aux séductions de sa poésie, et chercher, sous les grâces de l'exécution, ce travail de fondation, qu'il en regardait comme la meilleure partie. Alors seulement on connaît le génie de Racine, et l'on s'étonne plus de la force de ses plans que de la beauté de ses vers...

L'admiration n'a rien laissé à dire d'essentiel sur le langage de Racine. La variété de ce style, qui en est la qualité la plus éminente, ce mérite de force où la force sied; cet éclat tempéré, ces grâces, cette vigueur, cette souplesse, cette mollesse même où la situation le veut, qu'est-ce autre chose que la conformité du langage dramatique avec la vie? La langue de Racine est celle de ses personnages. Il l'a tirée du fond de ces cœurs que troublent des passions si diverses, et qui sont à la fois les plus agités et les plus exercés à lire en eux-mêmes. On a dit qu'il avait créé d'innombrables rapports de mots; qu'il avait été tout à la fois le plus hardi et le plus sage des novateurs; qu'aucun n'a plus risqué que lui; qu'il excelle dans le style elliptique. J'aimerais mieux qu'on l'eût loué de n'avoir point songé à tout cela, mais bien d'avoir rencontré naturellement toutes ces richesses de l'expression, en ne cherchant que la vérité des sentiments.

Cette variété, image de la diversité des caractères et des passions, échappe à plus d'un esprit trop prévenu pour certaines qualités particulières du style, pour la force, par exemple, ou par l'éclat des figures. J'ai vu des gens d'esprit que leur admiration pour Corneille, qui est hors de pair dans les endroits de force, rendait injustes pour Racine. Je les compare à ceux qu'un goût opposé, et également exclusif, pour la pureté du langage, fâche contre Corneille, et qui sont près de lui faire un crime d'avoir laissé quelque chose à perfectionner, et de n'être pas à la fois Corneille et Racine. Mais on fait moins de tort à Racine en lui préférant la force de Corneille, qu'en admirant avec excès la pureté de son langage. Écrire purement en vers, au temps de Corneille, c'était inventer; au temps de Racine, c'était suivre.

Croire qu'on lui a donné son rang quand on l'a appelé le plus harmonieux des poëtes, n'est pas une moindre injustice. Qui donc songe à l'harmonie en lisant les rôles de Néron, d'Acomat, d'Athalie, de Phèdre, d'Hermione? J'ai peur qu'on n'accorde si libéralement à Racine le privilége d'une qualité dominante, que pour lui refuser les autres. L'harmonie de Racine, pas plus que la douceur de Virgile, n'amollit l'expression des sentiments qui veulent de l'énergie. Mais dans ces deux divins poëtes les nuances sont si justes et l'œuvre entière si harmonieuse, que l'impression dernière est une certaine douceur par laquelle je veux bien qu'on les distingue, mais non pas qu'on les résume.

C'est la douceur, ou, pour parler plus juste, la plénitude que nous éprouvons à la vue d'un de ces grands paysages où la nature a réuni tous les contrastes, depuis les âpres rochers qui portent encore l'empreinte primitive de la création, jusqu'aux paisibles campagnes dont le travail de l'homme renouvelle incessamment l'aspect.

Cette qualité suprême n'appartient qu'aux génies du premier ordre. Ne faisons pas de comparaisons, pour n'exciter pas de disputes; mais n'hésitons pas à dire que ce mérite d'harmonie et de douceur n'est que l'effet de la réunion de tous les autres, et que ce qu'entendent par là ceux qui y regardent de près, c'est la perfection. Mais tel est le propre de la perfection, que les uns ne la voient pas, et que les autres ne la supportent pas. Les premiers aiment mieux le génie qui fait des chutes, parce qu'au moment où il tombe il se rapproche d'eux. Les seconds apportent dans l'art l'esprit de la démocratie : la perfection, c'est du privilége, c'est de l'autorité; ils la nient. Le plus grand nombre, fort heureusement, la reconnaît et l'adore. Les débats qu'elle soulève passent, et elle demeure ; et l'esprit humain est grand tant qu'il en conserve le sens.[1]

M. Sainte-Beuve est revenu à plusieurs reprises sur

---

1. *Histoire de la littérature française*, t. III.

Racine. Il a commencé par céder un peu à des influences de parti. Les articles qu'on trouve dans le recueil des *Portraits littéraires*, et qui datent de 1829 et de 1830, ne sont pas d'une justesse irréprochable. Il les a par la suite corrigés, désavoués sur plusieurs points; et dans son *Port-Royal* il a donné sur Racine un jugement mûri et approfondi que nous transcrivons :

SAINTE-BEUVE.

Depuis l'entière rupture de Racine avec Port-Royal jusqu'à sa réconciliation, treize ans environ se passèrent, dont dix, depuis *Andromaque* jusqu'à *Phèdre* (1667-1677), de la plus belle, de la plus complète gloire littéraire, dix années marquées par sept chefs-d'œuvre : *Andromaque, Britannicus, Bérénice, Bajazet, Mithridate, Iphigénie, Phèdre,* parmi lesquels les moindres mêmes comme *Bérénice,* par leur nuance particulière, font à ravir dans l'ensemble de l'œuvre.

Andromaque, par où s'était ouverte cette série glorieuse, eut presque le succès du *Cid* auprès des générations jeunes et amies du jeune règne, qui voulaient, à leur tour, avoir leur théâtre à elles et leur poëte; elle inaugura une nouvelle ère dramatique comparable à celle qui avait vu le *Cid, Horace, Cinna, Polyeucte;* — quelque chose de moins imprévu, de moins éclatant, de moins héroïque, de moins transportant, mais d'aussi beau, d'aussi passionné, de plus soutenu, de plus en accord dans toutes les parties, de plus égal et de plus naturel en noblesse et en élévation, et qui se développera sans fatigue et sans heurt à chaque récidive de talent; qui montera de gré en gré sans échec et sans chute jusqu'à son couronnement suprême; qui enfin, sans sortir jamais de l'élégance continue, atteindra son genre de sublimité aussi.

On a tout dit de Racine, surtout en ce qui comprend cette époque toute littéraire de sa vie; je ne parlerai que de l'ensemble et du jugement même auquel j'en suis venu sur la nature et la marque générale de son génie.

Ce qu'il ne faut jamais perdre de vue quand on juge Racine aujourd'hui, c'est la perfection, l'unité et l'harmonie de l'ensemble : ce qui en fait la principale beauté. A prendre les choses isolément et par parties, on se tromperait bientôt; le caractère essentiel échapperait, et l'on prononcerait à côté. Au contraire, à bien sentir cette perfection de l'ensemble, cela devient une lumière générale qui réfléchit sur chaque détail, et qui l'éclaire.

Depuis longtemps, le détail triomphe ; on le brode, on l'amplifie, on le pousse à bout, et l'on se croit bien grand par toutes ces richesses l'une sur l'autre accumulées. Erreur ! le bel art ne ne se comporte pas ainsi ; il ne calcule pas de la sorte, et il a son secret plus intérieur. Son trésor ne se compose pas d'innombrables et splendides détails additionnés et qui font tas : en définitive, ces trésors-là sont un peu trop pareils à ceux des rois barbares. J'ai moi-même donné quelque peu d'abord dans l'illusion ; en comparant telle tirade de Racine à telle tirade de Hugo, tel couplet des chœurs d'*Athalie* à telle strophe de Lamartine, j'ai cru voir une supériorité de couleur, de trait, de poésie enfin, dans le moderne. Mais comme, en poussant cela un peu plus loin, il en serait résulté que presque le moindre d'entre les modernes, pour peu qu'il eût de ce qu'on appelle imagination, eût été (au moins pour le style poétique) supérieur à Racine pris ainsi en détail, j'ai été effrayé de cette énorme supériorité de richesse que nous avions, et qui sautait si vite aux yeux ; cela m'a ramené au seul point de vue qui soit juste pour apprécier l'art de ce grand poëte, et en général toute espèce d'art.

L'unité, la beauté de l'ensemble chez Racine, se subordonne tout. Dans les moments même de la plus grande passion, la volonté du poëte, sans se laisser apercevoir, dirige, domine, gouverne, modère. Il y a le calme de l'âme supérieure et divine, même au travers et au-dessus de tous les pleurs et de toutes les tendresses.

C'est là un genre de beauté invisible et spirituelle, ignorée des talents qui mettent tout en dehors : même quand ce qu'on met en dehors serait le plus beau et le plus riche du monde, il y a toujours entre cette dernière manière et l'autre la même différence à peu près qu'entre le monde de l'idolâtrie, du paganisme ou, si l'on aime mieux, du panthéisme le plus efflorescent, et le monde accompli tel qu'il existe pour qui le voit avec les yeux d'un Platon ou d'un Fénelon, pour ceux qui croient à la création distincte, qui maintiennent l'homme souverain, et roi avant tout, en tête de son ordre, et (s'y mêlât-il même de l'illusion humaine) au centre de la sphère et de la coupole rayonnante.

Racine est un grand dramatique, et il l'a été naturellement, par vocation. Il a pris la tragédie dans les conditions où elle était alors, et il s'y est développé avec aisance et grandeur, en l'appropriant singulièrement à son propre génie. Mais il y a un tel équilibre dans les facultés de Racine, et il a de si complètes facultés rangées sans tumulte sous sa volonté lumineuse, qu'on se figure aisément qu'une autre quelconque de ses facultés eût donné avec avantage également et gloire, et sans que l'équilibre eût été rompu.

Le cardinal de Retz, en ses *Mémoires,* a dit de Turenne le plus parfait de nos héros, comme Racine est le plus parfait de nos poëtes, et qui a fini par ses plus belles campagnes, comme Racine par sa plus grande tragédie : « M. de Turenne a eu, dès sa jeunesse, toutes les bonnes qualités, et il a acquis les grandes d'assez bonne heure. Il ne lui en a manqué aucune, que celles dont il ne s'est pas avisé. Il avoit presque toutes les vertus comme naturelles; il n'a jamais eu le brillant d'aucune. On l'a cru plus capable d'être à la tête d'une armée que d'un parti, et je le crois aussi, parce qu'il n'étoit pas naturellement entreprenant ; mais, toutefois, qui le sait ? Il a toujours eu en tout, comme en son parler, de certaines obscurités qui ne se sont développées que dans les occasions, mais qui ne se sont jamais développées qu'à sa gloire. »

On ne peut dire de Racine comme de Turenne qu'il n'a pas eu le brillant de ses qualités, mais il n'en a pas eu l'étalage ni l'appareil; il n'en a pas eu l'impétueux et le soudain, comme Corneille, par exemple, l'avait, avec un peu trop de jactance aussi; et il a toujours eu en tout, comme en son parler, non pas de certaines obscurités, mais *de certaines retenues, qui ne se sont développées que dans les occasions et selon les sujets, mais qui ne s'y sont jamais développées qu'à sa gloire.*

Racine est tendre, dit-on, c'est un élégiaque dramatique. Prenez garde ! celui qui a fait la scène du troisième acte de *Mithridate* et *Britannicus,* le peintre de Burrhus, est-il gêné à manier la tragédie d'État et à tirer le drame sévère du cœur de l'histoire?

Ainsi de tout pour Racine : il serait téméraire de lui nier ce qu'il n'a pas fait, tant il a été accompli sans effort dans tout ce qu'il a fait! Pour moi, je me le figure à merveille dans d'autres genres que la tragédie; par exemple, donnant un poëme épique, dans le goût de celui du Tasse ; des élégies, comme les belles et sobres méditations premières, comme les élégies closes de Lamartine; des satires comme la *Dunciade,* de Pope; des épigrammes comme celles de Le Brun; des histoires comme celles, — et bien mieux que celles — que Rulhière a tentées; des romans historiques plus aisés que celui de Manzoni; des comédies comme *les Plaideurs* en pouvaient promettre. Des odes, il en a fait; des *Petites Lettres* comme Pascal, il en a trop bien commencé. Orateur académique, il l'a été, et avec éclat. Et toujours et partout (remarquez!) on aurait le même Racine, avec ses traits nobles, élégants et choisis, recouvrant sa force et sa passion; toujours quelque chose de naturel et de soigné à la fois, et d'accompli, toujours l'auteur sans tourment, au niveau et au centre de son genre et de son sujet.

Mais la forme dramatique était celle que son temps lui offrait la plus ouverte et la plus digne de lui; il y entra tout entier, et au troisième pas il y était maître. Il y versa tous ses dons, et il en reçut des ressorts nouveaux dont il s'aida toujours, dont il ne souffrit jamais. En ne sortant pas un seul instant de l'originalité distincte qu'il portait et cachait dans ses œuvres harmonieuses, en ne cessant jamais de faire ce que lui seul eût pu faire, il marcha toujours, variant ses progrès, diversifiant ses tons, poussant sur tous les points ses qualités même les plus tendres et les plus enchanteresses à une sorte de grandeur, jusqu'à ce qu'il arrivât, après cette adorable suite des Bérénice, des Monime et des Iphigénie, à ce caractère de Phèdre, aussi tendre qu'aucun et le plus passionné, le plus antique et déjà chrétien, le plus attachant à la fois et le plus terrible sous son éclair sacré. [1]

Après avoir invoqué l'autorité des maîtres, nous voulons

---

1. *Port-Royal,* tome VI.

donner l'opinion contemporaine, et pour cela demander à la génération présente et vivante des témoignages divers.

M. TAINE.

Comme Shakespeare et Sophocle, Racine est un poëte national : rien de plus français que son théâtre ; nous y retrouvons l'espèce et le degré de nos sentiments et de nos facultés. L'abolition des mœurs monarchiques a beau lui nuire, même sous notre démocratie, il retrouvera sa gloire ; son génie est l'image du nôtre ; son œuvre est l'histoire des passions écrites à notre usage ; il nous convient par ses défauts et ses mérites ; il est pour notre race le meilleur interprète du cœur...

Certes, s'il est bon de connaître l'homme, il est beau d'embellir l'homme ; des deux voies ouvertes aux artistes, l'une vaut l'autre, et il y a autant de gloire à épurer qu'à créer ; c'est la gloire des Grecs, qui peignaient belles jusqu'aux Furies ; c'est celle de Racine, et nul n'a représenté des âmes plus dignes d'être aimées. Si Shakespeare repose de lui, il repose de Shakespeare ; Monime, Junie, Andromaque, sont des êtres divins, et leur perfection est d'un genre unique, car ce ne sont point des enfants frêles et tendres comme Ophélie ou Imogène, mais des femmes réfléchies, d'esprit cultivé, maîtresses d'elles-mêmes, capables de démêler à travers toutes les obscurités l'utile et l'honnête, d'y atteindre malgré les tentations et les terreurs, de résister aux autres et à elles-mêmes, compagnes égales de l'homme, parce que leur vertu comme la sienne est fondée sur la raison. Si j'avais le pouvoir de ranimer les êtres, ce n'est pas Desdémone que j'évoquerais : elle est trop petite fille ; ni Hamlet : j'aurais mal aux nerfs ; ni Macbeth, Othello ou Coriolan : j'aurais peur ; ni Sévère : il est trop avocat ; ni le vieil Horace : il est trop dur ; c'est Monime que je voudrais voir....

Il y a une singulière beauté dans ce talent de bien dire que n'altèrent point les émotions profondes ; on admire Oreste qui, troublé d'amour et de jalousie, aborde à l'instant Pyrrhus en ambassadeur consommé ; Néron qui, tout jeune et comblé de

haine, démasque Agrippine avec les raisons les mieux choisies
et le dédain le plus poli; Atalide qui, venant s'offrir à Roxane,
invente pour sauver son amant les excuses les plus fines et les
plus touchantes. On trouve en ce talent la marque d'un esprit
supérieur et d'une éducation incomparable; on juge que la passion ainsi dissimulée reste encore véritable et poignante; et l'on
aperçoit l'angoisse secrète que les yeux ni la voix n'ont point
trahie. J'ose même aller plus loin, et je me transporte parmi les
habitudes du XVIIe siècle; j'accepte des conventions dans la
tragédie comme dans l'opéra. Je souffre que Bérénice plaide
sa douleur, puisque dona Anna chante la sienne; chaque art et
chaque siècle enveloppent la vérité sous une forme qui l'embellit
et qui l'altère; chaque siècle et chaque art ont le droit d'envelopper ainsi la vérité. C'est une erreur que de demander à
dona Anna des plaintes sans mélodie; c'est une erreur que de
demander à Bérénice des plaintes sans éloquence; l'une exprime
sa douleur par des notes liées, comme l'autre, par des raisons
suivies, et on n'a rien dit contre l'une ni contre l'autre lorsqu'on
a remarqué contre l'une et contre l'autre que la passion ne s'exprime ni par le développement oratoire, ni par le chant musical.
Il est plus curieux de chercher pourquoi, dans un siècle ou dans
une race, la vérité prend pour ornement et pour expression,
tantôt la beauté et la convention musicales, tantôt la beauté et
la convention oratoires; comment la scène se rattache aux
mœurs, à la littérature, à la religion, à la philosophie et à l'art;
comment le théâtre et le reste prennent leur naissance, leur
forme et leur force dans quelque habitude régnante ou dans
quelque talent national. Celui de Racine est celui de la France;
cela est si vrai qu'on le rencontre déjà dans le bavardage et la
clarté des *mystères;* et dans son théâtre démocratique et chargé
d'images, Victor Hugo, qui croyait le contredire, a *plaidé* comme
lui...

On a blâmé Racine d'avoir peint sous des noms anciens des
courtisans de Louis XIV; c'est là justement son mérite; tout
théâtre représente les mœurs contemporaines. Les héros mytho-
logiques d'Euripide sont avocats et philosophes comme les jeunes
Athéniens de son temps. Quand Shakespeare a voulu peindre
César, Brutus, Ajax et Thersite, il en a fait des hommes du

xvi⁰ siècle. Tous les jeunes gens de Victor Hugo sont des plébéiens révoltés et sombres, fils de René et de Childe-Harold. Au fond, un artiste ne copie que ce qu'il voit, et ne peut copier autre chose; le lointain et la perspective historique ne lui servent que pour ajouter la poésie à la vérité...

Quand on a de l'esprit, on en a partout, et dans la vertu même. Tout le monde peut être honnête, mais tout le monde ne sait pas l'être délicatement. Ce n'est pas tout de faire une belle action, il faut encore la bien faire. La vertu est toujours sur le bord de deux précipices: la niaiserie et l'emphase. Tantôt on lui reproche une sotte roideur, l'ignorance des tempéraments qu'apportent les circonstances, l'application mécanique des maximes sèches dont elle n'entend ni la portée ni le sens; tantôt ou blâme en elle un orgueil déclamatoire, l'étalage insultant de ses titres, l'habitude de s'offrir en modèle et en contraste parmi les faiblesses d'autrui. Les gens du monde passent alors, rebutés ou sceptiques, laissant tomber le mot de pédant ou de matamore, disant tout bas ou tout haut qu'ils voudraient moins de pédagogie et de fanfares, plus de finesse et plus de goût. Telle est l'impression que laissent les héros de Corneille; Polyeucte est un emporté, le vieil Horace un bourru, le jeune Horace un fanatique; je les admire, mais de loin; je ne voudrais vivre avec aucun d'eux. Quant aux femmes, chacun est tenté de leur dire: « Au nom des dieux, madame, puisque vous avez tant de vertu, ne le proclamez pas si souvent, ni surtout si longuement; n'interrogez pas votre âme; n'apostrophez pas votre devoir; soyez simple; je vous louerai davantage quand vous me laisserez libre de vous louer moins. » Chez Racine, la vertu n'est point bruyante; il faut la remarquer pour la sentir. Les belles actions s'y font aisément, doucement, par nature, sans vouloir de témoins, en telle sorte que le personnage n'a pas besoin de s'exalter pour y atteindre, et que la générosité coule de son cœur comme d'une source abondante et ouverte: Junie refuse la main de Néron sans tirades, du ton le plus modeste, en jeune fille et en sujette, sans se juger héroïque, occupée seulement de ne point irriter l'empereur contre son amant. Les bassesses leur répugnent, non par principes, mais par instinct; ils s'en écartent naturellement, comme d'une mauvaise odeur; ils font leur devoir moins pour obéir à une règle que pour suivre un penchant. Dryden, le célèbre poëte anglais, contemporain, se moque de la délicatesse d'Hippolyte qui n'ose révéler à Thésée le crime de Phèdre. « Un tel excès de générosité n'est praticable que parmi les idiots et les fous; tirez Hippolyte de son accès poétique, il trouvera plus sage de mettre la selle sur le bon cheval, et aimera mieux vivre avec la réputation d'un honnête homme franc de langage que mourir avec l'infamie d'un scélérat et d'un incestueux.[1] » Au siècle de Dryden, je le veux, et dans son pays. Mais sa rude plaisanterie et ses phrases grossières suffisent pour marquer la différence des deux siècles et des deux pays. Un prince comme le duc de Bourgogne, élevé par un homme comme Fénelon, aurait tenu la même conduite qu'Hippolyte. Il aurait eu horreur de se rappeler l'action de Phèdre. Si jeune, si purement conservé par une éducation vigilante et pieuse, si assidûment nourri parmi des mœurs délicates, des habitudes de prévenance, et des spectacles de gloire, il « voudrait se cacher ce crime à lui-même »; il n'ose y penser; c'est le renversement de toutes ses croyances; quand même il voudrait le révéler, il ne le pourrait; la parole lui manquerait devant Thésée; il a trop de vénération pour son père et son roi.

> Devais-je, en lui faisant un récit trop sincère,
> D'une indigne rougeur couvrir le front d'un père?
> Vous seule avez percé ce mystère odieux;
> Mon cœur pour s'épancher n'a que vous et les dieux.

Ce seul mot, le dernier, tout chrétien, indique la délicatesse d'une pareille âme; il est devant sa maîtresse comme dans son oratoire. Un amour si pur ne va point sans une piété filiale et une pudeur extrêmes. Et tel est l'amour dans toutes ces tragédies; les sens semblent n'y avoir aucune part; on n'en parle pas même pour en triompher, comme dans Corneille; ce n'est qu'une amitié sublime et plus tendre, qui est contente pourvu qu'elle obtienne en retour une amitié pareille; cette certitude lui suffit et suffit à un dénoûment, au plus touchant de tous, celui de Bérénice. Bérénice sait qu'elle est aimée; c'en est assez pour lui donner la force de consommer son sacrifice, et quand elle le fait,

---

1. Préface de *All for love*.

c'est du ton le plus uni, en l'atténuant, trouvant des raisons contre elle-même, sûre que ceux qui l'écoutent ont le cœur assez noble pour comprendre la noblesse du sien. De même encore dans *Esther* :

> Oui, vos moindres discours ont des grâces secrètes,
> Une noble pudeur à tout ce que vous faites
> Donne un prix que n'ont point les diamants ni l'or.
> Quel climat renfermait un si rare trésor...
> De l'aimable vertu doux et puissants attraits,
> Tout respire en Esther l'innocence et la paix ;
> Du chagrin le plus noir elle écarte les ombres,
> Et fait des jours sereins de nos jours les plus sombres.

Cette louange explique tout leur caractère, il y a là une nuance de beauté que nul peintre n'avait saisie, la délicatesse de l'honnêteté et le tact de la vertu. Celle-ci se soutient devant l'honneur exalté qu'a peint Calderon et les effusions naïves qu'a représentées Shakespeare. Les femmes de Calderon sont des héros, celles de Shakespeare sont des enfants, celles de Racine sont des femmes.

Il en est une, modèle accompli de vertu et de naturel, de passion et d'adresse, de modestie et de fierté, que l'habitude de la mauvaise fortune embellit encore d'une expression plus touchante, Monime, qui, livrée à un roi barbare et reléguée dans une forteresse, attend des hasards de la guerre le moment de sa servitude et de son hymen. Son père l'a donnée ; elle se doit, elle se donne. Mais le profond sentiment de l'oppression où elle est tombée soulève en elle une révolte silencieuse ; quoi qu'il faille subir, son cœur lui reste ; c'est dans cet asile que se sont réfugiées sa volonté violée et sa dignité outragée. Que la force maîtrise et avilisse l'univers, elle n'atteint pas jusqu'à l'âme ; nulle violence ne la conquiert, et nul devoir ne la livre. A travers tous les respects de son langage. Mithridate sent cette résistance cachée, et s'en irrite. Il a beau faire, il n'aura d'elle qu'une obéissance d'esclave, et toutes les terreurs de sa puissance n'arracheront jamais une seule parcelle de ce trésor intérieur sur lequel nulle terreur n'a prise et nulle puissance n'a droit. Elle aime ailleurs, et, trompée par un mensonge du roi, elle s'est trahie ; elle vient d'entrevoir un danger pour sa dignité, et une raison pour sa résistance ; à l'instant elle se sent et se dit libre ; un tranquille sourire apprend au roi quelle estime elle fait de sa conduite, et quel cas elle fait de ses menaces ; n'ayant plus que la force à craindre, elle n'a rien à craindre ; son devoir seul la pliait, et non la peur. Avec toutes les soumissions d'une sujette, et tous les ménagements d'une femme, elle lui fait comprendre la bassesse qu'il a commise et l'impuissance où il s'est jeté. Elle sait ce qu'il lui réserve, elle le lui dit, et bientôt l'éprouve. A ce moment, ce cœur tant opprimé triomphe, sentant que la mort est peu de chose, et jouissant du courage qui l'élève au-dessus des menaces et de la mort.

Ce sont là les finesses et quelquefois les raffinements auxquels les mœurs de société ont donné naissance ; instituées à l'hôtel de Rambouillet, vulgarisées puis discréditées par le bavardage et l'afféterie de Mlle de Scudéry, ces mœurs ont été épurées et exprimées par la délicatesse et l'art de Racine. Bientôt la tragédie en déclin n'en conserva que les bienséances extérieures ; l'imitation répéta ce que le goût avait inventé, et les convenances devinrent des conventions. Mais les mœurs de société, continuant leur œuvre, répandirent dans toute la littérature l'esprit fin qu'elles avaient porté dans le théâtre ; il y en eut tant qu'il y en eut trop ; c'est celui des salons décrits par Montesquieu et Duclos ; c'est celui de Montesquieu et de Voltaire ; c'est celui de tout le XVIIIe siècle. Il est né avec Malherbe, il est mort avec Delille. Une habitude l'a fait, l'usage d'aller en visite l'après-midi, et en soirée le soir...

Quand un écrivain parvient à exprimer parfaitement le génie de son siècle, c'est qu'il l'a ; il se rencontre une correspondance exacte entre la manière de sentir publique, et sa manière de sentir privée. Son esprit est comme l'abrégé de l'esprit des autres, et l'on retrouve plus forts en lui que dans les autres les caractères et les circonstances qui ont formé le goût des contemporains.

Sophocle fut athlète, général, citoyen heureux et honoré au plus beau temps de la florissante Athènes. Tout jeune, après la victoire de Salamine, il chanta le pœan sur la lyre, nu, devant le trophée qu'on venait de dresser sur la plage. Étant plus âgé, il vit en songe Hercule, qui lui montrait l'endroit où était la couronne d'or qu'on avait volée dans l'Acropole ; il alla la chercher et consacra à Hercule Révélateur le talent d'or que la cité avait promis en récompense. Qui ne voit naître au milieu d'une pareille vie le noble opéra lyrique qu'on appelle la tragédie de Sophocle, dithyrambe religieux et patriotique, composé pour des âmes neuves de sculpteurs et de citoyens? Pareillement on est frappé, avant de lire Shakespeare, de sa vie misérable et hasardeuse, des noires légendes, des traditions sanguinaires, du désordre de pensées parmi lesquelles il s'est formé, de l'anxiété fiévreuse, des rêveries sensuelles et douloureuses, du style tourmenté, raffiné et déréglé de ses premières confidences. Ces reploiements de mélancolie ardente, cette surabondance de sensations intenses et brisées, annoncent la profonde science du cœur et le délire de passion qui va produire et dévaster son drame. — Quel contraste, en regard, que la jeunesse de Racine! Il fit régulièrement de bonnes études, à Beauvais d'abord, parmi des gens graves et sensés, puis à Port-Royal, la plus excellente école de dignité, de style et d'éloquence, élève bien-aimé de M. Le Maistre et de M. Hamon, condisciple de grands seigneurs, ami du jeune duc de Chevreuse. Au sortir du collége, il entre chez son cousin, intendant des ducs de Chevreuse et de Luynes, fait une ode en l'honneur du roi, reçoit cent louis, puis une pension de six cents livres, compose une seconde ode qu'il lit au duc de Saint-Aignan, et qu'il porte à la cour. Ne sont-ce point là tous les commencements d'un poëte monarchique? Plus tard, le voilà gentilhomme ordinaire, historiographe, pensionné, auteur des inscriptions qu'on met sous les tableaux de victoires, toujours à la cour ou à la suite du roi, ayant un appartement au château et les entrées, lui faisant la lecture, fort aimé de lui, à la fin composant des tragédies pour Saint-Cyr. Sauf un ou deux oublis, il n'y eut point de courtisan plus fin et plus aimable; il en avait la tournure et toutes les grâces. Louis XIV cita un jour sa physionomie comme une des plus heureuses et des plus belles de sa cour. « Dans sa conversation il n'était jamais distrait, jamais poëte ni auteur; il songeait moins à faire paraître son esprit que l'esprit des personnes qu'il entretenait... Il vécut dans la société des femmes avec une politesse toujours respectueuse. » Il était fort aimé du prince de Condé, du prince de Conti, de Mme de Maintenon; il leur lisait des vers, il dînait à leur table, il logeait à Marly; il vivait dans le plus grand monde. Ses lettres montrent l'homme le plus poli, ayant le tact des nuances et des convenances, toujours aisé et noble dans ses manières et dans ses discours, discrètement et finement moqueur, doué d'un art infini pour louer et pour plaire. Sa mémoire, ses yeux étaient remplis des gestes et de toutes les plus belles façons des seigneurs et du monarque; il les voyait de plain-pied, en égal; il les admirait de cœur, en inférieur; involontairement les traits épars s'assemblaient pour lui en physionomies; les personnages réels se transformaient en figures idéales; les souvenirs nourrissaient l'imagination, et le théâtre imitait la cour...

Quand je veux me figurer Racine, ce n'est point à sa table, occupé à mettre en vers le plan de sa tragédie; il n'y a là que le labeur et le métier; c'est le soir, revenant de la cour ou de Saint-Cyr, vers cette triste rue Saint-André-des-Arts, ou des Maçons-Sorbonne, l'esprit rempli des nobles figures qu'il avait vues et des nobles sentiments qu'il y devinait ou qu'il y supposait. C'est dans ces moments qu'il a été heureux, se rappelant un geste, un fin sourire, la pudeur d'une rougeur subite, la générosité d'un silence et ces mille témoignages de l'âme qui, pour être réprimés, n'en sont que plus forts. C'est pendant que la voiture longe les plates cultures et les longues rangées d'ormes poudreux, qu'un personnage se lève de lui-même dans l'imagination inattentive, se reforme, se développe, agit, tellement qu'on le hait ou qu'on l'aime, et qu'ensuite on attend son retour comme celui d'un ami ou d'un ennemi. C'est alors qu'il était lui-même au spectacle, et goûtait au centuple l'élégance et la dignité, la passion et la vertu qu'il répandait à pleines mains sur ses héros. Jugez des mille rêveries dont un personnage comme Esther ou Monime est l'abrégé et l'issue; tout Racine est dans ces songes; tant d'années de silence et de pénitence n'avaient fait que les détourner ailleurs et les cacher aux yeux. La piété a été pour lui une autre espèce d'amour; ainsi se sont formés secrètement en lui *Esther, Athalie* et les *Cantiques*. Il me semble qu'en tenant ce petit volume j'ai toute sa vie dans la main, du moins tout ce qui dans la vie vaut la peine qu'il y tienne, tous les moments où il a oublié les choses réelles, n'en détachant que la partie la plus fine et pourtant la plus précieuse, la retirant du contact grossier de toutes les circonstances lourdes ou plates qui l'écrasaient ou la déformaient, comme un habile ouvrier qui retire un bijou sous les scories du creuset; en sorte que dans ce théâtre, qui ne parle ni de son temps ni de sa vie, je trouve l'histoire de sa vie et de son temps.[1]

H. BABOU.

Le génie dramatique de Racine est désormais à l'abri de toute discussion. Personne, à l'avenir, ne touchera plus qu'en les révérant à des œuvres élevées et pures, délicates et tendres, profondes, passionnées, idéales, comme *Britannicus* et *Andromaque, Iphigénie, Phèdre, Mithridate, Bérénice, Esther* et *Athalie*. Aux yeux de qui sait lire les poëtes, c'est-à-dire les sentir et les juger, la douceur, la pureté, la tendresse ne sont si admirables chez le glorieux disciple de Port-Royal que parce qu'elles accompagnent la grandeur, l'étendue, la force ; divine harmonie qui se résume en deux mots : la majesté gracieuse! Ceux qui ont tant persiflé jadis les Achille et les Hippolyte doivent reconnaître maintenant que leurs amoureux sataniques et leurs capitans ravagés ne sont guère plus vivants que les langoureux subtils de la tragédie classique. Théramène lui-même, ce confident si honni par de naïfs parodistes, nous semble aujourd'hui moins suranné que ces confidents masqués du drame moderne qu'on pourrait baptiser tous ensemble d'un même mot générique : *Therameno Therameni*. Les ignorants seuls peuvent contester encore la souple richesse d'une versification harmonieuse qui ne manque jamais, quand il le faut, de césures imprévues, d'enjambements heureux, ni d'énergiques rejets, ni de frappants contrastes. Au centre du XVIIe siècle, et tout à fait au bout d'une des plus vastes perspectives de l'histoire littéraire, le monument immortel du poëte s'élève lumineux et triomphant. Si, comme toutes les œuvres humaines, il s'est dépouillé en vieillissant des beautés factices qui le décoraient dans sa nouveauté, il n'a du moins rien perdu de sa noble ordonnance, de son ensemble magnifique, de son carac-

[1]. *Nouveaux Essais de critique et d'histoire,* Paris, Hachette, 1865, p. 207-269.

tère historique et personnel. Le grand Racine vaut définitivement le grand Corneille, comme le grand Turenne vaut le grand Condé[1].

ÉMILE CHASLES.

Le plus raisonnable, le plus sublime, le plus profond des poëtes dramatiques, aux yeux de Racine, est Sophocle. Quand il le lit, à livre ouvert, à ses amis d'Auteuil, on est ému jusqu'aux larmes. Son admiration est si profonde pour ce grand maître qu'il désespère de jamais en approcher, et qu'il s'interdit de jamais traiter aucun des sujets de Sophocle. C'est à Euripide qu'il emprunte les sujets, les cadres, les caractères de ses tragédies; mais il l'épure et le corrige; il transporte dans ses imitations la mesure, la majesté, la concision de Sophocle. Ainsi a-t-il deux modèles : l'un visible et imparfait, l'autre parfait et invisible.

Mais ce travail exquis n'est encore qu'un travail d'art; Racine étudie autre chose, à savoir la nature, observée directement, l'humanité et sa vie morale, son temps enfin, et les passions modernes. Alors l'esprit chrétien qui a fait la civilisation européenne pénètre au travers de ses imitations et fait circuler dans son œuvre antique une lumière secrète qui éclaire les figures d'un jour nouveau et les anime d'une vie contemporaine. Plus tard même, il osera introduire directement dans sa tragédie française, dans *Esther*, la pensée primitive des Hébreux, revêtue de la forme des chœurs grecs, et il mettra ces chants d'autrefois sur les lèvres des jeunes filles de Versailles. Tel est son labeur mystérieux et persévérant; telles sont les inspirations diverses qu'il reçoit et qu'il concentre. Mais je n'ai pas dit ce qui en est le terme et le prodige : c'est l'unité définitive de la tragédie de Racine, unité si accomplie qu'on n'en voit pas le tissu divers et l'industrie merveilleuse.

L'œuvre de Racine ressemble par sa perfection à celle de Sophocle, et elle a eu la même destinée; car Sophocle, on le sait,

1. *Les Poëtes français*, recueil publié par Eug. Crépet, 1861, tome III.

après avoir fait l'admiration de son temps, parut trop simple plus tard, à l'époque où le goût public se fatigua et se corrompit. De même, Racine, malgré le noble enthousiasme de Voltaire, qui voulait qu'on écrivît à toutes les pages d'*Athalie : Beau, sublime, harmonieux!* a perdu aux yeux de la postérité quelque chose de sa force et de son éclat en raison même de l'égalité souveraine de ses vers. L'unité alors a semblé de l'uniformité. La critique étrangère, qui n'est pas un juge impartial, s'est attachée à obscurcir encore le nom de Racine; peu à peu elle a fait passer la perfection de notre poëte pour une absence de défauts qui serait un mérite négatif. Son dévouement à Louis XIV et son respect pour les lois éternelles de l'art ont été aux yeux de l'Allemand Schlegel la marque d'une double servilité. Chose étrange! plus d'un critique français a souscrit à ces jugements et reproché à Racine d'être irréprochable. Sa figure est devenue alors celle d'un poëte de cour toujours facile, toujours élégant et correct, bel esprit, un peu froid, écrivant à l'ombre d'un trône des tragédies paisibles, et d'ailleurs assujetti aux règles les plus étroites d'un genre sans liberté.

Quelle n'eût pas été la surprise des contemporains de Racine, s'ils eussent prévu qu'on jugerait ainsi un homme qui n'a triomphé qu'au prix de luttes amères, au milieu de polémiques violentes, à travers des obstacles et des rivalités sans fin! Atteindre la perfection fut le travail de sa vie, et il est douteux qu'il fût jamais parvenu à faire accepter son œuvre sans l'assistance de Louis XIV, de Boileau et de La Fontaine, qui furent ses témoins dans ce long duel.

J'ai tenté de marquer ici le trait distinctif et supérieur qui donne à Racine son caractère parmi les génies dramatiques du monde moderne : il cherche, avec passion et avec discipline, l'harmonie de la beauté et de la vérité. Atteindre la perfection par l'alliance de l'originalité et de la tradition, essayer le concert des études antiques et des créations modernes, mêler à l'art qui idéalise l'observation de la vie réelle, fondre dans un style limpide la hardiesse et la douceur, le sublime et le simple, tel est le dessein continu de Racine. Artiste merveilleux, il veut que le poëte s'efface devant le poëme, il pense que l'œuvre est supérieure à l'ouvrier ; il se dérobe, il ne nous permet pas de soupçonner son labeur, ni les tentatives de son génie, ni la nouveauté de la langue qu'il a créée et répandue dans la nôtre. Libre, il marche, en dehors et en avant des coteries littéraires, vers la région lumineuse et tempérée qu'il s'est choisie, où rien n'est excessif, où tout est vrai. Il ne subit aucun entraînement de poëte, dominant son esprit, contenant son imagination, écrivant en prose le plan de chaque scène pour juger froidement de la vérité logique de chaque tragédie. Ce mélange admirable de force et de sûreté a souvent échappé à la critique. Les érudits lui reprochaient sa liberté, les mondains, sa sagesse. Voici sa réponse aux érudits :

« Je leur permets, écrivait-il à Henriette d'Angleterre en lui parlant des critiques trop érudits, je leur permets de condamner l'*Andromaque* tant qu'ils voudront, pourvu qu'il me soit permis d'appeler de toutes les subtilités de leur esprit au cœur de Votre Altesse Royale. » Et quant aux beaux esprits qui prononcent contre l'Antiquité, il rappelait à leur intention ces sages paroles de Quintilien : « Il faut être extrêmement circonspect et très-retenu à prononcer sur les ouvrages de ces grands hommes, de peur qu'il ne nous arrive, comme à plusieurs, de condamner ce que nous n'entendons pas. »

Un dernier trait, plus familier, de la pensée de Racine sur son art, sur lui-même et sur son œuvre, est l'emblème qu'il prit pour armes. « Notre famille, disait-il à ses enfants dans l'intimité, a des armes parlantes, composées d'un rat et d'un cygne. Effaçons le rat; gardons le cygne. » La pureté et la blancheur parfaite de l'oiseau héraldique lui plaisaient comme un symbole personnel.[1]

PAUL DE SAINT-VICTOR.

Que Racine soit à Rome, en Aulide, à Jérusalem, il est, en effet, toujours à Versailles. Il chante sous le ciel de la Grèce et de la Judée les grandeurs, les pompes et les passions de la maison royale. Le cœur orgueilleux et tendre des La Vallière et des Montespan bat sous le marbre des statues antiques qu'il présente à Louis XIV

[1]. *Chef-d'œuvres de Racine*, édition accompagnée d'une biographie de Racine et de notices historiques sur ses tragédies par Émile Chasles, 1868.

comme les Allégories voilées de ses conquêtes et de ses amours. Sa poésie a la pâleur céleste d'un clair de lune qui verse sur la cour, en la teignant de ses nuances, la lumière qu'il emprunte au soleil d'Athènes. Née au milieu des féeries d'un monde enchanté, soumise à des règles qu'on dirait calquées sur celles de l'Étiquette, composée pour des oreilles que le rhythme même devait aduler, la tragédie de Racine s'enferme dans une enceinte consacrée. L'éloquence y règne, les convenances la gouvernent : les détails crus, les actions vulgaires, les scandales et les violences de l'instinct livré à lui-même, en sont bannis soigneusement, comme la populace d'un palais de roi. A d'autres les éclairs de l'imagination déchaînée, les images hardies et soudaines, les cris de la nature inculte et de la convoitise forcénée. A Racine la douce finesse, la décence unie déployant son voile sur les nudités morales et physiques, la persuasion distillée lentement comme un philtre, l'insinuation caressante. Il excelle à peindre les âmes dédaigneuses ou craintives, les cœurs contenus par la résignation et par le devoir, les sensitives humaines que froisse un défaut de tact et qu'une dureté fait mourir, les douleurs qui se consument en brillant sur les élévations de la vie. Lui seul a su faire éclore les fleurs du sentiment parmi les glaces brillantes de la politesse. Son royaume n'est pas le monde où les passions libres s'agitent au soleil; c'est celui où les instincts, refoulés, se sont pliés de bonne heure à une loi sévère, où les affections observées ne se parlent et ne s'entendent que par réticences, où le moindre geste en dit plus qu'une action d'en bas, où la plus simple parole emprunte, aux échos qui la répètent, une valeur et une expression pénétrantes Si, au lieu de faire chausser à sa muse un talon rouge en guise de cothurne, et de peindre les mœurs de Versailles sur un fond idéal de lointain classique, Racine se fût borné à calquer des tragédies grecques, qu'aurions-nous en place de ces divines élégies, où les plus ravissantes figures du xviie siècle pleurent et sourient sous les beaux masques de l'antiquité? Des pastiches de Sophocle, des traductions d'Euripide; la lettre morte d'un copiste au lieu de l'âme vivante d'un grand poëte.

Phèdre résume par un chef-d'œuvre cette savante fusion des métaux précieux de la poésie antique jetés par Racine dans le moule de la vie moderne. Du modèle grec elle a gardé la perfection plastique, la pose sublime, une admirable beauté de statue. Pénétrez au delà, décomposez le rôle, vous n'y trouverez pas un atome de paganisme ; mais un mélange ineffable des sentiments de la patricienne, du délire de la pécheresse et des remords de la pénitente. Le dénoûment naturel de la *Phèdre* de Racine ce n'est pas le poison du suicide, c'est le couvent des Carmélites où les nobles repenties de la cour allaient cacher leur blessure, c'est le cilice qui étouffait les derniers battements de leur cœur.[1]

Stendhal, dans une médiocre étude sur Racine et Shakespeare qui date de 1823, disait : « On admirera donc Racine dans la postérité la plus reculée, comme ayant donné la tragédie la meilleure possible pour les courtisans vaniteux et spirituels d'un despote très-vaniteux lui-même, fort égoïste, mais raisonnable, attentif à jouer un beau rôle en Europe, et sachant employer et mettre en place les grands hommes. Partout où la monarchie se reproduira, Racine trouvera des partisans. Iturbide, en essayant un trône impérial à Mexico, littérairement parlant, n'avait fait autre chose qu'ouvrir un cours de littérature en faveur de Racine. »

Est-il vrai que Racine soit le poëte d'une forme de gouvernement exclusive? Nous rappellerons que les récents triomphes de Racine, interprété par Mlle Rachel, eurent lieu sous la monarchie, il est vrai, mais sous une monarchie fort tempérée, et très-peu semblable à celle de Louis XIV. Pourquoi le théâtre de Racine serait-il donc incompatible avec le régime politique sous lequel nous vivons depuis quelques années? Interrogeons un journal qui représente et défend ce régime :

« Et, pourtant, Racine vit, il compte encore au premier rang parmi les types du génie national. Il n'y a rien de plus français que lui. Il est le parfait modèle de cette netteté et de

---

1. Journal *la Liberté*, 28 juin 1869.

cette élégance qui est en France un goût naturel à tout esprit bien fait et l'ambition de quiconque se pique de culture. La perfection de la langue racinienne est une des richesses que nous pouvons opposer comme quelque chose d'unique et d'incommunicable aux étrangers qui contestent sa puissance dramatique. Cette langue est le fruit d'une longue élaboration et la marque de cette aristocratie du goût qui se retrouve, en France, jusque dans le peuple.

« Racine a porté cette élégance dans l'expression du pathétique le plus hardi et des passions les plus emportées. C'est en quoi consiste précisément le contraste qu'il offre avec les génies incultes et fougueux, qui, d'instinct ou de parti pris, par défaut d'empire sur eux-mêmes ou par système, ont proportionné aux violences de la passion les violences du style et les libertés du langage. Ils secouent, ils brisent ce joug de la convenance que Racine porte légèrement et avec tant de bonne grâce. La passion s'exprime chez lui dans la mesure où le permet la société polie, telle qu'elle peut se manifester dans un monde comme il faut, aussi profondément passionné que tout autre, mais surchargé de conventions qu'il ne peut enfreindre, assez réfléchi pour se contenir, où ce qu'il y a de plus impardonnable sont les crimes contre le bon goût. Ce souci de l'élégance, ces colères et ces fureurs de bonne compagnie, transportés au sérail ou chez les Grecs du temps d'Homère, attribués à des héros du tempérament de Mithridate, peuvent donner lieu à de singuliers contre-sens historiques ; mais, encore une fois, c'est là quelque chose d'essentiellement français. C'est un trait de nature et de race chez une nation où le peuple lui-même se raffine si aisément et n'entend pas, jusque dans le fort de la passion, être pris pour un brutal et pour un rustre. De là vient que, pour l'Anglais le plus poli, pour l'Allemand le mieux dressé, pour tous ceux chez qui la civilisation est à fleur de peau et qu'il suffit de gratter pour trouver le barbare, il y a dans Racine quelque chose d'à jamais incompréhensible : ils ne sauraient concevoir que la passion s'exprime naturellement ainsi. Au contraire, en France, dans toutes les classes, il y a quelque chose de naturellement civilisé et racinien. Il en sera ainsi sous tous les régimes, et nous n'avons pas à craindre que, dans la démocratie française, l'élégance de Racine cesse jamais d'être en crédit.[1] »

Ainsi Racine n'a rien à craindre de la démocratie intelligente et éclairée. Laissons ces distinctions arbitraires. Ce qui est absolument beau est beau toujours et partout, et, quoi qu'il arrive, quelques changements qui s'opèrent dans le monde, les œuvres du grand poëte tragique resteront à jamais en honneur parmi les hommes.

1. *La République française* du 16 mai 1874.

ESTHER

TRAGÉDIE TIRÉE DE L'ÉCRITURE SAINTE

1689

NOTICE PRÉLIMINAIRE

Lorsque M{m}e de Maintenon eut demandé à Racine un poëme dramatique pour les pensionnaires de Saint-Cyr, il alla probablement tout droit à la Bible, qui était sa lecture et sa méditation habituelles, et trouva dans le Livre d'Esther le sujet de sa tragédie. Il s'inquiéta peu, sans doute, de savoir si ce sujet avait été traité avant lui. La vérité est que le drame du livre d'Esther avait déjà tenté un assez grand nombre de poëtes tragiques.

Nous laissons de côté quelques tragédies latines du seizième siècle. Nous nous bornons à indiquer les tragédies françaises. La première que signalent les bibliographes est l'*Aman* d'André de Rivaudeau, gentilhomme poitevin, imprimé à Poitiers en 1566. Cette tragédie est en cinq actes et en vers. « L'action est establie à Suze, ville capitale de l'empire des Perses. La troupe doit estre des damoiselles et filles servantes de la royne Esther. » A la fin de chaque acte, il y a un chœur de ces damoiselles et filles d'Esther. Il est assez curieux que le premier essai sur ce sujet se rencontre en ceci avec l'œuvre qui en sera comme l'expression achevée et dernière, et que le gentilhomme du bas Poitou, ami de Remy Belleau et disciple de Ronsard, ait sur ce point devancé Racine. Rivaudeau n'avait pourtant fait que suivre la tradition, car la plupart des tragédies latines, notamment l'*Hamanus* de Naogeorgus (Thomas Kirchmaïer), imprimé en 1547, avaient un chœur.

Après Rivaudeau, nous trouvons Pierre Matthieu, principal du collége de Verceil en Piémont, auteur d'une *Tragédie de l'histoire tragique d'Esther*. Cette tragédie fut représentée d'abord à Verceil, en 1578. Un distique latin chronogramme a conservé cette date et le souvenir du succès que l'œuvre de Pierre Mathieu obtint alors :

LUXIT VerCeLLIs Ester regIna theatro
InsIgnI tragICa CarMIna VoCe beans.

Matthieu quitta Verceil et vint habiter Besançon, où il fit imprimer pour la première fois son *Esther* et quelques autres petits ouvrages, en 1584 ; puis il fut se fixer à Lyon, où il suivit le barreau en qualité d'avocat au présidial e cette ville. Là il prit la résolution de refondre son poëme d'Esther et en composa deux tragédies, l'une sous le nom de *Vasthi* et l'autre qu'il intitula *Aman*, représentées, d'après les frères Parfait, en 1587 et imprimées en 1589. Pierre Matthieu n'était point partisan des titres succincts, si nous nous en rapportons au catalogue La Vallière. Voici celui d'Esther :

ESTHER, *tragédie en cinq actes, sans distinction de scènes et avec des chœurs. Histoire tragique en laquelle est représentée la condition des rois et princes sur le théâtre de fortune, la prudence de leur conseil, les désastres qui surviennent par l'orgueil, l'ambition l'envie et la trahison ; combien est odieuse la désobéissance des femmes ; finalement comme les reines doivent amollir le courroux des rois endurcis sur l'oppression de leurs sujets.* Lyon, Jean Stratius, 1585, in-12.

Lorsque cette immense pièce eut été coupée, les deux parties ne furent pas ornées de titres moins majestueux :

VASTHI, *tragédie en cinq actes, en vers, sans distinction de scènes et avec des chœurs, en laquelle, outre les tristes effets de l'orgueil et désobéissance, est démontrée la louange d'une monarchie bien ordonnée, l'office d'un bon prince pour heureusement commander, sa puissance, son ornement, son exercice éloigné du luxe et dissolution, et la belle harmonie d'un mariage bien accordé, avec un petit abrégé de l'histoire des rois de Perse, dédiée au sérénissime prince Mgr le duc de Nemours et Genevois, gouverneur de Lyon.* Lyon, Benoit Rigaud, 1589, in-12 ;

Et la seconde :

AMAN, *tragédie en cinq actes, sans distinction d'actes ni de scènes et avec des chœurs ; de la perfidie et trahison ; des perni-*

NOTICE PRÉLIMINAIRE.

cieux effets de l'ambition et envie; de la grâce et bienveillance des rois, dangereuse à ceux qui en abusent; de leur libéralité et récompense mesurée au mérite, non à l'affection; de la protection de Dieu sur son peuple qu'il garantit des conjurations et oppressions des méchants, dédiée au prudent, noble et grave consulat de la ville de Lyon. Lyon, Benoit Rigaud, 1589, in-12.

Voici l'analyse abrégée de ces deux dernières pièces, qui sont, comme nous l'avons dit, des fragments de la première :

Au premier acte de *Vasthi*, le roi Assuère et les princes de sa cour dissertent sur les qualités qui doivent orner un grand prince. Au deuxième acte, magnifique festin. La conversation tombe sur les femmes dont les princes disent beaucoup de mal. Le roi Assuère fait un grand éloge de l'obéissance de la reine Vasthi. Pour en fournir la preuve immédiate, il lui fait donner l'ordre de venir. Vasthi refuse, malgré les remontrances des dames de sa suite :

LES PRINCESSES.
Il faut que la douceur une princesse flanque.

VASTHI.
Baste! je n'irai pas, et, si j'y vais, le foudre
Du Haut-Tonnant m'esclate et m'emmennuise en poudre!

Au troisième acte, le roi répudie la rebelle Vasthi. Il épouse Esther au quatrième. Au dernier, un messager apporte ces nouvelles à Vasthi qui conclut comme Dante :

Il n'y a rien qui soit au malheur plus fascheux
Que l'aspre souvenir d'avoir été heureux.

Aman contient l'histoire de Mardochée et de la chute du ministre persécuteur. Esther vient se jeter aux pieds du roi et s'écrie :

Conjurer contre un roi, contre moi, contre Isàc,
Le chasser, le bannir avecques le bissac :
Ah! Dieu, si tu permets régner telle injustice,
On verra triompher de la vertu le vice!

Aman, prêt de monter sur l'échafaud, s'adresse aux courtisans :

Vous qui engeolez des princes le cerveau,
Pour d'un honneur fuitif avoir le renouveau;

> Et vous qui excitez l'affection inique
> D'un roi, pour acquérir un état magnifique;
> Venez tous, je vous prie, accourez tous, afin
> De voir du pauvre Aman la malheureuse fin.

Pierre Matthieu devint ensuite historiographe de Henri IV. Il faut citer parmi ses ouvrages les *Tablettes de la vie et de la mort*, dont Molière a parlé :

> Lisez-moi, je vous prie, au lieu de ces sornettes,
> Les quatrains de Pibrac, ou les doctes Tablettes
> Du conseiller Matthieu, ouvrages de valeur
> Et pleins de beaux dictons à réciter par cœur.

simple mention qui fera beaucoup plus que ses tragédies sacrées pour sauver son nom de l'oubli.

Antoine de Montchrestien, sieur de Vasteville, composa une tragédie d'*Aman ou la vanité* qui fut représentée, croit-on, en 1602[1]. En voici le sommaire : « Aman, furieux de ce que le Juif Mardochée ne veut pas fléchir le genou devant lui, persuade à Assuérus qu'il est nécessaire d'exterminer toute la race juive. Mardochée se livre au désespoir, en apprenant cette nouvelle. Sa nièce Esther envoie en vain ses deux suivantes, Sara et Rachel, pour apprendre la cause de ses chagrins; il ne daigne pas leur répondre. Enfin elle est instruite par Athac, confident de son oncle, du danger qui menace sa nation. Elle va aussitôt trouver le roi, le détrompe ; et le monarque, instruit des perfidies d'Aman, le fait attacher à la même potence destinée pour Mardochée et prend les Juifs sous sa protection. Esther apprend, par le récit que vient faire un messager du supplice d'Aman, le succès de ses démarches et en remercie le Seigneur par un cantique d'actions de grâce.

Il y a bien des passages remarquables dans la tragédie de Montchrétien, et M. de La Rochefoucauld-Liancourt a pu, dans le volume intitulé *Études inédites de J. Racine,* citer un assez grand nombre de vers de ce poëte tragique, qu'il n'a pas craint de rapprocher des vers de Racine. Nous en reproduisons quelques-uns, car il n'est pas sans intérêt de voir jusqu'à quel point le prédé-

---

[1]. *Histoire du Théâtre françois,* IV, p. 48.

NOTICE PRÉLIMINAIRE.

cesseur de Racine l'a parfois devancé dans certains sentiments et dans certaines expressions.

Montchrétien fait dire à Aman :

> Je vois taire partout la populaire envie.
> J'aperçois qu'à m'aimer notre cour se convit,
> Et les peuples sujets au sceptre de mon c..
> Pleins d'un craintif respect, se courbent devant mo
> Un seul des circoncis, un maraud, un esclave,
> Fait litière de moi ; à toute heure me brave.

Il lui fait peindre ainsi Mardochée :

> Le vois-tu, chère sœur, tout difforme de crasse,
> L'estomac déchiré, pâle et sèche la face,
> Qui s'exhale en soupirs et se fond tout en pleurs ?...
> Il porte librement sur son visage écrit
> Ce qu'il devroit au moins tenir clos en l'esprit.

Le tableau qu'Aman trace des Juifs au roi Assuérus est vigoureux :

> Un peuple est épandu çà et là sur la terre,
> Inutile à la paix et peu propre à la guerre ;
> Il a ses lois à part ; il est en tout divers
> Des autres nations qui sont en l'univers.
> Il ne fait cas de toi ni de tes ordonnances ;
> Il ne fournit ton camp ni n'accroît tes finances.
> Au contraire, est mutin, léger, ambitieux...
> Et, pour se voir captif, couve une sourde rage,
> S'efforce d'émouvoir quelque civil orage,
> D'ébranler ton repos, désunir tes cités,
> Exciter le débord de mille adversités ;
> Bref, révolter d'un coup cent nations étranges
> Que sous un frein paisible à ton vouloir tu ranges.

Dans les plaintes et les prières des Juifs, nous lisons :

> Hâte-toi donc, ô Dieu, veuille nous retirer
> Du lion rugissant qui nous va dévorer ;
> Bride sa gueule ouverte et retiens sa furie ;
> O pasteur éternel, garde ta bergerie !...
> O Seigneur, je sais bien qu'un grand amas d'offenses
> Attira dessus nous tes tardives vengeances ;
> Que nos péchés commis contre ta sainte loi
> Te font, de père doux juge rempli d'effroi.

Je sais que notre orgueil, que notre fière audace
Pour nous a desséché les ruisseaux de ta grâce,
Et que tu ne vois plus que d'un œil courroucé
Le reste de ta gent çà et là dispersé.
Tu le livres aux fers des nations étranges,
Afin que par leurs mains ton honneur tu revenges,
Qui fut cent fois foulé par ce peuple insolent.

Certes ce ne sont pas là de mauvais vers pour un prédécesseur de Malherbe.

Montchrétien, qui a composé des chœurs comme Racine, dit :

> Pour autant qu'il va se haussant
> Sur le mont d'un honneur glissant,
> Il s'estime fils de fortune,
> Et que jamais disgrâce aucune
> En bas ne l'ira renversant.
>
> Mais il se trompe fort souvent,
> L'espoir qui le va decevant
> Avec lui volant en fumée,
> Et sa gloire tant estimée
> Fuyant plus vite que le vent.
>
> Son crédit n'est jamais constant ;
> Ainsi qu'il vint en un instant,
> Il s'en retourne en peu d'espace.
> Bref, ainsi qu'un nuage passe
> Ce que le monde admire tant...

Comme un torrent d'été qui s'enfle de ruisseaux
Ravit les blés jà murs, les ponts, les arbrisseaux,
Poussant en tous endroits sa course furieuse :
De même la fureur de maint peuple étranger,
Unis confusément, nous alloit saccager,
Et rien n'eût empêché sa rage injurieuse.

Mais comme ce torrent, naguère haut bruyant,
Et d'un cours effréné par la terre fuyant,
Est si tari du chaud qu'un seul flot n'en demeure :
Aussi nos ennemis, de partout amassés,
Au regard du Seigneur ont été dispersés ;
Plus un d'eux seulement ne paroit à cette heure.

Mais l'Esther de Montchrétien parle à Assuérus dans des termes que Racine se serait bien gardé d'employer :

> Seul miracle des rois et passés et présents,
> Un plaisir incroyable en mon âme je sens
> D'avoir reçu tant d'heur par ma bonne fortune,
> Que tu sois mon soleil et que je sois ta lune.

Suivant tous deux de près l'Écriture, Montchrétien et Racine ont des points de ressemblance très-frappants, sans qu'on puisse en conclure cependant que l'un se soit inspiré de l'autre. Dans des situations toutes semblables, ils font dire à leurs personnages à peu près les mêmes choses. Ils permettent ainsi de constater le grand progrès de la langue et de la pensée dans les trois quarts de siècle qui les séparent.

Après Montchrétien, qui a un véritable talent et qui a marqué sa place dans l'histoire de notre théâtre, le sujet d'Esther déchoit. En 1617 fut imprimée une *Tragédie nouvelle de la perfidie d'Aman, mignon et favori du roi Assuérus,* composée à l'occasion de la chute et de la mort du maréchal d'Ancre, assassiné le 24 avril. C'est l'œuvre d'un auteur anonyme, destinée à amuser le peuple.

Aman dit à Mardochée :

> Ah! te voici, coquin! Qui te fait si hardi
> D'entrer en cette place? Es-tu pas étourdi?

MARDOCHÉE.

> Que veut dire aujourd'hui cet homme épouvantable
> Qui croit m'épouvanter de sa voix effroyable?
> As-tu bu trop d'un coup? Tu es bien furieux!
> Nul homme n'ose-t-il se montrer à tes yeux?

AMAN.

> Oui, mais ne sais-tu pas ce que le roi commande?
> Que le peuple m'adore; autrement, qu'on le pende!
> Et encore oses-tu te montrer devant moi!
> Je t'apprendrai bientôt à mépriser le roi.

MARDOCHÉE.

> O le grand personnage! adorer un tel homme!
> J'adorerois plutôt la plus petite pomme.
> Et ne fait-il pas beau qu'un petit raboteur,
> Qu'un homme roturier reçoive un tel honneur!
> Tu te devrois cacher...

Les entre-parleurs burlesques des anciens mystères, Happe-Souppe, Frippe-Sauce, Guignautrou, reparaissent ici. Le bourreau, fidèle à la même tradition, raille celui qu'il va exécuter, interrompt ses plaintes et l'emmène en lui disant : « C'est par trop caqueté, » comme au bon vieux temps des Confrères de la Passion.

Plus pauvre et plus plate encore est la *Belle Hesther, tragédie françoise tirée de la sainte Bible, de l'invention du sieur Japien Marfrière*. Rouen, Abraham Cousturier, in-8°, sans date (1620 ou 1622). Japien Marfrière est le pseudonyme de Ville-Toustain. Il est inutile d'insister sur cette pitoyable production.

Arrivons à une nouvelle *Esther*, celle de Pierre Du Ryer, qui fut représentée à Rouen et à Paris en 1643 et imprimée en 1644, ayant devancé par conséquent de quarante-six ans celle de Racine.

Dans la première partie de cette pièce l'auteur s'est un peu écarté de l'Écriture. Assuérus renvoie Vasthi, mais elle revient de son exil pour faire des reproches au roi, dans le temps que ce monarque est prêt à couronner Esther. Il est quelque temps incertain avec laquelle il partagera son trône. Aman, son confident, est amoureux d'Esther. Il fait tout ce qu'il peut pour que son maître donne la préférence à Vasthi, espérant qu'alors il pourrait épouser Esther. Le reste est conforme à la Bible : Esther est préférée; le roi prononce et révoque l'arrêt contre les Juifs; on voit l'élévation de Mardochée et la punition d'Aman.

Cette tragédie, comme la plupart des pièces de Du Ryer, n'est pas sans mérite. On sent que l'auteur est contemporain de Corneille, que le *Cid* a été joué il y a sept ans, et *Polyeucte* il y a trois ans. Quelques fragments viendront à l'appui de ce que nous venons de dire. Voici les paroles de Mardochée à Esther :

> ... Puisqu'en ce haut rang le ciel vous fait asseoir,
> C'est à vous d'opposer le pouvoir au pouvoir...
> Si pour sauver les Juifs votre bras ne s'emploie,
> Le Ciel pour les sauver peut faire une autre voie !
> Il peut fendre la terre en des chemins nouveaux,
> De même que pour eux il sut fendre les eaux.
> Croyez-vous que le Ciel vous rende souveraine
> Et vous donne l'éclat et le titre de reine
> Pour briller seulement de l'illustre splendeur
> Que répandent sur vous la pourpre et la grandeur?
> Croyez-vous aujourd'hui posséder la couronne

NOTICE PRÉLIMINAIRE.

Pour jouir seulement des plaisirs qu'elle donne?...
Dans le même moment que des cœurs inhumains
Arment contre les Juifs de sanguinaires mains,
Un roi qui vous chérit vous donne une puissance
Capable d'étouffer cette injuste licence;
Pensez-vous que ce Dieu, qui fait tout sagement,
Nous fasse voir en vain ce grand événement?

Et lorsque Aman, trompé sur les intentions d'Assuérus, s'est plu à imaginer les plus grands honneurs qu'un monarque puisse décerner à un sujet qu'il veut récompenser, et qu'Assuérus lui apprend tout à coup que c'est à Mardochée qu'il s'agit de rendre ces honneurs, la scène continue ainsi :

AMAN.

Sire, il faut à son rang mesurer vos bienfaits.

LE ROI.

Je les dois mesurer par les biens qu'il m'a faits...
Quoi! veux-tu t'opposer à tes propres conseils?
A qui destinois-tu ces honneurs sans pareils?

AMAN.

Aux princes seulement, ces appuis des provinces.

LE ROI.

Aman, de bons sujets me tiennent lieu de princes.
Je sais bien estimer la noblesse du sang,
Mais la fidélité me plaît plus que le rang.

AMAN.

Mais, sire...

LE ROI.

Mais enfin, pour tirer Mardochée
De cette obscurité dont sa gloire est cachée,
Pour rendre avec usure à sa fidélité
Le bien que je lui dois et qu'elle a mérité,
Je veux en sa faveur, devant que tu sommeilles,
Te voir exécuter ce que tu me conseilles;
Je veux rendre par toi ses honneurs sans égaux.
Fais-le donc revêtir des ornements royaux,
Fais briller sur son front l'éclat du diadème,
Fais-le voir à mon peuple en ce degré suprême.
Toi-même en sa faveur publie à haute voix
Qu'ainsi soient honorés ceux qu'honorent les rois.
Que si quelque envieux ose noircir sa vie,

> Immole à son repos l'envieux et l'envie.
> Enfin quelques grands biens qu'il puisse demander,
> A qui m'a tout sauvé, je dois tout accorder.
> Va m'obéir, Aman, va-t'en me satisfaire;
> Exécute cet ordre, ou crains de me déplaire;
> Et montre par l'ardeur que j'espère de toi
> Que tu chéris les cœurs qui chérissent leur roi.

Aman, laissé seul, exhale sa colère dans un long monologue; il délibère en lui-même s'il obéira aux ordres du roi. Remarquez bien ceci, c'est la note du temps : les idées de rébellion contre le pouvoir royal ne sont point encore étouffées. La Fronde n'est pas loin. Dans Racine, au contraire, Aman ne réplique rien; il se retire avec une seule exclamation : « Dieux ! » et son obéissance ne fait pas doute.

On cite encore de cette tragédie quelques vers sur la fureur des guerres religieuses, qui auraient eu une singulière signification en 1689, après la Révocation de l'édit de Nantes : Aman, pour persuader à Assuérus d'exterminer les Juifs, fait valoir cet argument qu'il ne faut pas tolérer en un royaume des peuples ayant des cultes différents :

> Car enfin quelle flamme et quels malheurs éclatent,
> Quand deux religions dans un État combattent !
> Quel sang épargne-t-on, ignoble ou glorieux,
> Quand on croit le verser pour la gloire des dieux?
> Alors tout est permis, tout semble légitime.
> Du nom de piété l'on couronne le crime:
> Et comme on pense faire un sacrifice aux dieux,
> Qui verse plus de sang paroit le plus pieux.

Ces vers auraient-ils semblé justifier la Révocation, ou la condamner? En tout cas, il est fort douteux qu'on eût osé les dire.

Cette *Esther* fut mieux accueillie à Rouen qu'à Paris, ce que l'abbé d'Aubignac explique ainsi dans sa *Pratique du théâtre :* « Nous avons eu sur notre théâtre l'*Esther* de M. Du Ryer, ornée de divers événements, fortifiée de grandes passions, et composée avec beaucoup d'art. Mais le succès en fut beaucoup moins heureux à Paris qu'à Rouen ; et quand les comédiens nous en dirent la nouvelle à leur retour, chacun s'en étonna sans en connoître la cause. Mais pour moi, j'estime que la ville de Rouen, étant presque toute dans le trafic, est remplie d'un grand nombre de

Juifs, les uns connus, les autres secrets, et qu'ainsi les spectateurs prenoient plus de part dans les intérêts de cette pièce toute judaïque par la conformité de leurs mœurs et de leurs pensées. »

L'*Esther* de Du Ryer, par l'art de la composition théâtrale et par la fermeté de la versification, est fort supérieure assurément à celle de Montchrétien. Toutefois, elle est plus éloignée que celle-ci peut-être de l'*Esther* de Racine. Elle n'a point de chœurs lyriques. Elle est plus une tragédie proprement dite que la tragédie de Racine; mais elle n'a rien du charme ravissant que le grand poëte allait donner au récit biblique.

C'est ainsi que notre littérature s'est acheminée lentement vers nos chefs-d'œuvre, s'avançant, reculant parfois, montant peu à peu, comme dit Joubert, vers les cimes du beau. La critique actuelle prend soin de constater ces progrès. Nous sommes arrivés de la sorte, non pas brusquement, mais d'essai en essai, à la dernière *Esther*, l'inimitable et l'immortelle.

Nous avons dit, dans l'étude sur la vie de Racine, les circonstances à la faveur desquelles se produisit cette tragédie. Il nous reste à donner quelques renseignements sur la publication en librairie. *Esther* eut deux éditions en 1689, l'une in-4°, l'autre in-12, toutes deux ayant le même frontispice représentant la scène VII de l'acte II. Le privilége du roi dont elles sont accompagnées mérite d'être reproduit ici :

« Louis, par la grace de Dieu, Roy de France et de Navarre... Nos tres-cheres et bien amées, les Dames de la Communauté de S. Louïs, Nous ont fait remontrer que nostre cher et bien amé le sieur Racine, ayant à leur priere, et pour l'edification et instruction des jeunes Demoiselles confiées à leur conduite, composé un Ouvrage de Poësie intitulé *Esther*, tiré de l'Escriture Sainte, et propre à estre recité et à estre chanté : Elles ont consideré que cet Ouvrage pourroit aussi servir à l'edification de plusieurs personnes de piété, et estre principalement utile à plusieurs Communautés et Maisons Religieuses, où l'on a pareillement soin d'elever la jeunesse et de la former aux bonnes mœurs : c'est pourquoy elles desireroient de le donner au public; ce que ne pouvant faire sans avoir nos Lettres de permission, elles Nous ont tres-humblement fait supplier de les leur vouloir accorder : *A ces Causes*, sçachant l'utilité que le public en pourra recevoir, et ayant veu nous-mesmes plusieurs representations dudit Ouvrage, dont Nous avons esté satisfaits, Nous avons aux Dames de ladite Communauté de S. Louïs permis et accordé, permettons et accordons par ces Présentes, de faire imprimer ledit Ouvrage, tant les Paroles que la Musique, par tel Libraire et Imprimeur qu'il leur plaira, en tout ou en partie, en tel volume, marge et caractere, et autant de fois que bon leur semblera, pendant le temps de quinze années consecutives, à commencer du jour qu'il sera achevé d'imprimer; et de le faire vendre et distribuer par tout nostre Royaume : faisant defenses à tous Libraires, Imprimeurs, et autres d'imprimer, faire imprimer, vendre, et distribuer ledit Ouvrage sous quelque pretexte que ce soit, mesme d'impression estrangere, sans le consentement desdites Dames ou de leurs ayans cause... Avec pareilles defenses à tous Acteurs, et autres montans sur les Théatres publics, d'y representer ny chanter ledit Ouvrage... Donné à Versailles, le 3e jour de Fevrier, l'an de grace 1689. Et de nostre regne le quarante-sixième. Signé, par le Roy en son conseil : BOUCHER : et scellé.

« ... Les Dames de la Communauté de S. Louïs ont cedé leur droit de Privilege à Denis Thierry, Imprimeur, Marchand Libraire et Juge Consul de Paris.

« *Ledit Thierry a fait part dudit Privilege à Claude Barbin.* »

Une impression à part des *Chœurs de la tragédie d'Esther* eut lieu peu après chez Denis Thierry, « avec permission de Monsieur le lieutenant général de police ».

La tragédie prit place dans le recueil des œuvres de Racine de 1697. Il n'y a point de variantes à signaler. On verra dans le texte les petites différences qu'on peut constater dans les éditions originales. Dans quelques éditions postérieures à la mort de Racine, *Esther* a été partagée en cinq actes. Elle a toujours été divisée en trois actes du vivant de l'auteur. C'est donc la seule division légitime.

PRÉFACE.

La célèbre maison de Saint-Cyr ayant été principalement établie pour élever dans la piété un fort grand nombre de jeunes demoiselles rassemblées de tous les endroits du royaume, on n'y a rien oublié de tout ce qui pouvoit contribuer à les rendre capables de servir Dieu dans les différents états où il lui plaira de les appeler. Mais en leur montrant les choses essentielles et nécessaires, on ne néglige pas de leur apprendre celles qui peuvent servir à leur polir l'esprit, et à leur former le jugement. On a imaginé pour cela plusieurs moyens, qui, sans les détourner de leur travail et de leurs exercices ordinaires, les instruisent en les divertissant; on leur met, pour ainsi dire, à profit leurs heures de récréation : on leur fait faire entre elles, sur leurs principaux devoirs, des conversations ingénieuses qu'on leur a composées exprès, ou qu'elles-mêmes composent sur-le-champ; on les fait parler sur les histoires qu'on leur a lues, ou sur les importantes vérités qu'on leur a enseignées; on leur fait réciter par cœur et déclamer les plus beaux endroits des meilleurs poëtes: et cela leur sert surtout à les défaire de quantité de mauvaises prononciations qu'elles pourroient avoir apportées de leurs provinces; on a soin aussi de faire apprendre à chanter à celles qui ont de la voix, et on ne leur laisse pas perdre un talent qui les peut amuser innocemment, et qu'elles peuvent employer un jour à chanter les louanges de Dieu.

Mais la plupart des plus excellents vers de notre langue ayant été composés sur des matières fort profanes, et nos plus beaux airs étant sur des paroles extrêmement molles et efféminées, capables de faire des impressions dangereuses sur de jeunes esprits, les personnes illustres qui ont bien voulu prendre la principale direction de cette maison ont souhaité qu'il y eût quelque ouvrage qui, sans avoir tous ces défauts, pût produire une partie de ces bons effets. Elles me firent l'honneur de me communiquer leur dessein, et même de me demander si je ne pourrois pas faire sur quelque sujet de piété et de morale une espèce de poëme où le chant fût mêlé avec le récit, le tout lié par une action qui rendît la chose plus vive et moins capable d'ennuyer.

Je leur proposai le sujet d'Esther, qui les frappa d'abord, cette histoire leur paroissant pleine de grandes leçons d'amour de Dieu, et de détachement du monde au milieu du monde même. Et je crus de mon côté que je trouverois assez de facilité à traiter ce sujet : d'autant plus qu'il me sembla que, sans altérer aucune des circonstances tant soit peu considérables de l'Écriture sainte, ce qui seroit, à mon avis, une espèce de sacrilége, je pourrois remplir toute mon action avec les seules scènes que Dieu lui-même, pour ainsi dire, a préparées.

J'entrepris donc la chose : et je m'aperçus qu'en travaillant sur le plan qu'on m'avoit donné, j'exécutois en quelque sorte un dessein qui m'avoit souvent passé dans l'esprit, qui étoit de lier, comme dans les anciennes tragédies grecques, le chœur et le chant avec l'action, et d'employer à chanter les louanges du vrai Dieu cette partie du chœur que les païens employoient à chanter les louanges de leurs fausses divinités.

A dire vrai, je ne pensois guère que la chose dût être aussi publique qu'elle l'a été. Mais les grandes vérités de l'Écriture et la manière sublime dont elles y sont énoncées, pour peu qu'on les présente, même imparfaitement, aux yeux des hommes, sont si propres à les frapper ; et d'ailleurs ces jeunes demoiselles ont déclamé et chanté cet ouvrage avec tant de grace, tant de modestie et tant de piété, qu'il n'a pas été possible qu'il demeurât renfermé dans le secret de leur maison : de sorte qu'un divertissement d'enfants est devenu le sujet de l'empressement de toute la cour, le roi lui-même, qui en avoit été touché, n'ayant pu refuser à tout ce qu'il y a de plus grands seigneurs de les y mener, et ayant eu la satisfaction de voir, par le plaisir qu'ils y ont pris, qu'on se peut aussi bien divertir aux choses de piété qu'à tous les spectacles profanes.

Au reste, quoique j'aie évité soigneusement de mêler le profane avec le sacré, j'ai cru néanmoins que je pouvois emprunter deux ou trois traits d'Hérodote, pour mieux peindre Assuérus : car j'ai suivi le sentiment de plusieurs savants interprètes de l'Écriture, qui tiennent que ce roi est le même que le fameux Darius, fils d'Hystaspe, dont parle cet historien [1]. En effet, ils en rapportent quantité de preuves, dont quelques-unes me paroissent des démonstrations. Mais je n'ai pas jugé à propos de croire ce même Hérodote sur sa parole, lorsqu'il dit que les Perses n'élevoient ni temples, ni autels, ni statues à leurs dieux, et qu'ils ne se servoient point de libations dans leurs sacrifices. Son témoignage est expressément détruit par l'Écriture, aussi bien que par Xénophon, beaucoup mieux instruit que lui des mœurs et des affaires de la Perse, et enfin par Quinte-Curce.

On peut dire que l'unité de lieu est observée dans cette pièce, en ce que toute l'action se passe dans le palais d'Assuérus. Cependant, comme on vouloit rendre ce divertissement plus agréable à des enfants, en jetant quelque variété dans les décorations, cela a été cause que je n'ai pas gardé cette unité avec la même rigueur que j'ai fait autrefois dans mes tragédies.

Je crois qu'il est bon d'avertir ici que, bien qu'il y ait dans *Esther* des personnages d'hommes, ces personnages n'ont pas laissé d'être représentés par des filles avec toute la bienséance de leur sexe. La chose leur a été d'autant plus aisée, qu'anciennement les habits des Persans et des Juifs étoient de longues robes qui tomboient jusqu'à terre.

Je ne puis me résoudre à finir cette préface sans rendre à celui qui a fait la musique la justice qui lui est due, et sans confesser franchement que ses chants ont fait un des plus grands agréments de la pièce [2]. Tous les connoisseurs demeurent

---

1. Les érudits modernes sont généralement d'avis que l'Assuérus du Livre d'Esther est, non Darius, mais Xerxès.

2. J.-B. Moreau, maître de musique de la chambre du roi et musicien de la maison de Saint-Louis.

d'accord que depuis longtemps on n'a point entendu d'airs plus touchants ni plus convenables aux paroles. Quelques personnes ont trouvé la musique du dernier chœur un peu longue, quoique très-belle. Mais qu'auroit-on dit de ces jeunes Israélites qui avoient tant fait de vœux à Dieu pour être délivrées de l'horrible péril où elles étoient, si, ce péril étant passé, elles lui en avoient rendu de médiocres actions de grâces? Elles auroient directement péché contre la louable coutume de leur nation, où l'on ne recevoit de Dieu aucun bienfait signalé qu'on ne l'en remerciât sur-le-champ par de fort longs cantiques : témoin ceux de Marie, sœur de Moïse, de Débora et de Judith, et tant d'autres dont l'Écriture est pleine. On dit même que les Juifs, encore aujourd'hui, célèbrent par de grandes actions de grâces le jour où leurs ancêtres furent délivrés par Esther de la cruauté d'Aman [1].

1. C'est la fête de *Phurim* ou fête des *Sorts,* ainsi nommée au chapitre IX du Livre d'Esther, verset 31. Elle se célèbre le 28 février.

ESTHER

NOMS DES PERSONNAGES[1].

ASSUÉRUS, roi de Perse.
ESTHER, reine de Perse.
MARDOCHÉE, oncle d'Esther.
AMAN, favori d'Assuérus.
ZARÈS, femme d'Aman.
HYDASPE, officier du palais intérieur d'Assuérus.
ASAPH, autre officier d'Assuérus.
ÉLISE, confidente d'Esther.
THAMAR, Israélite de la suite d'Esther.
GARDES DU ROI ASSUÉRUS.
CHŒUR DE JEUNES FILLES ISRAÉLITES.

La scène est à Suse, dans le palais d'Assuérus.

LA PIÉTÉ fait le Prologue.

1. Généralement, dans les tragédies profanes, c'est le mot *acteurs* qui, au XVIIe siècle, est en tête de la liste. Ici on a mis : « Noms des personnages. » C'est une petite nuance à noter.

PROLOGUE.

LA PIÉTÉ.

Du séjour bienheureux de la Divinité,
Je descends dans ce lieu par la Grâce habité[1] ;
L'Innocence s'y plaît, ma compagne éternelle,
Et n'a point sous les cieux d'asile plus fidèle.
Ici, loin du tumulte, aux devoirs les plus saints
Tout un peuple naissant est formé par mes mains :
Je nourris dans son cœur la semence féconde
Des vertus dont il doit sanctifier le monde.
Un roi qui me protége, un roi victorieux,
A commis à mes soins ce dépôt précieux.
C'est lui qui rassembla ces colombes timides,
Éparses en cent lieux, sans secours et sans guides :
Pour elles, à sa porte, élevant ce palais,
Il leur y fit trouver l'abondance et la paix.
  Grand Dieu, que cet ouvrage ait place en ta mémoire !
Que tous les soins qu'il prend pour soutenir ta gloire
Soient gravés de ta main au livre où sont écrits
Les noms prédestinés des rois que tu chéris !
Tu m'écoutes ; ma voix ne t'est point étrangère :

---

1. La maison de Saint-Cyr. (*Note de Racine.*)

Je suis la Piété, cette fille si chère,
Qui t'offre de ce roi les plus tendres soupirs :
Du feu de ton amour j'allume ses desirs.
Du zèle qui pour toi l'enflamme et le dévore
La chaleur se répand du couchant à l'aurore[1].
Tu le vois tous les jours, devant toi prosterné,
Humilier ce front de splendeur couronné;
Et, confondant l'orgueil par d'augustes exemples,
Baiser avec respect le pavé de tes temples.
De ta gloire animé, lui seul, de tant de rois,
S'arme pour ta querelle, et combat pour tes droits.
Le perfide intérêt, l'aveugle jalousie,
S'unissent contre toi pour l'affreuse hérésie[2];
La discorde en fureur frémit de toutes parts;
Tout semble abandonner tes sacrés étendards;
Et l'enfer, couvrant tout de ses vapeurs funèbres,
Sur les yeux les plus saints a jeté ses ténèbres[3].
Lui seul, invariable et fondé sur la foi,
Ne cherche, ne regarde, et n'écoute que toi;
Et, bravant du démon l'impuissant artifice,
De la religion soutient tout l'édifice.
Grand Dieu, juge ta cause, et déploie aujourd'hui
Ce bras, ce même bras qui combattoit pour lui,
Lorsque des nations à sa perte animées
Le Rhin vit tant de fois disperser les armées.
Des mêmes ennemis je reconnois l'orgueil;

---

1. Il s'agit ici des missions étrangères et des travaux apostoliques dans l'Orient et dans le Nouveau-Monde, que Louis XIV encourageait par ses bienfaits. (G.)

2. Allusion à la ligue d'Augsbourg conclue en 1687.

3. On dit que le roi et la reine d'Angleterre crurent reconnaître le pape dans ce vers. Il est certain qu'on en fit l'application au pape Innocent XI, alors brouillé avec la cour de France.

Ils viennent se briser contre le même écueil :
Déja, rompant partout leurs plus fermes barrières,
Du débris de leurs forts il couvre ses frontières.
Tu lui donnes un fils prompt à le seconder,
Qui sait combattre, plaire, obéir, commander ;
Un fils qui, comme lui, suivi de la victoire,
Semble à gagner son cœur borner toute sa gloire :
Un fils à tous ses vœux avec amour soumis,
L'éternel désespoir de tous ses ennemis :
Pareil à ces esprits que ta Justice envoie,
Quand son roi lui dit : « Pars, » il s'élance avec joie ;
Du tonnerre vengeur s'en va tout embraser ;
Et, tranquille, à ses pieds revient le déposer[1].

Mais, tandis qu'un grand roi venge ainsi mes injures,
Vous qui goûtez ici des délices si pures,
S'il permet à son cœur un moment de repos,
A vos jeux innocents appelez ce héros ;
Retracez-lui d'Esther l'histoire glorieuse,
Et sur l'impiété la foi victorieuse.

Et vous, qui vous plaisez aux folles passions
Qu'allument dans vos cœurs les vaines fictions,
Profanes amateurs de spectacles frivoles,
Dont l'oreille s'ennuie au son de mes paroles,
Fuyez de mes plaisirs la sainte austérité :
Tout respire ici Dieu, la paix, la vérité.

1. Allusion à la campagne de 1688, dans laquelle le grand Dauphin prit Philipsbourg, Manheim, Frankenthal, et conquit le Palatinat.

FIN DU PROLOGUE.

ESTHER

ACTE PREMIER.

(Le théâtre représente l'appartement d'Esther.)

SCÈNE PREMIÈRE.

ESTHER, ÉLISE[1].

ESTHER.

Est-ce toi, chère Élise? O jour trois fois heureux!
Que béni soit le ciel qui te rend à mes vœux,
Toi qui, de Benjamin comme moi descendue,
Fus de mes premiers ans la compagne assidue,
Et qui d'un même joug souffrant l'oppression,
M'aidois à soupirer les malheurs de Sion!
Combien ce temps encore est cher à ma mémoire!
Mais toi, de ton Esther ignorois-tu la gloire?
Depuis plus de six mois que je te fais chercher,
Quel climat, quel désert a donc pu te cacher?

---

1. Élise, *Elisa*, est un nom tiré de la Bible, mais il y désigne un homme et non une femme. (P. M.)

ÉLISE.

Au bruit de votre mort justement éplorée,
Du reste des humains je vivois séparée,
Et de mes tristes jours n'attendois que la fin,
Quand tout à coup, madame, un prophète divin :
« C'est pleurer trop longtemps une mort qui t'abuse,
« Lève-toi, m'a-t-il dit, prends ton chemin vers Suse [1] :
« Là tu verras d'Esther la pompe et les honneurs,
« Et sur le trône assis le sujet de tes pleurs.
« Rassure, ajouta-t-il, tes tribus alarmées,
« Sion : le jour approche où le Dieu des armées
« Va de son bras puissant faire éclater l'appui;
« Et le cri de son peuple est monté jusqu'à lui [2]. »
Il dit : et moi, de joie et d'horreur pénétrée [3],
Je cours. De ce palais j'ai su trouver l'entrée.
O spectacle ! O triomphe admirable à mes yeux,
Digne en effet du bras qui sauva nos aïeux !
Le fier Assuérus couronne sa captive,
Et le Persan superbe est aux pieds d'une Juive !
Par quels secrets ressorts, par quel enchaînement
Le ciel a-t-il conduit ce grand événement ?

---

1. Les rois de Perse successeurs du grand Cyrus avaient choisi trois villes principales pour y séjourner alternativement, Suse, Ecbatane et Babylone. Suse, capitale de la Susiane, aujourd'hui le Koursistan, province du royaume de Perse, était située sur le Choaspe, affluent du Tigre.

2. Métaphore sublime et touchante, dont les auteurs sacrés font un fréquent usage. On lit dans l'Exode, chap. II, v. 23 : « Ascenditque clamor eorum ad Deum ab operibus. » — « Et les cris que tirait d'eux l'excès d leurs travaux s'élevèrent jusqu'à Dieu. » Le prophète Jérémie a imité ce passage de Moïse, lorsqu'il a dit, chap. XIV, v. 2 : « Et clamor Jerusalem ascendit. » — « Et le cri de Jérusalem est monté. » (G.)

3. *Horreur* est ici un terme très-énergique, qui signifie *un effroi religieux mêlé de crainte et de respect.* C'est dans ce sens que Racine a dit dans *Iphigénie,* acte V, sc. VI :

Jette une sainte horreur qui nous rassure tous.

ESTHER.

Peut-être on t'a conté la fameuse disgrâce
De l'altière Vasthi, dont j'occupe la place,
Lorsque le roi, contre elle enflammé de dépit,
La chassa de son trône, ainsi que de son lit.
Mais il ne put sitôt en bannir la pensée :
Vasthi régna longtemps dans son ame offensée.
Dans ses nombreux États il fallut donc chercher [1]
Quelque nouvel objet qui l'en pût détacher.
De l'Inde à l'Hellespont ses esclaves coururent :
Les filles de l'Égypte à Suse comparurent;
Celles même du Parthe et du Scythe indompté [2]

1. « Postquam regis Assueri indignatio deferbuerat, recordatus est Vasthi, et quæ fecisset, vel quæ passa esset. Dixeruntque pueri regis ac ministri ejus : Quærantur regi puellæ virgines ac speciosæ, et mittantur qui considerent per universas provincias puellas speciosas et virgines, et adducant eas ad civitatem Susan, et tradant eas in domum feminarum... Et quæcumque inter omnes oculis regis placuerit, ipsa regnet pro Vasthi. Placuit sermo regi : et ita ut suggesserant, jussit fieri. » — « Lorsque la colère du roi Assuérus fut adoucie, il se ressouvint de Vasthi, et de ce qu'elle avait fait, et de ce qu'elle avait souffert. Alors les serviteurs et les officiers du roi lui dirent : Qu'on cherche pour le roi des filles qui soient vierges et belles; et qu'on envoie dans toutes les provinces des gens qui considèrent les plus belles d'entre les jeunes filles qui sont vierges, et qu'ils les amènent dans la ville de Suse, dans le palais des femmes... Et celle qui plaira davantage aux yeux du roi sera reine à la place de Vasthi. Cet avis plut au roi, et il leur commanda de faire ce qu'ils lui avaient conseillé. » *Esth.*, c. II, v. 2, 3 et 4.)

2. L'histoire ne fait aucune mention des Parthes sous l'empire des Assyriens et des Mèdes; mais ils existaient : c'était une colonie de Scythes qui s'étaient séparés du reste de la nation, et c'est pour cela qu'on leur donna le nom de *Parthes,* qui signifie *bannis* (G.) — « Cumque percrebruisset regis imperium, et juxta mandatum illius multæ pulchræ virgines adducerentur Susan, et Egeo traderentur eunucho, Esther quoque inter cæteras puellas ei tradita est, ut servaretur in numero feminarum. » — « Cette ordonnance du roi ayant donc été répandue partout, lorsqu'on amenait à Suse plusieurs filles très-belles, et qu'on les mettait entre les mains de l'eunuque Égée, on lui amena aussi Esther entre les autres, afin qu'elle fût gardée avec les femmes destinées pour le roi. » (*Esth.*, c. II, v. 8.)

Y briguèrent le sceptre offert à la beauté.
On m'élevoit alors, solitaire et cachée,
Sous les yeux vigilants du sage Mardochée[1] :
Tu sais combien je dois à ses heureux secours.
La mort m'avoit ravi les auteurs de mes jours;
Mais lui, voyant en moi la fille de son frère,
Me tint lieu, chère Élise, et de père et de mère.
Du triste état des Juifs jour et nuit agité,
Il me tira du sein de mon obscurité;
Et, sur mes foibles mains fondant leur délivrance,
Il me fit d'un empire accepter l'espérance.
A ses desseins secrets, tremblante, j'obéis :
Je vins; mais je cachai ma race et mon pays[2].
Qui pourroit cependant t'exprimer les cabales
Que formoit en ces lieux ce peuple de rivales,
Qui toutes, disputant un si grand intérêt,
Des yeux d'Assuérus attendoient leur arrêt?
Chacune avoit sa brigue et de puissants suffrages[3] :

---

1. « Erat vir judæus in Susan civitate, vocabulo Mardochæus, qui translatus fuerat de Jerusalem eo tempore quo Jechoniam regem Juda Nabuchodonosor rex Babylonis transtulerat. Qui fuit nutritius filiæ fratris sui Edissæ, quæ altero nomine vocabatur Esther, et utrumque parentem amiserat, pulchra nimis et decora facie. Mortuisque patre ejus ac matre, Mardochæus sibi eam adoptavit in filiam. » — « Il y avait alors dans la ville de Suse un homme juif nommé Mardochée, qui avait été transféré de Jérusalem au temps que Nabuchodonosor, roi de Babylone, avait fait amener Jéchonias, roi de Juda, de Judée à Babylone; il avait élevé auprès de lui la fille de son frère, nommée Édisse, qui s'appelait autrement Esther; elle avait perdu son père et sa mère; elle était parfaitement belle, et il paraissait une grâce extraordinaire sur son visage. Son père et sa mère étant morts, Mardochée l'avait adoptée pour sa fille. » (*Esth.*, cap. II, v. 5, 6 et 7.)

2. « Quæ noluit indicare ei populum et patriam suam; Mardochæus enim præceperat ei ut de hac re omnino reticeret. » — « Esther ne voulut pas lui dire (à l'eunuque Égée) de quel pays et de quelle nation elle était, parce que Mardochée lui avait ordonné de tenir cela très-secret. » (*Esth.*, cap. II, v. 8, 10.)

3. Idée empruntée de Tacite. Racine en a déjà fait usage dans *Britan-

ACTE I, SCÈNE I.

L'une d'un sang fameux vantoit les avantages;
L'autre, pour se parer de superbes atours,
Des plus adroites mains empruntoit le secours ;
Et moi, pour toute brigue et pour tout artifice,
De mes larmes au ciel j'offrois le sacrifice.
   Enfin on m'annonça l'ordre d'Assuérus [1].
Devant ce fier monarque, Élise, je parus.
Dieu tient le cœur des rois entre ses mains puissantes [2];
Il fait que tout prospère aux âmes innocentes,
Tandis qu'en ses projets l'orgueilleux est trompé.
De mes foibles attraits le roi parut frappé :
Il m'observa longtemps dans un sombre silence ;
Et le ciel, qui pour moi fit pencher la balance,
Dans ce temps-là, sans doute, agissoit sur son cœur.
Enfin, avec des yeux où régnoit la douceur :
« Soyez reine, » dit-il ; et, dès ce moment même,

---

nicus, acte IV, sc. II: « Nec minore ambitu feminæ exarserant : suam quæque nobilitatem, formam, opes contendere, ac digna tanto matrimonio ostentare. » — « Les femmes, dévorées d'ambition, faisaient valoir leur naissance, leur beauté, leurs richesses et tout ce qui pouvait les rendre dignes d'une telle union. » (*Annal.,* lib. XII.)

1. « Evoluto autem tempore per ordinem, instabat dies quo Esther, filia Abihail, fratris Mardochæi, quam sibi adoptaverit in filiam, deberet intrare ad regem. Quæ non quæsivit muliebrem cultum, sed quæcumque voluit Egeus eunuchus, custos virginum, hæc ei ad ornatum dedit. Erat enim formosa valde, et incredibili pulchritudine omnium oculis gratiosa et amabilis videbatur. » — « Après donc qu'il se fut passé du temps, le jour vint auquel Esther, fille d'Abihaïl, frère de Mardochée, et que Mardochée avait adoptée pour sa fille, devait être présentée au roi en son rang. Elle ne demanda rien pour sa parure ; mais Égée, eunuque qui avait le soin de ces filles, lui donna pour cela tout ce qu'il voulut, car elle était parfaitement bien faite, et son incroyable beauté la rendait aimable et agréable à tous ceux qui la voyaient. » (*Esth.,* cap. II, v. 15.)

2. « Sicut divisiones aquarum, ita cor regis in manu Domini : quocumque voluerit inclinabit illud. » — « Le cœur du roi est dans la main du Seigneur comme une eau courante : il le fait tourner de quelque côté qu'il veut. » (*Prov.,* cap. XXI, v. 1.)

De sa main sur mon front posa son diadème[1].
Pour mieux faire éclater sa joie et son amour,
Il combla de présents tous les grands de sa cour ;
Et même ses bienfaits, dans toutes ses provinces,
Invitèrent le peuple aux noces de leurs princes[2].

Hélas ! durant ces jours de joie et de festins,
Quelle étoit en secret ma honte et mes chagrins !
Esther, disois-je, Esther dans la pourpre est assise,
La moitié de la terre à son sceptre est soumise,
Et de Jérusalem l'herbe cache les murs !
Sion, repaire affreux de reptiles impurs,
Voit de son temple saint les pierres dispersées,
Et du Dieu d'Israël les fêtes sont cessées !

ÉLISE.

N'avez-vous point au roi confié vos ennuis ?

ESTHER.

Le roi, jusqu'à ce jour, ignore qui je suis[3] :
Celui par qui le ciel règle ma destinée

---

1. « Et adamavit eam rex plus quam omnes mulieres, habuitque gratiam et misericordiam coram eo super omnes mulieres ; et posuit diadema regni in capite ejus, fecitque eam regnare in loco Vasthi. » — « Le roi l'aima plus que toutes ses autres femmes, et elle s'acquit dans son cœur et dans son esprit une considération plus grande que toutes les autres ; il lui mit sur la tête le diadème royal, et il la fit reine à la place de Vasthi. » (*Esth.*, cap. II, v. 17.)

2. « Et jussit convivium præparari permagnificum cunctis principibus, et servis suis, pro conjunctione et nuptiis Esther. Et dedit requiem universis provinciis, ac dona largitus est juxta magnificentiam principalem. » — « Et le roi commanda qu'on fît un festin très-magnifique à tous les grands de sa cour et à tous ses serviteurs, pour le mariage et les noces d'Esther. Il soulagea les peuples de toutes ses provinces, et il fit des dons dignes de la magnificence d'un si grand prince. » (*Esth.*, cap. II, v. 18.)

3. Ce soin de cacher sa naissance fit donner à la nièce de Mardochée le surnom d'*Esther*, qui, dit-on, en hébreu signifie *inconnue*.

Sur ce secret encor tient ma langue enchaînée[1].

ÉLISE.

Mardochée? Hé! peut-il approcher de ces lieux?

ESTHER.

Son amitié pour moi le rend ingénieux.
Absent je le consulte, et ses réponses sages
Pour venir jusqu'à moi trouvent mille passages :
Un père a moins de soin du salut de son fils.
Déjà même, déjà, par ses secrets avis[2],
J'ai découvert au roi les sanglantes pratiques
Que formoient contre lui deux ingrats domestiques[3].

---

1. « Necdum prodiderat Esther patriam et populum suum, juxta mandatum ejus; quidquid enim ille præcipiebat observabat Esther, et ita cuncta faciebat, ut eo tempore solita erat quo eam parvulam nutriebat. »—« Esther n'avait point encore découvert ni son pays ni son peuple, selon l'ordre que Mardochée lui en avait donné : car Esther observait tout ce qu'il lui ordonnait, et faisait encore toutes choses en ce temps-là par son avis, de même que lorsqu'il la nourrissait auprès de lui, étant toute petite. » (*Esth.*, cap. II, vers 20.)

2. « Eo igitur tempore quo Mardochæus ad regis januam morabatur, irati sunt Bagathan et Thares, duo eunuchi regis, qui janitores erant, et in primo palatii limine præsidebant : volueruntque insurgere in regem et occidere eum. Quod Mardochæum non latuit, statimque nuntiavit reginæ Esther; et illa regi, ex nomine Mardochæi, qui ad se rem detulerat. » — « Lors donc que Mardochée demeurait à la porte du roi, Bagathan et Tharès, deux de ses eunuques, qui commandaient à la première entrée du palais, ayant conçu quelque mécontentement contre le roi, entreprirent d'attenter contre sa personne et de le tuer. Mais Mardochée, ayant découvert leur dessein, en avertit aussitôt la reine Esther. La reine en avertit le roi au nom de Mardochée, dont elle avait reçu l'avis. » (*Esth.*, cap. II, vers. 21, 22.)

3. Ces deux vers paraissent jetés ici sans dessein, et cependant ils donnent à cette pièce le mouvement qui la met en jeu : de là le songe effrayant du roi, la révision des annales de son règne, l'impression nouvelle que fait sur lui le danger qu'il a couru, le regret qu'il témoigne de n'avoir pas récompensé celui qui l'en a tiré, le triomphe de Mardochée, enfin le salut de tous les Juifs. (L. B.) — Le mot *domestique* a changé de sens : du

Cependant mon amour pour notre nation
A rempli ce palais de filles de Sion,
Jeunes et tendres fleurs par le sort agitées,
Sous un ciel étranger comme moi transplantées.
Dans un lieu séparé de profanes témoins,
Je mets à les former mon étude et mes soins[1];
Et c'est là que, fuyant l'orgueil du diadème,
Lasse de vains honneurs, et me cherchant moi-même,
Aux pieds de l'Éternel je viens m'humilier,
Et goûter le plaisir de me faire oublier[2].
Mais à tous les Persans je cache leurs familles.
Il faut les appeler. Venez, venez, mes filles,
Compagnes autrefois de ma captivité,
De l'antique Jacob jeune postérité[3].

SCÈNE II.

ESTHER, ÉLISE, LE CHŒUR.

UNE DES ISRAÉLITES chante derrière le théâtre [4].

Ma sœur, quelle voix nous appelle?

temps de Racine, il pouvait s'appliquer même aux grands. Ces *ingrats domestiques* n'étaient pas des esclaves, c'étaient des sujets persans, comme on le voit plus loin, acte II, sc. III, lorsque Assuérus les met en opposition avec les Juifs *étrangers* et *esclaves*.

1. Ces vers sont une allusion aussi adroite que flatteuse à la maison de Saint-Cyr. (L. B.)

2. Ce trait de la modestie d'Esther s'appliquait à Mme de Maintenon, qui venait à Saint-Cyr oublier l'éclat et les grandeurs de la cour. (G.)

3. Ce vers traduit heureusement le premier vers de l'*OEdipe roi* de Sophocle :

Ω τεκνα, Καδμου του παλαι νεα τροφη.

4. VAR. (Éd. de 1689). Une des Israélites, chantant derrière le théâtre.

ACTE I, SCÈNE II.

UNE AUTRE.

J'en reconnois les agréables sons :
C'est la reine.

TOUTES DEUX.

Courons, mes sœurs, obéissons.
La reine nous appelle :
Allons, rangeons-nous auprès d'elle.

TOUT LE CHOEUR, entrant sur la scène
par plusieurs endroits différents.

La reine nous appelle :
Allons, rangeons-nous auprès d'elle.

ÉLISE.

Ciel! quel nombreux essaim d'innocentes beautés
S'offre à mes yeux en foule, et sort de tous côtés!
Quelle aimable pudeur sur leur visage est peinte!
Prospérez, cher espoir d'une nation sainte.
Puissent jusques au ciel vos soupirs innocents
Monter comme l'odeur d'un agréable encens [1] !
Que Dieu jette sur vous des regards pacifiques!

ESTHER.

Mes filles, chantez-nous quelqu'un de ces cantiques [2]

---

1. On lit dans l'*Apocalypse,* cap. VIII, vers. 4 : « Ascendit fumus incensorum de orationibus sanctorum, de manu angeli, coram Deo. » — « La fumée de l'encens, composée des prières des saints, s'élève de la main de l'ange devant Dieu. »

2. Racine met dans la bouche d'Esther les paroles qu'adressaient aux Juifs ceux qui les avaient conduits captifs à Babylone : « Et qui abduxerunt nos : Hymnum cantate nobis de canticis Sion. » — « Ceux qui nous avaient enlevés nous disaient : Chantez-nous quelqu'un des cantiques de Sion. » (Ps. CXXXVI, vers. 4.)

ESTHER.

Où vos voix si souvent se mêlant à mes pleurs
De la triste Sion célèbrent les malheurs.

UNE ISRAÉLITE seule chante.

Déplorable Sion, qu'as-tu fait de ta gloire[1] ?
  Tout l'univers admiroit ta splendeur :
Tu n'es plus que poussière ; et de cette grandeur
Il ne nous reste plus que la triste mémoire[2].
Sion, jusques au ciel élevée autrefois,
  Jusqu'aux enfers maintenant abaissée,
    Puissé-je demeurer sans voix,
  Si dans mes chants ta douleur retracée
Jusqu'au dernier soupir n'occupe ma pensée[3] !

TOUT LE CHOEUR.

O rives du Jourdain ! ô champs aimés des cieux !
    Sacrés monts, fertiles vallées,
    Par cent miracles signalées !
    Du doux pays de nos aïeux
    Serons-nous toujours exilées ?

---

1. Dans *Esther* et dans *Athalie*, Racine a voulu nous donner une idée des chœurs des anciennes tragédies grecques ; mais il n'a pas poussé l'imitation jusqu'à rendre le chœur permanent sur la scène.

2. Les chœurs d'*Esther* rappellent quelquefois les chœurs de l'*Hécube* d'Euripide. Dans Euripide, ce sont aussi de jeunes filles compagnes de l'exil de leur princesse qui déplorent la ruine de leur patrie. « O patrie ! ô Ilion ! tu n'es plus comptée parmi les villes immortelles, tant fut épaisse cette nuée de Grecs qui t'a enveloppée et ravagée ! Tu as vu raser ta couronne de tours ; la noire fumée t'a souillée d'une tache ineffaçable ! Hélas ! je n'entrerai plus dans tes murs ! »

3. « Adhæreat lingua mea faucibus meis, si non meminero tui, si non proposuero Jerusalem in principio lætitiæ meæ. » — « Que ma langue soit attachée à mon gosier, si je ne me souviens pas de toi, si je ne me propose pas Jérusalem comme le principal sujet de ma joie. » (Ps. CXXXVI. vers. 7 et 8.)

ACTE I, SCÈNE II.

UNE ISRAÉLITE, seule.

Quand verrai-je, ô Sion, relever tes remparts,
    Et de tes tours les magnifiques faîtes?
      Quand verrai-je de toutes parts
Tes peuples en chantant accourir à tes fêtes?

TOUT LE CHOEUR.

O rives du Jourdain! ô champs aimés des cieux!
      Sacrés monts, fertiles vallées,
      Par cent miracles signalées!
      Du doux pays de nos aïeux
      Serons-nous toujours exilées?

SCÈNE III[1].

ESTHER, MARDOCHÉE, ÉLISE, LE CHOEUR.

ESTHER.

Quel profane en ce lieu s'ose avancer vers nous?
Que vois-je? Mardochée! O mon père, est-ce vous?
Un ange du Seigneur, sous son aile sacrée[2],
A donc conduit vos pas, et caché votre entrée?
Mais d'où vient cet air sombre, et ce cilice affreux,

---

1. Dans les éditions de 1702, 1713, 1722, 1723 (Cologne) et dans celle de Luneau de Boisjermain, où *Esther* est en cinq actes, l'acte II commence à cette scène.

2. Quoi de plus frappant et de plus théâtral que cette entrée de Mardochée, qui vient, sous le sac, couvert de cendre, et dans le deuil le plus affreux, apporter à Esther la nouvelle de la proscription des Juifs! Oui, sans doute, comme le dit Esther, c'est un ange qui, sous son aile sacrée, a conduit ses pas, et a rendu sa marche invisible. Pouvait-il sans un pareil miracle s'introduire dans l'appartement d'Esther, inaccessible à tous les hommes, suivant les lois inflexibles des Orientaux? (G.)

Et cette cendre enfin qui couvre vos cheveux[1]?
Que nous annoncez-vous?

MARDOCHÉE.

O reine infortunée!
O d'un peuple innocent barbare destinée!
Lisez, lisez l'arrêt détestable, cruel...
Nous sommes tous perdus! et c'est fait d'Israël!

ESTHER.

Juste ciel! tout mon sang dans mes veines se glace[2].

MARDOCHÉE.

On doit de tous les Juifs exterminer la race.
Au sanguinaire Aman nous sommes tous livrés;
Les glaives, les couteaux, sont déjà préparés;
Toute la nation à la fois est proscrite.
Aman, l'impie Aman, race d'Amalécite,
A, pour ce coup funeste, armé tout son crédit;
Et le roi, trop crédule, a signé cet édit.
Prévenu contre nous par cette bouche impure,
Il nous croit en horreur à toute la nature.
Ses ordres sont donnés; et, dans tous ses États,
Le jour fatal est pris pour tant d'assassinats.
Cieux, éclairerez-vous cet horrible carnage!
Le fer ne connoîtra ni le sexe ni l'âge[3]:

---

1. « Quæ cum audisset Mardochæus, scidit vestimenta sua, et indutus est sacco, spargens cinerem capiti. » — « Mardochée ayant appris ceci, déchira ses vêtements, se revêtit d'un sac, et se couvrit la tête de cendre. » (*Esth.*, cap. IV, vers. 1.)

2. Racine avait oublié qu'il avait déjà mis ce vers, mot pour mot, dans la bouche d'OEnone, *Phèdre,* acte IV, sc. III. (G.)

3. *Le fer ne connoîtra :* figure si naturelle, si heureuse et si bien placée, qu'à peine en sent-on la hardiesse extraordinaire. Homère cependant

ACTE I, SCÈNE III.

Tout doit servir de proie aux tigres, aux vautours;
Et ce jour effroyable arrive dans dix jours[1].

ESTHER.

O Dieu, qui vois former des desseins si funestes,
As-tu donc de Jacob abandonné les restes?

UNE DES PLUS JEUNES ISRAÉLITES.

Ciel, qui nous défendra, si tu ne nous défends?

MARDOCHÉE.

Laissez les pleurs, Esther, à ces jeunes enfants.
En vous est tout l'espoir de vos malheureux frères :
Il faut les secourir; mais les heures sont chères;
Le temps vole, et bientôt amènera le jour
Où le nom des Hébreux doit périr sans retour.
Toute pleine du feu de tant de saints prophètes,
Allez, osez au roi déclarer qui vous êtes.

ESTHER.

Hélas! ignorez-vous quelles sévères lois
Aux timides mortels cachent ici les rois?
Au fond de leur palais leur majesté terrible

a été encore plus hardi; il prête au fer du guerrier le désir de percer le corps de l'ennemi,
$$\text{Διλαίομενος χρόος ἆσαι}\ (G.)$$

[1]. « Jussimus ut quoscumque Aman, qui omnibus provinciis præpositus est, et secundus a rege, et quem patris loco colimus, monstraverit.... cum conjugibus ac liberis deleantur ab inimicis suis, nullusque eorum misereatur, quartadecima die duodecimi mensis Adar anni præsentis. » — « Nous avons ordonné que tous ceux qu'Aman, qui commande à toutes les provinces, qui est le second après le roi, et que nous honorons comme notre père, aura fait voir être de ce peuple, soient tués par leurs ennemis, avec leurs femmes et leurs enfants, le quatorzième jour d'Adar, le douzième mois de cette année, sans que personne en ait aucune compassion. » (*Esth.*, cap. XIII, vers 6.)

Affecte à leurs sujets de se rendre invisible ;
Et la mort est le prix de tout audacieux [1]
Qui, sans être appelé, se présente à leurs yeux,
Si le roi dans l'instant, pour sauver le coupable,
Ne lui donne à baiser son sceptre redoutable.
Rien ne met à l'abri de cet ordre fatal,
Ni le rang, ni le sexe, et le crime est égal.
Moi-même, sur son trône, à ses côtés assise,
Je suis à cette loi, comme une autre, soumise :
Et, sans le prévenir, il faut, pour lui parler,
Qu'il me cherche, ou du moins qu'il me fasse appeler.

MARDOCHÉE.

Quoi ! lorsque vous voyez périr votre patrie,

1. Quæ respondit ei, et jussit ut diceret Mardochæo : Omnes servi regis, et cunctæ quæ sub ditione ejus sunt, norunt provinciæ, quod sive vir, sive mulier, non vocatus, interius atrium regis intraverit, absque ulla cunctatione statim interficiatur, nisi forte rex auream virgam ad eum tetenderit pro signo clementiæ, atque ita possit vivere. Ego igitur quomodo ad regem intrare potero, quæ triginta jam diebus non sum vocata ad eum? » — « Esther, pour réponse, lui ordonna de dire ceci à Mardochée : Tous les serviteurs du roi, et toutes les provinces de son empire, savent que qui que ce soit, homme ou femme, qui entre dans la salle intérieure du roi sans y avoir été appelé par son ordre, est mis à mort infailliblement à la même heure, à moins que le roi n'étende vers lui son sceptre d'or, pour marque de clémence, et qu'il lui sauve ainsi la vie. Comment donc puis-je maintenant aller trouver le roi, puisqu'il y a déjà trente jours qu'il ne m'a point fait appeler? » (*Esth.*, cap. IV, vers. 10 et 11.) On a objecté qu'Esther, aimée d'Assuérus, n'était pas en danger de la vie, ce qui détruisait tout l'intérêt de la scène. Mais il fallait juger l'intérêt de cette scène d'après les mœurs orientales, et l'on aurait vu que rien n'est plus commun dans les despotes de l'Asie, que ces passages rapides et imprévus d'une passion à une autre; que ces hommes violents parcourent sans cesse les deux extrêmes, aujourd'hui offrant à la beauté qui les enchante la moitié de leur trône, demain prononçant l'arrêt de sa mort. Vasthi, tendrement aimée d'Assuérus, n'était-elle pas subitement tombée dans la disgrâce, pour avoir désobéi, non pas à une loi formelle de l'empire, mais au caprice injuste et passager d'un roi privé de la raison? Esther devait d'autant plus craindre pour sa vie en paraissant devant Assuérus, sans son ordre, qu'il y avait trente jours, dit l'Écriture, que le roi ne l'avait appelée. (G.)

ACTE I, SCÈNE III.

Pour quelque chose, Esther, vous comptez votre vie!
Dieu parle, et d'un mortel vous craignez le courroux!
Que dis-je? votre vie, Esther, est-elle à vous?
N'est-elle pas au sang dont vous êtes issue?
N'est-elle pas à Dieu, dont vous l'avez reçue?
Et qui sait, lorsqu'au trône il conduisit vos pas[1],
Si pour sauver son peuple il ne vous gardoit pas?
Songez-y bien : ce Dieu ne vous a pas choisie
Pour être un vain spectacle aux peuples de l'Asie,
Ni pour charmer les yeux des profanes humains :
Pour un plus noble usage il réserve ses saints.
S'immoler pour son nom et pour son héritage,
D'un enfant d'Israël voilà le vrai partage :
Trop heureuse pour lui de hasarder vos jours!
Et quel besoin son bras a-t-il de nos secours?
Que peuvent contre lui tous les rois de la terre?
En vain ils s'uniroient pour lui faire la guerre :
Pour dissiper leur ligue il n'a qu'à se montrer.
Il parle, et dans la poudre il les fait tous rentrer.
Au seul son de sa voix la mer fuit, le ciel tremble[2];
Il voit comme un néant tout l'univers ensemble;
Et les foibles mortels, vains jouets du trépas,
Sont tous devant ses yeux comme s'ils n'étoient pas[3].

---

1. « Et quis novit utrum idcirco ad regnum veneris, ut in tali tempore parareris. » — « Et qui sait si ce n'est point pour cela même que vous avez été élevée à la dignité royale, afin d'être prête d'agir en un temps comme celui-ci? » (*Esth.*, cap. IV, vers. 14.)

2. *La mer fuit* est une image empruntée du psaume CXIII, vers. 3 : *Mare vidit et fugit. Le ciel tremble* est une idée d'Homère que Virgile et Ovide ont imitée. Remarquons que ce vers, dont l'harmonie est si forte, est composé tout entier de monosyllabes, à l'exception du mot *tremble,* dont la deuxième syllabe est étouffée par l'*e* muet. (G.)

3. Traduction littérale de ce verset d'Isaïe : « Omnes gentes quasi non sint, sic sunt coram eo. » (Cap. XL.)

S'il a permis d'Aman l'audace criminelle,
Sans doute qu'il vouloit éprouver votre zèle.
C'est lui qui, m'excitant à vous oser chercher,
Devant moi, chère Esther, a bien voulu marcher ;
Et s'il faut que sa voix frappe en vain vos oreilles,
Nous n'en verrons pas moins éclater ses merveilles.
Il peut confondre Aman, il peut briser nos fers
Par la plus foible main qui soit dans l'univers ;
Et vous, qui n'aurez point accepté cette grâce,
Vous périrez peut-être et toute votre race[1].

ESTHER.

Allez : que tous les Juifs dans Suse répandus,
A prier avec vous jour et nuit assidus,
Me prêtent de leurs vœux le secours salutaire,
Et pendant ces trois jours gardent un jeûne austère[2].
Déjà la sombre nuit a commencé son tour :
Demain, quand le soleil rallumera le jour,
Contente de périr, s'il faut que je périsse,
J'irai pour mon pays m'offrir en sacrifice.
Qu'on s'éloigne un moment.

(Le chœur se retire vers le fond du théâtre.)

---

1. « Si enim nunc silueris, per aliam occasionem liberabuntur Judæi : et tu et domus patris tui peribitis. » — « Car si vous demeurez maintenant dans le silence, Dieu trouvera quelque autre moyen pour délivrer les Juifs ; et vous périrez, vous, et la maison de votre père. »

2. « Vade, et congrega omnes Judæos quos in Susan repereris, et orate pro me. Non comedatis et non bibatis tribus diebus et tribus noctibus : et ego cum ancillis meis similiter jejunabo, et tunc ingrediar ad regem, contra legem faciens, non vocata, tradensque me morti et periculo. » — « Allez ; assemblez tous les Juifs que vous trouverez dans Suse, et priez pour moi. Ne mangez point et ne buvez point pendant trois jours et trois nuits. Je jeûnerai de même avec les femmes qui me servent ; et après cela j'irai trouver le roi, contre la loi qui le défend, et sans y être appelée, en m'abandonnant au péril et à la mort. » (*Esth.*, cap. IV, vers. 16).

SCÈNE IV.

ESTHER, ÉLISE, LE CHOEUR.

ESTHER.

O mon souverain roi[1],
Me voici donc tremblante et seule devant toi !

[1]. « Domine mi, qui rex noster es solus, adjuva me solitariam, et cujus præter te nullus est auxiliator alius. Periculum meum in manibus meis est. Audivi a patre meo quod tu, Domine, tulisses Israel de cunctis gentibus, et patres nostros ex omnibus retro majoribus suis, ut possideres hereditatem sempiternam, fecistique eis sicut locutus es. Peccavimus in conspectu tuo, et idcirco tradidisti nos in manus inimicorum nostrorum : coluimus enim deos eorum. Justus es, Domine : et nunc non eis sufficit, quod durissima nos opprimunt servitute; sed robur manuum suarum, idolorum potentiæ deputantes, volunt tua mutare promissa, et delere hereditatem tuam, et claudere ora laudantium te, atque exstinguere gloriam templi et altaris tui, ut aperiant ora gentium, et laudent idolorum fortitudinem, et prædicent carnalem regem in sempiternum. Ne tradas, Domine, sceptrum tuum his qui non sunt, ne rideant ad ruinam nostram; sed converte consilium eorum super eos, et eum qui in nos coepit sævire, disperde. Memento, Domine, et ostende te nobis in tempore tribulationis nostræ, et da mihi fiduciam, Domine, rex deorum et universæ potestatis : tribue sermonem compositum in ore meo in conspectu leonis, et transfer cor illius in odium hostis nostri, ut et ipse pereat, et cæteri qui ei consentiunt. Nos autem libera manu tua, et adjuva me, nullum aliud auxilium habentem, nisi te, Domine, qui habes omnium scientiam; et nosti quia oderim gloriam iniquorum et detester cubile incircumcisorum et omnis alienigenæ. Tu scis necessitatem meam, quod abominer signum superbiæ et gloriæ meæ quod est super caput meum in diebus ostentationis meæ, et detester illud quasi pannum menstruatæ, et non portem in diebus silentii mei, et quod non comederim in mensa Aman, nec mihi placuerit convivium regis, et non biberim vinum libaminum. Et nunquam læta sit ancilla tua ex quo huc translata sum usque in præsentem diem, nisi in te, Domine, Deus Abraham. Deus fortis super omnes, exaudi vocem eorum qui nullam aliam spem habent, et libera nos de manu iniquorum, et erue me a timore meo. » — « Mon Seigneur, qui êtes seul notre roi, assistez-moi dans l'abandonnement où je me trouve, puisque vous êtes le seul qui me puissiez secourir. Le péril où je me trouve est présent et inévitable. J'ai su de mon père, ô Seigneur, que vous aviez pris Israël d'entre toutes les nations, et que vous aviez choisi nos pères en les séparant de

Mon père mille fois m'a dit dans mon enfance
Qu'avec nous tu juras une sainte alliance,
Quand, pour te faire un peuple agréable à tes yeux,
Il plut à ton amour de choisir nos aïeux :
Même tu leur promis de ta bouche sacrée
Une postérité d'éternelle durée.
Hélas ! ce peuple ingrat a méprisé ta loi ;

tous leurs ancêtres qui les avaient devancés, pour vous établir parmi eux un héritage éternel : et vous leur avez fait tout le bien que vous leur aviez promis. Nous avons péché devant vous, et c'est pour cela que vous nous avez livrés entre les mains de nos ennemis : car nous avons adoré leurs dieux. Vous êtes juste, Seigneur ; et maintenant ils ne se contentent pas de nous opprimer par une dure servitude ; mais, attribuant la force de leurs bras à la puissance de leurs idoles, ils veulent renverser vos promesses, exterminer votre héritage, fermer la bouche de ceux qui vous louent, et éteindre la gloire de votre temple et de votre autel, pour ouvrir la bouche des nations, pour faire louer la puissance de leurs idoles, et pour relever à jamais un roi de chair et de sang. Seigneur, n'abandonnez pas votre sceptre à ceux qui ne sont rien, de peur qu'ils ne se rient de notre ruine ; mais faites tomber sur eux leurs mauvais desseins, et perdez celui qui a commencé à nous faire ressentir les effets de sa cruauté. Seigneur, souvenez-vous de nous ; montrez-vous à nous dans le temps de notre affliction, et donnez-moi de la fermeté et de l'assurance, ô Seigneur, roi des dieux et de toute puissance qui est dans le monde. Mettez dans ma bouche des paroles sages et composées en la présence du lion, et transférez son cœur de l'affection à la haine de notre ennemi, afin qu'il périsse lui-même avec tous ceux qui lui sont unis. Délivrez-nous par votre puissante main, et assistez-moi, Seigneur, vous qui êtes mon unique secours ; vous qui connaissez toutes choses, et qui savez que je hais la gloire des injustes, et que je déteste le lit des incirconcis et de tout étranger. Vous savez la nécessité où je me trouve, et qu'aux jours où je parais dans la magnificence et dans l'éclat, j'ai en abomination la marque superbe de ma gloire que je porte sur ma tête, et que je la déteste comme un linge souillé et qui fait horreur ; que je ne la porte point dans les jours de mon silence, et que je n'ai point mangé à la table d'Aman, ni pris plaisir au festin du roi ; que je n'ai point bu du vin offert sur l'autel des idoles, et que, depuis le temps que j'ai été amenée en ce palais jusqu'à aujourd'hui, jamais votre servante ne s'est réjouie qu'en vous seul, ô Seigneur, Dieu d'Abraham ! O Dieu puissant, au-dessus de tous, écoutez la voix de ceux qui n'ont aucune espérance qu'en vous seul ; sauvez-nous de la main des méchants, et délivrez-moi de ce que je crains. » (*Esth.*, cap. XIV, vers. 3, etc.)

ACTE I, SCÈNE IV.

La nation chérie a violé sa foi;
Elle a répudié son époux et son père[1],
Pour rendre à d'autres dieux un honneur adultère[2] :
Maintenant elle sert sous un maître étranger.
Mais c'est peu d'être esclave, on la veut égorger :
Nos superbes vainqueurs, insultant à nos larmes,
Imputent à leurs dieux le bonheur de leurs armes,
Et veulent aujourd'hui qu'un même coup mortel
Abolisse ton nom, ton peuple, et ton autel.
Ainsi donc un perfide, après tant de miracles,
Pourroit anéantir la foi de tes oracles,
Raviroit aux mortels le plus cher de tes dons,
Le saint que tu promets et que nous attendons?
Non, non, ne souffre pas que ces peuples farouches,
Ivres de notre sang, ferment les seules bouches
Qui dans tout l'univers célèbrent tes bienfaits;
Et confonds tous ces dieux qui ne furent jamais.

Pour moi, que tu retiens parmi ces infidèles,
Tu sais combien je hais leurs fêtes criminelles,
Et que je mets au rang des profanations
Leur table, leurs festins, et leurs libations;
Que même cette pompe où je suis condamnée,
Ce bandeau dont il faut que je paroisse ornée

---

1. *Répudier son époux et son père* : manière énergique d'exprimer que la nation juive a renoncé à son Dieu. Cette hardiesse est d'autant plus heureuse, que Sion est toujours présentée, dans l'Écriture, comme l'épouse que Dieu avait choisie. Chez les Juifs, répudier c'était renoncer à sa femme. Ce droit ne pouvait être exercé que par le mari. Ici la puissance de répudier est attribuée à l'épouse contre son mari, et, ce qui est encore plus hardi, contre son propre père. Toute autre expression eût affaibli l'idée du poëte. C'est un crime de *renier* son Dieu; alors on ne croit plus : mais le *répudier*, c'est y croire et y renoncer. Il y a à la fois mépris et ingratitude.

2. Louis Racine (*Corresp. inédite de Louis Racine avec René Chevage, de Nantes, de 1743 à 1757*, Nantes, 1858, p. 6) se sert de cette expression pour justifier un de ses vers critiqué par M. Chevage, *l'assemblage adultère*.

Dans ces jours solennels à l'orgueil dédiés,
Seule et dans le secret, je le foule à mes pieds;
Qu'à ces vains ornements je préfère la cendre,
Et n'ai du goût qu'aux pleurs que tu me vois répandre.
J'attendois le moment marqué dans ton arrêt,
Pour oser de ton peuple embrasser l'intérêt.
Ce moment est venu : ma prompte obéissance
Va d'un roi redoutable affronter la présence.
C'est pour toi que je marche : accompagne mes pas
Devant ce fier lion qui ne te connoît pas;
Commande en me voyant que son courroux s'apaise,
Et prête à mes discours un charme qui lui plaise :
Les orages, les vents, les cieux te sont soumis;
Tourne enfin sa fureur contre nos ennemis.

SCÈNE V.

(Toute cette scène est chantée.)

LE CHŒUR.

UNE ISRAÉLITE, seule.

Pleurons et gémissons, mes fidèles compagnes;
   A nos sanglots donnons un libre cours;
   Levons les yeux vers les saintes montagnes[1]
   D'où l'innocence attend tout son secours.
      O mortelles alarmes !
Tout Israël périt. Pleurez, mes tristes yeux :

---

1. « Levavi oculos meos in montes, unde veniet auxilium mihi. » « J'ai levé les yeux vers les saintes montagnes, d'où me doit venir du secours. » (Ps. cxx, vers. 1.)

Il ne fut jamais sous les cieux
Un si juste sujet de larmes.

TOUT LE CHOEUR.

O mortelles alarmes !

UNE AUTRE ISRAÉLITE.

N'étoit-ce pas assez qu'un vainqueur odieux
De l'auguste Sion eût détruit tous les charmes,
Et traîné ses enfants captifs en mille lieux?

TOUT LE CHOEUR.

O mortelles alarmes !

LA MÊME ISRAÉLITE.

Foibles agneaux livrés à des loups furieux,
Nos soupirs sont nos seules armes.

TOUT LE CHOEUR.

O mortelles alarmes !

UNE DES ISRAÉLITES.

Arrachons, déchirons tous ces vains ornements
Qui parent notre tête.

UNE AUTRE.

Revêtons-nous d'habillements
Conformes à l'horrible fête
Que l'impie Aman nous apprête[1].

TOUT LE CHOEUR.

Arrachons, déchirons tous ces vains ornements
Qui parent notre tête.

UNE ISRAÉLITE, seule.

Quel carnage de toutes parts !

---

1. Dans l'impression à part des *Chœurs d'Esther*, ces cinq derniers vers sont prononcés par le même personnage. (P. M.)

On égorge à la fois les enfants, les vieillards,
    Et la sœur, et le frère,
    Et la fille, et la mère,
  Le fils dans les bras de son père !
Que de corps entassés ! Que de membres épars,
    Privés de sépulture !
  Grand Dieu ! tes saints sont la pâture
  Des tigres et des léopards.

UNE DES PLUS JEUNES ISRAÉLITES.

    Hélas ! si jeune encore,
Par quel crime ai-je pu mériter mon malheur ?
  Ma vie à peine a commencé d'éclore :
    Je tomberai comme une fleur
    Qui n'a vu qu'une aurore.
    Hélas ! si jeune encore,
Par quel crime ai-je pu mériter mon malheur ?

UNE AUTRE.

Des offenses d'autrui malheureuses victimes,
Que nous servent, hélas ! ces regrets superflus ?
Nos pères ont péché, nos pères ne sont plus,
  Et nous portons la peine de leurs crimes.

TOUT LE CHOEUR.

Le Dieu que nous servons est le Dieu des combats :
    Non, non, il ne souffrira pas
    Qu'on égorge ainsi l'innocence.

UNE ISRAÉLITE, seule.

    Hé quoi ! diroit l'impiété,
  Où donc est-il ce Dieu si redouté
Dont Israël nous vantoit la puissance ?

ACTE I, SCÈNE V.

UNE AUTRE.

Ce Dieu jaloux, ce Dieu victorieux,
　　Frémissez, peuples de la terre,
Ce Dieu jaloux, ce Dieu victorieux,
　　Est le seul qui commande aux cieux :
　　Ni les éclairs ni le tonnerre
　　N'obéissent point à vos dieux.

UNE AUTRE.

Il renverse l'audacieux.

UNE AUTRE.

Il prend l'humble sous sa défense.

TOUT LE CHOEUR.

Le Dieu que nous servons est le Dieu des combats :
　　Non, non, il ne souffrira pas
　　Qu'on égorge ainsi l'innocence.

DEUX ISRAÉLITES.

　　O Dieu, que la gloire couronne,
　　Dieu, que la lumière environne[1],
　　Qui voles sur l'aile des vents,
Et dont le trône est porté par les anges :

DEUX AUTRES DES PLUS JEUNES.

Dieu, qui veux bien que de simples enfants
　　Avec eux chantent tes louanges ;

---

1. « Amictus lumine sicut vestimento... Qui ambulas super pennas ventorum. » — « Tout revêtu de lumière, comme d'un vêtement... Qui marchez sur les ailes des vents. » (Ps. CIII, vers. 2 et 4.) — « Et ascendit super Cherubim, et volavit, et lapsus est super pennas venti. » — « Il a monté sur les Chérubins, et il a pris son vol ; il a volé sur les ailes des vents. » (REG., cap. XXII, vers. 11.)

TOUT LE CHOEUR.

Tu vois nos pressants dangers :
Donne à ton nom la victoire ;
Ne souffre point que ta gloire
Passe à des dieux étrangers.

UNE ISRAÉLITE, seule.

Arme-toi, viens nous défendre.
Descends, tel qu'autrefois la mer te vit descendre ;
Que les méchants apprennent aujourd'hui
A craindre ta colère :
Qu'ils soient comme la poudre et la paille légère
Que le vent chasse devant lui[1].

TOUT LE CHOEUR.

Tu vois nos pressants dangers :
Donne à ton nom la victoire ;
Ne souffre point que ta gloire
Passe à des dieux étrangers.

---

1. « Sint tanquam pulvis ante faciem venti. » — « Qu'ils deviennent comme la poussière qui est emportée par le vent. » (Ps. XXIV, vers. 5.) — « Et sicut stipulam ante faciem venti. » — « Et comme la paille qui est emportée par le vent. » (Ps. LXXXII, vers. 12.) Montchrestien, dans sa tragédie d'*Aman*, a aussi employé cette image :

> Jusqu'au bord du tombeau veux-tu donc les poursuivre,
> Chassés de lieux en lieux, comme les tourbillons
> Tracassent les fétus de sillons en sillons ?

J.-B. Rousseau a dit de même :

> Et votre souffle m'enlève
> De la terre des vivants,
> Comme la feuille séchée,
> Qui, de sa tige arrachée,
> Devient le jouet des vents.
>
> CANT. D'ÉZÉCHIAS.

FIN DU PREMIER ACTE.

ACTE DEUXIÈME.[1]

(Le théâtre représente la chambre où est le trône d'Assuérus.)

SCÈNE PREMIÈRE.

AMAN, HYDASPE.

AMAN.
Hé quoi ! lorsque le jour ne commence qu'à luire,
Dans ce lieu redoutable oses-tu m'introduire ?

HYDASPE.
Vous savez qu'on s'en peut reposer sur ma foi ;
Que ces portes, seigneur, n'obéissent qu'à moi :
Venez. Partout ailleurs on pourroit nous entendre.

AMAN.
Quel est donc le secret que tu me veux apprendre ?

HYDASPE.
Seigneur, de vos bienfaits mille fois honoré,
Je me souviens toujours que je vous ai juré
D'exposer à vos yeux, par des avis sincères,
Tout ce que ce palais renferme de mystères.
Le roi d'un noir chagrin paroît enveloppé :
Quelque songe effrayant cette nuit l'a frappé.

1. C'est l'acte III dans les éditions de 1702, 1713, 1722, 1723 (Cologne), et dans celle de Luneau de Boisjermain (1768).

Pendant que tout gardoit un silence paisible,
Sa voix s'est fait entendre avec un cri terrible :
J'ai couru. Le désordre étoit dans ses discours :
Il s'est plaint d'un péril qui menaçoit ses jours :
Il parloit d'ennemi, de ravisseur farouche.
Même le nom d'Esther est sorti de sa bouche.
Il a dans ces horreurs passé toute la nuit.
Enfin, las d'appeler un sommeil qui le fuit,
Pour écarter de lui ces images funèbres,
Il s'est fait apporter ces annales célèbres[1]
Où les faits de son règne, avec soin amassés,
Par de fidèles mains chaque jour sont tracés ;
On y conserve écrit le service et l'offense,
Monuments éternels d'amour et de vengeance.
Le roi que j'ai laissé plus calme dans son lit,
D'une oreille attentive écoute ce récit.

AMAN.

De quel temps de sa vie a-t-il choisi l'histoire ?

HYDASPE.

Il revoit tous ces temps si remplis de sa gloire,
Depuis le fameux jour qu'au trône de Cyrus
Le choix du sort plaça l'heureux Assuérus[2].

---

1. Cet usage des rois de Perse, qui prenaient soin de conserver la mémoire de ce qui se passait de plus mémorable sous leur règne, est attesté par Hérodote, liv. VIII, et par Thucydide, liv. I.

2. L'anecdote que ces vers rappellent suppose qu'Assuérus est le Darius, fils d'Hystaspe. Le récit de son avénement, fort contesté par les critiques, est donné par Hérodote (liv. III, 85-89). Les six satrapes qui se disputaient l'empire convinrent d'un rendez-vous d'où reviendrait roi celui dont le cheval hennirait le premier ; un écuyer de Darius tint caché à quelque distance une cavale ; le cheval de son maître lui fit obtenir la couronne, et une statue équestre aurait consacré la mémoire de cette étrange fortune.

ACTE II, SCÈNE I.

AMAN.

Ce songe, Hydaspe, est donc sorti de son idée?

HYDASPE.

Entre tous les devins fameux de la Chaldée,
Il a fait assembler ceux qui savent le mieux
Lire en un songe obscur les volontés des cieux...
Mais quel trouble vous-même aujourd'hui vous agite?
Votre âme, en m'écoutant, paroît toute interdite :
L'heureux Aman a-t-il quelques secrets ennuis?

AMAN.

Peux-tu le demander dans la place où je suis?
Haï, craint, envié, souvent plus misérable
Que tous les malheureux que mon pouvoir accable!

HYDASPE.

Hé! qui jamais du ciel eut des regards plus doux?
Vous voyez l'univers prosterné devant vous.

AMAN.

L'univers! Tous les jours un homme... un vil esclave,
D'un front audacieux me dédaigne et me brave.

HYDASPE.

Quel est cet ennemi de l'État et du roi?

AMAN.

Le nom de Mardochée est-il connu de toi?

HYDASPE.

Qui? ce chef d'une race abominable, impie?

AMAN.

Oui, lui-même.

HYDASPE.

  Hé, seigneur! d'une si belle vie
Un si foible ennemi peut-il troubler la paix?

AMAN.

L'insolent devant moi ne se courba jamais[1].
En vain de la faveur du plus grand des monarques
Tout révère à genoux les glorieuses marques ;
Lorsque d'un saint respect tous les Persans touchés
N'osent lever leurs fronts à la terre attachés,
Lui, fièrement assis, et la tête immobile,
Traite tous ces honneurs d'impiété servile,
Présente à mes regards un front séditieux,
Et ne daigneroit pas au moins baisser les yeux !
Du palais cependant il assiége la porte :
A quelque heure que j'entre, Hydaspe, ou que je sorte,
Son visage odieux m'afflige et me poursuit ;
Et mon esprit troublé le voit encor la nuit.
Ce matin j'ai voulu devancer la lumière :
Je l'ai trouvé couvert d'une affreuse poussière,
Revêtu de lambeaux, tout pâle; mais son œil[2]
Conservoit sous la cendre encor le même orgueil.
D'où lui vient, cher ami, cette imprudente audace ?
Toi, qui dans ce palais voit tout ce qui se passe,
Crois-tu que quelque voix ose parler pour lui ?
Sur quel roseau fragile a-t-il mis son appui ?

HYDASPE.

Seigneur, vous le savez, son avis salutaire
Découvrit de Tharès le complot sanguinaire.
Le roi promit alors de le récompenser.

---

1. « Solus Mardochæus non flectebat genu, neque adorabat eum. » — Il n'y avait que Mardochée qui ne fléchissait point le genou devant lui, et qui ne l'adorait point. » (*Esth.*, cap. III, vers. 2.)

2. Comme ce vers est coupé par ces mots *tout pâle*, dont l'effet est pittoresque à l'imagination et à l'oreille ! (L.)

ACTE II, SCÈNE I.

Le roi, depuis ce temps, paroît n'y plus penser.

AMAN.

Non, il faut à tes yeux dépouiller l'artifice[1].
J'ai su de mon destin corriger l'injustice :
Dans les mains des Persans jeune enfant apporté,
Je gouverne l'empire où je fus acheté[2] ;
Mes richesses des rois égalent l'opulence ;
Environné d'enfants soutiens de ma puissance,
Il ne manque à mon front que le bandeau royal.
Cependant, des mortels aveuglement fatal !
De cet amas d'honneur la douceur passagère
Fait sur mon cœur à peine une atteinte légère ;
Mais Mardochée assis aux portes du palais[3]
Dans ce cœur malheureux enfonce mille traits ;
Et toute ma grandeur me devient insipide

---

1. La Harpe croit voir ici un défaut de justesse dans le dialogue. Aman ne lui paraît pas répondre directement à ce que vient de dire Hydaspe. Ce prétendu défaut de justesse n'est qu'un effet de l'art : Aman, troublé par sa haine, n'est occupé que de l'insolence de Mardochée ; et, tout entier au dépit et à la vengeance, il répond à sa passion plus qu'aux discours d'Hydaspe. (G.)

2. Il faut admirer l'énergique brièveté de ce vers, et l'opposition hardie qui nous fait voir dans celui qui gouverne l'empire le même homme qui y fut vendu comme esclave. Ce n'est pas là une antithèse puérile, mais un contraste frappant. On ne peut dire plus en moins de mots. (G.)

3. « Egressus est itaque illo die Aman lætus et alacer. Cumque vidisset Mardochæum sedentem ante fores palatii, et non solum non assurrexisse sibi, sed nec motum quidem de loco sessionis suæ, indignatus est valde... Et cum hæc omnia habeam, nihil me habere puto, quamdiu videro Mardochæum Judæum sedentem ante fores regias. » — « Aman sortit donc ce jour-là fort content et plein de joie ; et ayant vu que Mardochée, qui était assis devant la porte du palais, non-seulement ne s'était pas levé pour lui faire honneur, mais ne s'était pas même remué de la place où il était, il en conçut une grande indignation... Quoique j'aie tous ces avantages, je croirai n'avoir rien, tant que je verrai le Juif Mardochée demeurer assis devant

54 ESTHER.

Tandis que le soleil éclaire ce perfide[1].

HYDASPE.

Vous serez de sa vue affranchi dans dix jours :
La nation entière est promise aux vautours.

AMAN.

Ah! que ce temps est long à mon impatience!
C'est lui, je te veux bien confier ma vengeance,
C'est lui qui, devant moi refusant de ployer,
Les a livrés au bras qui les va foudroyer.
C'étoit trop peu pour moi d'une telle victime[2] :
La vengeance trop foible attire un second crime.
Un homme tel qu'Aman, lorsqu'on l'ose irriter,
Dans sa juste fureur ne peut trop éclater.

la porte du palais du roi quand je passe. » (*Esth.*, cap. v, vers. 9 et 13.) Du Ryer, dans son *Esther*, rend ainsi ce passage :

> Triste loi des grandeurs! Vains charmes des esprits
> Qui ne contentent point comme blesse un mépris!
> La fortune me rit, un roi me favorise,
> Tout le monde m'adore, un seul Juif me méprise ;
> Et ce mépris tout seul, occupant tous mes sens,
> Du monde universel m'empoisonne l'encens.

1. Il faut bien permettre aux poëtes de mettre *tandis que* au lieu de *tant que*, quand cela leur est commode. C'est ainsi que Voltaire a dit :

> Celui que, par deux fois, mon père avait vaincu,
> Et qu'il tint enchaîné *tandis qu'il* a vécu.

Mais il ne faut pas oublier que ces deux mots ne sont pas synonymes, et ne disent point du tout la même chose. *Tandis que* exprime un temps indéterminé ; *tant que* signifie tout le temps déterminé par la phrase, et c'est toujours bien fait de ne pas les confondre. Au reste, Mardochée n'est nullement *perfide*, même envers Aman ; mais la puissance orgueilleuse et blessée ne mesure pas les qualifications ; les plus odieuses sont pour elle les meilleures.

2. « Et pro nihilo duxit in unum Mardochæum mittere manus suas : audierat enim quod esset gentis judæ ; magisque voluit omnem Judæorum qui erant in regno Assueri perdere nationem. » — « Mais il compta pour rien de se venger seulement de Mardochée ; et, ayant su qu'il était Juif, il aima mieux entreprendre de perdre toute la nation des Juifs qui étaient dans le royaume d'Assuérus. » (*Esth.*, cap. III, vers. 6.)

Il faut des châtiments dont l'univers frémisse ;
Qu'on tremble en comparant l'offense et le supplice ;
Que les peuples entiers dans le sang soient noyés.
Je veux qu'on dise un jour aux siècles effrayés :
« Il fut des Juifs, il fut une insolente race ;
« Répandus sur la terre, ils en couvroient la face ;
« Un seul osa d'Aman attirer le courroux,
« Aussitôt de la terre ils disparurent tous[1]. »

HYDASPE.

Ce n'est donc pas, seigneur, le sang amalécite
Dont la voix à les perdre en secret vous excite ?

AMAN.

Je sais que, descendu de ce sang malheureux,
Une éternelle haine a dû m'armer contre eux ;
Qu'ils firent d'Amalec un indigne carnage[2] ;
Que jusqu'aux vils troupeaux, tout éprouva leur rage ;
Qu'un déplorable reste à peine fut sauvé ;
Mais, crois-moi, dans le rang où je suis élevé,
Mon ame, à ma grandeur tout entière attachée,
Des intérêts du sang est foiblement touchée.
Mardochée est coupable ; et que faut-il de plus ?
Je prévins donc contre eux l'esprit d'Assuérus,

---

1. Montchrestien dit :

> Je veux que par le monde il soit notoire à tous
> Qu'Aman a sur les Juifs sa colère épanchée,
> Pour punir à son gré l'orgueil de Mardochée ;
> Et que ce peuple vil par la terre épandu
> Pour la faute d'un seul fut un jour tout perdu.

2. Aman descendait du roi Agag, qui fut pris et épargné par Saül : ce qui fut cause de la réprobation de Saül ; et c'est apparemment par cette raison que Mardochée, qui descendait de Saül, comme Esther le dit dans la suite, ne vouloit point fléchir le genou devant un homme du sang d'Agag : car il y a apparence que Néhémie, Esdras, et les autres Juifs qui se prosternaient devant le roi, se prosternaient aussi devant Aman. (L. R.)

J'inventai des couleurs, j'armai la calomnie,
J'intéressai sa gloire : il trembla pour sa vie.
Je les peignis puissants, riches, séditieux[1] ;
Leur dieu même ennemi de tous les autres dieux.
« Jusqu'à quand souffre-t-on que ce peuple respire,
Et d'un culte profane infecte votre empire?
Étrangers dans la Perse, à nos lois opposés,
Du reste des humains ils semblent divisés,
N'aspirent qu'à troubler le repos où nous sommes,
Et, détestés partout, détestent tous les hommes.
Prévenez, punissez leurs insolents efforts[2] :
De leur dépouille enfin grossissez vos trésors. »
Je dis, et l'on me crut. Le roi, dès l'heure même,
Mit dans ma mains le sceau de son pouvoir suprême :
« Assure, me dit-il, le repos de ton roi ;
Va, perds ces malheureux : leur dépouille est à toi[3]. »
Toute la nation fut ainsi condamnée.
Du carnage avec lui je réglai la journée.

1. « Dixitque Aman regi Assuero : Est populus per omnes provincias regni tui dispersus, et a se mutuo separatus, novis utens legibus et ceremoniis, insuper et regis scita contemnens. Et optime nosti quod non expediat regno tuo ut insolescat per licentiam. » — « Et Aman dit au roi Assuérus : Il y a un peuple dispersé par toutes les provinces de votre royaume, divisé d'avec lui-même, qui a des lois et des cérémonies toutes nouvelles, et qui de plus méprise les ordonnances du roi. Et vous savez fort bien qu'il est de l'intérêt de votre royaume de ne souffrir pas que la licence le rende encore plus insolent. » (*Esth.*, cap. III, vers. 8.)

2. « Si tibi placet, decerne ut pereat, et decem millia talentorum appendam arcariis gazæ tuæ. » — « Ordonnez donc, s'il vous plaît, qu'il périsse, et je paierai aux trésoriers de votre épargne dix mille talents. » (*Esth.*, cap. III, vers. 9.)

3. « Tulit ergo rex annulum quo utebatur de manu sua : et dedit eum Aman... Dixitque ad eum : Argentum quod tu polliceris, tuum sit : de populo age quod tibi placet. » — « Alors le roi tira de son doigt l'anneau dont il avait accoutumé de se servir, et le donna à Aman, et lui dit : Gardez pour vous l'argent que vous m'offrez, et pour ce qui est de ce peuple, faites-en ce que vous voudrez. » (*Esth.*, cap. III, vers. 10 et 11.)

Mais de ce traître enfin le trépas différé
Fait trop souffrir mon cœur, de son sang altéré.
Un je ne sais quel trouble empoisonne ma joie.
Pourquoi dix jours encor faut-il que je le voie ?

HYDASPE.

Et ne pouvez-vous pas d'un mot l'exterminer ?
Dites au roi, seigneur, de vous l'abandonner.

AMAN.

Je viens pour épier le moment favorable.
Tu connois, comme moi, ce prince inexorable :
Tu sais combien, terrible en ses soudains transports,
De nos desseins souvent il rompt tous les ressorts.
Mais à me tourmenter ma crainte est trop subtile :
Mardochée à ses yeux est une âme trop vile.

HYDASPE.

Que tardez-vous ? Allez, et faites promptement
Élever de sa mort le honteux instrument[1].

AMAN.

J'entends du bruit : je sors. Toi, si le roi m'appelle...

HYDASPE.

Il suffit.

---

1. « Responderuntque ei Zares uxor ejus et cæteri amici : Jube parari excelsam trabem, habentem altitudinis quinquaginta cubitos, et dic mane regi, ut appendatur super eam Mardochæus. » — « Zarès, sa femme, et tous ses amis, lui répondirent : Commandez qu'on dresse une potence fort élevée, qui ait cinquante coudées de haut, et dites au roi, demain au matin, qu'il y fasse pendre Mardochée. » (*Esth.*, cap. v, vers. 14.)

SCÈNE II.

ASSUÉRUS, HYDASPE, ASAPH, suite d'assuérus.

ASSUÉRUS.

Ainsi donc, sans cet avis fidèle,
Deux traîtres dans son lit assassinoient leur roi?
Qu'on me laisse, et qu'Asaph seul demeure avec moi.

SCÈNE III.

ASSUÉRUS, ASAPH.

ASSUÉRUS, assis sur son trône.

Je veux bien l'avouer : de ce couple perfide
J'avois presque oublié l'attentat parricide :
Et j'ai pâli deux fois au terrible récit
Qui vient d'en retracer l'image à mon esprit.
Je vois de quel succès leur fureur fut suivie,
Et que dans les tourments ils laissèrent la vie;
Mais ce sujet zélé qui, d'un œil si subtil,
Sut de leur noir complot développer le fil,
Qui me montra sur moi leur main déjà levée,
Enfin par qui la Perse avec moi fut sauvée,
Quel honneur pour sa foi, quel prix a-t-il reçu [1]?

---

1. Quod cum audisset rex, ait : Quid pro hac fide honoris ac præmii Mardochæus consecutus est? Dixerunt ei servi illius ac ministri : Nihil omnino mercedis accepit. » — « Ce que le roi ayant entendu, il dit : Quel honneur et quelle récompense Mardochée a-t-il reçus pour cette fidélité qu'il m'a témoignée? Ses serviteurs et ses officiers lui dirent : Il n'en a reçu aucune

ACTE II, SCÈNE III.

ASAPH.

On lui promit beaucoup : c'est tout ce que j'ai su.

ASSUÉRUS.

O d'un si grand service oubli trop condamnable !
Des embarras du trône effet inévitable !
De soins tumultueux un prince environné
Vers de nouveaux objets est sans cesse entraîné ;
L'avenir l'inquiète, et le présent le frappe ;
Mais, plus prompt que l'éclair, le passé nous échappe ;
Et de tant de mortels à toute heure empressés
A nous faire valoir leurs soins intéressés,
Il ne s'en trouve point qui, touchés d'un vrai zèle,
Prennent à notre gloire un intérêt fidèle,
Du mérite oublié nous fassent souvenir,
Trop prompts à nous parler de ce qu'il faut punir.
Ah ! que plutôt l'injure échappe à ma vengeance,
Qu'un si rare bienfait à ma reconnoissance !
Et qui voudroit jamais s'exposer pour son roi ?
Ce mortel qui montra tant de zèle pour moi,
Vit-il encore ?

ASAPH.

Il voit l'astre qui vous éclaire.

ASSUÉRUS.

Et que n'a-t-il plus tôt demandé son salaire ?
Quel pays reculé le cache à mes bienfaits ?

---

récompense. » (*Esth.*, cap. VI, vers. 3.) — « Assuérus, se faisant lire les annales de son règne, entendit : Une pièce de terre a été donnée à celui-ci, pour prix d'une belle action ; celui-là a reçu des présents pour sa fidélité ; mais, à la conspiration découverte par Mardochée, il remarqua que ce service était resté sans récompense; aussitôt il fit cesser la lecture, pour s'occuper de réparer l'oubli d'un si grand bienfait. « (Jos., *Ant. jud.*, lib. XI, cap. VI.)

ASAPH.

Assis le plus souvent aux portes du palais,
Sans se plaindre de vous ni de sa destinée,
Il y traîne, seigneur, sa vie infortunée[1].

1. L'expression « Mardochée assis à la porte du roi », mal comprise, et en conséquence mal rendue par Racine, revient à diverses reprises dans le récit. (*Esth.*, II, 19, 21; V, 9, 13). Elle se retrouve dans le livre de Daniel (*Dan.*, II, 49) et désigne une fonction à la cour; aussi le même terme est employé au sujet des officiers d'Assuérus qui se prosternaient devant Aman (*Esth.*, III, 2), et les conjurés dénoncés par Mardochée sont désignés comme « gardes du seuil » ou gardes du corps, ainsi que le texte grec l'indique (*Esth.*, II, 21; VI, 2). Ces rapprochements expriment clairement le sens dans lequel ces mots doivent être pris, et les Septante les ont entendus de cette manière en traduisant la désignation citée plus haut : « Mardochée assis à la porte du roi. » Le poëte a donc commis ici une grave erreur. Que Mardochée, revêtu du cilice et de la cendre, n'entre point dans le palais, le récit même explique par son costume de deuil cette exclusion volontaire (*Esth.*, IV, 2). Qu'il ne corresponde avec Esther que par l'entremise d'un eunuque de confiance, c'est encore un trait conforme aux mœurs de l'Asie (*Esth.*, IV, 5). Il n'en est pas moins évident que la seule position faite par le récit sacré à Mardochée est celle d'un personnage, d'un affidé, d'un fonctionnaire de la cour de Suse, et que c'est là le sens de la formule : « être assis à la porte du roi. » Les exemples que fourniraient les auteurs grecs sont tellement nombreux qu'il serait impossible de les citer; sur les ruines des monuments de Persépolis, les grands du royaume sont arrêtés dans le vestibule de l'appartement du souverain, et les voyageurs modernes attesteraient que les mêmes usages ont encore force de loi dans ces contrées. (Chardin, t. III, p. 334.)

La « porte », on le voit, désignait le palais des monarques de l'Asie, et, par extension, l'ensemble de leur entourage domestique et de l'administration de l'État. Le mot est employé en ce sens dès les temps les plus reculés; la Genèse s'en sert au sujet de la famille patriarcale. (*Gen.*, XXII, 17; XXIV, 60.) La Bible abonde en exemples; il se retrouve dans toutes les langues sémitiques, et il a passé en Europe avec les Ottomans; l'expression moderne Porte Ottomane en est une reproduction. Ces termes répondent à l'expression européenne : la cour, qui a la même origine et le même sens.

Un trait, souvent inaperçu, du récit confirme tout ce qu'on vient de lire; il est dit (*Esth.*, V, 10) qu'en retrouvant Mardochée à la porte du roi, *Aman se contient*. Cette prudence du vizir se conçoit s'il s'agit d'un seigneur de la cour, et non d'un misérable accroupi à l'entrée du palais.

(*Commentaire biblique* du pasteur Ath. Coquerel.)

ACTE II, SCÈNE IV.

ASSUÉRUS.

Et je dois d'autant moins oublier la vertu,
Qu'elle-même s'oublie. Il se nomme, dis-tu ?

ASAPH.

Mardochée est le nom que je viens de vous dire.

ASSUÉRUS.

Et son pays ?

ASAPH.

Seigneur, puisqu'il faut vous le dire,
C'est un de ces captifs à périr destinés,
Des rives du Jourdain sur l'Euphrate amenés.

ASSUÉRUS.

Il est donc Juif ? O ciel, sur le point que la vie
Par mes propres sujets m'alloit être ravie,
Un Juif rend par ses soins leurs efforts impuissants ?
Un Juif m'a préservé du glaive des Persans ?
Mais, puisqu'il m'a sauvé, quel qu'il soit, il n'importe.
Holà, quelqu'un !

SCÈNE IV.

ASSUÉRUS, HYDASPE, ASAPH.

HYDASPE.

Seigneur ?

ASSUÉRUS.

Regarde à cette porte,
Vois s'il s'offre à tes yeux quelque grand de ma cour.

HYDASPE.

Aman à votre porte a devancé le jour[1].

ASSUÉRUS.

Qu'il entre. Ses avis m'éclaireront peut-être.

SCÈNE V.

ASSUÉRUS, AMAN, HYDASPE, ASAPH.

ASSUÉRUS.

Approche, heureux appui du trône de ton maître,
Ame de mes conseils, et qui seul tant de fois
Du sceptre dans ma main as soulagé le poids,
Un reproche secret embarrasse mon ame.
Je sais combien est pur le zèle qui t'enflamme :
Le mensonge jamais n'entra dans tes discours,
Et mon intérêt seul est le but où tu cours.
Dis-moi donc : que doit faire un prince magnanime
Qui veut combler d'honneurs un sujet qu'il estime[2]
Par quel gage éclatant, et digne d'un grand roi,
Puis-je récompenser le mérite et la foi ?
Ne donne point de borne à ma reconnoissance :
Mesure tes conseils sur ma vaste puissance.

---

1. « Statimque rex : Quis est, inquit, in atrio? » — « Le roi ajouta en même temps : Qui est dans la salle du palais? » *Esth.*, cap. vi, vers 4.) — « Responderunt pueri : Aman stat in atrio. Dixitque rex : Ingrediatur. » — « Ses officiers lui répondirent. Aman est dans la salle. Le roi dit : Qu'il entre. » (*Esth.*, cap. vi, vers. 5.)

2. Quumque esset ingressus, ait illi : Quid debet fieri viro quem rex honorare desiderat? » — « Aman étant entré, le roi lui dit : Que doit-on faire pour honorer un homme que le roi désire combler d'honneurs? » (*Esth.*, cap. vi, vers. 6.)

ACTE II, SCÈNE V.

AMAN, tout bas.

C'est pour toi-même, Aman, que tu vas prononcer [1];
Et quel autre que toi peut-on récompenser?

ASSUÉRUS.

Que penses-tu?

AMAN.

Seigneur, je cherche, j'envisage
Des monarques persans la conduite et l'usage :
Mais à mes yeux en vain je les rappelle tous;
Pour vous régler sur eux, que sont-ils près de vous?
Votre règne aux neveux doit servir le modèle [2].
Vous voulez d'un sujet reconnoître le zèle,
L'honneur seul peut flatter un esprit généreux :
Je voudrois donc, seigneur, que ce mortel heureux [3],
De la pourpre aujourd'hui paré comme vous-même,
Et portant sur le front le sacré diadème,
Sur un de vos coursiers pompeusement orné,
Aux yeux de vos sujets dans Suse fût mené;
Que, pour comble de gloire et de magnificence,
Un seigneur éminent en richesse, en puissance,

---

1. « Cogitans autem in corde suo Aman, et reputans quod nullum alium rex, nisi se, vellet honorare. » — « Aman pensant en lui-même, et s'imaginant que le roi n'en vouloit point honorer d'autre que lui. » (*Esth.*, cap. VI, vers. 6.)

2. *Aux neveux, nepotibus,* expression latine.

3. « Debet indui vestibus regiis, et imponi super equum qui de sella regis est, et accipere regium diadema super caput suum; et primus de regiis principibus ac tyrannis teneat equum ejus, et per plateam civitatis incedens clamet, et dicat : Sic honorabitur quemcumque voluerit rex honorare. » — « Qu'il soit vêtu des habits royaux; qu'il monte sur le même cheval que le roi monte; qu'il ait le diadème royal sur la tête, et que le premier des princes et des grands de la cour du roi tienne son cheval par la bride, et que, marchant devant lui par la place de la ville, il crie : C'est ainsi que sera honoré celui qu'il plaira au roi d'honorer. » (*Esth.*, cap. VI, vers. 8, 9.)

Enfin de votre empire après vous le premier,
Par la bride guidât son superbe coursier ;
Et lui-même, marchant en habits magnifiques,
Criât à haute voix dans les places publiques :
« Mortels, prosternez-vous : c'est ainsi que le roi
Honore le mérite, et couronne la foi. »

ASSUÉRUS.

Je vois que la sagesse elle-même t'inspire.
Avec mes volontés ton sentiment conspire.
Va, ne perds point de temps : ce que tu m'as dicté,
Je veux de point en point qu'il soit exécuté [1].
La vertu dans l'oubli ne sera plus cachée.
Aux portes du palais prends le Juif Mardochée :
C'est lui que je prétends honorer aujourd'hui ;
Ordonne son triomphe, et marche devant lui ;
Que Suse par ta voix de son nom retentisse,
Et fais à son aspect que tout genou fléchisse.
Sortez tous.

AMAN.

Dieux !

SCÈNE VI.

ASSUÉRUS, seul.

Le prix est sans doute inouï :
Jamais d'un tel honneur un sujet n'a joui ;

---

1. « Dixitque ei rex : Festina, et sumta stola et equo, fac, ut locutus es, Mardochæo Judæo, qui sedet ante fores palatii. Cave ne quidquam de his quæ locutus es prætermittas. » — « Le roi lui dit : Hâtez-vous donc ; prenez une robe et un cheval, et faites tout ce que vous avez dit, à Mardochée, Juif, qui est devant la porte du palais. Prenez bien garde de ne rien oublier de tout ce que vous venez de dire. (*Esth.*, cap. VI, vers. 10.)

ESTHER

ESTHER. *Mes filles, soutenez votre reine éperdue,
Je me meurs.*

Acte II — Scène VII

Garnier Frères Éditeurs

ACTE II, SCÈNE VII.

Mais plus la récompense est grande et glorieuse,
Plus même de ce Juif la race est odieuse,
Plus j'assure ma vie, et montre avec éclat
Combien Assuérus redoute d'être ingrat.
On verra l'innocent discerné du coupable :
Je n'en perdrai pas moins ce peuple abominable;
Leurs crimes...

SCÈNE VII.

ASSUÉRUS, ESTHER, ÉLISE, THAMAR,
PARTIE DU CHŒUR

(Esther entre, s'appuyant sur Élise; quatre Israélites soutiennent sa robe.)

ASSUÉRUS.

Sans mon ordre on porte ici ses pas !
Quel mortel insolent vient chercher le trépas?
Gardes... C'est vous, Esther? Quoi! sans être attendue?

ESTHER.

Mes filles, soutenez votre reine éperdue :
Je me meurs.

(Elle tombe évanouie.)

ASSUÉRUS.

Dieux puissants ! quelle étrange pâleur
De son teint tout à coup efface la couleur !
Esther, que craignez-vous? Suis-je pas votre frère[1]?

---

1. *Suis-je pas* pour *ne suis-je pas;* nous avons déjà remarqué cette licence.

« Quid habes, Esther? Ego sum frater tuus : noli metuere. Non morieris : non enim pro te, sed pro omnibus hæc lex constituta est. Accede igitur, et tange sceptrum. » — « Qu'avez-vous, Esther? Je suis votre frère; n'ayez aucune crainte, vous ne mourrez point : car cette loi n'a pas été faite

Est-ce pour vous qu'est fait un ordre si sévère?
Vivez : le sceptre d'or que vous tend cette main,
Pour vous de ma clémence est un gage certain.

ESTHER.

Quelle voix salutaire ordonne que je vive,
Et rappelle en mon sein mon âme fugitive?

ASSUÉRUS.

Ne connoissez-vous pas la voix de votre époux?
Encore un coup, vivez, et revenez à vous.

ESTHER.

Seigneur, je n'ai jamais contemplé qu'avec crainte[1]
L'auguste majesté sur votre front empreinte;
Jugez combien ce front irrité contre moi
Dans mon âme troublée a dû jeter d'effroi :
Sur ce trône sacré qu'environne la foudre
J'ai cru vous voir tout prêt à me réduire en poudre.
Hélas ! sans frissonner, quel cœur audacieux
Soutiendroit les éclairs qui partoient de vos yeux?
Ainsi du Dieu vivant la colère étincelle[2]...

ASSUÉRUS.

O soleil ! ô flambeaux de lumière immortelle!
Je me trouble moi-même ; et sans frémissement
Je ne puis voir sa peine et son saisissement.

---

pour vous, mais pour tous les autres. Approchez-vous donc, et touchez mon sceptre. » (*Esth.*, cap. xv, vers. 12, 13, 14.)

1. « Quæ respondit : Vidi te, Domine, quasi angelum Dei, et conturbatum est cor meum præ timore gloriæ tuæ. » — « Esther lui répondit : Seigneur, vous m'avez paru comme un ange de Dieu, et mon cœur a été troublé par la crainte de votre gloire. » (*Esth.*, cap. xv, vers. 16.)

2. *La colère étincelle;* expression hardie et poétique, dont Racine a pu trouver l'idée dans Virgile : *ignescunt iræ* (*Æneid.*, lib. IX, v. 66); mais qui, bien des siècles avant Virgile, avait été consacrée par l'usage qu'en fait l'Écriture. *Exardescet sicut ignis ira tua.* (Ps. LXXXVIII, vers. 45.)

ACTE II, SCÈNE VII.

Calmez, reine, calmez la frayeur qui vous presse.
Du cœur d'Assuérus souveraine maîtresse,
Éprouvez seulement son ardente amitié.
Faut-il de mes États vous donner la moitié[1]?

ESTHER.

Eh! se peut-il qu'un roi craint de la terre entière,
Devant qui tout fléchit et baise la poussière,
Jette sur son esclave un regard si serein,
Et m'offre sur son cœur un pouvoir souverain?

ASSUÉRUS.

Croyez-moi, chère Esther, ce sceptre, cet empire,
Et ces profonds respects que la terreur inspire,
A leur pompeux éclat mêlent peu de douceur,
Et fatiguent souvent leur triste possesseur.
Je ne trouve qu'en vous je ne sais quelle grâce
Qui me charme toujours et jamais ne me lasse.
De l'aimable vertu doux et puissants attraits!
Tout respire en Esther l'innocence et la paix.
Du chagrin le plus noir elle écarte les ombres,
Et fait des jours sereins de mes jours les plus sombres;
Que dis-je? sur ce trône assis auprès de vous,
Des astres ennemis j'en crains moins le courroux,
Et crois que votre front prête à mon diadème
Un éclat qui le rend respectable aux dieux même[2].

---

1. « Dixitque ad eam rex : Quid vis, Esther regina? Quæ est petitio tua? Etiamsi dimidiam partem regni petieris, dabitur tibi. » — « Et le roi lui dit : Que voulez-vous, reine Esther? Que demandez-vous? Quand vous me demanderiez la moitié de mon royaume, je vous la donnerais. » (*Esth.*, cap. v, vers. 3.)

2. Le P. Bouhours dit, à propos de ce vers, dans la *Suite des nouvelles remarques sur la langue françoise* (1692) : « Ce mot (respectable) est nouveau... Il est né à la cour... Nous le voyons aujourd'hui dans les livres. » (P. M.)

Osez donc me répondre, et ne me cachez pas
Quel sujet important conduit ici vos pas.
Quel intérêt, quels soins vous agitent, vous pressent?
Je vois qu'en m'écoutant vos yeux au ciel s'adressent.
Parlez : de vos desirs le succès est certain,
Si ce succès dépend d'une mortelle main.

ESTHER.

O bonté qui m'assure autant qu'elle m'honore!
Un intérêt pressant veut que je vous implore :
J'attends ou mon malheur ou ma félicité;
Et tout dépend, seigneur, de votre volonté.
Un mot de votre bouche, en terminant mes peines,
Peut rendre Esther heureuse entre toutes les reines.

ASSUÉRUS.

Ah! que vous enflammez mon desir curieux!

ESTHER.

Seigneur, si j'ai trouvé grâce devant vos yeux,
Si jamais à mes vœux vous fûtes favorable,
Permettez, avant tout, qu'Esther puisse à sa table
Recevoir aujourd'hui son souverain seigneur,
Et qu'Aman soit admis à cet excès d'honneur[1].
J'oserai devant lui rompre ce grand silence;
Et j'ai pour m'expliquer besoin de sa présence.

ASSUÉRUS.

Dans quelle inquiétude, Esther, vous me jetez!

---

1. « Si inveni in conspectu regis gratiam, et si regi placet ut det mihi quod postulo, et meam impleat petitionem, veniat rex et Aman ad convivium quod paravi eis, et cras aperiam regi voluntatem meam. » — « Que si j'ai trouvé grâce devant le roi, et s'il lui plait de m'accorder ce que je demande, et de faire ce que je désire, le roi vienne encore, et Aman avec lui, au festin que je leur ai préparé, et demain je déclarerai au roi ce que je souhaite. » (*Esth.*, cap. v, vers. 8.)

ACTE II, SCÈNE VIII.

Toutefois, qu'il soit fait comme vous souhaitez.

(A ceux de sa suite.)

Vous, que l'on cherche Aman; et qu'on lui fasse entendre
Qu'invité chez la reine, il ait soin de s'y rendre[1].

HYDASPE [2].

Les savants Chaldéens, par votre ordre appelés,
Dans cet appartement, seigneur, sont assemblés.

ASSUÉRUS.

Princesse, un songe étrange occupe ma pensée :
Vous-même en leur réponse êtes intéressée.
Venez, derrière un voile écoutant leurs discours,
De vos propres clartés me prêter le secours.
Je crains pour vous, pour moi, quelque ennemi perfide.

ESTHER.

Suis-moi, Thamar. Et vous, troupe jeune et timide,
Sans craindre ici les yeux d'une profane cour,
A l'abri de ce trône attendez mon retour.

SCÈNE VIII.

(Cette scène est partie déclamée sans chant, et partie chantée.)

ÉLISE, PARTIE DU CHOEUR.

ÉLISE.

Que vous semble, mes sœurs, de l'état où nous sommes?

---

1. « Statimque rex : Vocate, inquit, cito Aman, ut Esther obediat voluntati. » — « Qu'on appelle Aman, dit le roi aussitôt, afin qu'il obéisse à la volonté de la reine. » (*Esth.*, cap. v, vers. 5.)

2. Ici Luneau de Boisjermain et les éditeurs qui le suivirent jusques et y compris Aimé Martin commencent une nouvelle scène, la scène VIII, dont les personnages sont indiqués par le dernier dans cet ordre : *Assuérus, Esther, Élise, Thamar, Hydaspe, partie du chœur.* La scène suivante devient la scène IX.

D'Esther, d'Aman, qui le doit emporter ?
Est-ce Dieu, sont-ce les hommes,
Dont les œuvres vont éclater?
Vous avez vu quelle ardente colère
Allumoit de ce roi le visage sévère.

UNE DES ISRAÉLITES.

Des éclairs de ses yeux l'œil étoit ébloui.

UNE AUTRE.

Et sa voix m'a paru comme un tonnerre horrible.

ÉLISE.

Comment ce courroux si terrible
En un moment s'est-il évanoui?

UNE DES ISRAÉLITES chante.

Un moment a changé ce courage inflexible :
Le lion rugissant est un agneau paisible.
Dieu, notre Dieu sans doute a versé dans son cœur
Cet esprit de douceur[1].

LE CHOEUR chante.

Dieu, notre Dieu sans doute a versé dans son cœur
Cet esprit de douceur.

LA MÊME ISRAÉLITE chante.

Tel qu'un ruisseau docile[2]
Obéit à la main qui détourne son cours,
Et, laissant de ses eaux partager le secours,
Va rendre tout un champ fertile,

---

1. « Convertitque Deus spiritum regis in mansuetudinem. » — « En même temps Dieu changea le cœur du roi, et lui inspira de la douceur. » (*Esth.*, cap. v, vers. 11.)

2. Ce vers est une imitation d'un verset du livre des Proverbes déjà cité acte I, sc. I.

ACTE II, SCÈNE VIII.

Dieu, de nos volontés arbitre souverain,
    Le cœur des rois est ainsi dans ta main.

ÉLISE.

Ah! que je crains, mes sœurs, les funestes nuages
    Qui de ce prince obscurcissent les yeux!
Comme il est aveuglé du culte de ses dieux!

UNE DES ISRAÉLITES.

Il n'atteste jamais que leurs noms odieux.

UNE AUTRE.

Aux feux inanimés dont se parent les cieux
    Il rend de profanes hommages.

UNE AUTRE.

Tout son palais est plein de leurs images.

LE CHOEUR chante.

Malheureux! vous quittez le maître des humains,
    Pour adorer l'ouvrage de vos mains[1]!

UNE ISRAÉLITE chante.

Dieu d'Israël, dissipe enfin cette ombre :
Des larmes de tes saints quand seras-tu touché?
    Quand sera le voile arraché
Qui sur tout l'univers jette une nuit si sombre?
Dieu d'Israël, dissipe enfin cette ombre :
    Jusqu'à quand seras-tu caché?

UNE DES PLUS JEUNES ISRAÉLITES.

Parlons plus bas, mes sœurs. Ciel! si quelque infidèle,
Écoutant nos discours, nous alloit déceler!

---

1. « Confundantur omnes qui adorant sculptilia, et qui gloriantur in simulacris suis. » — « Que tous ceux-là soient confondus qui adorent les ouvrages de sculpture, et qui se glorifient dans leurs idoles. » (Ps. xcvi, vers. 7.)

ÉLISE.

Quoi! fille d'Abraham, une crainte mortelle
    Semble déjà vous faire chanceler?
Hé! si l'impie Aman, dans sa main homicide
Faisant luire à vos yeux un glaive menaçant,
    A blasphémer le nom du Tout-Puissant
    Vouloit forcer votre bouche timide?

UNE AUTRE ISRAÉLITE.

Peut-être Assuérus, frémissant de courroux,
    Si nous ne courbons les genoux
    Devant une muette idole,
    Commandera qu'on nous immole.
    Chère sœur, que choisirez-vous?

LA JEUNE ISRAÉLITE.

    Moi! je pourrois trahir le Dieu que j'aime?
J'adorerois un dieu sans force et sans vertu,
    Reste d'un tronc par les vents abattu,
    Qui ne peut se sauver lui-même?

LE CHOEUR chante.

Dieux impuissants, dieux sourds, tous ceux qui vous implorent
    Ne seront jamais entendus.
    Que les démons, et ceux qui les adorent,
    Soient à jamais détruits et confondus!

UNE ISRAÉLITE chante.

Que ma bouche et mon cœur, et tout ce que je suis,
Rendent honneur au Dieu qui m'a donné la vie.
    Dans les craintes, dans les ennuis,
    En ses bontés mon âme se confie.
Veut-il par mon trépas que je le glorifie?
Que ma bouche et mon cœur, et tout ce que je suis,
Rendent honneur au Dieu qui m'a donné la vie.

ACTE II, SCÈNE VIII.

ÉLISE.

Je n'admirai jamais la gloire de l'impie.

UNE AUTRE ISRAÉLITE.

Au bonheur du méchant qu'une autre porte envie.

ÉLISE.

Tous ses jours paroissent charmants ;
L'or éclate en ses vêtements ;
Son orgueil est sans borne ainsi que sa richesse ;
Jamais l'air n'est troublé de ses gémissements ;
Il s'endort, il s'éveille au son des instruments ;
Son cœur nage dans la mollesse.

UNE AUTRE ISRAÉLITE.

Pour comble de prospérité,
Il espère revivre en sa postérité ;
Et d'enfants à sa table une riante troupe
Semble boire avec lui la joie à pleine coupe[1].

(Tout ce reste est chanté.)

LE CHŒUR.

Heureux, dit-on, le peuple florissant
Sur qui ces biens coulent en abondance !
Plus heureux le peuple innocent

---

1. *Boire la joie :* expression, empruntée de Virgile, qui dit que Didon buvait l'amour à longs traits.

« Longumque bibebat amorem. »

Æneid., lib. I, v. 749.

Mais Virgile est beaucoup plus hardi : Racine emploie un correctif ; il se sert du mot *coupe,* qui adoucit la métaphore. J.-B. Rousseau, dans sa Cantate de Bacchus, a plus imité Racine que Racine n'a imité Virgile :

La céleste troupe,
Dans ce jus vanté,
Boit à pleine coupe
L'immortalité.

Qui dans le Dieu du ciel a mis sa confiance!

UNE ISRAÉLITE, seule.

Pour contenter ses frivoles désirs,
L'homme insensé vainement se consume :
Il trouve l'amertume
Au milieu des plaisirs.

UNE AUTRE, seule.

Le bonheur de l'impie est toujours agité ;
Il erre à la merci de sa propre inconstance.
Ne cherchons la félicité
Que dans la paix de l'innocence.

LA MÊME, avec une autre.

O douce paix!
O lumière éternelle!
Beauté toujours nouvelle!
Heureux le cœur épris de tes attraits!
O douce paix!
O lumière éternelle!
Heureux le cœur qui ne te perd jamais!

LE CHŒUR.

O douce paix!
O lumière éternelle!
Beauté toujours nouvelle!
O douce paix!
Heureux le cœur qui ne te perd jamais!

LA MÊME, seule.

Nulle paix pour l'impie : il la cherche, elle fuit[1] ;

---

1. « Impii autem quasi mare fervens quod quiescere non potest... Non est pax impiis. » — « Mais les méchants sont comme une mer toujours agitée, qui ne peut se calmer... Il n'y a point de paix pour les méchants. » (ISAIE, ch. LVII, vers. 20, 21 ; et ch. XLVIII, vers. 22.)

ACTE II, SCÈNE VIII.

Et le calme en son cœur ne trouve point de place :
    Le glaive au dehors le poursuit;
    Le remords au dedans le glace.

UNE AUTRE.

La gloire des méchants en un moment s'éteint;
    L'affreux tombeau pour jamais les dévore.
Il n'en est pas ainsi de celui qui te craint;
Il renaîtra, mon Dieu, plus brillant que l'aurore.

LE CHŒUR.

    O douce paix !
Heureux le cœur qui ne te perd jamais !

ÉLISE, sans chanter.

Mes sœurs, j'entends du bruit dans la chambre prochaine.
On nous appelle : allons rejoindre notre reine.

FIN DU DEUXIÈME ACTE.

ACTE TROISIÈME[1].

(Le théâtre représente les jardins d'Esther, et un des côtés du salon où se fait le festin.)

SCÈNE PREMIÈRE.

AMAN, ZARÈS.

ZARÈS.

C'est donc ici d'Esther le superbe jardin,
Et ce salon pompeux est le lieu du festin.
Mais, tandis que la porte en est encor fermée,
Écoutez les conseils d'une épouse alarmée.
Au nom du sacré nœud qui me lie avec vous,
Dissimulez, seigneur, cet aveugle courroux;
Éclaircissez ce front où la tristesse est peinte :
Les rois craignent surtout le reproche et la plainte.
Seul entre tous les grands par la reine invité,
Ressentez donc aussi cette félicité.
Si le mal vous aigrit, que le bienfait vous touche.
Je l'ai cent fois appris de votre propre bouche :
Quiconque ne sait pas dévorer un affront,
Ni de fausses couleurs se déguiser le front,
Loin de l'aspect des rois qu'il s'écarte, qu'il fuie.

---

1. Dans les éditions de 1702, 1713, 1722, 1723, 1768, cet acte est le quatrième.

Il est des contre-temps qu'il faut qu'un sage essuie :
Souvent avec prudence un outrage enduré
Aux honneurs les plus hauts a servi de degré.

AMAN.

O douleur! ô supplice affreux à la pensée!
O honte qui jamais ne peut être effacée!
Un exécrable Juif, l'opprobre des humains,
S'est donc vu de la pourpre habillé par mes mains!
C'est peu qu'il ait sur moi remporté la victoire;
Malheureux, j'ai servi de héraut à sa gloire.
Le traître! il insultoit à ma confusion;
Et tout le peuple même, avec dérision
Observant la rougeur qui couvroit mon visage,
De ma chute certaine en tiroit le présage.
Roi cruel! ce sont là les jeux où tu te plais.
Tu ne m'as prodigué tes perfides bienfaits
Que pour me faire mieux sentir ta tyrannie,
Et m'accabler enfin de plus d'ignominie.

ZARÈS.

Pourquoi juger si mal de son intention?
Il croit récompenser une bonne action.
Ne faut-il pas, seigneur, s'étonner au contraire
Qu'il en ait si longtemps différé le salaire?
Du reste, il n'a rien fait que par votre conseil.
Vous-même avez dicté tout ce triste appareil :
Vous êtes après lui le premier de l'empire.
Sait-il toute l'horreur que ce Juif vous inspire?

AMAN.

Il sait qu'il me doit tout, et que, pour sa grandeur [1],

---

[1]. On assure qu'un ministre qui était encore en place alors, mais qui n'était plus en faveur (M. de Louvois), avait donné lieu à ce vers, parce

J'ai foulé sous les pieds remords, crainte, pudeur;
Qu'avec un cœur d'airain exerçant sa puissance,
J'ai fait taire les lois, et gémir l'innocence;
Que pour lui, des Persans bravant l'aversion,
J'ai chéri, j'ai cherché la malédiction :
Et, pour prix de ma vie à leur haine exposée,
Le barbare aujourd'hui m'expose à leur risée!

ZARÈS.

Seigneur, nous sommes seuls. Que sert de se flatter?
Ce zèle que pour lui vous fîtes éclater,
Ce soin d'immoler tout à son pouvoir suprême,
Entre nous, avoient-ils d'autre objet que vous-même?
Et sans chercher plus loin, tous ces Juifs désolés,
N'est-ce pas à vous seul que vous les immolez?
Et ne craignez-vous point que quelque avis funeste...
Enfin la cour nous hait, le peuple nous déteste.
Ce Juif même, il le faut confesser malgré moi[1],
Ce Juif, comblé d'honneur, me cause quelque effroi.
Des malheurs sont souvent enchaînés l'un à l'autre,
Et sa race toujours fut fatale à la vôtre.
De ce léger affront songez à profiter.
Peut-être la fortune est prête à vous quitter;
Aux plus affreux excès son inconstance passe :
Prévenez son caprice avant qu'elle se lasse.
Où tendez-vous plus haut? Je frémis quand je voi

---

que, dans un mouvement de colère, il avait dit quelque chose de semblable. (L. R.)

1. « Cui responderunt sapientes quos habebat in consilio, *et uxor ejus*: Si de semine Judæorum est Mardochæus, ante quem cadere cœpisti, non poteris ei resistere, sed cades in conspectu ejus. » — « Et les sages dont il prenoit conseil, *et sa femme,* lui répondirent : Si ce Mardochée, devant lequel vous avez commencé de tomber, est de la race des Juifs, vous ne pourrez lui résister, mais vous tomberez devant lui. (*Esth.,* cap. vi, vers. 13.)

Les abîmes profonds qui s'offrent devant moi :
La chute désormais ne peut être qu'horrible.
Osez chercher ailleurs un destin plus paisible :
Regagnez l'Hellespont et ces bords écartés
Où vos aïeux errants jadis furent jetés
Lorsque des Juifs contre eux la vengeance allumée
Chassa tout Amalec de la triste Idumée[1].
Aux malices du sort enfin dérobez-vous.
Nos plus riches trésors marcheront devant nous :
Vous pouvez du départ me laisser la conduite;
Surtout de vos enfants j'assurerai la fuite.
N'ayez soin cependant que de dissimuler.
Contente, sur vos pas vous me verrez voler :
La mer la plus terrible et la plus orageuse
Est plus sûre pour nous que cette cour trompeuse.
Mais à grands pas vers vous je vois quelqu'un marcher :
C'est Hydaspe.

SCÈNE II.

AMAN, ZARÈS, HYDASPE.

HYDASPE.

Seigneur, je courois vous chercher[2].
Votre absence en ces lieux suspend toute la joie;

---

1. On ne diroit point tout Hercule pour les *Héraclides,* tout Pallante pour les *Pallantides.* Mais comme, dans le style de l'Écriture sainte, on dit tout Israël pour le peuple sorti d'Israël, on peut dire tout Amalec pour les Amalécites, dont il fut le père. (L. R.)

2. « Adhuc illis loquentibus, venerunt eunuchi regis, et cito eum ad convivium quod regina paraverat, pergere compulerunt. » — « Lorsqu'ils lui parlaient encore, les eunuques du roi survinrent, et le forcèrent de venir aussitôt au festin que la reine avait préparé. » *Esth.,* cap. VI, vers. 14.)

Et pour vous y conduire Assuérus m'envoie.

AMAN.

Et Mardochée est-il aussi de ce festin?

HYDASPE.

A la table d'Esther portez-vous ce chagrin?
Quoi! toujours de ce Juif l'image vous désole?
Laissez-le s'applaudir d'un triomphe frivole.
Croit-il d'Assuérus éviter la rigueur?
Ne possédez-vous pas son oreille et son cœur?
On a payé le zèle, on punira le crime;
Et l'on vous a, seigneur, orné votre victime.
Je me trompe, ou vos vœux par Esther secondés
Obtiendront plus encor que vous ne demandez.

AMAN.

Croirai-je le bonheur que ta bouche m'annonce?

HYDASPE.

J'ai des savants devins entendu la réponse :
Ils disent que la main d'un perfide étranger
Dans le sang de la reine est prête à se plonger.
Et le roi, qui ne sait où trouver le coupable,
N'impute qu'aux seuls Juifs ce projet détestable.

AMAN.

Oui, ce sont, cher ami, des monstres furieux :
Il faut craindre surtout leur chef audacieux.
La terre avec horreur dès longtemps les endure;
Et l'on n'en peut trop tôt délivrer la nature.
Ah! je respire enfin. Chère Zarès, adieu.

ACTE III, SCÈNE III.

HYDASPE.

Les compagnes d'Esther s'avancent vers ce lieu : [1]
Sans doute leur concert va commencer la fête.
Entrez et recevez l'honneur qu'on vous apprête.

SCÈNE III.

ÉLISE, LE CHOEUR.

(Ceci se récite sans chant.)

UNE DES ISRAÉLITES.

C'est Aman.

UNE AUTRE.

C'est lui-même, et j'en frémis, ma sœur.

LA PREMIÈRE.

Mon cœur de crainte et d'horreur se resserre.

L'AUTRE.

C'est d'Israël le superbe oppresseur.

LA PREMIÈRE.

C'est celui qui trouble la terre.

ÉLISE.

Peut-on, en le voyant, ne le connoître pas?
L'orgueil et le dédain sont peints sur son visage.

---

1. Dans les représentations d'*Esther* sans les chœurs, les comédiens substituaient au vers de Racine le vers suivant de leur composition :

   Esther, Assuérus, s'avancent vers ce lieu;

et de là ils passaient sans interruption à la scène quatrième.

UNE ISRAÉLITE.

On lit dans ses regards sa fureur et sa rage.

UNE AUTRE.

Je croyois voir marcher la mort devant ses pas.

UNE DES PLUS JEUNES.

Je ne sais si ce tigre a reconnu sa proie :
Mais, en nous regardant, mes sœurs, il m'a semblé
Qu'il avoit dans les yeux une barbare joie
 Dont tout mon sang est encore troublé.

ÉLISE.

Que ce nouvel honneur va croître son audace ! [1]
 Je le vois, mes sœurs, je le voi :
A la table d'Esther l'insolent près du roi
 A déjà pris sa place.

UNE DES ISRAÉLITES.

Ministres du festin, de grâce, dites-nous,
Quels mets à ce cruel, quel vin préparez-vous?

UNE AUTRE.

Le sang de l'orphelin,

UNE TROISIÈME.

   Les pleurs des misérables,

LA SECONDE.

Sont ses mets les plus agréables;

LA TROISIÈME.

C'est son breuvage le plus doux.

---

1. Nouvel exemple du verbe *croître* pris activement.

ÉLISE.

Chères sœurs, suspendez la douleur qui vous presse.[1]
Chantons, on nous l'ordonne, et que puissent nos chants
Du cœur d'Assuérus adoucir la rudesse,
Comme autrefois David, par ses accords touchants,
Calmoit d'un roi jaloux la sauvage tristesse!

(Tout le reste de cette scène est chanté.)

UNE ISRAÉLITE.

Que le peuple est heureux,
Lorsqu'un roi généreux,
Craint dans tout l'univers, veut encore qu'on l'aime!
Heureux le peuple! heureux le roi lui-même!

TOUT LE CHOEUR.

O repos! ô tranquillité!
O d'un parfait bonheur assurance éternelle,
Quand la suprême autorité
Dans ses conseils a toujours auprès d'elle
La justice et la vérité!

(Ces quatre stances sont chantées alternativement par une voix seule
et par tout le chœur.)

UNE ISRAÉLITE.

Rois, chassez la calomnie :[2]
Ses criminels attentats
Des plus paisibles États
Troublent l'heureuse harmonie.

---

1. Dans l'édition de 1697 et dans celles de 1702, 1713, 1723 (Cologne), 1728, ce vers et les quatre suivants sont dans la bouche de la troisième Israélite. (P. M.)

2. Louis Racine dit que son père se félicitait de ces quatre stances, qui contiennent des vérités si utiles aux rois.

Sa fureur, de sang avide,
Poursuit partout l'innocent.
Rois, prenez soin de l'absent
Contre sa langue homicide.

De ce monstre si farouche
Craignez la feinte douceur ;
La vengeance est dans son cœur,
Et la pitié dans sa bouche.

La fraude adroite et subtile
Sème de fleurs son chemin ;
Mais sur ses pas vient enfin
Le repentir inutile. [1]

UNE ISRAÉLITE, seule.

D'un souffle l'aquilon écarte les nuages,
Et chasse au loin la foudre et les orages.
Un roi sage, ennemi du langage menteur,
Écarte d'un regard le perfide imposteur.

UNE AUTRE.

J'admire un roi victorieux,
Que sa valeur conduit triomphant en tous lieux ;
Mais un roi sage et qui hait l'injustice,
Qui sous la loi du riche impérieux
Ne souffre point que le pauvre gémisse,
Est le plus beau présent des cieux.

UNE AUTRE.

La veuve en sa défense espère.

---

1. Dans l'impression à part des *chœurs d'Esther*, la première des quatre stances est dite par *Une Israélite*, la seconde par *Deux Israélites*, la troisième par *Une seule*, la quatrième par *Toutes ensemble*. (P. M.)

UNE AUTRE.

De l'orphelin il est le père.

TOUTES ENSEMBLE.

Et les larmes du juste implorant son appui
Sont précieuses devant lui. [1]

UNE ISRAÉLITE, seule.

Détourne, roi puissant, détourne tes oreilles
De tout conseil barbare et mensonger.
Il est temps que tu t'éveilles :
Dans le sang innocent ta main va se plonger
Pendant que tu sommeilles.
Détourne, roi puissant, détourne tes oreilles
De tout conseil barbare et mensonger.

UNE AUTRE.

Ainsi puisse sous toi trembler la terre entière !
Ainsi puisse à jamais contre tes ennemis
Le bruit de ta valeur te servir de barrière !
S'ils t'attaquent, qu'ils soient en un moment soumis;
Que de ton bras la force les renverse;
Que de ton nom la terreur les disperse;
Que tout leur camp nombreux soit devant tes soldats
Comme d'enfants une troupe inutile;
Et si par un chemin il entre en tes États,
Qu'il en sorte par plus de mille.

---

1. J.-B. Rousseau a presque copié ces vers (liv. I, od. vi) :

> Et les larmes de l'innocence
> Sont précieuses devant lui.

SCÈNE IV.[1]

ASSUÉRUS, ESTHER, AMAN, ÉLISE,
LE CHOEUR.

ASSUÉRUS, à Esther.

Oui, vos moindres discours ont des grâces secrètes :
Une noble pudeur à tout ce que vous faites
Donne un prix que n'ont point ni la pourpre ni l'or.
Quel climat renfermoit un si rare trésor?
Dans quel sein vertueux avez-vous pris naissance,
Et quelle main si sage éleva votre enfance?
Mais dites promptement ce que vous demandez :
Tous vos désirs, Esther, vous seront accordés;
Dussiez-vous, je l'ai dit, et veux bien le redire,
Demander la moitié de ce puissant empire.[2]

ESTHER.

Je ne m'égare point dans ces vastes desirs.
Mais puisqu'il faut enfin expliquer mes soupirs,
Puisque mon roi lui-même à parler me convie,

(Elle se jette aux pieds du roi.)

J'ose vous implorer, et pour ma propre vie,[3]

---

1. Dans les éditions de 1702, 1713, 1722, 1723, 1768 : ACTE V, SCÈNE I. La dernière donne, en outre, cette indication du lieu de la scène : « le théâtre représente le salon du festin. »
2. « Quid petis ut detur tibi? et pro qua re postulas? Etiamsi dimidiam partem regni mei petieris, impetrabis. » — « Que désirez-vous que je vous donne, et que me demandez-vous? Quand vous me demanderiez la moitié de mon royaume, je vous la donnerais. » (*Esth.*, cap. v, vers. 6.)
3. « Ad quem illa respondit : Si inveni gratiam in oculis tuis, o rex, et

ACTE III, SCÈNE IV.

Et pour les tristes jours d'un peuple infortuné
Qu'à périr avec moi vous avez condamné.

ASSUÉRUS, la relevant.

A périr? Vous! Quel peuple? Et quel est ce mystère?[1]

AMAN, tout bas.

Je tremble.

ESTHER.

Esther, seigneur, eut un Juif pour son père :
De vos ordres sanglants vous savez la rigueur.

AMAN.

Ah, dieux!

ASSUÉRUS.

Ah! de quel coup me percez-vous le cœur!
Vous la fille d'un Juif? Hé quoi! tout ce que j'aime,
Cette Esther, l'innocence et la sagesse même,
Que je croyois du ciel les plus chères amours,

---

si tibi placet, dona mihi animam meam, pro qua rogo, et populum meum pro quo obsecro. Traditi enim sumus ego et populus meus, ut conteramur, jugulemur et pereamus... Atque utinam in servos et famulas venderemur; esset tolerabile malum, et gemens tacerem : nunc autem hostis noster est, cujus crudelitas redundat in regem. » — « Esther lui répondit : O roi, si j'ai trouvé grâce devant vos yeux, je vous conjure de m'accorder, s'il vous plaît, ma propre vie, et celle de mon peuple, pour lequel j'implore votre clémence : car nous avons été livrés, moi et mon peuple, pour être foulés aux pieds, pour être égorgés et exterminés. Et plût à Dieu qu'on nous vendît au moins, et hommes et femmes, comme des esclaves; ce mal serait supportable en quelque sorte, et je me tairais en me contentant de gémir; mais maintenant nous avons un ennemi impitoyable, dont la cruauté retombe sur le roi même. » (*Esth.*, cap. VII, vers. 3 et 4.)

1. « Respondensque rex Assuerus ait : Quis est iste, et cujus potentiæ, ut hæc audeat facere? » — « Le roi Assuérus lui répondit : Qui est celui-là, et qui est assez puissant pour faire ce que vous dites? » (*Esth.*, cap. VII, vers. 5.)

Dans cette source impure auroit puisé ses jours?
Malheureux![1]

ESTHER.

Vous pourrez rejeter ma prière ;
Mais je demande au moins que, pour grâce dernière,
Jusqu'à la fin, seigneur, vous m'entendiez parler,
Et que surtout Aman n'ose point me troubler.

ASSUÉRUS.

Parlez.

ESTHER.

O Dieu, confonds l'audace et l'imposture![2]
Ces Juifs, dont vous voulez délivrer la nature,
Que vous croyez, seigneur, le rebut des humains,
D'une riche contrée autrefois souverains,
Pendant qu'ils n'adoroient que le Dieu de leurs pères,
Ont vu bénir le cours de leurs destins prospères.
Ce Dieu, maître absolu de la terre et des cieux,
N'est point tel que l'erreur le figure à vos yeux :
L'Éternel est son nom, le monde est son ouvrage ;
Il entend les soupirs de l'humble qu'on outrage,
Juge tous les mortels avec d'égales lois,
Et du haut de son trône interroge les rois.[3]
Des plus fermes États la chute épouvantable,
Quand il veut, n'est qu'un jeu de sa main redoutable.
Les Juifs à d'autres dieux osèrent s'adresser :
Roi, peuples, en un jour tout se vit disperser :

---

1. L'édition de 1768 attribue à Aman cette exclamation qu'elle lui fait prononcer *bas, à part*.
2. Ce vers est indiqué par quelques commentateurs comme un aparté.
3. C'est à la lecture de ces vers sublimes que Voltaire, dans toute la naïveté du sentiment dont il était pénétré, s'écriait : « On a honte de faire des vers quand on en lit de pareils ! »

Sous les Assyriens leur triste servitude
Devint le juste prix de leur ingratitude.
  Mais, pour punir enfin nos maîtres à leur tour,
Dieu fit choix de Cyrus avant qu'il vît le jour, [1]
L'appela par son nom, le promit à la terre,
Le fit naître, et soudain l'arma de son tonnerre,
Brisa les fiers remparts et les portes d'airain,
Mit des superbes rois la dépouille en sa main,
De son temple détruit vengea sur eux l'injure :
Babylone paya nos pleurs avec usure.
Cyrus, par lui vainqueur, publia ses bienfaits,
Regarda notre peuple avec des yeux de paix,
Nous rendit et nos lois et nos fêtes divines;
Et le temple déjà sortoit de ses ruines.
Mais, de ce roi si sage héritier insensé,
Son fils interrompit l'ouvrage commencé,[2]
Fut sourd à nos douleurs : Dieu rejeta sa race,
Le retrancha lui-même, et vous mit en sa place.
  Que n'espérions-nous pas d'un roi si généreux!
« Dieu regarde en pitié son peuple malheureux,

---

[1]. Ce vers et les suivants sont la traduction poétique des quatre premiers versets du quarante-cinquième chapitre d'Isaïe : « Hæc dicit Dominus christo meo Cyro, cujus apprehendi dexteram... Ego ante te ibo : et gloriosos terræ humiliabo ; portas æreas conteram, et vectes ferreos confringam... Ut scias quia Dominus, qui voco nomen tuum... Vocavi te nomine tuo. » Bossuet, dans un style digne du prophète, avait déjà traduit ou plutôt paraphrasé ce passage d'Isaïe : « Quel autre a fait un Cyrus, si ce n'est Dieu, qui l'avoit nommé deux cents ans avant sa naissance, dans les oracles d'Isaïe? » — « Tu n'es pas encore, lui disoit-il, mais je te vois, et je t'ai nommé par ton nom ; tu t'appelleras Cyrus. Je marcherai devant toi dans les combats ; à ton approche je mettrai les rois en fuite, je briserai les portes d'airain. C'est moi qui étends les cieux, qui soutiens la terre, qui nomme ce qui est comme ce qui n'est pas. » (*Orais. fun. du grand Condé.*)

[2]. Cambyse.

Disions-nous : un roi règne, ami de l'innocence. »
Partout du nouveau prince on vantoit la clémence.
Les Juifs partout de joie en poussèrent des cris.
Ciel! verra-t-on toujours par de cruels esprits
Des princes les plus doux l'oreille environnée,
Et du bonheur public la source empoisonnée?
Dans le fond de la Thrace un barbare enfanté
Est venu dans ces lieux souffler la cruauté;
Un ministre ennemi de votre propre gloire...

AMAN.

De votre gloire! Moi? Ciel! Le pourriez-vous croire?
Moi, qui n'ai d'autre objet ni d'autre dieu...

ASSUÉRUS.

         Tais-toi.[1]
Oses-tu donc parler sans l'ordre de ton roi?

ESTHER.

Notre ennemi cruel devant vous se déclare : [2]
C'est lui, c'est ce ministre infidèle et barbare
Qui, d'un zèle trompeur à vos yeux revêtu,
Contre notre innocence arma votre vertu.
Et quel autre, grand Dieu! qu'un Scythe impitoyable
Auroit de tant d'horreurs dicté l'ordre effroyable!
Partout l'affreux signal en même temps donné

---

1. La dureté de cet ordre est une image fidèle du mépris qu'avoient les despotes de l'Asie pour ces premiers esclaves de leurs caprices. Auguste, dans une monarchie naissante et beaucoup plus polie que celle de Perse, parle autrement à Cinna; il lui dit, du ton le plus modéré : *Tu tiens mal ta promesse*. (Acte V, sc. I.) (G.)

2. « Dixitque Esther: Hostis et inimicus noster pessimus iste est Aman. »
— « Esther lui répondit : C'est cet Aman que vous voyez qui est notre cruel adversaire et notre ennemi mortel. » (*Esth.*, cap. vii, vers. 6.)

De meurtres remplira l'univers étonné :
On verra, sous le nom du plus juste des princes,
Un perfide étranger désoler vos provinces ;
Et dans ce palais même, en proie à son courroux,
Le sang de vos sujets regorger jusqu'à vous.
  Et que reproche aux Juifs sa haine envenimée ?
Quelle guerre intestine avons-nous allumée ?
Les a-t-on vus marcher parmi vos ennemis ?
Fut-il jamais au joug esclaves plus soumis ?
Adorant dans leurs fers le Dieu qui les châtie,
Pendant que votre main, sur eux appesantie,
A leurs persécuteurs les livroit sans secours,
Ils conjuroient ce Dieu de veiller sur vos jours,
De rompre des méchants les trames criminelles,
De mettre votre trône à l'ombre de ses ailes.[1]
N'en doutez point, seigneur, il fut votre soutien :
Lui seul mit à vos pieds le Parthe et l'Indien,
Dissipa devant vous les innombrables Scythes,
Et renferma les mers dans vos vastes limites ;
Lui seul aux yeux d'un Juif découvrit le dessein
De deux traîtres tout prêts à vous percer le sein.
Hélas ! ce Juif jadis m'adopta pour sa fille.

ASSUÉRUS.

Mardochée ?

---

1. Corneille, dans *Polyeucte,* acte IV, sc. VI, dit :

    Ils font des vœux pour nous qui les persécutons.

Voltaire remarque que Racine a exprimé la même chose dans les cinq vers qui précèdent ; puis il ajoute : Sévère, qui parle en homme d'État, ne dit qu'un mot, et ce mot est plein d'énergie ; Esther, qui veut toucher Assuérus, étend davantage cette idée ; Sévère ne fait qu'une réflexion, Esther fait une prière. Ainsi l'un doit être concis, et l'autre déployer une éloquence attendrissante. Ce sont des beautés différentes, et toutes deux à leur place.

ESTHER.

Il restoit seul de notre famille.
Mon père étoit son frère. Il descend comme moi
Du sang infortuné de notre premier roi.[1]
Plein d'une juste horreur pour un Amalécite,
Race que notre Dieu de sa bouche a maudite,
Il n'a devant Aman pu fléchir les genoux,
Ni lui rendre un honneur qu'il ne croit dû qu'à vous.
De là contre les Juifs et contre Mardochée
Cette haine, seigneur, sous d'autres noms cachée.
En vain de vos bienfaits Mardochée est paré :
A la porte d'Aman est déjà préparé
D'un infâme trépas l'instrument exécrable ;
Dans une heure au plus tard ce vieillard vénérable,
Des portes du palais par son ordre arraché,
Couvert de votre pourpre, y doit être attaché.

ASSUÉRUS.

Quel jour mêlé d'horreur vient effrayer mon âme !
Tout mon sang de colère et de honte s'enflamme.
J'étois donc le jouet... Ciel, daigne m'éclairer !
Un moment sans témoins cherchons à respirer.[2]
Appelez Mardochée : il faut aussi l'entendre.

(Le roi s'éloigne.)

UNE ISRAÉLITE.

Vérité, que j'implore, achève de descendre ![3]

1. Cis, de la tribu de Benjamin, était père de Saül, et peut-être l'un des aïeux de Mardochée.
2. « Rex autem iratus surrexit, et de loco convivii intravit in hortum arboribus consitum. » — « Le roi en même temps se leva tout en colère ; et, étant sorti du lieu du festin, il entra dans un jardin planté d'arbres. » (*Esth.*, cap. VII, vers. 7.)
3. La suppression des chœurs obligeait les comédiens à mettre ce vers dans la bouche d'Esther.

SCÈNE V.

ESTHER, AMAN, LE CHOEUR.[1]

AMAN, à Esther.

D'un juste étonnement je demeure frappé.[2]
Les ennemis des Juifs m'ont trahi, m'ont trompé :
J'en atteste du ciel la puissance suprême,
En les perdant j'ai cru vous assurer vous-même.
Princesse, en leur faveur employez mon crédit :
Le roi, vous le voyez, flotte encore interdit.
Je sais par quels ressorts on le pousse, on l'arrête;
Et fais, comme il me plaît, le calme et la tempête.
Les intérêts des Juifs déjà me sont sacrés.
Parlez : vos ennemis aussitôt massacrés,
Victimes de la foi que ma bouche vous jure,
De ma fatale erreur répareront l'injure.
Quel sang demandez-vous ?

ESTHER.

Va, traître, laisse-moi.
Les Juifs n'attendent rien d'un méchant tel que toi.
Misérable, le Dieu vengeur de l'innocence,
Tout prêt à te juger, tient déjà sa balance.
Bientôt son juste arrêt te sera prononcé.

---

1. Aimé Martin ajoute le nom d'Élise à l'indication des personnages de cette scène.

2. « Quod ille audiens, illico obstupuit, vultum regis ac reginæ ferre non sustinens. » — « Aman, entendant ceci, demeura tout interdit, ne pouvant supporter les regards ni du roi ni de la reine. » (*Esth.*, cap. VII, vers. 6.)

Tremble : son jour approche, et ton règne est passé.

AMAN.

Oui, ce Dieu, je l'avoue, est un Dieu redoutable.
Mais veut-il que l'on garde une haine implacable?
C'en est fait : mon orgueil est forcé de plier;
L'inexorable Aman est réduit à prier.[1]

(Il se jette à ses pieds.)

Par le salut des Juifs, par ces pieds que j'embrasse,
Par ce sage vieillard, l'honneur de votre race,
Daignez d'un roi terrible apaiser le courroux;
Sauvez Aman, qui tremble à vos sacrés genoux.

SCÈNE VI.

ASSUÉRUS, ESTHER, AMAN, ÉLISE,
GARDES, LE CHŒUR.

ASSUÉRUS.

Quoi! le traître sur vous porte ses mains hardies?[2]
Ah! dans ses yeux confus je lis ses perfidies;

---

1. « Aman quoque surrexit ut rogaret Esther reginam pro anima sua; intellexit enim a rege sibi paratum malum. » — « Aman se leva aussi de table pour supplier la reine Esther de lui sauver la vie, parce qu'il avait bien vu que le roi était résolu de le perdre. » (*Esth.*, cap. VII, vers. 7.)

2. « Qui quum reversus esset de horto nemoribus consito, et intrasset convivii locum, reperit Aman super lectulum corruisse in quo jacebat Esther, et ait : Etiam reginam vult opprimere, me præsente, in domo mea! Necdum verbum de ore regis exierat, et statim operuerunt faciem ejus. » — « Assuérus, étant revenu du jardin planté d'arbres, et étant rentré dans le lieu du festin, trouva qu'Aman s'était jeté sur le lit où était Esther, et il dit : Comment! il veut faire violence à la reine, même en ma présence, et dans ma maison! A peine cette parole était sortie de la bouche du roi, qu'on lui couvrit le visage. » (*Esth.*, cap. VII, vers. 9.)

Et son trouble, appuyant la foi de vos discours,
De tous ses attentats me rappelle le cours.
Qu'à ce monstre à l'instant l'âme soit arrachée ;
Et que devant sa porte, au lieu de Mardochée,[1]
Apaisant par sa mort et la terre et les cieux,
De mes peuples vengés il repaisse les yeux.

(Aman est emmené par les gardes.)

SCÈNE VII.

ASSUÉRUS, ESTHER, MARDOCHÉE, ÉLISE,
LE CHOEUR.

ASSUÉRUS continue en s'adressant à Mardochée.

Mortel chéri du ciel, mon salut et ma joie,
Aux conseils des méchants ton roi n'est plus en proie;
Mes yeux sont dessillés, le crime est confondu :
Viens briller près de moi dans le rang qui t'est dû.[2]
Je te donne d'Aman les biens et la puissance :
Possède justement son injuste opulence.
Je romps le joug funeste où les Juifs sont soumis ;
Je leur livre le sang de tous leurs ennemis ;

---

1. « Dixitque Harbona, unus de eunuchis qui stabant in ministerio regis : En lignum quod paraverat Mardochæo, qui locutus est pro rege, stat in domo Aman, habens altitudinis quinquaginta cubitos. Cui dixit rex : Appendite eum in eo. » — « Alors Harbona, l'un des eunuques qui suivaient d'ordinaire le roi, lui dit : Il y a une potence de cinquante coudées de haut dans la maison d'Aman, qu'il avait fait préparer pour Mardochée, qui a donné un avis salutaire au roi. Le roi dit : Qu'Aman y soit pendu tout à cette heure. » (*Esth.*, cap. VII, vers. 9.)

2. « Die illo dedit rex Assuerus Esther reginæ domum Aman, adversarii Judæorum. » — « Le roi Assuérus donna ce jour-là à la reine Esther la maison d'Aman, ennemi des Juifs. » (*Esth.*, cap. VIII, vers. 1.)

A l'égal des Persans je veux qu'on les honore,
Et que tout tremble au nom du Dieu qu'Esther adore.
Rebâtissez son temple, et peuplez vos cités;
Que vos heureux enfants dans leurs solennités
Consacrent de ce jour le triomphe et la gloire,[1]
Et qu'à jamais mon nom vive dans leur mémoire.

SCÈNE VIII.

ASSUÉRUS, ESTHER, MARDOCHÉE, ASAPH, ÉLISE, LE CHOEUR.

ASSUÉRUS.

Que veut Asaph?

ASAPH.

Seigneur, le traître est expiré,
Par le peuple en fureur à moitié déchiré.
On traîne, on va donner en spectacle funeste
De son corps tout sanglant le misérable reste.

MARDOCHÉE.

Roi, qu'à jamais le ciel prenne soin de vos jours!
Le péril des Juifs presse, et veut un prompt secours.

ASSUÉRUS.

Oui, je t'entends. Allons, par des ordres contraires,

---

1. Cette fête, appelée le *Phur* ou le *Sort,* est encore aujourd'hui célébrée par les Juifs le quatorzième jour d'Adar, dernier mois de l'année hébraïque, et qui répond aux mois de février et de mars. On l'appelait la fête du *Sort,* parce que le sort fut jeté dans l'urne, devant Aman, pour savoir en quel mois et quel jour on devait exterminer tous les Juifs. (G.)

ACTE III, SCÈNE VIII.

Révoquer d'un méchant les ordres sanguinaires.[1]

ESTHER.

O Dieu, par quelle route inconnue aux mortels
Ta sagesse conduit ses desseins éternels !

SCÈNE IX.

LE CHOEUR.

TOUT LE CHOEUR.

Dieu fait triompher l'innocence :
Chantons, célébrons sa puissance.

UNE ISRAÉLITE.

Il a vu contre nous les méchants s'assembler,
　　Et notre sang prêt à couler.
Comme l'eau sur la terre ils alloient le répandre ;[2]
　Du haut du ciel sa voix s'est fait entendre ;
　　L'homme superbe est renversé,
　　Ses propres flèches l'ont percé.

UNE AUTRE.

J'ai vu l'impie adoré sur la terre ;[3]

---

1. « Scribite ergo Judæis, sicut vobis placet, regis nomine, signantes litteras annulo meo. Hæc enim consuetudo erat, ut epistolis quæ ex regis nomine mittebantur, et illius annulo signatæ erant, nemo auderet contradicere. » — « Écrivez donc aux Juifs au nom du roi, comme vous le jugerez à propos ; et scellez les lettres de mon anneau. Car c'était la coutume, que nul n'osait s'opposer aux lettres qui étaient envoyées au nom du roi, et cachetées de son anneau. » (*Esth.*, cap. VIII, vers. 8.)

2. « Effuderunt sanguinem eorum tanquam aquam. » (Ps. LXXVIII, vers. 3.)

3. Boileau disait « que la sublimité des psaumes était l'écueil de tous

Pareil au cèdre, il cachoit dans les cieux
Son front audacieux;
Il sembloit à son gré gouverner le tonnerre,
Fouloit aux pieds ses ennemis vaincus :
Je n'ai fait que passer, il n'étoit déjà plus.

UNE AUTRE.

On peut des plus grands rois surprendre la justice.
Incapables de tromper,
Ils ont peine à s'échapper
Des piéges de l'artifice.
Un cœur noble ne eut soupçonner en autrui
La bassesse et la malice
Qu'il ne sent point en lui.

UNE AUTRE.

Comment s'est calmé l'orage?

UNE AUTRE.

Quelle main salutaire a chassé le nuage?

TOUT LE CHOEUR.

L'aimable Esther a fait ce grand ouvrage.

UNE ISRAÉLITE seule.

De l'amour de son Dieu son cœur s'est embrasé;
Au péril d'une mort funeste
Son zèle ardent s'est exposé :
Elle a parlé; le ciel a fait le reste.

les traducteurs; que leur majestueuse tranquillité ne pouvait être rendue que bien difficilement par la plume des plus grands maîtres; qu'elle avait souvent désespéré M. Racine; qu'il était venu pourtant à bout de traduire admirablement cet endroit du psalmiste : « Vidi impium superexaltatum, et elevatum sicut cedros Libani; et transivi, et ecce non erat. » — « J'ai vu l'impie extrêmement élevé, et qui égalait en hauteur les cèdres du Liban; et j'ai passé, et il n'était plus. » (Psal. xxxvi, vers. 35 et 36.) (L. B.)

DEUX ISRAÉLITES.

Esther a triomphé des filles des Persans :
La nature et le ciel à l'envi l'ont ornée.

L'UNE DES DEUX.

Tout ressent de ses yeux les charmes innocents.
Jamais tant de beauté fut-elle couronnée?

L'AUTRE.

Les charmes de son cœur sont encor plus puissants.
Jamais tant de beauté fut-elle couronnée? [1]

TOUTES DEUX ensemble.

Esther a triomphé des filles des Persans :
La nature et le ciel à l'envi l'ont ornée.

UNE ISRAÉLITE SEULE.

Ton Dieu n'est plus irrité : [2]
Réjouis-toi, Sion, et sors de la poussière;
Quitte les vêtements de ta captivité,
    Et reprends ta splendeur première.
Les chemins de Sion à la fin sont ouverts :
    Rompez vos fers,
    Tribus captives;
    Troupes fugitives,

---

1. Dans l'impression à part des *Chœurs d'Esther*, ces six derniers vers sont dans la bouche des *Deux Israélites*, et la répétition qu'offrent les deux vers suivants n'est pas indiquée. (P. M.)

2. « Consurge, consurge; induere fortitudine tua, Sion; induere vestimentis gloriæ tuæ... Excutere de pulvere, consurge, sede, Jerusalem; solve vincula colli tui, captiva filia Sion. » — « Levez-vous, ô Sion, levez-vous; revêtez-vous de votre force; parez-vous des vêtements de votre gloire... Sortez de la poussière, levez-vous, asseyez-vous, ô Jérusalem; rompez les chaînes de votre cou, fille de Sion, captive depuis si longtemps. » (ISAIAS, cap. LII, vers. 1 et 2.)

Repassez les monts et les mers ;
Rassemblez-vous des bouts de l'univers.

TOUT LE CHOEUR.

Rompez vos fers,
Tribus captives ;
Troupes fugitives,
Repassez les monts et les mers ;
Rassemblez-vous des bouts de l'univers.

UNE ISRAÉLITE seule.

Je reverrai ces campagnes si chères.

UNE AUTRE.

J'irai pleurer au tombeau de mes pères.[1]

TOUT LE CHOEUR.

Repassez les monts et les mers ;
Rassemblez-vous des bouts de l'univers.

UNE ISRAÉLITE seule.

Relevez, relevez les superbes portiques
Du temple où notre Dieu se plaît d'être adoré.
Que de l'or le plus pur son autel soit paré,
Et que du sein des monts le marbre soit tiré.
Liban, dépouille-toi de tes cèdres antiques ;
Prêtres sacrés, préparez vos cantiques.

UNE AUTRE.

Dieu descend et revient habiter parmi nous :

---

1. Dans l'impression à part des *Chœurs d'Esther*, il y a ici :
TOUT LE CHŒUR.
Rompez vos fers, etc. (P. M.)

ACTE III, SCENE IX.

Terre, frémis d'allégresse et de crainte.
Et vous, sous sa majesté sainte,
Cieux, abaissez-vous ! [1]

UNE AUTRE.

Que le Seigneur est bon, que son joug est aimable !
Heureux qui dès l'enfance en connoît la douceur !
Jeune peuple, courez à ce maître adorable :
Les biens les plus charmants n'ont rien de comparable
Aux torrents de plaisirs qu'il répand dans un cœur.
Que le Seigneur est bon, que son joug est aimable !
Heureux qui dès l'enfance en connoît la douceur ! [2]

UNE AUTRE.

Il s'apaise, il pardonne ;
Du cœur ingrat qui l'abandonne
Il attend le retour ;
Il excuse notre foiblesse ;
A nous chercher même il s'empresse.
Pour l'enfant qu'elle a mis au jour
Une mère a moins de tendresse.
Ah ! qui peut avec lui partager notre amour !

TROIS ISRAÉLITES.

Il nous fait remporter une illustre victoire.

---

1. Cette image sublime des cieux qui s'abaissent est empruntée du deuxième livre des *Rois*, chap. XXII, vers. 10, et du psaume XVII, vers. 10 : *Inclinavit cœlos*, etc. Après Racine, Voltaire et J.-B. Rousseau s'en sont emparés ; le premier a dit dans la *Henriade,* ch. V :

> Viens ; des cieux enflammés abaisse la hauteur.

et l'autre s'exprime ainsi, dans sa huitième ode sacrée :

> Lève ton bras, lance ta flamme,
> Abaisse la hauteur des cieux. (G.)

2. La répétition de ces deux vers ne se trouve pas l'impression à part des *Chœurs d'Esther*. (P. M.)

L'UNE DES TROIS.

Il nous a révélé sa gloire.

TOUTES TROIS ensemble.

Ah! qui peut avec lui partager notre amour?

TOUT LE CHOEUR.

Que son nom soit béni; que son nom soit chanté;
Que l'on célèbre ses ouvrages
Au delà des temps et des âges,
Au delà de l'éternité ! [1]

---

1. « Regnabit Dominus in æternum et ultra. » — « Le Seigneur régnera pendant l'éternité et au delà. » (*Exode*, xv, 18.)

FIN D'ESTHER.

EXAMEN CRITIQUE

D'ESTHER

Malgré l'éclatant succès obtenu par *Esther* sur le théâtre de Saint-Cyr, la critique ne fut pas désarmée. Louis Racine, dans les *Mémoires* reproduits au tome VIII, cite une apologie manuscrite qui contient la preuve des attaques dont elle fut l'objet. L'auteur de cette apologie était obligé ou se croyait obligé d'avouer que le jugement du public n'était pas favorable à la pièce, ajoutant même qu'il était déjà un peu tard pour appeler de cet arrêt défavorable. Il essaiera cependant de montrer qu'elle a été condamnée sans examen et que tout son mérite n'est pas reconnu.

Louis Racine dit encore : « Plusieurs même de ceux qui avoient répété si souvent, dans leurs épîtres dédicatoires ou dans leurs discours académiques, que le roi étoit au-dessus des autres hommes autant par la justesse de son goût que par la grandeur de son rang, ne regardèrent pas dans cette occasion sa décision comme une loi pour eux. »

C'est qu'il se mêla aussitôt une question de parti politique à ces discussions littéraires. C'est que Mme de Maintenon avait ses ennemis ; que l'esprit qu'elle faisait prévaloir à la cour lui créait des adversaires déterminés, et que Racine était rang lui-même dans ce qu'on appelait la coterie des dévots. Il était dans la destinée du poëte d'être toujours combattu.

La marquise de Sévigné paraît elle-même fléchir dans son opinion sur *Esther*, et, peu sympathique, d'ancienne date, à Racine, passer parmi ses censeurs.

Le 9 mars 1689, parlant à sa fille de la pièce imprimée, elle dit : « Vous avez *Esther*; l'impression a fait son effet ordinaire : vous savez que M. de La Feuillade dit que c'est une requête civile contre l'approbation publique; vous en jugerez. Pour moi, je ne réponds que de l'agrément du spectacle qui ne peut pas être contesté. »

Elle se raffermit bientôt dans son admiration par celle de Mme de Grignan. Elle écrit (21 mars) : « Vous dites des merveilles sur *Esther* : il est fort vrai qu'il falloit des personnes innocentes pour chanter les malheurs de Sion ; la Champmeslé vous auroit fait mal au cœur. C'est cette convenance qui charmoit dans cette pièce. Racine aura peine à faire jamais quelque chose d'aussi agréable, car il n'y a plus d'histoire comme celle-là : c'étoit un hasard et un assortiment de toutes choses qui ne se retrouvera peut-être jamais; car Judith, Booz et Ruth, et les autres dont je ne me souviens pas,[1] ne sauroient rien faire de si beau. Racine a pourtant bien de l'esprit : il faut espérer. »

Et le 23 mars, Mme de Grignan lui ayant sans doute fait remarquer la courte défaillance dont la lettre du 9 mars portait la trace, la marquise revient là-dessus : « Pour *Esther*, je ne vous reprends point du tout les louanges que je lui ai données : je serai toute ma vie charmée de l'agrément et de la nouveauté du spectacle; j'en suis ravie; j'y trouve mille choses si justes, si bien placées, si importantes à dire à un roi, que j'entrois, avec un sentiment extraordinaire, dans le plaisir de pouvoir dire, en se divertissant et en chantant, des vérités si solides; j'étois touchée de toutes ces différentes

---

1. La marquise ne songeait pas à Athalie.

beautés; ainsi je suis bien loin de changer de sentiment; mais je vous disois que l'impression a fait son effet ordinaire et s'est fait voir comme une *requête civile* contre les approbations de ceux qui avoient loué dans l'excès et de bonne foi. Pour moi, je l'ai encore lue avec plaisir, et les critiques sont déboutés. »

Les critiques furent déboutés, en effet. Rappelons quelques-unes des objections qui furent faites au dernier siècle. Elles se trouvent toutes résumées dans le Lycée de La Harpe et ont été péremptoirement réfutées par Geoffroy :

« Esther et Mardochée, disait La Harpe, ne sont pas intéressants, parce qu'ils ne sont nullement en danger, malgré la proscription des juifs, car assurément Assuérus qui aime sa femme, ne la fera pas mourir parce qu'elle est juive, ni Mardochée qui lui a sauvé la vie et qui est comblé par son ordre des plus grands honneurs. »

Geoffroy répond : « D'abord il est faux qu'un personnage ne puisse intéresser à moins qu'il ne soit en danger de mourir : la mort n'est pas le plus grand des malheurs. D'après les sentiments religieux et patriotiques dont Esther et Mardochée sont pénétrés, il leur serait plus doux de périr avec leurs frères que de leur survivre. C'est donc pour Esther et pour Mardochée le plus grand des dangers et le dernier des malheurs que cette prochaine destruction des juifs, dont ils doivent du moins être les spectateurs. Ensuite il n'est pas moins faux que cette proscription du peuple juif ne puisse les atteindre. Assuérus aime Esther, mais on peut la lui rendre suspecte. Mardochée a sauvé la vie au roi; il a été récompensé par de grands honneurs; il n'en est que plus exposé à la calomnie. Après avoir sacrifié les juifs à sa haine, le ministre, devenu plus puissant par ce succès même, ne peut manquer d'envelopper Esther et Mardochée dans la proscription générale, en faisant craindre à Assuérus que ces deux étrangers ne conspirent contre sa personne pour venger leur nation. »

La Harpe dit encore : « Zarès est entièrement inutile... Mardochée n'est guère plus nécessaire. » Geoffroy se récrie : « Zarès n'est pas entièrement inutile. Elle donne à son époux de bons avis qu'il ne suit point; c'est le dernier trait au tableau de l'aveuglement de cet orgueilleux ministre... Mais le comble de l'injustice et de la partialité est de dire que Mardochée n'est guère plus nécessaire que Zarès... C'est lui qui fait agir Esther, il est l'âme de la pièce. Sa vertu forme un contraste admirable avec la scélératesse d'Aman. C'est là qu'on voit la distance infinie qui sépare la véritable grandeur des sentiments de la grandeur factice et apparente du rang et des dignités. Y a-t-il rien de plus intéressant et de plus tragique que la situation du superbe Aman forcé de servir au triomphe de Mardochée dont il prépare le supplice? »

La Harpe ne peut concevoir qu'Aman soit malheureux parce qu'un homme refuse de se prosterner devant lui. Geoffroy repart que ce littérateur ne devait donc pas concevoir non plus comment Alexandre, infiniment plus grand qu'Aman, a pu faire mourir le philosophe Callisthène qui refusait de l'adorer comme un dieu.

« Il n'est point ici question de la *révérence* qui, dans nos mœurs, est un usage de politesse. Il s'agit de la coutume servile des Perses qui se prosternaient la face contre terre et adoraient leurs maîtres. Mardochée, debout devant Aman, faisait donc le plus sanglant outrage à ce ministre enivré d'orgueil et habitué aux adorations des Persans. Il semblait le défier et le braver. Et Aman avait lieu de croire que le peuple juif tout entier adoptait les sentiments de son cher Mardochée. Ainsi l'orgueil, la politique, la haine religieuse et nationale s'unissaient dans le cœur de l'amalécite Aman pour solliciter la ruine et le carnage des destructeurs d'Amalec, l'entière extermination de cette nation juive, ennemie née du ministre d'Assuérus, et capable de répandre dans la Perse des germes d'insolence et de sédition. »

La Harpe ne maltraite pas moins Assuérus qu'Aman.

« C'est, dit-il, un despote insensé qui proscrit tout un peuple sans le plus léger examen. » Geoffroy réplique : « Ces horribles abus de pouvoirs ne sont que trop fréquents dans les annales du monde et surtout dans celles des grands empires de l'Asie; ils sont propres à exciter la terreur; on ne peut en entendre le récit ou les voir sur la scène sans déplorer le sort de l'humanité et l'esclavage des nations abandonnées aux caprices de quelques despotes. »

Conclusion de Geoffroy : « La tragédie d'*Esther* est très-théâtrale, très-dramatique, quoi qu'en ait dit La Harpe, puisqu'elle est animée par cet intérêt si puissant qu'inspire toujours la punition du méchant et le triomphe de la vertu et de l'innocence opprimée. »

Mais donnons un jugement plus moderne, celui de Sainte-Beuve dans *Port-Royal:* « On conçoit ce triomphe facile et universel de l'aimable *Esther*, de cette enchanteresse idylle biblique, comme on l'a appelée. Chacun y trouvait tableau et miroir à la fois, miroir à des reflets d'allusions rapides, passagères, et la netteté du tableau biblique n'y perdait rien; il en restait pur lui-même. Si Mme de Maintenon d'abord sentait rejaillir sur elle les louanges qui lui revenaient pour les *jeunes et tendres* fleurs de Saint-Cyr, et ces autres louanges dans la bouche du roi s'adressant à sa compagne (acte II, scène VII, ou acte III, scène IV); si ce mot délicat d'Assuérus : « Suis-je pas votre frère? » exprimait et voilait en même temps ce que le terme d'époux aurait eu de trop déclaré, l'*altière* Vasthi avait ses applications non moins frappantes vers Mme de Montespan; Aman (que Racine le voulût ou non) avait des éclairs de ressemblance avec Louvois. Cette Esther qui a puisé ses jours à une source réputée impure, dans la race proscrite par Aman, rappelait par ce côté encore la sœur des nouveaux convertis, l'orpheline des prisons de Niort; l'allusion, il est vrai, ne se suivait pas, puisque les calvinistes étaient censés à bon droit persécutés. A la rigueur cependant, un tolérant (s'il y en avait eu alors à la cour) pouvait songer qu'il y avait sous ces voiles un conseil de clémence. Un gallican, plus à coup sûr, un membre du clergé et qui avait été de l'Assemblée de 1682, pouvait sourire, sans se croire moins bon catholique, à *ces ténèbres jetées sur les yeux les plus saints,* dont parlait la Piété dans le prologue. Mme de Grammont, ou telle autre amie de Port-Royal, pouvait applaudir dans son cœur à ces vers dirigés contre la prévention des rois qu'on trompe... Elle encore, et d'autres anciennes élèves de Port-Royal là présentes, devaient naturellement pleurer à ces renaissantes images d'une éducation pieuse et aux délicieuses plaintes de ces filles de Sion, plus persécutées, ce semble, qu'il ne convenait dans la bouche des demoiselles de Saint-Cyr; elles devaient se dire tout bas : « Ceci est pour nous plutôt que pour elles. » Et elles se disaient sans crainte de se tromper : « Il a pensé à nous, à ce Port-Royal aujourd'hui si veuf, si peuplé et si refleuri autrefois. »

« En prêtant bien l'oreille, à travers ce mélodieux parler des personnages, derrière cette douce nuée du chant virginal qui monte, il me semble, à chaque pas, que j'entends les sources profondes de Port-Royal bruire sous terre, sous le gazon... Pour bien comprendre les origines d'*Esther,* il faut avoir suivi Racine enfant dans les bois, dans les prairies, et le long de l'étang de Port-Royal, lui avoir entendu moduler ses premiers tendres accents... *Esther* est comme une aube nouvelle qui rejoint la première ; c'est dans cette âme élue l'aube véritable et pleine, le matin retrouvé du jour que rien n'y obscurcira... Ce qui fait d'*Esther* le plus accompli chef-d'œuvre dans l'ordre des choses gracieuses, tendres et pures, c'est tout cela ensemble, c'est l'union de tant de nuances diverses dans la nuance principale d'une virginale simplicité ; c'est la décence prise au sens le plus exquis du mot, la ravissante convenance. »

Esther resta longtemps ce qu'elle fut d'abord : une œuvre sacrée. Dans le privilége accordé aux Dames de Saint-Louis,

Louis XIV avait essayé d'empêcher que cette œuvre pût jamais être transportée sur les théâtres profanes ; et nous venons de voir Mme de Sévigné se récrier à la seule pensée que les Champmeslé pussent représenter les filles de Sion. La précaution royale eut son effet pendant trente-deux ans. Ce n'est pas que les brillantes représentations d'*Esther* continuassent à Saint-Cyr. Jusqu'à la fin du règne, on ne joua plus la tragédie à Saint-Cyr que dans la classe bleue, sans appareil, sans autre habit que celui de la maison, et seulement en présence de quelques dames que Mme de Maintenon y amenait. Adélaïde de Savoie, bientôt duchesse de Bourgogne, qui vint en France à l'âge de onze ans (1696), fut assidue à Saint-Cyr ; elle figura plusieurs fois dans ces spectacles à huis clos le personnage d'une des jeunes israélites d'*Esther*. Plus tard (1699), elle se plaisait encore à emmener à Versailles cinq ou six bleues pour leur faire jouer des scènes d'*Athalie* ou d'*Esther* ; mais cela se passait dans la chambre de Mme de Maintenon et fort en particulier.

Les représentations d'*Esther* furent un des grands souvenirs de la maison. De loin en loin elles se renouvelèrent, surtout à l'occasion de la visite de hauts personnages. Le 2 juin 1715, on avait préparé une de ces représentations en l'honneur du prince électeur de Saxe ; mais la fièvre empêcha le prince de venir.

En 1731, la reine Marie Leczinska, qui avait parfois la velléité d'imiter Mme de Maintenon, eut envie de voir jouer *Esther* à Saint-Cyr. On dressa au théâtre dans la classe bleue et l'on y mit des gradins pour placer les demoiselles. Les actrices n'eurent d'autre costume que leur habit de Saint-Cyr avec quelques dentelles et quelques diamants. Elles jouèrent assez bien ; mais la reine ne parut prendre aucun plaisir à cette représentation et dissimula à peine son ennui.

Le 15 janvier 1756, le Dauphin, la Dauphine, Madame, Mesdames les filles du roi (Victoire, Sophie et Louise), accompagnés d'une suite nombreuse, vinrent assister à Saint-Cyr à une représentation solennelle d'*Esther*. On lit à ce sujet dans les Mémoires du duc de Luynes :

« En arrivant dans la maison, ils furent reçus à la porte par M. l'évêque de Chartres et par Mme du Han, supérieure, et conduits au haut de la maison dans la salle du théâtre. Cette salle était remplie de gradins sur lesquels étoient toutes les pensionnaires, rangées par classes... Racine, fils du grand Racine, et père de celui qui vient de périr à Cadix, étoit à cette pièce ; il s'étoit occupé depuis trois ou quatre mois à instruire les pensionnaires ; il a même fait un prologue convenable aux circonstances...[1] La décoration du théâtre

---

1. Voici ce prologue de 1756 :

LA PIÉTÉ, L'INNOCENCE, LA PAIX

LA PIÉTÉ

Nous voici toutes deux : l'Innocence et la Paix
Dans cet asile saint ne se quittent jamais.

LA PAIX.

O du ciel adorable fille!
Piété, tendre sœur, c'est donc vous que nos yeux..

LA PIÉTÉ.

C'est moi-même qui, dans ces lieux,
Du roi qui vous protége amène la famille.
Vous l'allez voir paroître, elle suivoit mes pas.

L'INNOCENCE.

Cet excès de bonté ne nous étonne pas ;
Nous avons vu le Roi lui-même,
Oui, ce grand Roi, jusqu'à nous s'abaisser ;
Aux jeux où je préside il daigna s'amuser,
Sans doute comme lui sa famille nous aime.

LA PIÉTÉ.

C'est pour vous le prouver qu'elle veut en ce jour
Que d'un spectacle saint, digne de ce séjour,
Vous lui fassiez goûter les charmes.
Esther a parmi vous souvent versé des larmes,
Qu'elle en répande encor; qu'à son affliction
Votre aimable jeunesse unisse ses alarmes,
Rassemblez promptement vos filles de Sion.

LA PAIX.

Qu'entends-je! quoi! devant une assemblée auguste
Des enfants oseroient... Ah! quels pauvres acteurs!

étoit très-agréable ; il y eut un changement pour représenter les jardins du palais ; la perspective en étoit fort bien exécutée. Il n'y avoit d'instruments que deux violoncelles qui accompagnoient les voix et qui étoient derrière les coulisses...

« Clérambault, organiste de Saint-Cyr, et son frère, tous deux fils du grand Clérambault, avoient travaillé l'un et l'autre pour l'exécution de cette pièce. Le premier avoit fait plusieurs changements à la musique des chœurs, et l'autre avoit dirigé les habillements... On s'étoit servi de toutes les étoffes de la maison, que l'on avoit chamarrées avec du clinquant, et l'on avoit fait usage d'un grand nombre de pierreries fausses qui appartiennent à la maison ; elles lui ont été données par Louis XIV, et l'on estime qu'il y en a pour vingt mille livres. Ces pierreries ont été données à l'occasion des deux tragédies d'*Esther* et d'*Athalie*. La pièce dura une heure et demie. Les chœurs furent fort bien exécutés. Les filles qui chantoient avoient conservé sur le théâtre les distinctions de leur classe. Quoique ce soit l'usage de mettre du rouge sur le théâtre, aucune des actrices n'en avoit, et on ne s'en apercevoit point. M⁀ʳ le Dauphin, Mme la Dauphine et Mesdames

> Quels redoutables spectateurs !
> Approuvez nos refus, la cause en est trop juste ;
> Et quand vous proposez cette témérité,
>   Vous qui devriez la défendre,
> Êtes-vous notre sœur, et cette sœur si tendre,
>   La charitable Piété ?
>
>   LA PIÉTÉ.
>
> Je la suis, et c'est moi qui vous rends favorables
>   Ces spectateurs si redoutables ;
>   Je règne dans leurs cœurs
>
>   L'INNOCENCE.
>
>   Nous ne répliquons pas,
> Vous serez satisfaite. Esther obéissante
> Va paroître. Déjà je l'aperçois. — Hélas !
> Devant Assuérus elle étoit moins tremblante !
> A quel nouveau péril vous l'exposez encor !
>
>   LA PIÉTÉ
>
> Je lui réponds du sceptre d'or.

restèrent dans la salle encore environ une demi-heure après la fin de la pièce. Ils voulurent voir les actrices ; ils firent beaucoup de questions, et l'on eut sujet d'être content des marques de leur bonté. » Deux mois après le 22 mars, on joua *Athalie* dans les mêmes conditions.

Le souvenir d'*Esther* se mêle aux derniers souvenirs de l'institut de Mme de Maintenon. « Le 16 novembre 1792, dit M. Lavallée, mourut la dernière Dame de Saint-Louis qui a été enterrée à Saint-Cyr : elle se nommait Catherine de Cockborne de Villeneuve et était âgée de soixante-onze ans. Dans le délire de ses derniers moments, cette pauvre religieuse chantait d'une voix sépulcrale les chœurs d'*Esther* où les Israélites déplorent, dans une langue divine, les malheurs de leur patrie, et où les Dames retrouvaient maintenant l'expression de leurs propres douleurs. » « Il n'y eut parmi nous, racontait l'une des dernières Dames de Saint-Louis, il n'y eut parmi nous qu'une pensée, qu'un cri, qu'une prière : Seigneur, ayez pitié de nous ! Nous eussions voulu toutes être là où était notre sœur ! » A peu de temps de là l'institut était supprimé.

Mais *Esther* avait depuis longtemps quitté le cloître un peu mondain où elle étoit d'abord apparue et qui restait sa véritable patrie. Après la mort de Louis XIV, après la mort de Mme de Maintenon, elle parut, le 8 mai 1721, sur le théâtre des Comédiens ordinaires du roi, rue des Fossés-Saint-Germain. Voici la distribution des principaux rôles :

Assuérus. — Baron.
Esther. — Mlle Duclos.
Mardochée. — M. Legrand, le père.
Aman. — M. Quinault-Dufresne.
Zarès, femme d'Aman. — Mlle Lecouvreur.

Cette tragédie fut jouée en trois actes, et l'on en supprima le chant et une grande partie des chœurs. « Ce poëme, disent les frères Parfait,[1] supérieurement rendu par les acteurs qui le représentoient, ne produisit pas tout l'effet qu'on s'en étoit promis. Cet ouvrage parut d'une élégante poésie, plein de morceaux brillants et souvent sublimes, d'une sage conduite et d'un art infini, mais peu intéressant. Aucun des personnages de cette tragédie ne causa ce vif sentiment qui est l'âme de ce genre d'ouvrages. Le prestige de la représentation refroidit même les scènes qui, à la lecture, paroissoient susceptibles de grands mouvements. Enfin, le spectateur, fixé sur les personnages, ne sentit que le charme de la poésie, et ne prit aucune part à l'action qui les rassembloit. » *Esther* eut huit représentations; la huitième fut donnée le mardi 27 du même mois de mai.

Chose curieuse, Louis Racine n'eut connaissance de ces représentations que beaucoup plus tard; et dans ses *Remarques*, d'ailleurs si médiocres, sur les tragédies de son père, il n'en parle que par ouï dire. Il cherche en vain des explications à ce premier échec d'*Esther* au théâtre. La raison principale en est dans le goût du temps, peu disposé à apprécier tant de simplicité religieuse et de pieuse tendresse. Le besoin des grands effets dramatiques se faisait alors sentir sur la scène française. C'était le moment où Voltaire, débutant au théâtre, cherchait par tous les moyens à développer l'action et à mouvementer le spectacle. En outre, par la suppression des chœurs, la pièce de Racine était mutilée. Ces chœurs sont tellement essentiels, que toujours, lorsqu'on s'est permis de les supprimer, *Esther* en a été comme découronnée.

Esther ne reparut sur la scène publique que le jeudi 13 prairial an XI (2 juin 1803), à l'Opéra, dans une représentation pour la retraite de Mme Vestris. Mais elle y reparut alors avec tous ses ornements, dans tout son éclat. La musique des chœurs avait été composée par Plantade. Voici la distribution des rôles: *Assuérus,* Talma; *Aman,* Lafon; *Mardochée,* Mon-

---

[1]. T. XV, p. 441.

vel; *Esther*, Mlle Duchesnois; *Zarès*, Mlle Volnais. La curiosité fut vivement excitée, l'affluence des spectateurs considérable; la recette fut de vingt-huit mille francs. Dans les années qui suivirent, *Esther* reparut de temps en temps sur la scène. Talma, qui n'avait été d'abord qu'un faible Assuérus, perfectionna ce rôle, s'étudiant à prêter à son personnage la physionomie de Louis XIV, parce qu'il supposait que cette ressemblance avait été dans les intentions de Racine.

Mlle Rachel joua le rôle d'Esther le 28 février 1839. Ce ne fut pas un des grands succès de la célèbre tragédienne. On avait, dans cette circonstance, commis encore la faute de retrancher les chœurs.

Le 5 juillet 1864, le Théâtre-Français reprit *Esther* avec solennité. Une nouvelle musique pour les chœurs avait été composée par M. J. Cohen. Les décors et les costumes étaient magnifiques. On leur reprocha d'être trop assyriens. Nous avons dit, à propos de tragédies précédentes,[1] qu'il ne faut pas sans doute pousser trop loin cette recherche de couleur locale, viser à un archaïsme trop savant. Ce qui suffit, c'est que le théâtre représente au public actuel les temps et les lieux où se passe l'action, qu'il n'y ait point d'anachronisme choquant, que l'attention ne soit pas non plus attirée par des étrangetés inutiles.

Les chœurs furent exécutés par les élèves du Conservatoire. On eut le tort d'y mêler, dans l'intérêt de la musique, quelques *jeunes hommes israélites*, qui étaient là singulièrement déplacés.

La représentation fut, du reste, très-brillante, très-applaudie. *Esther*, depuis lors, n'a point cessé de reparaître par intervalles avec cette pompe et cet éclat.

1. Voyez t. IV, p. 281.

FIN DE L'EXAMEN CRITIQUE D'ESTHER.

ATHALIE

TRAGÉDIE TIRÉE DE L'ÉCRITURE SAINTE

1691

NOTICE PRÉLIMINAIRE

Athalie est tout entière tirée de la *Bible*. Il est indispensable de reproduire ici les deux récits des livres des *Rois* et des *Chroniques* (*Paralipomènes*), où Racine a pris son sujet. M. le pasteur Ath. Coquerel les fournira avec les remarques essentielles :

Le premier récit est tiré du second livre des *Rois,* chap. XIII[1], qui forme avec le premier livre des *Rois* et les deux livres de Samuel un recueil distinct et complet, ainsi que saint Jérôme et, avant lui, Flavius Josèphe l'ont reconnu. Le but spécial de ces écrits est de comparer à David les rois de Juda, à Jéroboam les rois d'Israël, et de les exalter ou de les censurer, selon qu'ils ont suivi ou abandonné ces deux exemples ; aussi tout est rapporté à la loi de Moïse, obéie ou violée. Voici le récit du livre des *Rois* :

« Cependant Athalie, mère d'Achazia (Ochosias), voyant son fils mort, se leva et fit périr toute la race royale. Alors Joseba, fille du roi Joram, sœur d'Achazia, enleva Joas, fils d'Achazia, et le déroba du milieu des fils du roi qui recevaient la mort, et le recéla, lui et sa nourrice, dans la salle des lits. Et elles le cachèrent aux regards d'Athalie, en sorte qu'il ne fut point mis à mort, et il fut caché six ans avec elle dans le temple de l'Éternel. Or Athalie régissait le pays.

« Et la septième année, Jéhojada (Joad) envoya chercher les centurions des satellites et des coureurs, et il les fit venir chez lui dans le temple de l'Éternel et conclut avec eux un accord, et les assermenta dans le temple de l'Éternel, et leur montra le fils

---

1. *Vulgate*, IVe livre, ch. XI.

du roi. Et il leur donna ses ordres en ces termes : « Voici ce que
« vous avez à faire : un tiers d'entre vous qui entre en service le
« jour du sabbat gardera le palais royal, et un tiers occupera la
« porte Sur (latérale), et un tiers la porte derrière les coureurs,
« et vous garderez ainsi le palais, comme en arrêt. Et les deux
« sections que vous formez, vous tous qui êtes relevés le jour du
« sabbat (de la garde du palais), monteront la garde dans le
« temple de l'Éternel auprès du roi. Et vous entourerez le roi de
« toutes parts, ayant chacun ses armes à la main, et mort à qui
« s'introduira dans les rangs! et vous accompagnerez le roi à sa
« sortie et à son entrée. »

« Et les centurions exécutèrent tous les ordres du sacrificateur Jéhojada, et ils prirent chacun ses hommes, savoir ceux qui montaient et ceux qui descendaient la garde le jour du sabbat, et se réunirent au sacrificateur Jéhojada. Et le sacrificateur remit aux centurions les piques et les boucliers du roi David, qui étaient dans le temple de l'Éternel. Et les coureurs, chacun ses armes à la main, se portèrent depuis le côté droit jusqu'au côté gauche du Temple, et à l'autel vers le Temple à l'entour du roi. Et Jéhojada produisit le fils du roi, et il le ceignit de la couronne et lui remit la loi ; et ils le constituèrent roi, et l'oignirent, et frappèrent des mains, et crièrent : « Vive le roi ! »

« Alors Athalie entendit la voix des coureurs et du peuple, et elle se porta vers le peuple dans le temple de l'Éternel. Et elle regarda, et voilà le roi qui se tenait sur le palier selon l'usage, et aux côtés du roi les centurions et les trompettes, et tout le peuple du pays joyeux et sonnant de la trompette. Alors Athalie déchira ses vêtements, et cria : « Complot ! complot ! » Mais le sacrificateur Jéhojada fit aux centurions, chefs de l'armée, ce commandement : « Tirez-la jusque entre les rangs, et tuez avec l'épée qui-
« conque la suivra! » Car le sacrificateur disait : « Qu'elle ne
« reçoive pas la mort dans le temple de l'Éternel ! » Et pour lui faire place, ils formèrent deux lignes, et elle arriva par la voie du passage des chevaux au palais royal, où elle reçut la mort.

« Et Jéhojada solennisa l'alliance entre l'Éternel et le roi et le peuple, stipulant qu'il serait le peuple de l'Éternel, et entre le roi et le peuple. Alors toute la population du pays envahit le temple de Baal, et ils le démolirent et brisèrent ses autels et ses simulacres à fond, et ils égorgèrent Mathan, prêtre de Baal, devant les autels. »

Les deux livres des *Chroniques*, d'une date postérieure aux livres des *Rois*, s'occupent plus exclusivement du royaume de Juda, et ne parlent qu'incidemment du royaume d'Israël. Ils rapportent divers faits omis dans les documents précédents et ne font mention des dix tribus que lorsque le récit l'exige ; ils abondent en généalogies, et laissent partout apercevoir clairement le dessein de favoriser le rétablissement des Juifs dans leur antique patrie au retour de la captivité de Babylone et de les éclairer sur la restauration du culte public. Il est fort douteux que les livres des *Rois* fussent connus de l'auteur des *Chroniques*; ces derniers livres ont un caractère plus historique, et suivent un ordre plus régulier. Il est essentiel de remarquer que tous exposent avec une grande franchise les faits défavorables aux princes dont ils racontent les règnes, et que leurs récits sont en général confirmés par de nombreuses allusions contenues dans les *Psaumes* et les *Prophètes*. Voici le récit des *Chroniques* :

« Et, dans la maison d'Achazia, il n'y avait personne d'apte à régner; mais Athalie, mère d'Achazia, voyant son fils mort, se mit en devoir de détruire toute la race royale de la maison de Juda. Alors Joséba, fille de roi, prit Joas, fils d'Achazia, et parvint à le soustraire du milieu des fils du roi qu'on mettait à mort, et le logea, lui et sa nourrice, dans la salle des lits; ainsi le cacha Joséba, fille du roi Joram, femme de Jéhojada, le sacrificateur (car elle était sœur d'Achazia), aux regards d'Athalie, afin que celle-ci ne le fît pas mourir; et il fut avec eux, dans la maison de Dieu, caché pendant six ans. Cependant Athalie régissait le pays.

« Et, la septième année, Jéhojada s'enhardit et forma ligue avec les chefs de cent: Azaria, fils de Jéroboam, et Ismaël fils de Jochanan, et Azaria, fils d'Obed, et Maëseia, fils d'Adaïa, et Elisaphat, fils de Zichri, et ils firent la tournée de Juda, et rassemblèrent les lévites de toutes les villes de Juda et les patriarches d'Israël, afin qu'ils vinssent à Jérusalem. Et toute l'assemblée conclut un pacte dans le temple de Dieu, avec le roi. Et Jéhojada leur dit : « Voici, le fils du roi sera roi, ainsi que l'Éternel l'a « promis au sujet du fils de David. Voici ce que vous avez à faire : « un tiers d'entre vous, pris parmi les sacrificateurs et les lévites,

« montera la garde le jour du sabbat, comme portiers des seuils,
« et un tiers se tiendra au palais royal, et un tiers à la porte
« Jésod, et tout le peuple dans les parvis de l'Éternel. Et que,
« dans le temple de l'Éternel, ne pénètre personne autre que les
« sacrificateurs et les lévites de service; que ceux-là entrent, car
« ils sont consacrés, et tout le peuple fera la garde de l'Éternel.
« Et les lévites entoureront le roi de tous côtés, chacun ses armes
« à la main, et quiconque s'introduira dans le temple doit être
« mis à mort; et escortez le roi à son entrée et à sa sortie. »

« Les lévites et tous les hommes de Juda exécutèrent les ordres du sacrificateur Jéhojada, et ils prirent chacun ses gens, ceux qui montaient la garde le jour du sabbat et ceux qui descendaient la garde le jour du sabbat; car le sacrificateur Jéhojada n'avait pas exempté les classes. Et le sacrificateur Jéhojada donna aux chefs de cent les lances, les boucliers et les écus du roi David qui étaient dans la maison de Dieu. Et il posta tout le monde, chacun son javelot à la main, depuis le flanc droit de l'édifice jusqu'au flanc gauche, à l'autel et vers le temple autour du roi tout à l'entour. Et ils amenèrent dehors le fils du roi, et ils lui posèrent la couronne et lui remirent la loi, et le firent roi, et Jéhojada et ses fils l'oignirent et dirent : « Vive le roi ! »

« Alors Athalie entendit l'acclamation du peuple accourant et proclamant le roi, et elle vint se présenter au peuple dans le temple de l'Éternel. Et elle regarda ; et voilà, le roi était debout sur son estrade à l'entrée, et les généraux et les trompettes étaient aux côtés du roi, et tout le peuple du pays était dans l'allégresse, sonnant des trompettes, et les chantres avec leurs instruments préludaient à la louange. Alors Athalie déchira ses habits et dit :
« Conjuration ! conjuration ! » Mais le sacrificateur Jéhojada fit paraître les chefs de cent, commandants de l'armée, et leur dit :
« Menez-la dehors jusque entre les rangs, et que celui qui la sui-
« vra meure par l'épée ! » Car le sacrificateur disait : « Ne la faites
« pas mourir dans le temple de l'Éternel ! » Et ils lui ouvrirent passage, et elle entra par l'avenue de la porte des Chevaux dans le palais royal, et là ils lui donnèrent la mort.

« Et Jéhojada conclut un pacte entre lui et tout le peuple et le roi, à cet effet que le peuple devînt le peuple de l'Éternel. Alors tout le peuple envahit le temple de Baal, et ils le renversèrent et en brisèrent les autels et les images, et tuèrent Mathan, prêtre de Baal, devant les autels. » (II *Chr.*, XXII, 10 ; XXIII, 1, etc.)

Ce serait sortir et de nos limites et du plan de ce travail que de comparer avec détail ces deux récits et d'en marquer les divergences. Un point essentiel est à relever, et cette étude suffit à notre but. Dans le narré du livre des *Rois* comme dans celui des *Chroniques*, le souverain sacrificateur Joad est le principal auteur de la chute d'Athalie ; il dirige, il convoque, il choisit les jours, rassemble les conjurés, commande les mouvements ; sauveur de l'enfant royal, il est le restaurateur de la dynastie de David, et du même effort il rétablit le culte et renverse l'idolâtrie. Mais une différence essentielle reste à noter. Selon les *Rois*, la révolution est militaire pour ainsi dire ; selon les *Chroniques*, elle est sacerdotale ; selon les *Rois*, ce sont les « centurions des satellites et des coureurs », sortes de troupes légères, que Joad assermente et range autour de Joas ; ces officiers, est-il dit, « exécutèrent tous les ordres du grand prêtre » ; selon les *Chroniques*, les centurions conspirent avec le pontife ; ils entreprennent « la tournée de Juda », rassemblent de tous côtés les lévites, et les font arriver à Jérusalem où ils sont reçus dans le temple. Dans un seul trait de ce dernier récit, l'action commune des chefs de l'armée et du sacerdoce semble indiquée : *Les lévites et tous les hommes de Juda exécutèrent les ordres de Joad.* (II *Chr.*, XXIII, 8.) Il est inutile sans doute d'étudier de plus près ces diversités ; l'explication la plus apparente, sans presser les détails, est que les commandants des troupes et les ministres du culte ont pris part ensemble à ces mouvements et à la lutte qui a renversé Athalie.

Il est naturel que les hommes les plus importants, et dans l'armée et dans le sacerdoce, aient agi de concert ; il est naturel que tous aient suivi l'impulsion donnée par Joad, le second personnage du royaume, l'oncle de l'orphelin royal, surtout puisque le Temple était encore son unique asile, et qu'il fallait partir du Temple même pour attaquer ou surprendre le palais. La version des *Septante*, Flavius Josèphe et la *Vulgate* suivent la pensée que les cinq personnages désignés dans les *Chroniques* sont des commandants militaires et non des membres de la tribu de Lévi, ce que le texte hébreu indique non moins nettement. Il est peu surprenant que le trouble de l'époque se retrouve dans la confusion des récits.

Racine, fidèle d'ordinaire à la *Vulgate,* s'en est éloigné ici, en essayant dans sa préface une de ces justifications dont la critique de son temps savait se contenter. Il considère, sans même changer les noms comme sacrificateurs, ou, selon les termes dont il se sert, comme « chefs des lévites », ces cinq officiers qui ont secondé le grand prêtre et rendu à Joas le trône de ses pères.

A cette exception près, la connaissance des livres sacrés qui éclate dans *Athalie* est étonnante...

Aussi, à l'exception de ces chefs de l'armée qu'il présente comme des sacrificateurs, Racine s'est astreint à suivre les deux récits qui ont fourni le sujet de sa tragédie. Il s'y est conformé si fidèlement que la plupart des détails ont pris place dans ses vers ; les notes éclairciront quelques autres points incertains ou obscurs. Mais il a paru utile de transcrire ici ces pages d'une simplicité vraiment antique; c'était le moyen le plus sûr d'exciter l'étonnement dont on doit être saisi en voyant de quel fond le poëte a fait jaillir le poëme d'*Athalie;* il fallait, pour une telle œuvre, son respect et son intelligence de l'Écriture, et son génie.[1]

L'esprit de la *Bible* et l'art grec, étroitement unis, admirablement fondus, tel est le secret de la beauté et de la grandeur d'*Athalie.* A côté de ces chapitres de l'Écriture que nous venons de citer, il nous faut placer ici une tragédie d'Euripide ; non pas que Racine en ait fait aucune imitation directe ; mais elle était certainement présente à sa pensée, lorsqu'il écrivait quelques scènes de son œuvre : nous voulons parler de la tragédie intitulée *Ion.*

Le lieu de la scène est à Delphes, et le poëte en décrit le temple tel qu'il était à son époque, avec son cortége de prêtres, de devins, de sacrificateurs, avec la pompe et les mystères du culte d'Apollon, l'antre de Trophonius, le trépied sacré, la Pythie et son oracle révéré. C'est un premier rapport avec le chef-d'œuvre de Racine. Le jeune Ion ouvre la pièce suivi des ministres du temple ; écoutez-le :

---

1. *Athalie et Esther de Racine avec un commentaire biblique,* par le pasteur Ath. Coquerel, Paris, 1863.

« Déjà le soleil fait briller sur la terre son char éclatant; les astres, à l'aspect de ses feux, fuient dans le sein de la nuit sacrée ; déjà les sommets inaccessibles du Parnasse annoncent le jour aux mortels. La fumée de la myrrhe odorante s'élève à la voûte du temple et la prêtresse de Delphes, assise sur le trépied sacré, va faire entendre aux Grecs les oracles qu'Apollon lui inspire.

« Allez, ministres de Phébus que Delphes adore, allez vers la source argentée de Castalie ; et, après vous être lavés dans ses eaux pures, entrez dans le temple. Abstenez-vous de paroles de mauvais augure; que votre bouche annonce d'heureux événements aux mortels qui viennent consulter le dieu.

« Pour moi, fidèle aux soins que je remplis depuis mon enfance, je vais purifier l'entrée du temple avec des branches de laurier et des couronnes sacrées et en répandant sur la terre une fraîche rosée; et j'écarterai à coups de flèche les oiseaux qui pourraient souiller les offrandes; car, sans mère et sans père, je me dois au service du temple d'Apollon qui m'a nourri...

« O Apollon, je remplis à l'entrée de ce temple un ministère honorable, en me vouant au service du sanctuaire où tu rends tes oracles. C'est en effet un glorieux ministère pour moi de servir les dieux et non les mortels. Les fatigues de ces nobles travaux ne me lasseront jamais. Phébus est mon père : je bénis le dieu qui me nourrit. Oui, je donne le nom de père au bienfaisant Apollon, qu'on adore dans ce temple. O Péan! ô Péan! béni, béni sois-tu, fils de Latone! »

Ion, quoique un peu plus âgé, fait songer à Joas. Joas parle aussi de Dieu comme de son père.

> Hélas! un fils n'a rien qui ne soit à son père.
>
> (Act. IV, sc. I.)

Les situations sont, il est vrai, bien différentes. Quelques mots d'analyse vont montrer toute la distance qui sépare une conception de l'autre, en nous permettant de faire encore quelques rapprochements de détail.

Créuse, fille d'Érechthée, roi d'Athènes, a été séduite par Apollon; elle en a un fils, qu'elle a mis au monde secrètement, et elle l'expose dans la grotte même qui fut le théâtre de sa faute. Mercure, envoyé par Apollon, enlève l'enfant et le porte à Delphes, où la Pythie le trouve dans son berceau et le fait élever. Ce fils, parvenu à l'adolescence, est devenu gardien du temple de Delphes. Cependant Créuse a, par la suite, épousé Xuthus, venu d'Achaïe au secours des Athéniens en guerre avec les Mégariens, et Xuthus est ainsi devenu roi d'Athènes. Mais une chose manque au bonheur des deux époux : ils n'ont pas d'enfants, et ils vont à Delphes consulter l'oracle d'Apollon sur les moyens d'en avoir. Là, ils rencontrent, sans le connaître, Ion, ce jeune gardien du temple, ce fils de Créuse, élevé par la Pythie. Le poëte grec a ménagé, au début de son drame, une scène entre Ion et Créuse. C'est avec raison qu'on a, dans cette scène, signalé des traits de ressemblance avec la scène entre Athalie et Joas :

CRÉUSE.

« Mais toi, qui es-tu ? Combien ta mère me paraît heureuse !

ION.

« Je suis le serviteur du dieu : tel est le nom qu'on me donne.

CRÉUSE.

« Est-ce la ville qui t'a consacré à lui, ou bien as-tu été vendu comme esclave ?

ION.

« Je l'ignore ; je sais seulement que j'appartiens à Phébus.

CRÉUSE.

« A mon tour, étranger, je me sens touchée de pitié pour toi.

ION.

« Sans doute parce que j'ignore celle qui m'a enfanté et celui qui m'a donné le jour.

CRÉUSE.

« Habites-tu ce temple ou quelque autre maison ?

ION.

« La maison du dieu est la mienne, partout où le sommeil me surprend.

CRÉUSE.

« Est-ce enfant ou jeune homme que tu es venu dans ce temple ?

NOTICE PRÉLIMINAIRE.

ION.

« C'est dès ma plus tendre enfance, à ce que disent ceux qui passent pour le savoir.

CRÉUSE.

« Quelle est la femme de Delphes qui t'a nourri de son lait?

ION.

« Je n'ai jamais connu le sein d'une nourrice. Celle qui m'a nourri...

CRÉUSE.

« Quelle est-elle, infortuné? Dans ma misère je trouve d'autres misérables.

ION.

« La prêtresse d'Apollon me tient lieu de mère.

CRÉUSE.

« Parvenu à l'âge d'homme, quel moyen d'existence avais-tu?

ION.

« Cet autel m'a nourri des dons des étrangers qui visitent ce temple.

CRÉUSE.

« Que je plains celle qui t'a mise au monde, quelle qu'elle soit!.. As-tu de quoi subvenir à tes besoins? Tes vêtements annoncent l'aisance.

ION.

« Le dieu que je sers me pare de ses dons.

CRÉUSE.

« N'as-tu fait aucune recherche pour découvrir les auteurs de tes jours?

ION.

« Je n'ai aucun signe auquel je puisse les reconnaître. »

Le genre d'intérêt qui s'attache au jeune icophore est bien le même que celui que nous ressentons pour le fils d'Ochozias. Tous deux sont des personnages prédestinés et presque sacrés : si l'un sera le continuateur de la race de David, l'autre sera le fondateur des colonies ioniennes. Mais continuons notre rapide analyse.

De son côté Xuthus a consulté l'oracle ; la réponse du dieu lui désigne Ion comme son propre fils ; il l'adopte donc et se dispose à l'emmener à Athènes pour lui assurer le trône après sa mort. Voici encore quelques passages du dialogue entre Ion et Xuthus :

XUTHUS.

« Quitte le temple qui fut le lieu de ton exil, partage les sentiments de ton père, et viens à Athènes où t'attendent son spectre et son opulence ; ne crains plus qu'on te reproche ta naissance ou ta pauvreté ; aux yeux de tous, tu seras noble et fortuné. Mais tu gardes le silence. Pourquoi baisses-tu les yeux vers la terre? Quelle inquiétude s'empare de toi? Un passage si prompt de la joie à la tristesse alarme la tendresse d'un père.

ION.

« Les événements n'ont pas le même aspect lorsqu'ils sont éloignés et lorsqu'on les voit de près... En vain tu me vantes les charmes de la royauté : le dehors en peut plaire, mais au fond des palais on trouve la tristesse. Et comment vivre heureux au sein de la défiance et dans de perpétuelles alarmes? J'aime mieux vivre au sein d'un bonheur obscur, que d'être roi pour m'entourer d'amis méprisables et pour haïr les gens de bien dans la crainte de mourir. Mais, diras-tu, l'on triomphe de ces ennemis : il est doux de vivre dans l'opulence. Non, je ne puis me résigner aux malédictions ni conserver une fortune au prix des soucis rongeurs. Je préfère une vie médiocre et exempte de peines. Et vois, mon père, quels sont les biens dont je jouis ici : d'abord le loisir, si cher à tous les hommes, et peu d'embarras; nul méchant ne vient me troubler. Je n'ai point ce déboire intolérable de céder le pas à des êtres pervers. En adressant des prières aux dieux, en m'entretenant avec les mortels, je sers les heureux et non ceux qui gémissent. Quand les uns se retirent, d'autres étrangers les remplacent : la nouveauté me rend toujours agréable à des hôtes nouveaux; et ce qui doit faire l'objet des vœux de tous les mortels, la loi, d'accord avec la nature, me conserve juste en présence du dieu. En faisant cette comparaison, ma destinée me paraît préférable à celle que tu m'offres à Athènes. Permets-moi, mon père, de vivre pour moi-même : le bonheur est égal, soit qu'on le trouve dans une haute fortune ou dans une humble condition. »

La jalousie de Créuse s'éveille contre Ion qu'elle prend pour le fruit des amours de son époux avec une rivale. Irritée contre Xuthus, qui a retrouvé les joies de la paternité sans les lui faire partager, elle s'arme contre ce fils adoptif des sentiments d'une marâtre : elle conspire sa mort et se dispose à l'empoisonner. Prise sur le fait, elle est condamnée au dernier supplice. Mais les langes et le berceau conservés par la Pythie, qui avait sauvé l'enfant abandonné, amènent une reconnaissance entre la mère et son fils, et par suite un heureux dénoûment. La pièce d'Euripide, comme on le voit, s'éloigne, de plus en plus du sujet d'*Athalie,* et, dans toute la dernière partie, se rapproche davantage de *Mérope*.

Ne citons plus que les dernières paroles du chœur qui répondent par leur gravité religieuse, à la grave leçon par laquelle *Athalie* se termine : « O Apollon, fils de Jupiter et de Latone, adieu: celui dont la maison est livrée aux calamités doit prendre confiance, s'il observe la piété envers les dieux; car à la fin les bons reçoivent le prix de leur vertu, et jamais les méchants, telle est leur nature, ne sauraient être heureux. »

Il est facile de se rendre compte de la mesure dans laquelle *Ion* a pu servir à Racine; mais il n'y a pas d'ailleurs de comparaison à établir entre les deux œuvres. L'*Ion* d'Euripide, fondé sur les suites de la galanterie d'un dieu, est un roman tragicomique qui est aussi loin que possible du drame philosophique et historique du poëte français.

Athalie, par une rare et surprenante exception, n'a point d'antécédents dans notre histoire littéraire. On cite seulement deux ou trois pièces latines. L'une d'elles fut représentée au mois d'août 1658 au collége de Clermont. Racine avait alors dix-neuf ans; il était encore à Port-Royal, mais il en sortit au mois d'octobre et vint faire son cours de logique au collége d'Harcourt. Il put entendre parler de cette *Athalia* qui avait fait grande sensation et à laquelle le gazetier Loret a consacré une page de sa *Muze historique* du samedi 24 août :

Au collége de Saint-Ignace, [1]
Où dans une assez bonne place
Je me mis et me cantonnai,
Pour quinze sols que je donnai,
Fut avec appareil extrême
Représenté certain poëme,
Environ cinq jours il y a,
Portant pour titre *Athalia*,
Reine autrefois de la Judée,
Qui, pour n'être dépossédée
De la suprême autorité,
Fit mourir avec cruauté,
Par une trame déloyale,
Tous ceux de la maison royale,
Un excepté tant seulement
Que l'on sauva subtilement,
L'élevant comme une pucelle,
Et qui, malgré cette cruelle,
Après plusieurs dangers scabreux,
Fut couronné roi des Hébreux,
Savoir Joas, prince très-sage, [2]
Qui fit fort bien son personnage.
Pour la princesse Josaba, [3]
Son esprit point ne succomba;
Au contraire, il acquit la gloire
D'avoir une heureuse mémoire,
Et si bien son rôle joua
Que tout le monde l'en loua.
Touchant la jeune Marianne, [4]
Cyprine, Pallas et Diane
N'eurent jamais, aux yeux de tous,
Des traits si jolis ni si doux ;
A n'en point mentir, l'assistance
Admira son aimable enfance,
Qui charmoit et réjouissoit
Chaque fois qu'elle paroissoit.
Tous les autres qui récitèrent
Passablement s'en acquittèrent,
Et chacun si bien s'expliqua
Que pas un d'iceux ne manqua.
Bien loin d'exercer la critique

---

1. Autrement collége de Clermont. (*Note de Loret.*)
2. Nicolas de Villiers du Poutel. (*Note de Loret.*)
3. Louis Gimat. (*Note de Loret.*)
4. François du Fresne. (*Note de Loret.*)

> Contre cette pièce tragique,
> J'en ouys qui louoient sans fin
> Son intrigue et son beau latin.
> La construction théâtrale
> Étant magnifique et royale,
> On y dansa quatre ballets
> Moitié graves, moitié follets,
> Chacun ayant plusieurs entrées
> Dont plusieurs furent admirées ;
> Et, vrai, comme rimeur je suis,
> La Vérité, sortant d'un puits,
> Par ses pas et ses pirouettes
> Ravit et prudes et coquettes.

Cette page est singulièrement instructive ; elle nous apprend d'abord qu'on payait pour assister à ces tragédies jouées au collége des Jésuites. Nous voyons aussi que les rôles de femmes, joués par des jeunes gens, étaient nombreux et importants. Enfin il y avait des ballets « moitié graves et moitié follets » ; il est à supposer que la Vérité, sortant de son puits, n'était pas dans le costume que la fable lui attribue. Enfin ces pièces latines attiraient aussi bien les spectatrices que les spectateurs, puisque la dite Vérité, par ses pirouettes, ravit également les coquettes et les prudes. Mais revenons à l'*Athalie* racinienne, puisque nous ne savons d'ailleurs sur l'*Athalia* du collége de Clermont que ce que nous en raconte Loret.

Il nous reste à dire quelques mots d'un emprunt que Racine aurait fait à une ancienne pièce française, et dont on a beaucoup parlé jadis. Voltaire, dans le *Dictionnaire philosophique*, à l'article *Art dramatique*, disait : « On a imprimé avec quelque fondement que Racine avait imité dans *Athalie* plusieurs endroits de la tragédie de la Ligue, faite par le conseiller d'État Matthieu, historiographe de France, qui ne faisait pas mal les vers pour son temps. Constance dit, dans la tragédie de Matthieu :

> Je redoute mon Dieu, c'est lui seul que je crains.
> . . . .
> On n'est point délaissé quand on a Dieu pour père ;
> Il ouvre à tous la main, il nourrit les corbeaux,
> Il donne la pâture aux jeunes passereaux,
> Aux bêtes des forêts, des prés et des montagnes :
> Tout vit de sa bonté.

Racine dit :

> Je crains Dieu, cher Abner, et n'ai point d'autre crainte.
> . . . .
> Dieu laissa-il jamais ses enfants au besoin ?
> Aux petits des oiseaux il donne leur pâture,
> Et sa bonté s'étend sur toute la nature.

« Le plagiat paraît sensible et cependant ce n'en est point un. Rien n'est plus naturel que d'avoir les mêmes idées sur le même sujet. D'ailleurs Racine et Matthieu ne sont pas les premiers qui aient exprimé des pensées dont on trouve le fond dans plusieurs endroits de l'Écriture. »

Ce Pierre Matthieu est celui dont il est question dans la notice préliminaire d'*Esther*.[1] L'éloge que lui donne Voltaire est peu mérité; aussi repose-t-il sur une méprise. Pierre Matthieu a fait une tragédie intitulée *la Guisiade,* mais ce n'est pas dans cette pièce qu'on trouve les vers ci-dessus, c'est dans une tragédie intitulée *Le Triomphe de la Ligue;* l'auteur de celle-ci est R. J. Nérée. Les vers que l'on cite comme imités par Racine sont dans cette tragédie, non pas tout à fait tels que Voltaire les a transcrits. « Il semble, dit Geoffroy, que ce poëte ne pouvait pas transcrire de mauvais vers sans leur donner un petit coup de lime en passant. » Les voici d'après le texte original :

> Je ne crains que mon Dieu, lui tout seul je redoute.
> . . . .
> Celui n'est délaissé qui a Dieu pour son père.
> Il ouvre à tous la main ; il nourrit les corbeaux ;
> Il donne la viande aux petits passereaux,
> Aux bêtes des forêts, des prés et des montagnes :
> Tout vit de sa bonté. Hé ! l'homme qu'il a fait,
> De tous les animaux l'homme le plus parfait,
> L'homme qu'il a formé en sa sainte semblance
> Seroit-il seul privé de sa riche abondance ?

Racine avait-il lu ce vieux poëte et s'était-il souvenu de ces vers ? C'est possible, mais bien douteux : il avait sous les yeux les versets des psaumes CXLIV et CXLVI.

---

1. Voyez ci-dessus, pages 3-6.

NOTICE PRÉLIMINAIRE.

Tu das escam illorum... Aperis tu manum tuam et imples omne animal benedictione.

Qui dat jumentis escam ipsorum et pullis corvorum invocantibus eum.

Il est plus probable que les versets du psalmiste lui ont suffi et que la ressemblance des vers des deux auteurs vient de cette source commune.

M. le marquis de Larochefoucauld-Liancourt, dans ses *Études inédites de Jean Racine* (1856), reproduit sous le vers :

Dieu laissa-t-il jamais ses enfants au besoin ?

cette note du poëte : [1] « Qui croira que Jupiter n'ait pas soin de ses enfants! » Sophocle, *Trachiniennes*. Et M. de Larochefoucauld-Liancourt ajoute : « Il y a en effet ce mot dans la scène troisième du premier acte des *Trachiniennes*. Racine cite cette phrase pour qu'on ne l'accuse pas de l'avoir prise à La Fontaine dans son poëme de Saint-Malc qui a été imprimé près de vingt ans avant *Athalie* et où l'on trouve ce vers :

Dieu ne quittera pas ses enfants au besoin. »

La précaution eût été excessive. Une chose nous frappe davantage : toujours la Bible et la poésie grecque s'associant dans la pensée de Racine ; c'est ce qui est surtout frappant dans ces deux dernières œuvres.

Athalie fut imprimée d'abord en deux éditions, chez Denys Thierry, l'une in-4°, de 1691; l'achevé d'imprimer pour la première fois est du 3 mars; l'autre in-12, de l'année suivante. Elle fut ensuite comprise dans le recueil de 1697, et c'est le texte de ce recueil que nous suivons.

---

1. M. de La Rochefoucauld-Liancourt n'indique pas où il a puisé ces notes. On retrouve dans son recueil la plupart de celles que nous donnons à la suite de cette notice, mais altérées. D'autres ont été prises l'on ne sait où. Il s'ensuit que le travail de M. de La Rochefoucauld-Liancourt a peu d'autorité et qu'il est beaucoup moins utile aux éditeurs de Racine qu'il n'aurait pu l'être.

QUELQUES REMARQUES

ÉCRITES PAR J. RACINE

DANS LE TEMPS APPAREMMENT QU'IL COMPOSOIT SON ATHALIE [1]

Nul Israëlite ne pouvoit être roi qu'il ne fût de la maison de David et de la race de Salomon. Et c'est de cette race qu'on attendoit le Messie. *Talmud.* [2]

Les Septante, aux *Paralipomènes*, [3] disent que Joïada entreprit de rétablir Joas à la huitième année.

Depuis le meurtre de Zacharie, *Sanguis attigit sanguinem*, l'État des Juifs a toujours été en dépérissant. (Voyez *Lichf.* tome II, p. 361.) *Gladius vester exedit prophetas vestros*, p. 363.

Lichfot dit que tout se fit par les prêtres et par les lévites.

Promesse de l'éternité du trône en faveur de Salomon. II *Reg.*, cap. VII, vers. 13; et I *Paralip.*, cap. XVII, vers. 12 et seq.

---

1. Elles se trouvent à la Bibliothèque nationale parmi les manuscrits de Racine qui y furent déposés par son fils, tome II, feuillets 89 et 90. L'intitulé est de Louis Racine.

2. A la marge de ce premier alinéa, Racine a écrit : *Lich.* tome II, page 3. L'auteur qu'il cite, et dont il a plus loin écrit en toutes lettres le nom de cette manière : *Lichfot*, est Jean Ligthfoot, théologien de l'Église anglicane et célèbre hébraïsant, mort en 1675. On publia en 1686 à Rotterdam, chez Leers, ses œuvres complètes (*Joh. Lightfooti Opera omnia*), en 2 volumes in-folio. C'est l'ouvrage que Racine a consulté. (P. M.)

3. Livre II, chap. XXIII, verset 1.

REMARQUES

Psaume LXXI tout en faveur de Salomon. Psaume *Dixit Dominus,* [1] *Misericordias,* [2] et *Memento.* [3] Et I *Paralip.,* cap. XXVIII.

Jechonias eut Assir, Assir eut Salathiel, et celui-ci Zorobabel. Quand Jérémie appelle Jechonias *virum sterilem,* c'est à dire : « dont les enfants n'ont point régné ». Car le même Jérémie parle ailleurs de la postérité de Jechonias.

Monsieur de Meaux[4] appelle Joas « précieux reste de la maison de David ».

Athalie[5] voulut qu'il ne restât pas un seul de la maison de David, et elle crut avoir exécuté son dessein. Il n'en resta qu'un seul, qui étoit fils d'Okosias.

M. d'And.[6] Voilà le seul qui vous reste de la maison de David.

II *Paralip.,* chap. XXI. *Joram occidit omnes fratres suos gladio... Noluit autem Dominus disperdere domum David, propter pactum, etc., et quia promiserat ut daret ei lucernam et filiis ejus omni tempore.*

Si ces promesses n'avoient été faites à la race de Salomon, Dieu n'avoit qu'à mettre sur le trône les enfants de Nathan.

Le P. R.[7]. Josabeth conserva Joas, et Dieu le permit pour empêcher que la race de David ne fût éteinte.

Solvite templum hoc, etc., pour justifier l'équivoque du grand prêtre, si on l'attaque.

Zacharie, fils de Joad, est nommé prophète.

1. *Psaume* CIX.
2. *Psaume* LXXXVIII.
3. *Psaume* CXXXI.
4. Dans le *Discours sur l'histoire universelle,* 2ᵉ partie, section VI. Racine, dans une note à la marge, renvoie à la page 27. Il s'est servi de la première édition, qui est celle de 1681 (1 volume in-4°, à Paris, chez Sébastien Mabre Cramoisy). (P. M.)
5. Racine a écrit à la marge : *Joseph.* Voyez les *Antiquités judaïques* de Josèphe, livre IX, chapitre VII, § I.
6. C'est-à-dire, M. d'Andilly. Dans la traduction qu'Arnauld d'Andilly a donnée de l'*Histoire des Juifs écrite par Flavien Josèphe,* la phrase citée par Racine ne se trouve pas textuellement, mais seulement celle-ci à la page 121 du tome II (édition de 1668, 5 volumes in-12) : « Voilà votre roi, et le seul qui reste de la maison de celui que vous savez que Dieu a prédit qui régneroit à jamais sur vous. » (P. M.)
7. Racine a écrit à la marge : « p. 626. » *Le P. R.* signifie *le Port-Royal.* Racine désigne ainsi la *Bible* dite de Saci.

SUR *ATHALIE*.

Les Ismaélites étoient idolâtres et fort attachés à leurs faux dieux. *Jérém.*, chap. II. *In Cedar mittite et considerate... si mutavit gens deos suos, et certe ipsi non sunt dii.*

Octo[1] annorum erat Josias cum regnare cœpisset; et triginta et uno anno regnavit in Jerusalem; fecitque quod erat rectum in conspectu Domini, et ambulavit in viis David patris sui, etc.

Joachin, fils de Joakim, lequel étoit fils de Josias.[2]

Octo annorum erat Joachin[3] cum regnare cœpisset, et tribus mensibus ac decem diebus regnavit in Jerusalem, fecitque malum in conspectu Domini.[4] » Dans les *Rois*, il a dix-huit ans.[5]

Temple. « IN DOMO HAC *et in Jerusalem... ponam nomen meum in sempiternum.* » II *Paralip.*, XXXIII.[6]

Prêtres apostats. Mathan. Voyez *Ezech.*, chap. VIII, *idolâtrie des prêtres.*

Ad iracundiam me provocaverunt ipsi, et reges eorum, et sacerdotes eorum... Ædificaverunt excelsa Baal. Jérém., chap. XXXII, vers. 32 et 35.[7]

Et in prophetis Jerusalem vidi similitudinem adulterantium.[8] Jérém., chap. XXIII, vers. 14.

Vers. 27.[9] *Qui volunt facere ut obliviscatur populus nominis mei..., sicut obliti sunt patres eorum nominis mei propter Baal.*

Jérém., chap. VIII. *Ejicient ossa regum Juda,... et ossa sacerdotum, et ossa prophetarum... Et expandent ea ad solem et lunam et omnem militiam cœli quæ... adoraverunt*, etc. »

Les Juifs appeloient aussi Dieu leur père. Moïse dit : « Vous

---

1. Ici Racine a écrit en marge : *huit ans.*
2. Voyez le livre II des *Paralipomènes*, chapitre XXXVI, versets 4 et 8.
3. Jechonias. (*Note de Racine.*) Il veut dire qu'au même verset, dans les *Septante*, au lieu du nom de *Joachim*, donné par la *Vulgate*, il y a *Jechonias*. — Un peu au-dessous du nom de *Jechonias*, Racine a encore écrit à la marge : « *Nota.* Les 70 disent aussi huit ans. »
4. II. *Paralip.*, chap. XXXVI, vers. 9.
5. Voyez le livre IV des *Rois*, chapitre XXIV, verset 8.
6. Verset 7. Au lieu du chapitre XXXIII, Racine a par erreur indiqué le chapitre XXIII.
7. Racine, au lieu des versets 32 et 35, indique par erreur le verset 34.
8. A la marge de cette citation, Racine a écrit : *Nota.*
9. Au même chapitre de *Jérémie.*

avez abandonné le Dieu qui vous a engendrés.[1] » Et Malachie : « Il n'y a qu'un Dieu et un père de nous tous.[2] » Mais en priant ils ne disoient point : « Père ». Si quelques-uns l'ont fait, ç'a été par un instinct particulier. Saint Chrysostome sur *Abba pater*.[3]

Un roi s'appelle *Joachin*, un grand prêtre *Joachim* ou *Éliachim*.[4]

Du haut de nos sacrés parvis.[5] On fit monter saint Jacques, frère du Seigneur, au haut du temple, pour y déclarer à tout le peuple ses sentiments sur Jésus-Christ. Et aussitôt tous ses ennemis y montèrent en foule pour l'en précipiter.

Équivoque de Joad. 1° *Solvite templum hoc*.[6] 2° Martyre de saint Laurent, à qui le juge demanda les trésors de l'Église. *A quo quum quærerentur thesauri Ecclesiæ, promisit demonstraturum se. Sequenti die pauperes duxit. Interrogatus ubi essent thesauri quos promiserat, ostendit pauperes, dicens :* HI SUNT THESAURI ECCLESIÆ... *Laurentius pro singulari suæ interpretationis vivacitate sacram martyrii accepit coronam.* (Saint Ambroise, *de Officiis*.[7])

Dans Prudence, saint Laurent demande du temps pour calculer toute la somme.

Saint Augustin même, si ennemi du mensonge, loue ce mot de saint Laurent : *Hæ sunt divitiæ Ecclesiæ.* (*Sermon* CCCIII.)

Dieu dit à Moïse : « Dites à Pharaon : *Dimitte populum meum*.

---

1. *Deutéronome*, chap. XXXII, verset 18.
2. Chap. II, verset 10.
3. Les mots *Abba pater* sont trois fois dans le Nouveau Testament, dans *saint Marc*, chapitre XIV, verset 36 ; dans *saint Paul, Épître aux Romains*, chapitre VIII, verset 15 ; et *Épître aux Galates*, chapitre IV, verset 6.
4. Voyez le *Livre de Judith*, chapitre IV, versets 5 et 11, dans la *Vulgate*, où on lit le nom du grand prêtre *Éliachim* ; et le même chapitre, versets 6, 8 et 14, dans les *Septante*, qui appellent ce même grand prêtre *Joakim*. — Racine a sans doute voulu expliquer le choix qu'il a fait du nom d'*Éliacin* dans *Athalie*, acte I, scène II, vers 182. (P. M.)
5. Acte V, scène VI.
6. Jésus-Christ parlait de sa mort et de sa résurrection d'une manière figurée ; les Juifs prirent ses paroles au sens propre, et l'accusèrent devant Pilate d'avoir dit qu'il pouvait détruire le temple de Dieu.
7. Livre II, chapitre XXVIII.

ut sacrificet mihi in deserto. [1] » Et chap. VIII, [2] Pharaon répond : *Ego dimittam vos ut sacrificetis Domino Deo vestro in deserto. Verumtamen longius ne abeatis.* Dieu a trompé exprès Pharaon. *Synops.* [3] Une autre fois Pharaon dit : [4] « Sacrifiez ici. » Moïse répond : [5] « Nos victimes sont vos dieux. » *Abominationes Ægyptiorum immolabimus domino.* Donc Dieu vouloit faire sortir le peuple tout à fait, et Pharaon ne l'entendoit pas ainsi.

1. *Exode,* chapitre V, verset 1.
2. De l'*Exode,* verset 28.
3. *Synopsis criticorum aliorumque sanctæ Scripturæ interpretum..* (Londres, 1669-1680, in-folio), tome I, p. 369.
4. *Exode,* chapitre VIII, verset 25.
5. *Ibidem,* verset 26.

PRÉFACE.[1]

Tout le monde sait que le royaume de Juda étoit composé des deux tribus de Juda et de Benjamin, et que les dix autres tribus qui se révoltèrent contre Roboam composoient le royaume d'Israël. Comme les rois de Juda étoient de la maison de David, et qu'ils avoient dans leur partage la ville et le temple de Jérusalem, tout ce qu'il y avoit de prêtres et de lévites se retirèrent auprès d'eux, et leur demeurèrent toujours attachés : car, depuis que le temple de Salomon fut bâti, il n'étoit plus permis de sacrifier ailleurs ; et tous ces autres autels qu'on élevoit à Dieu sur de montagnes, appelés par cette raison dans l'Écriture les haut lieux, ne lui étoient point agréables. Ainsi le culte légitime ne subsistoit plus que dans Juda. Les dix tribus, excepté un très-petit nombre de personnes, étoient ou idolâtres ou schismatiques.

Au reste, ces prêtres et ces lévites faisoient eux-mêmes une tribu fort nombreuse. Ils furent partagés en diverses classes pour servir tour à tour dans le temple, d'un jour du sabbat à l'autre. Les prêtres étoient de la famille d'Aaron ; et il n'y avoit que ceux de cette famille lesquels pussent exercer la sacrificature. Les lévites leur étoient subordonnés, et avoient soin, entre autres choses, du chant, de la préparation des victimes, et de la garde du

---

[1]. Tous ceux qui veulent bien entrer dans l'esprit de la tragédie doivent lire avec attention cette préface ; c'est un chef-d'œuvre de clarté, de simplicité et d'ordre ; on n'y a oublié aucun des points de l'histoire juive qui servent à fonder l'intérêt de la pièce. (G.)

temple. Ce nom de lévite ne laisse pas d'être donné quelquefois indifféremment à tous ceux de la tribu. Ceux qui étoient en semaine avoient, ainsi que le grand-prêtre, leur logement dans les portiques ou galeries dont le temple étoit environné, et qui faisoient partie du temple même. Tout l'édifice s'appeloit en général le lieu saint; mais on appeloit plus particulièrement de ce nom cette partie du temple intérieur où étoit[1] le chandelier d'or, l'autel des parfums, et les tables des pains de proposition; et cette partie étoit encore distinguée du Saint des saints où étoit l'arche, et où le grand-prêtre seul avoit droit d'entrer une fois l'année. C'étoit une tradition assez constante que la montagne sur laquelle le temple fut bâti étoit la même montagne où Abraham avoit autrefois offert en sacrifice son fils Isaac.

J'ai cru devoir expliquer ici ces particularités, afin que ceux à qui l'histoire de l'Ancien Testament ne sera pas assez présente n'en soient point arrêtés en lisant cette tragédie. Elle a pour sujet Joas reconnu et mis sur le trône; et j'aurois dû, dans les règles, l'intituler *Joas;* mais la plupart du monde n'en ayant entendu parler que sous le nom d'*Athalie,* je n'ai pas jugé à propos de la leur présenter sous un autre titre, puisque d'ailleurs Athalie y joue un personnage si considérable, et que c'est sa mort qui termine la pièce. Voici une partie des principaux événements qui devancèrent cette grande action.

Joram, roi de Juda, fils de Josaphat, et le septième roi de la race de David, épousa Athalie, fille d'Achab et de Jézabel, qui régnoient en Israël, fameux l'un et l'autre, mais principalement Jézabel, par leurs sanglantes persécutions contre les prophètes. Athalie, non moins impie que sa mère, entraîna bientôt le roi son mari dans l'idolâtrie, et fit même construire dans Jérusalem un temple à Baal, qui étoit le dieu du pays de Tyr et de Sidon, où Jézabel avoit pris naissance. Joram, après avoir vu périr par les mains des Arabes et des Philistins, tous les princes ses enfants à la réserve d'Ochozias, mourut lui-même misérablement d'une longue maladie qui lui consuma les entrailles. Sa mort funeste n'empêcha pas Ochozias d'imiter son impiété et celle

---

1. Il y a *étoit* au singulier dans toutes les éditions imprimées du vivant de Racine.

d'Athalie, sa mère. Mais ce prince, après avoir régné seulement un an, étant allé rendre visite au roi d'Israël, frère d'Athalie, fut enveloppé dans la ruine de la maison d'Achab, et tué par l'ordre de Jéhu, que Dieu avoit fait sacrer par ses prophètes pour régner sur Israël, et pour être le ministre de ses vengeances. Jéhu extermina toute la postérité d'Achab, et fit jeter par les fenêtres Jézabel, qui, selon la prédiction d'Élie, fut mangée des chiens dans la vigne de ce même Naboth qu'elle avoit fait mourir autrefois pour s'emparer de son héritage. Athalie, ayant appris à Jérusalem tous ces massacres, entreprit de son côté d'éteindre entièrement la race royale de David, en faisant mourir tous les enfants d'Ochozias, ses petits-fils. Mais heureusement Josabeth, sœur d'Ochozias, et fille de Joram, mais d'une autre mère qu'Athalie, étant arrivée lorsqu'on égorgeoit les princes ses neveux, elle trouva moyen de dérober du milieu des morts le petit Joas, encore à la mamelle, et le confia avec sa nourrice au grand-prêtre, son mari, qui les cacha tous deux dans le temple, où l'enfant fut élevé secrètement jusqu'au jour qu'il fut proclamé roi de Juda. L'*Histoire des Rois* dit que ce fut la septième année d'après. Mais le texte grec des *Paralipomènes,* que Sévère Sulpice [1] a suivi, dit que ce fut la huitième. C'est ce qui m'a autorisé à donner à ce prince neuf à dix ans, pour le mettre déjà en état de répondre aux questions qu'on lui fait.

Je crois ne lui avoir rien fait dire qui soit au-dessus de la portée d'un enfant de cet âge qui a de l'esprit et de la mémoire. Mais quand j'aurois été un peu au delà, il faut considérer que c'est ici un enfant tout extraordinaire, élevé dans le temple par un grand-prêtre qui, le regardant comme l'unique espérance de sa nation, l'avoit instruit de bonne heure dans tous les devoirs de la religion et de la royauté. Il n'en étoit pas de même des enfants des Juifs que de la plupart des nôtres : on leur apprenoit les saintes lettres, non-seulement dès qu'ils avoient atteint l'usage de la raison, mais, pour me servir de l'expression de saint Paul, dès la mamelle. Chaque Juif étoit obligé d'écrire une fois en sa vie, de sa propre main, le volume de la loi tout entier. Les rois

---

1. On dit communément Sulpice Sévère. Toutefois des érudits, notamment Scaliger, ont justifié l'ordre de ces deux noms adopté par Racine.

PRÉFACE.

étoient même obligés de l'écrire deux fois,[1] et il leur étoit enjoint de l'avoir continuellement devant les yeux. Je puis dire ici que la France voit en la personne d'un prince de huit ans et demi,[2] qui fait aujourd'hui ses plus chères délices, un exemple illustre de ce que peut dans un enfant un heureux naturel aidé d'une excellente éducation; et que si j'avois donné au petit Joas la même vivacité et le même discernement qui brillent[3] dans les reparties de ce jeune prince, on m'auroit accusé avec raison d'avoir péché contre les règles de la vraisemblance.

L'âge de Zacharie, fils du grand-prêtre, n'étant point marqué, on peut lui supposer, si l'on veut, deux ou trois ans de plus qu'à Joas.

J'ai suivi l'explication de plusieurs commentateurs fort habiles, qui prouvent, par le texte même de l'Écriture, que tous ces soldats à qui Joïada, ou Joad, comme il est appelé dans Josèphe, fit prendre les armes consacrées à Dieu par David, étoient autant de prêtres et de lévites, aussi bien que les cinq centeniers qui les commandoient. En effet, disent ces interprètes, tout devoit être saint dans une si sainte action, et aucun profane n'y devoit être employé. Il s'y agissoit non-seulement de conserver le sceptre dans la maison de David, mais encore de conserver à ce grand roi cette suite de descendants dont devoit naître le Messie : « Car ce Messie, tant de fois promis comme fils d'Abraham, devoit aussi être le fils de David et de tous les rois de Juda. » De là vient que l'illustre et savant prélat[4] de qui j'ai emprunté ces paroles appelle Joas le précieux reste de la maison de David. Josèphe en parle dans les mêmes termes; et l'Écriture dit expressément que Dieu n'extermina pas toute la famille de Joram, voulant conserver à David la lampe qu'il lui avoit promise. Or cette lampe,

---

1. Ces opinions semblent empruntées au célèbre rabbin Maimonide. Elles sont toutefois très-contestables.

2. Louis de France, duc de Bourgogne, fils de Monseigneur, élève de Fénelon, pour lequel il conserva le plus vif attachement. Sa mort prématurée et celle de son épouse plongèrent la France dans le deuil. Le duc de Bourgogne fit éclater dès son enfance un esprit fort supérieur à son âge. Né en 1682, il n'avait réellement que huit ans et demi dans les premiers mois de 1691, lorsque Racine fit cette préface. (G.)

3. *Brille* au singulier dans les éditions in-12 de 1692 et de 1697.

4. M. de Meaux. (*Note de Racine.*)

qu'étoit-ce autre chose que la lumière qui devoit être un jour révélée aux nations?

L'histoire ne spécifie point le jour où Joas fut proclamé. Quelques interprètes veulent que ce fût un jour de fête. J'ai choisi celle de la Pentecôte, qui étoit l'une des trois grandes fêtes des Juifs. On y célébroit la mémoire de la publication de la loi sur le mont de Sinaï, et on y offroit aussi à Dieu les premiers pains de la nouvelle moisson : ce qui faisoit qu'on la nommoit encore la fête des prémices. J'ai songé que ces circonstances me fourniroient quelque variété pour les chants du chœur.

Ce chœur est composé de jeunes filles de la tribu de Lévi, et je mets à leur tête une fille que je donne pour sœur à Zacharie. C'est elle qui introduit le chœur chez sa mère. Elle chante avec lui, porte la parole pour lui, et fait enfin les fonctions de ce personnage des anciens chœurs qu'on appeloit le coryphée. J'ai aussi essayé d'imiter des anciens cette continuité d'action qui fait que leur théâtre ne demeure jamais vide, les intervalles des actes n'étant marqués que par des hymnes et par des moralités du chœur, qui ont rapport à ce qui se passe.

On me trouvera peut-être un peu hardi d'avoir osé mettre sur la scène un prophète inspiré de Dieu, et qui prédit l'avenir. Mais j'ai eu la précaution de ne mettre dans sa bouche que des expressions tirées des prophètes mêmes. Quoique l'Écriture ne dise pas en termes exprès que Joïada ait eu l'esprit de prophétie, comme elle le dit de son fils, elle le représente comme un homme tout plein de l'esprit de Dieu. Et d'ailleurs ne paroît-il pas, par l'Évangile[1], qu'il a pu prophétiser en qualité de souverain pontife? Je suppose donc qu'il voit en esprit le funeste changement de Joas, qui, après trente années d'un règne fort pieux, s'abandonna aux mauvais conseils des flatteurs, et se souilla du meurtre de Zacharie, fils et successeur de ce grand-prêtre. Ce meurtre, commis dans le temple, fut une des principales causes de la colère de Dieu contre les Juifs, et de tous les malheurs qui leur arrivèrent dans la suite. On prétend même que depuis ce jour-là les

---

1. Évangile de saint Jean, chap. XI, vers. 51. Il y est dit que les paroles prononcées par Caïphe étaient prophétiques : « Hoc autem a semetipso non dixit, sed cum esset pontifex anni illius, prophetavit. »

réponses de Dieu cessèrent entièrement dans le sanctuaire. C'est ce qui m'a donné lieu de faire prédire tout de suite à Joad et la destruction du temple et la ruine de Jérusalem. Mais comme les prophètes joignent d'ordinaire les consolations aux menaces, et que d'ailleurs il s'agit de mettre sur le trône un des ancêtres du Messie, j'ai pris occasion de faire entrevoir la venue de ce consolateur, après lequel tous les anciens justes soupiroient. Cette scène, qui est une espèce d'épisode, amène très-naturellement la musique, par la coutume qu'avoient plusieurs prophètes d'entrer dans leurs saints transports au son des instruments : témoin cette troupe de prophètes qui vinrent au-devant de Saül avec des harpes et des lyres qu'on portoit devant eux;[1] et témoin Élisée lui-même, qui, étant consulté sur l'avenir par le roi de Juda et par le roi d'Israël, dit, comme fait ici Joad : *Adducite mihi psaltem*[2]. Ajoutez à cela que cette prophétie sert beaucoup à augmenter le trouble dans la pièce, par la consternation et par les différents mouvements où elle jette le chœur et les principaux acteurs.[3]

---

1. I Livre *des Rois*, ch. x, vers. 5.

2. « Faites-moi venir un joueur de harpe. » (Chap. III, vers. 15 du liv. IV *des Rois*.)

3. Le silence que l'auteur garde sur la conduite de sa pièce, dans la préface, est remarquable. Dans ses autres préfaces, il a coutume de parler de l'économie de sa tragédie, du succès qu'elle a eu, ou des critiques qu'elle a essuyées; il se contente, dans celle-ci, d'instruire le lecteur du sujet. (L. R.)

ATHALIE

LES NOMS DES PERSONNAGES.

JOAS, roi de Juda, fils d'Ochozias.
ATHALIE, veuve de Joram, aïeule de Joas.
JOAD, autrement JOÏADA, grand-prêtre.
JOSABETH, tante de Joas, femme du grand-prêtre.
ZACHARIE, fils de Joad et de Josabeth.
SALOMITH, sœur de Zacharie.
ABNER,[1] l'un des principaux officiers des rois de Juda.
AZARIAS, ISMAEL, ET LES TROIS AUTRES CHEFS DE PRÊTRES ET DES LÉVITES.
MATHAN, prêtre apostat, sacrificateur de Baal.
NABAL, confident de Mathan.
AGAR, femme de la suite d'Athalie.
TROUPE DE PRÊTRES ET DE LÉVITES.
SUITE D'ATHALIE.
LA NOURRICE DE JOAS.
CHŒUR DE JEUNES FILLES DE LA TRIBU DE LEVI.

La scène est dans le temple de Jérusalem, dans un vestibule de l'appartement du grand-prêtre.

1. Le nom d'Abner est dans la Bible, liv. II *des Rois,* chap. II et III.

ATHALIE

ACTE PREMIER.

SCÈNE PREMIÈRE.

JOAD, ABNER.

ABNER.

Oui, je viens dans son temple adorer l'Éternel;
Je viens, selon l'usage antique et solennel,
Célébrer avec vous la fameuse journée
Où sur le mont Sina la loi nous fut donnée.
Que les temps sont changés! Sitôt que de ce jour
La trompette sacrée annonçoit le retour,
Du temple, orné partout de festons magnifiques,
Le peuple saint en foule inondoit les portiques;
Et tous, devant l'autel avec ordre introduits,
De leurs champs dans leurs mains portant les nouveaux fruits, [1]
Au Dieu de l'univers consacroient ces prémices :
Les prêtres ne pouvoient suffire aux sacrifices.
L'audace d'une femme, arrêtant ce concours,
En des jours ténébreux a changé ces beaux jours.

---

1. Var. *De leur champ dans leurs mains portant les nouveaux fruits.*

D'adorateurs zélés à peine un petit nombre
Ose des premiers temps nous retracer quelque ombre :
Le reste pour son Dieu montre un oubli fatal ;
Ou même, s'empressant aux autels de Baal,
Se fait initier à ses honteux mystères,
Et blasphème le nom qu'ont invoqué leurs pères.
Je tremble qu'Athalie, à ne vous rien cacher,
Vous-même de l'autel vous faisant arracher,
N'achève enfin sur vous ses vengeances funestes,
Et d'un respect forcé ne dépouille les restes.

JOAD.

D'où vous vient aujourd'hui ce noir pressentiment?

ABNER.

Pensez-vous être saint et juste impunément!
Dès longtemps elle hait cette fermeté rare
Qui rehausse en Joad l'éclat de la tiare ;
Dès longtemps votre amour pour la religion
Est traité de révolte et de sédition.
Du mérite éclatant cette reine jalouse
Hait surtout Josabeth, votre fidèle épouse.
Si du grand-prêtre Aaron Joad est successeur,
De notre dernier roi Josabeth est la sœur. [1]
Mathan, d'ailleurs, Mathan, ce prêtre sacrilége,
Plus méchant qu'Athalie, à toute heure l'assiége ;

---

1. Joad, dit-on, savait bien que sa femme était fille de Joram et sœur d'Ochozias : ce n'est donc pas pour instruire Joad, mais pour instruire le spectateur qu'Abner rappelle l'illustre naissance de Josabeth. Observation fausse. Abner n'insiste sur la noblesse de cette origine que pour faire sentir qu'elle est pour Athalie un nouveau motif de haïr, dans l'épouse de Joad, une princesse du sang royal, que ce titre, joint à ses vertus, rend si recommandable aux yeux du peuple. (G.)

Mathan, de nos autels infâme déserteur,
Et de toute vertu zélé persécuteur.
C'est peu que, le front ceint d'une mitre étrangère,
Ce lévite à Baal prête son ministère ;
Ce temple l'importune, et son impiété
Voudroit anéantir le Dieu qu'il a quitté.
Pour vous perdre il n'est point de ressorts qu'il n'invente ;
Quelquefois il vous plaint, souvent même il vous vante ; [1]
Il affecte pour vous une fausse douceur ;
Et, par là de son fiel colorant la noirceur,
Tantôt à cette reine il vous peint redoutable,
Tantôt, voyant pour l'or sa soif insatiable,
Il lui feint qu'en un lieu que vous seul connoissez, [2]
Vous cachez des trésors par David amassés.
Enfin, depuis deux jours, la superbe Athalie
Dans un sombre chagrin paroît ensevelie.
Je l'observois hier, et je voyois ses yeux
Lancer sur le lieu saint des regards furieux :
Comme si, dans le fond de ce vaste édifice,
Dieu cachoit un vengeur armé pour son supplice.
Croyez-moi, plus j'y pense, et moins je puis douter

---

1. On lisait, dans la première édition de 1691 :

   Pour vous perdre il n'est pas de ressorts qu'il ne joue ;
   Quelquefois il vous plaint, souvent même il vous loue.

Les amis de Racine lui représentèrent qu'on ne dit point *jouer*, mais *faire jouer des ressorts*. L'auteur changea ce vers dans la seconde édition, faite peu de temps après la première. Tacite a dit que, de tous nos ennemis, ceux qui prennent le parti de nous louer sont toujours les plus dangereux. *Pessimum inimicorum genus laudantes.* (L. R.)

2. La Harpe rappelle ici le *finxit illi* des Latins : « Cette locution, dit-il, est une de celles que Racine empruntait aux anciens pour introduire dans notre langue, et surtout dans notre poésie, des constructions précises et rapides. »

ATHALIE.

Que sur vous son courroux ne soit prêt d'éclater,
Et que de Jézabel la fille sanguinaire
Ne vienne attaquer Dieu jusqu'en son sanctuaire.

JOAD.

Celui qui met un frein à la fureur des flots
Sait aussi des méchants arrêter les complots.
Soumis avec respect à sa volonté sainte,
Je crains Dieu, cher Abner, et n'ai point d'autre crainte.
Cependant je rends grace au zèle officieux
Qui sur tous mes périls vous fait ouvrir les yeux.
Je vois que l'injustice en secret vous irrite,
Que vous avez encor le cœur israélite.
Le ciel en soit béni! Mais ce secret courroux,
Cette oisive vertu, vous en contentez-vous?
La foi qui n'agit point, est-ce une foi sincère?
Huit ans déjà passés, une impie étrangère
Du sceptre de David usurpe tous les droits,
Se baigne impunément dans le sang de nos rois,
Des enfants de son fils détestable homicide,
Et même contre Dieu lève son bras perfide;
Et vous, l'un des soutiens de ce tremblant État,[1]

---

[1]. Racine donne ici la plus haute idée d'Abner, personnage qu'il a créé, et dont il n'est fait aucune mention dans Josèphe ni dans l'Écriture. Louis Racine pense que ce caractère produit peu d'effet au théâtre. Il en produit beaucoup aujourd'hui. C'est un homme, dit-il, vertueux à la vérité, mais incapable de grands desseins : il est du moins capable de mourir en combattant pour son roi ; il est capable de braver le courroux d'Athalie, de s'opposer en sa présence aux conseils pernicieux de son ministre, de faire entendre la voix de l'honneur et de la vérité dans une cour corrompue. Si ce ne sont pas là de grands desseins, ce sont de grandes actions, de grands traits de courage ; et il serait fâcheux qu'un guerrier si noble, si généreux, si intrépide ne fît point d'effet au théâtre, parce qu'il n'est ni ambitieux, ni conspirateur. Abner, plus entreprenant, n'aurait pu entrer dans le plan d'une action conduite par la puissance divine, dont Joad n'est que l'instrument. (G.)

ACTE I, SCÈNE I.

Vous, nourri dans les camps du saint roi Josaphat,
Qui sous son fils Joram commandiez nos armées,
Qui rassurâtes seul nos villes alarmées,
Lorsque d'Ochozias le trépas imprévu
Dispersa tout son camp à l'aspect de Jéhu :
« Je crains Dieu, dites-vous; sa vérité me touche ! »
Voici comme ce Dieu vous répond par ma bouche :
« Du zèle de ma loi que sert de vous parer ? [1]
Par de stériles vœux pensez-vous m'honorer ?
Quel fruit me revient-il de tous vos sacrifices ?
Ai-je besoin du sang des boucs et des génisses ?
Le sang de vos rois crie, et n'est point écouté.
Rompez, rompez tout pacte avec l'impiété.
Du milieu de mon peuple exterminez les crimes;
Et vous viendrez alors m'immoler vos victimes. »

---

1. « Quo mihi multitudinem victimarum vestrarum? dicit Dominus. Plenus sum. Holocausta arietum, et adipem pinguium, et sanguinem vitulorum et agnorum et hircorum nolui. Quum veniretis ante conspectum meum, quis quæsivit hæc de manibus vestris, ut ambularetis in atriis meis? Non offeratis ultra sacrificium frustra... Discite benefacere, quærite judicium, subvenite oppresso, judicate pupillo, defendite viduam, et venite. » — « Qu'ai-je à faire de cette multitude de victimes que vous m'offrez? dit le Seigneur. Tout cela m'est à dégoût. Je n'aime point les holocaustes de vos béliers, ni la graisse de vos troupeaux, ni le sang des veaux, des agneaux et des boucs. Lorsque vous veniez devant moi pour entrer dans mon temple, qui vous a demandé que vous eussiez ces dons dans les mains ? Ne m'offrez plus de sacrifices inutilement. Apprenez à faire le bien : examinez tout avant que de juger; assistez l'opprimé; faites justice à l'orphelin, défendez la veuve ; et après cela venez. » (Isa., cap. I, vers. 11, 12, 13 et 17.) — Jean-Baptiste Rousseau (liv. I, ode IV) a traduit aussi le verset 13 du psaume XLIX : « Numquid manducabo carnes taurorum, aut sanguinem hircorum potabo? » — « Mangerai-je la chair des taureaux, ou boirai-je le sang des boucs? »

> Que m'importent vos sacrifices,
> Vos offrandes, et vos troupeaux ?
> Dieu boit-il le sang des génisses ?
> Mange-t-il a chair des taureaux?

ABNER.

Hé! que puis-je au milieu de ce peuple abattu?
Benjamin est sans force, et Juda sans vertu :
Le jour qui de leurs rois vit éteindre la race
Éteignit tout le feu de leur antique audace.
« Dieu même, disent-ils, s'est retiré de nous :
De l'honneur des Hébreux autrefois si jaloux,
Il voit sans intérêt leur grandeur terrassée;
Et sa miséricorde à la fin s'est lassée :
On ne voit plus pour nous ses redoutables mains
De merveilles sans nombre effrayer les humains;
L'arche sainte est muette, et ne rend plus d'oracles.[1] »

JOAD.

Et quel temps fut jamais si fertile en miracles?
Quand Dieu par plus d'effets montra-t-il son pouvoir?
Auras-tu donc toujours des yeux pour ne point voir,[2]
Peuple ingrat? Quoi! toujours les plus grandes merveilles
Sans ébranler ton cœur frapperont tes oreilles?
Faut-il, Abner, faut-il vous rappeler le cours
Des prodiges fameux accomplis en nos jours?
Des tyrans d'Israël les célèbres disgraces,[3]

---

1. « Signa nostra non vidimus; jam non est propheta; et nos non cognoscet amplius. » — « Nous ne voyons plus les signes éclatants de notre Dieu; il n'y a plus de prophète, et nul ne nous connoîtra plus. (Ps. LXXIII, vers. 9.)

2. « Qui vides multa, nonne custodies? Qui apertas habes aures, nonne audies? » — « Vous qui voyez tant de choses, n'observez-vous pas ce que vous voyez? Vous qui avez les oreilles ouvertes, n'entendez-vous point? » (ISA., cap. XLII, vers. 20.)

3. C'est à ce vers que commence la plus belle et la plus éloquente énumération qui jamais ait signalé la verve d'un poëte français. C'est une suite de quatorze vers, dont chacun retrace, du style le plus précis et le plus énergique, un miracle fameux et un mémorable trait d'histoire. (Voyez les chap. IX, X, XIV, XX et XXIII du liv. III *des Rois*, et le chap. IX du liv. IV.) (G.)

ACTE I, SCÈNE I.

Et Dieu trouvé fidèle en toutes ses menaces ;
L'impie Achab détruit, et de son sang trempé
Le champ que par le meurtre il avoit usurpé ; [1]
Près de ce champ fatal Jézabel immolée,
Sous les pieds des chevaux cette reine foulée, [2]
Dans son sang inhumain les chiens désaltérés, [3]
Et de son corps hideux les membres déchirés ;
Des prophètes menteurs la troupe confondue,
Et la flamme du ciel sur l'autel descendue ; [4]
Élie aux éléments parlant en souverain,
Les cieux par lui fermés et devenus d'airain, [5]
Et la terre trois ans sans pluie et sans rosée,
Les morts se ranimant à la voix d'Élisée ?
Reconnoissez, Abner, à ces traits éclatants,
Un Dieu tel aujourd'hui qu'il fut dans tous les temps :
Il sait, quand il lui plaît, faire éclater sa gloire ;
Et son peuple est toujours présent à sa mémoire.

1. Inversion hardie, qui fait voir qu'entre les mains d'un véritable poëte notre langue est moins faible et moins timide qu'on ne le croit. Le champ dont il s'agit est la vigne de Naboth, que Jézabel, femme d'Achab, usurpa par le meurtre du propriétaire ; et ce fut dans ce champ qu'elle fut dévorée par les chiens. (G.)

2. « At ille dixit eis : Præcipitate eam deorsum ; et præcipitaverunt eam, aspersusque est sanguine paries ; et equorum ungulæ conculcaverunt eam. » — « Jehu leur dit : Jetez-la du haut en bas. Aussitôt ils la jetèrent par la fenêtre, et la muraille fut teinte de son sang ; et elle fut foulée aux pieds des chevaux. » (*Reg.*, lib. IV, cap. IX, vers. 33.)

3. « In agro Jezraël comedent canes carnes Jezabel. » — « Les chiens mangeront la chair de Jézabel dans le champ de Jezraël. » (*Reg.*, lib. IV, cap. IX, vers. 36.)

4. Les prophètes de Baal s'étaient flattés de faire descendre le feu du ciel sur la victime ; ils ne purent y réussir ; mais, à la voix des prophètes du Seigneur, la flamme descendit sur l'autel, dévora la victime et les faux prophètes. (G.)

5. *Les cieux fermés*, expression empruntée de l'Écriture : *Dominus claudat cœlum* (Deuter., cap. XI, vers. 17). *Si clausum fuerit cœlum* (Reg., lib. III, cap. VIII, vers. 35.) *Clauso cœlo* (Paralip., lib. II, cap. VI, vers. 26, etc., etc.) *Les cieux d'airain*, métaphore créée par Racine. (G.)

ABNER.

Mais où sont ces honneurs à David tant promis,[1]
Et prédits même encore à Salomon son fils?
Hélas! nous espérions que de leur race heureuse
Devoit sortir de rois une suite nombreuse,
Que sur toute tribu, sur toute nation,
L'un d'eux établiroit sa domination,
Feroit cesser partout la discorde et la guerre,
Et verroit à ses pieds tous les rois de la terre.[2]

JOAD.

Aux promesses du ciel pourquoi renoncez-vous?

ABNER.

Ce roi fils de David, où le chercherons-nous?
Le ciel même peut-il réparer les ruines
De cet arbre séché jusque dans ses racines?
Athalie étouffa l'enfant même au berceau.
Les morts, après huit ans, sortent-ils du tombeau?
Ah! si dans sa fureur elle s'étoit trompée;
Si du sang de nos rois quelque goutte échappée...

JOAD.

Hé bien! que feriez-vous?

ABNER.

O jour heureux pour moi!

---

1. « Ubi sunt misericordiæ tuæ antiquæ, Domine, sicut jurasti David in veritate tua? » — « Où sont, Seigneur, vos anciennes miséricordes, que vous avez promises à David avec serment, et en prenant votre vérité à témoin? » (Ps. LXXXVIII, vers. 50.)

2. « Et benedicentur in ipso omnes tribus terræ; omnes gentes magnificabunt eum. » — « Et tous les peuples de la terre seront bénis en lui; toutes les nations rendront gloire à sa grandeur. » (Ps. LXXI, vers. 17.)

ACTE I, SCÈNE I.

De quelle ardeur j'irois reconnoître mon roi!
Doutez-vous qu'à ses pieds nos tribus empressées...
Mais pourquoi me flatter de ces vaines pensées?
Déplorable héritier de ces rois triomphants,
Ochozias restoit seul avec ses enfants;
Par les traits de Jéhu je vis percer le père;
Vous avez vu les fils massacrés par la mère.

JOAD.

Je ne m'explique point;[1] mais quand l'astre du jour
Aura sur l'horizon fait le tiers de son tour,
Lorsque la troisième heure aux prières rappelle,[2]
Retrouvez-vous au temple, avec ce même zèle.
Dieu pourra vous montrer, par d'importants bienfaits,
Que sa parole est stable, et ne trompe jamais.
Allez : pour ce grand jour il faut que je m'apprête,
Et du temple déjà l'aube blanchit le faîte.[3]

ABNER.

Quel sera ce bienfait que je ne comprends pas?
L'illustre Josabeth porte vers vous ses pas :
Je sors, et vais me joindre à la troupe fidèle
Qu'attire de ce jour la pompe solennelle.

---

1. *Je ne m'explique point.* Ces mots mystérieux éveillent la curiosité, promettent un grand événement, une preuve éclatante de la puissance de ce Dieu qui ne trompe jamais. En ne s'expliquant pas, Joad en dit assez. (G.)

2. La troisième heure répond, suivant notre manière de distribuer le temps, à neuf heures du matin. (G.)

3. Si j'avais à décider entre les trois expositions fameuses de *Bajazet*, d'*Iphigénie* et d'*Athalie*, je donnerais la préférence à cette dernière. Au mérite de bien instruire le spectateur de tout ce qu'il doit savoir, elle joint l'avantage d'être une scène d'action, dans laquelle le souverain pontife, en homme qui médite un grand dessein, cherche à s'assurer des dispositions du général de l'armée d'Athalie. Il n'existe point d'autre exemple d'une aussi grande perfection. (G.)

SCÈNE

JOAD, JOSABETH.

JOAD.

Les temps sont accomplis, princesse : il faut parler,
Et votre heureux larcin ne se peut plus celer.
Des ennemis de Dieu la coupable insolence,
Abusant contre lui de ce profond silence,
Accuse [1] trop longtemps ses promesses d'erreur.
Que dis-je? Le succès animant leur fureur,
Jusque sur notre autel votre injuste marâtre [2]
Veut offrir à Baal un encens idolâtre.
Montrons ce jeune roi que vos mains ont sauvé,
Sous l'aile du Seigneur dans le temple élevé.
De nos princes hébreux il aura le courage,
Et déjà son esprit a devancé son âge.
Avant que son destin s'explique par ma voix,
Je vais l'offrir au Dieu par qui règnent les rois :
Aussitôt assemblant nos lévites, nos prêtres,
Je leur déclarerai l'héritier de leurs maîtres.

JOSABETH.

Sait-il déjà son nom et son noble destin?

JOAD.

Il ne répond encor qu'au nom d'Éliacin,

---

1. Dans les éditions originales, *accuse* est au pluriel. C'est une faute d'impression.
2. Athalie était la belle-mère de Josabeth, fille de Joram. (G.)

ACTE I, SCÈNE II.

Et se croit quelque enfant rejeté par sa mère,
A qui j'ai par pitié daigné servir de père.

JOSABETH.

Hélas! de quel péril je l'avois su tirer!
Dans quel péril encore est-il prêt de rentrer![1]

JOAD.

Quoi! déjà votre foi s'affoiblit et s'étonne?

JOSABETH.

A vos sages conseils, Seigneur, je m'abandonne.
Du jour que j'arrachai cet enfant à la mort,
Je remis en vos mains tout le soin de son sort;
Même, de mon amour craignant la violence,
Autant que je le puis j'évite sa présence,
De peur qu'en le voyant quelque trouble indiscret
Ne fasse avec mes pleurs échapper mon secret.
Surtout j'ai cru devoir aux larmes, aux prières,
Consacrer ces trois jours et ces trois nuits entières.
Cependant aujourd'hui puis-je vous demander
Quels amis vous avez prêts à vous seconder?
Abner, le brave Abner viendra-t-il nous défendre?
A-t-il près de son roi fait serment de se rendre?

JOAD.

Abner, quoiqu'on se pût assurer sur sa foi,
Ne sait pas même encor si nous avons un roi.

JOSABETH.

Mais à qui de Joas confiez-vous la garde?
Est-ce Obed, est-ce Amnon que cet honneur regarde?
De mon père sur eux les bienfaits répandus...

1. VAR. *Dans quel péril encore il est prêt de rentrer!*

JOAD.

A l'injuste Athalie ils se sont tous vendus.

JOSABETH.

Qui donc opposez-vous contre ses satellites?

JOAD.

Ne vous l'ai-je pas dit? Nos prêtres, nos lévites.

JOSABETH.

Je sais que, près de vous en secret assemblé, [1]
Par vos soins prévoyants leur nombre est redoublé;
Que, pleins d'amour pour vous, d'horreur pour Athalie,
Un serment solennel par avance les lie [2]
A ce fils de David qu'on leur doit révéler.
Mais, quelque noble ardeur dont ils puissent brûler,
Peuvent-ils de leur roi venger seuls la querelle?
Pour un si grand ouvrage est-ce assez de leur zèle?
Doutez-vous qu'Athalie, au premier bruit semé
Qu'un fils d'Ochozias est ici renfermé,
De ses fiers étrangers assemblant les cohortes,
N'environne le temple, et n'en brise les portes?
Suffira-t-il contre eux de vos ministres saints,
Qui, levant au Seigneur leurs innocentes mains,

---

1. On lit dans la première et la deuxième édition :

   Je sais que, près de vous en secret rassemblé, etc.

   On peut voir la manière habile dont Joad prépara cette grande révolution dans le livre IV *des Rois*, chap. vi; au chap. xxiii du liv. des *Paralipomènes*, et dans le chap. vii du liv. IX des *Antiquités judaïques*, de Josèphe. (L. B.)

2. Quoique l'esprit et le caractère essentiel de toute la pièce soit de présenter toujours Dieu dans tous les événements, cependant le grand-prêtre n'a négligé aucune des précautions qu'exige la prudence humaine. Cette sage prévoyance est un devoir. (G.)

ACTE I, SCÈNE II.

Ne savent que gémir et prier pour nos crimes,
Et n'ont jamais versé que le sang des victimes?
Peut-être dans leurs bras Joas percé de coups...

JOAD.

Et comptez-vous pour rien Dieu, qui combat pour nous?
Dieu, qui de l'orphelin protége l'innocence,
Et fait dans la foiblesse éclater sa puissance;
Dieu, qui hait les tyrans, et qui dans Jezraël [1]
Jura d'exterminer Achab et Jézabel;
Dieu, qui frappant Joram, le mari de leur fille,
A jusque sur son fils [2] poursuivi leur famille;
Dieu, dont le bras vengeur, pour un temps suspendu,
Sur cette race impie est toujours étendu?

JOSABETH.

Et c'est sur tous ces rois sa justice sévère
Que je crains pour le fils de mon malheureux frère.
Qui sait si cet enfant, par leur crime entraîné,
Avec eux en naissant ne fut pas condamné?
Si Dieu, le séparant d'une odieuse race,
En faveur de David voudra lui faire grâce?
  Hélas! l'état horrible où le ciel me l'offrit
Revient à tout moment effrayer mon esprit.
De princes égorgés la chambre étoit remplie;
Un poignard à la main l'implacable Athalie
Au carnage animoit ses barbares soldats,
Et poursuivoit le cours de ses assassinats.
Joas, laissé pour mort, frappa soudain ma vue:

---

1. Jesraël, ville voisine de Samarie, appartenant à la tribu d'Issachar. C'est là qu'était le vigne de Naboth.
2. Ochozias, fils de Joram et d'Athalie.

Je me figure encor sa nourrice éperdue,
Qui devant les bourreaux s'étoit jetée en vain,
Et, foible, le tenoit renversé sur son sein.
Je le pris tout sanglant. En baignant son visage
Mes pleurs du sentiment lui rendirent l'usage ;
Et, soit frayeur encore, ou pour me caresser,
De ses bras innocents je me sentis presser.
Grand Dieu! que mon amour ne lui soit point funeste!
Du fidèle David c'est le précieux reste;[1]
Nourri dans ta maison, en l'amour de ta loi,
Il ne connoît encor d'autre père que toi.
Sur le point d'attaquer une reine homicide,
A l'aspect du péril si ma foi s'intimide,
Si la chair et le sang, se troublant aujourd'hui,
Ont trop de part aux pleurs que je répands pour lui,
Conserve l'héritier de tes saintes promesses,
Et ne punis que moi de toutes mes foiblesses!

JOAD.

Vos larmes, Josabeth, n'ont rien de criminel ;
Mais Dieu veut qu'on espère en son soin paternel.
Il ne recherche point, aveugle en sa colère,
Sur le fils qui le craint l'impiété du père.[2]
Tout ce qui reste encor de fidèles Hébreux
Lui viendront aujourd'hui renouveler leurs vœux :
Autant que de David la race est respectée,
Autant de Jézabel la fille est détestée.
Joas les touchera par sa noble pudeur,
Où semble de son sang reluire la splendeur ;
Et Dieu, par sa voix même appuyant notre exemple,

---

1. Voyez ci-devant les *Remarques sur Athalie*, page 134.
2. « Filius non portabit iniquitatem patris. » — « Le fils ne portera pas l'iniquité du père. » (EZECH., cap. XVIII, vers. 20.)

ACTE I, SCÈNE II.

De plus près à leur cœur parlera dans son temple,
Deux infidèles rois tour à tour l'ont bravé :
Il faut que sur le trône un roi soit élevé,
Qui se souvienne un jour qu'au rang de ses ancêtres
Dieu l'a fait remonter par la main de ses prêtres,
L'a tiré par leur main de l'oubli du tombeau,
Et de David éteint rallumé le flambeau.

Grand Dieu! si tu prévois qu'indigne de sa race, [1]
Il doive de David abandonner la trace,
Qu'il soit comme le fruit en naissant arraché,
Ou qu'un souffle ennemi dans sa fleur a séché!
Mais si ce même enfant, à tes ordres docile,
Doit être à tes desseins un instrument utile,
Fais qu'au juste héritier le sceptre soit remis;
Livre en mes foibles mains ses puissants ennemis;
Confonds dans ses conseils une reine cruelle :
Daigne, daigne, mon Dieu, sur Mathan et sur elle
Répandre cet esprit d'imprudence et d'erreur,
De la chute des rois funeste avant-coureur ! [2]

L'heure me presse : adieu. Des plus saintes familles
Votre fils et sa sœur vous amènent les filles.

---

1. Nous avons vu la prière de Josabeth, douce et touchante, pleine du sentiment le plus tendre, et terminée par un trait de dévouement héroïque; celle du grand-prêtre est mâle, ferme, courageuse, pleine de grandeur et d'énergie. Cette prière, de douze vers, semble ne former qu'une seule période, dont les divers membres, dépendant l'un de l'autre, s'attirent, s'enchaînent, se succèdent avec rapidité, et forment l'ensemble le plus harmonieux. Ces périodes, inconnues à ceux qui n'écrivent que d'après de froides combinaisons, et non d'après l'impulsion de l'âme, sont un des plus grands secrets du style, et nous donnent une juste idée de ce que Cicéron et les autres législateurs de l'art oratoire appellent *flumen orationis*, torrent d'éloquence. (G.)

2. « Infatua, quæso, Domine, consilium Achitophel. » — « Seigneur, confondez, je vous prie, Achitophel dans ses conseils. » (*Reg.*, lib. II, cap. XV, vers. 31.)

SCÈNE III.

JOSABETH, ZACHARIE, SALOMITH,
LE CHOEUR

JOSABETH.

Cher Zacharie, allez, ne vous arrêtez pas;
De votre auguste père accompagnez les pas.
　O filles de Lévi, troupe jeune et fidèle,
Que déjà le Seigneur embrase de son zèle,
Qui venez si souvent partager mes soupirs,
Enfants, ma seule joie en mes longs déplaisirs,
Ces festons dans vos mains, et ces fleurs sur vos têtes,
Autrefois convenoient à nos pompeuses fêtes;
Mais, hélas! en ce temps d'opprobre et de douleurs,
Quelle offrande sied mieux que celle de nos pleurs!
J'entends déjà, j'entends la trompette sacrée,
Et du temple bientôt on permettra l'entrée.
Tandis que je me vais préparer à marcher,
Chantez, louez le Dieu que vous venez chercher.

SCÈNE IV.

LE CHOEUR,

TOUT LE CHOEUR chante.

Tout l'univers est plein de sa magnificence :
Qu'on l'adore ce Dieu, qu'on l'invoque à jamais!

ACTE I, SCÈNE IV. 463

Son empire a des temps précédé la naissance ;
Chantons, publions ses bienfaits.

UNE VOIX seule.

En vain l'injuste violence
Au peuple qui le loue imposeroit silence :
Son nom ne périra jamais.
Le jour annonce au jour sa gloire et sa puissance ; [1]
Tout l'univers est plein de sa magnificence :
Chantons, publions ses bienfaits.

TOUT LE CHOEUR répète.

Tout l'univers est plein de sa magnificence :
Chantons, publions ses bienfaits.

UNE VOIX, seule.

Il donne aux fleurs leur aimable peinture ; [2]
Il fait naître et mûrir les fruits :
Il leur dispense avec mesure
Et la chaleur des jours et la fraîcheur des nuits ;
Le champ qui les reçut les rend avec usure.

UNE AUTRE.

Il commande au soleil d'animer la nature,

---

1. » Dies diei eructat verbum. (Ps. xviii, vers. 2.) J.-B. Rousseau, traduisant le même passage du psaume xviii, a dit (liv. I, ode ii) :

Le jour au jour la révèle,
La nuit l'annonce à la nuit.

2. Regnier, dans sa neuvième satire, a dit :

Sachez qui donne aux fleurs cette aimable peinture.

Dans la *Sylvanire* de Mairet, p. 41, un des personnages dit en parlant du printemps :

Je me plairois à voir *l'agréable peinture*
Qui semble dans nos champs rajeunir la nature.

Et la lumière est un don de ses mains ;
Mais sa loi sainte, sa loi pure
Est le plus riche don qu'il ait fait aux humains.

UNE AUTRE.

O mont de Sinaï, conserve la mémoire
De ce jour à jamais auguste et renommé,
Quand, sur ton sommet enflammé,
Dans un nuage épais le Seigneur enfermé
Fit luire aux yeux mortels un rayon de sa gloire.
Dis-nous, pourquoi ces feux et ces éclairs,
Ces torrents de fumée, et ce bruit dans les airs,
Ces trompettes et ce tonnerre :
Venoit-il renverser l'ordre des éléments ?
Sur ses antiques fondements
Venoit-il ébranler la terre ?

UNE AUTRE.

Il venoit révéler aux enfants des Hébreux
De ses préceptes saints la lumière immortelle ;
Il venoit à ce peuple heureux
Ordonner de l'aimer d'une amour éternelle.

TOUT LE CHOEUR.

O divine, ô charmante loi !
O justice ! ô bonté suprême !
Que de raisons, quelle douceur extrême
D'engager à ce Dieu son amour et sa foi !

UNE VOIX seule.

D'un joug cruel il sauva nos aïeux,
Les nourrit au désert d'un pain délicieux ;
Il nous donne ses lois, il se donne lui-même ;

ACTE I, SCÈNE IV.

Pour tant de biens, il commande qu'on l'aime.

LE CHOEUR.

O justice! ô bonté suprême!

LA MÊME VOIX.

Des mers pour eux il entr'ouvrit les eaux;
D'un aride rocher fit sortir des ruisseaux;
Il nous donne ses lois, il se donne lui-même.
Pour tant de biens, il commande qu'on l'aime.

LE CHOEUR.

O divine, ô charmante loi!
Que de raisons, quelle douceur extrême
D'engager à ce Dieu son amour et sa foi!

UNE AUTRE VOIX seule.

Vous qui ne connoissez qu'une crainte servile,
Ingrats, un Dieu si bon ne peut-il vous charmer?
Est-il donc à vos cœurs, est-il si difficile
    Et si pénible de l'aimer?
    L'esclave craint le tyran qui l'outrage;
    Mais des enfants l'amour est le partage.
Vous voulez que ce Dieu vous comble de bienfaits,
    Et ne l'aimer jamais? [1]

TOUT LE CHOEUR.

O divine, ô charmante loi!
O justice! ô bonté suprême!
Que de raisons, quelle douceur extrême
D'engager à ce Dieu son amour et sa foi!

---

1. Ces deux vers ne se trouvent pas dans les éditions de 1691 et 1692. Ils sont dans l'édition de 1697.

ACTE DEUXIÈME

SCÈNE PREMIÈRE.

JOSABETH, SALOMITH, LE CHŒUR.

JOSABETH.

Mes filles, c'est assez; suspendez vos cantiques :
Il est temps de nous joindre aux prières publiques.
Voici notre heure : allons célébrer ce grand jour,
Et devant le Seigneur paroître à notre tour.

SCÈNE II.

ZACHARIE, JOSABETH, SALOMITH,
LE CHŒUR.

JOSABETH.

Mais que vois-je? Mon fils, quel sujet vous ramène?
Où courez-vous ainsi tout pâle et hors d'haleine?

ZACHARIE.

O ma mère !

ACTE II, SCÈNE II.

JOSABETH.

Hé bien ! quoi?

ZACHARIE.

Le temple est profané ! [1]

JOSABETH.

Comment?

ZACHARIE.

Et du Seigneur l'autel abandonné.

JOSABETH.

Je tremble. Hâtez-vous d'éclaircir votre mère.

ZACHARIE.

Déjà, selon la loi, le grand-prêtre mon père,
Après avoir au Dieu qui nourrit les humains
De la moisson nouvelle offert les premiers pains,
Lui présentoit encore entre ses mains sanglantes
Des victimes de paix les entrailles fumantes ;
Debout à ses côtés le jeune Éliacin
Comme moi le servoit en long habit de lin ;
Et cependant du sang de la chair immolée
Les prêtres arrosoient l'autel et l'assemblée : [2]

---

[1]. Admirons comment, dès les premiers vers du second acte, la scène est déjà tout en mouvement par cette irruption soudaine et imprévue d'Athalie dans le temple. On va bientôt savoir les raisons de cette démarche si étrange. Dans cette pièce, dont l'action est de la plus grande simplicité, rien ne languit ; tout marche sans remplissage et sans épisode. (G.)

[2]. « Racine s'est trompé ici sur les rites. On n'arrosait point l'assemblée du sang de la victime. Le prêtre trempait simplement un doigt dans le sang, et en faisait sept aspersions devant le voile du sanctuaire ; il en frottait les cornes de l'autel, et répandait le reste au pied du même autel. L'auteur a confondu avec le rite judaïque ce qu'il avait lu dans le ch. XXIV

Un bruit confus s'élève, et du peuple surpris
Détourne tout à coup les yeux et les esprits.
Une femme... Peut-on la nommer sans blasphème?
Une femme... C'étoit Athalie elle-même.

JOSABETH.

Ciel!

ZACHARIE.

Dans un des parvis aux hommes réservé,
Cette femme superbe entre, le front levé,
Et se préparoit même à passer les limites
De l'enceinte sacrée ouverte aux seuls lévites.
Le peuple s'épouvante et fuit de toutes parts.
Mon père... Ah! quel courroux animoit ses regards!
Moïse à Pharaon parut moins formidable :
« Reine, sors, a-t-il dit, de ce lieu redoutable,
D'où te bannit ton sexe et ton impiété.
Viens-tu du Dieu vivant braver la majesté? »
La reine alors, sur lui jetant un œil farouche,
Pour blasphémer sans doute ouvroit déjà la bouche.
J'ignore si de Dieu l'ange se dévoilant
Est venu lui montrer un glaive étincelant ;
Mais sa langue en sa bouche à l'instant s'est glacée,
Et toute son audace a paru terrassée ; [1]

---

de l'*Exode*, où il est dit que Moïse fit l'aspersion du sang de la victime sur le peuple assemblé; mais il n'y avait point encore de rite ni de cérémonies légales. »

Cette note est empruntée à un examen d'*Athalie* fait par l'Académie française en 1730, et que La Harpe a publié en partie dans son édition. Nous n'y avons que très-rarement recours; presque toutes les remarques de l'Académie sont purement linguistiques, souvent fort minutieuses, et ne tiennent jamais compte des changements qui s'étaient produits dans la langue.

1. C'est cet étonnement, cet effroi si naturel dont elle doit être frappée à la vue de Joas, qui explique parfaitement pourquoi elle ne songe pas

Ses yeux, comme effrayés, n'osoient se détourner ;
Surtout Éliacin paroissoit l'étonner.

JOSABETH.

Quoi donc? Éliacin a paru devant elle?

ZACHARIE.

Nous regardions tous deux cette reine cruelle,
Et d'une égale horreur nos cœurs étoient frappés.
Mais les prêtres bientôt nous ont enveloppés :
On nous a fait sortir. J'ignore tout le reste,
Et venois vous conter ce désordre funeste.

JOSABETH.

Ah! de nos bras sans doute elle vient l'arracher ;
Et c'est lui qu'à l'autel sa fureur vient chercher.
Peut-être en ce moment l'objet de tant de larmes...
Souviens-toi de David, Dieu, qui vois mes alarmes!

SALOMITH.

Quel est-il cet objet des pleurs que vous versez?

ZACHARIE.

Les jours d'Éliacin seroient-ils menacés?

SALOMITH.

Auroit-il de la reine attiré la colère?

ZACHARIE.

Que craint-on d'un enfant sans support et sans père?

---

même à se venger de l'injure qu'elle vient de recevoir. Cette ressemblance si forte entre Joas et l'enfant qu'elle a vu en songe est un des ressorts les mieux conçus qu'on ait jamais employés, et il paraît qu'elle a été suggérée par l'histoire de Jaddus, racontée dans Josèphe. (L.)

JOSABETH.

Ah! la voici. Sortons : il la faut éviter.

SCÈNE III.

ATHALIE, AGAR, ABNER, SUITE D'ATHALIE.

AGAR.

Madame, dans ces lieux pourquoi vous arrêter?
Ici tous les objets vous blessent, vous irritent.
Abandonnez ce temple aux prêtres qui l'habitent ;
Fuyez tout ce tumulte, et dans votre palais
A vos sens agités venez rendre la paix.

ATHALIE.

Non, je ne puis : tu vois mon trouble et ma foiblesse.
Va, fais dire à Mathan qu'il vienne, qu'il se presse ;
Heureuse si je puis trouver par son secours
Cette paix que je cherche, et qui me fuit toujours !

Elle s'assied.

SCÈNE IV.

ATHALIE, ABNER, SUITE D'ATHALIE.[1]

ABNER.

Madame, pardonnez si j'ose le défendre :
Le zèle de Joad n'a point dû vous surprendre.

---

1. Ces mots : *suite d'Athalie,* en tête de cette scène et des trois suivantes, sont remplacés, dans les éditions originales, par : *etc.*

Du Dieu que nous servons tel est l'ordre éternel;
Lui-même il nous traça son temple et son autel,
Aux seuls enfants d'Aaron commit ses sacrifices,
Aux lévites marqua leur place et leurs offices,
Et surtout défendit à leur postérité
Avec tout autre dieu toute société.
Hé quoi? vous de nos rois et la femme et la mère,
Êtes-vous à ce point parmi nous étrangère?
Ignorez-vous nos lois? et faut-il qu'aujourd'hui...
Voici votre Mathan : je vous laisse avec lui.[1]

ATHALIE.

Votre présence, Abner, est ici nécessaire.[2]
Laissons là de Joad l'audace téméraire,
Et tout ce vain amas de superstitions
Qui ferment votre temple aux autres nations.
Un sujet plus pressant excite mes alarmes.
Je sais que, dès l'enfance élevé dans les armes,
Abner a le cœur noble, et qu'il rend à la fois

---

1. On a critiqué cette expression *votre* comme peu respectueuse. Il est certain que le pronom *votre*, ainsi placé, n'est jamais insignifiant : il exprime toujours quelque sentiment particulier d'affection, de haine ou de mépris. Nous trouverons, dans *Athalie* même, des exemples de ces trois acceptions. Ici, *votre Mathan* marque du mépris, non pas pour la reine, mais pour cet indigne prêtre, et renferme même un secret reproche de la confiance qu'Athalie lui accorde : Abner, dans toute la sincérité de son zèle, ne croit pas devoir déguiser à la reine l'horreur que lui inspire cet apostat. (G.)

2. Abner a suivi la reine pour prendre auprès d'elle la défense de Joad; elle le retient, parce qu'elle veut se servir de lui pour satisfaire l'impatience qu'elle a de voir sur-le-champ Éliacin. Personne n'est plus propre qu'Abner à obtenir de Joad cette *complaisance,* qu'il pourrait bien ne pas avoir, si le brave Abner ne la demandait lui-même, et ne lui répondait de l'enfant qu'*il prend sous sa garde.* Athalie n'a pas encore autour d'elle ses moyens de force, et c'est pour cela qu'elle ne parle pas encore en souveraine. On sait que le temple était une espèce de forteresse susceptible de défense.

Ce qu'il doit à son Dieu, ce qu'il doit à ses rois.
Demeurez.

SCÈNE V.

MATHAN, ATHALIE, ABNER, suite d'athalie.

MATHAN.

Grande reine, est-ce ici votre place ?
Quel trouble vous agite, et quel effroi vous glace ?
Parmi vos ennemis que venez-vous chercher ?
De ce temple profane osez-vous approcher ?
Avez-vous dépouillé cette haine si vive ?...

ATHALIE.

Prêtez-moi l'un et l'autre une oreille attentive.
Je ne veux point ici rappeler le passé,
Ni vous rendre raison du sang que j'ai versé.
Ce que j'ai fait, Abner, j'ai cru le devoir faire.
Je ne prends point pour juge un peuple téméraire :
Quoi que son insolence ait osé publier,
Le ciel même a pris soin de me justifier.
Sur d'éclatants succès ma puissance établie
A fait jusqu'aux deux mers respecter Athalie.
Par moi Jérusalem goûte un calme profond.
Le Jourdain ne voit plus l'Arabe vagabond,
Ni l'altier Philistin, par d'éternels ravages,
Comme au temps de vos rois, désoler ses rivages ;
Le Syrien me traite et de reine et de sœur ; [1]
Enfin de ma maison le perfide oppresseur,

---

1. *Le Syrien*, pour le *roi de Syrie*. Le père d'Athalie avait été tué dans un combat contre ce prince, qui se nommait Hazaël.

ACTE II, SCÈNE V.

Qui devoit jusqu'à moi pousser sa barbarie,
Jéhu, le fier Jéhu, tremble dans Samarie ;
De toutes parts pressé par un puissant voisin,
Que j'ai su soulever contre cet assassin,
Il me laisse en ces lieux souveraine maîtresse.
Je jouissois en paix du fruit de ma sagesse ;
Mais un trouble importun vient, depuis quelques jours,
De mes prospérités interrompre le cours.
Un songe (me devrois-je inquiéter d'un songe?)
Entretient dans mon cœur un chagrin qui le ronge.
Je l'évite partout, partout il me poursuit.
   C'étoit pendant l'horreur d'une profonde nuit.
Ma mère Jézabel devant moi s'est montrée,
Comme au jour de sa mort pompeusement parée ;
Ses malheurs n'avoient point abattu sa fierté ;
Même elle avoit encor cet éclat emprunté [1]
Dont elle eut soin de peindre et d'orner son visage, [2]
Pour réparer des ans l'irréparable outrage :
« Tremble, m'a-t-elle dit, fille digne de moi.
Le cruel Dieu des Juifs l'emporte aussi sur toi.
Je te plains de tomber dans ses mains redoutables,
Ma fille. » En achevant ces mots épouvantables,
Son ombre vers mon lit a paru se baisser ;
Et moi, je lui tendois les mains pour l'embrasser.
Mais je n'ai plus trouvé qu'un horrible mélange

---

1. Du Bartas (*Second jour de la seconde semaine*) avait dit :

       Et le teint emprunté
Dont une courtisane embellit sa beauté.
            (*Intermédiaire*, 25 sept. 1869.)

2. « Venitque Jehu in Jezraël. Porro Jezabel introitu ejus audito, depinxit oculos suos stibio, et ornavit caput suum, etc. » — « Jéhu vint ensuite à Jezraël ; et Jézabel, ayant appris son arrivée, se peignit les yeux avec du noir, mit ses ornements sur sa tête, etc. » (*Reg.*, lib. IV, cap. IX, vers. 30.)

D'os et de chairs meurtris, et traînés dans la fange,
Des lambeaux pleins de sang, et des membres affreux
Que des chiens dévorants se disputoient entre eux. [1]

ABNER.

Grand Dieu !

ATHALIE.

Dans ce désordre à mes yeux se présente
Un jeune enfant couvert d'une robe éclatante,
Tels qu'on voit des Hébreux les prêtres revêtus.[2]
Sa vue a ranimé mes esprits abattus ;
Mais lorsque, revenant de mon trouble funeste,
J'admirois sa douceur, son air noble et modeste,
J'ai senti tout à coup un homicide acier
Que le traître en mon sein a plongé tout entier.
De tant d'objets divers le bizarre assemblage
Peut-être du hasard vous paroît un ouvrage :
Moi-même quelque temps, honteuse de ma peur,
Je l'ai pris pour l'effet d'une sombre vapeur.
Mais de ce souvenir mon ame possédée
A deux fois en dormant revu la même idée ;[3]

---

1. « Quum issent ut sepelirent eam, non invenerunt nisi calvariam et pedes et summas manus... In agro Jezraël comedent canes carnes Jezabel... » — « Et étant allés pour l'ensevelir, ils n'en trouvèrent que le crâne, les pieds et l'extrémité des mains... Les chiens mangeront la chair de Jézabel dans le champ de Jezraël. » (*Reg.*, lib. IV, cap. IX, vers. 35 et 36.)

Cette ombre d'une mère qui se baisse vers le lit de sa fille, comme pour s'y cacher, et qui se transforme tout à coup en *os et en chairs meurtris*, est une de ces beautés vagues, de ces circonstances effrayantes de la vraie nature du fantôme. (CHATEAUBRIAND.)

2. Il faut *tel* au singulier, ou dire *tels on voit des*. (*Acad.*)

3. *Idée* a ici le sens de *forme, apparence, image*.

Le sommeil n'oseroit me peindre une autre idée.
(CORNEILLE, *la Suivante*, acte I, sc. III.)

J'en puis voir sa fenêtre, et de sa chère idée
Mon ame à cet aspect sera mieux possédée.
(*Le Menteur*, acte IV, sc. I.)

Deux fois mes tristes yeux se sont vu retracer
Ce même enfant toujours tout prêt à me percer.
Lasse enfin des horreurs dont j'étois poursuivie,
J'allois prier Baal de veiller sur ma vie,
Et chercher du repos au pied de ses autels.
Que ne peut la frayeur sur l'esprit des mortels!
Dans le temple des Juifs un instinct m'a poussée,
Et d'apaiser leur Dieu j'ai conçu la pensée;
J'ai cru que des présents calmeroient son courroux,
Que ce Dieu, quel qu'il soit, en deviendroit plus doux.
Pontife de Baal, excusez ma foiblesse.
J'entre : le peuple fuit, le sacrifice cesse,
Le grand-prêtre vers moi s'avance avec fureur.
Pendant qu'il me parloit, ô surprise! ô terreur!
J'ai vu ce même enfant dont je suis menacée,
Tel qu'un songe effrayant l'a peint à ma pensée.
Je l'ai vu : son même air, son même habit de lin,
Sa démarche, ses yeux, et tous ses traits enfin;
C'est lui-même. Il marchoit à côté du grand-prêtre;
Mais bientôt à ma vue on l'a fait disparoître.
Voilà quel trouble ici m'oblige à m'arrêter,
Et sur quoi j'ai voulu tous deux vous consulter.[1]
Que présage, Mathan, ce prodige incroyable?

MATHAN.

Ce songe et ce rapport, tout me semble effroyable.

ATHALIE.

Mais cet enfant fatal, Abner, vous l'avez vu :
Quel est-il? de quel sang, et de quelle tribu?

---

[1]. Ceci ressemble un peu à ce que rapporte Josèphe (ch. VIII, 5) de la surprise d'Alexandre, qui reconnut, sous l'habit du grand-prêtre des Juifs, le même homme qu'il avait vu dans un songe. (L. R.)

ABNER.

Deux enfants à l'autel prêtoient leur ministère :
L'un est fils de Joad, Josabeth est sa mère ;
L'autre m'est inconnu. [1]

MATHAN.

Pourquoi délibérer?
De tous les deux, madame, il se faut assurer.
Vous savez pour Joad mes égards, mes mesures ;
Que je ne cherche point à venger mes injures ;
Que la seule équité règne en tous mes avis ;
Mais lui-même, après tout, fût-ce son propre fils,
Voudroit-il un moment laisser vivre un coupable?

ABNER.

De quel crime un enfant peut-il être capable?

MATHAN.

Le ciel nous le fait voir un poignard à la main :
Le ciel est juste et sage, et ne fait rien en vain.
Que cherchez-vous de plus?

ABNER.

Mais, sur la foi d'un songe,
Dans le sang d'un enfant voulez-vous qu'on se plonge?
Vous ne savez encor de quel père il est né,
Quel il est.

---

1. Abner ignore la naissance d'Éliacin. Joad, dans la première scène, n'a pas laissé échapper son secret. Cette circonstance est remarquable ; car, en supposant Abner instruit du sort d'Éliacin, il eût été forcé de recourir au mensonge pour le sauver, ce qui aurait nui à la noblesse de son caractère. (A. M.)

ACTE II, SCÈNE V.

MATHAN.

On le craint, tout est examiné.
A d'illustres parents s'il doit son origine,
La splendeur de son sort doit hâter sa ruine.
Dans le vulgaire obscur si le sort l'a placé,
Qu'importe qu'au hasard un sang vil soit versé?
Est-ce aux rois à garder cette lente justice?
Leur sûreté souvent dépend d'un prompt supplice.
N'allons point les gêner d'un soin embarrassant.
Dès qu'on leur est suspect, on n'est plus innocent.

ABNER.

Hé quoi, Mathan! d'un prêtre est-ce là le langage?
Moi, nourri dans la guerre, aux horreurs du carnage,
Des vengeances des rois ministre rigoureux,
C'est moi qui prête ici ma voix au malheureux;
Et vous, qui lui devez des entrailles de père,
Vous, ministre de paix dans les temps de colère,
Couvrant d'un zèle faux votre ressentiment,
Le sang à votre gré coule trop lentement!
Vous m'avez commandé de vous parler sans feinte,
Madame : quel est donc ce grand sujet de crainte?
Un songe, un foible enfant que votre œil, prévenu,
Peut-être sans raison croit avoir reconnu.

ATHALIE.

Je le veux croire, Abner; je puis m'être trompée :
Peut-être un songe vain m'a trop préoccupée.
Hé bien! il faut revoir cet enfant de plus près;
Il en faut à loisir examiner les traits.
Qu'on les fasse tous deux paroître en ma présence.

ABNER.

Je crains...

ATHALIE.

Manqueroit-on pour moi de complaisance?
De ce refus bizarre où seroient les raisons?
Il pourroit me jeter en d'étranges soupçons.
Que Josabeth, vous dis-je, ou Joad les amène.
Je puis, quand je voudrai, parler en souveraine.
Vos prêtres, je veux bien, Abner, vous l'avouer,
Des bontés d'Athalie ont lieu de se louer.
Je sais sur ma conduite et contre ma puissance
Jusqu'où de leurs discours ils portent la licence.
Ils vivent cependant, et leur temple est debout.
Mais je sens que bientôt ma douceur est à bout.
Que Joad mette un frein à son zèle sauvage,
Et ne m'irrite point par un second outrage.
Allez.

SCÈNE VI.

ATHALIE, MATHAN, SUITE D'ATHALIE.

MATHAN.

Enfin je puis parler en liberté.
Je puis dans tout son jour mettre la vérité.
Quelque monstre naissant dans ce temple s'élève,
Reine : n'attendez pas que le nuage crève.
Abner chez le grand-prêtre a devancé le jour :
Pour le sang de ses rois vous savez son amour.
Et qui sait si Joad ne veut point en leur place
Substituer l'enfant dont le ciel vous menace,
Soit son fils, soit quelque autre...

ATHALIE

JOAS... Dieu laissa-t-il jamais ses enfants au besoin ?
Aux petits des oiseaux il donne leur pâture.

Acte II — Scène VII.

Garnier frères, Éditeurs

ATHALIE.

>Oui, vous m'ouvrez les yeux.
Je commence à voir clair dans cet avis des cieux.
Mais je veux de mon doute être débarrassée :
Un enfant est peu propre à trahir sa pensée ;
Souvent d'un grand dessein un mot nous fait juger.
Laissez-moi, cher Mathan, le voir, l'interroger.
Vous cependant, allez ; et, sans jeter d'alarmes,
A tous mes Tyriens faites prendre les armes.

SCÈNE VII.

JOAS, JOSABETH, ATHALIE, ZACHARIE, ABNER,
SALOMITH, DEUX LÉVITES, LE CHOEUR[1]
SUITE D'ATHALIE.

JOSABETH, aux deux lévites.

O vous, sur ces enfants si chers, si précieux,
Ministres du Seigneur, ayez toujours les yeux.

ABNER, à Josabeth.

Princesse, assurez-vous, je les prends sous ma garde.[2]

ATHALIE.

O ciel! plus j'examine, et plus je le regarde...
C'est lui! D'horreur encor tous mes sens sont saisis.

[Montrant Joas.][3]

Épouse de Joad, est-ce là votre fils ?

---

1. Dans les éditions originales, *le chœur*, etc.
2. *Assurer* pour *rassurer*. Du temps de Racine ce mot s'employait encore en ce sens.
3. Quelques indications scéniques qui ne se trouvent pas dans les éditions originales, mais qui sont utiles, sont mises entre crochets.

JOSABETH.

Qui? lui, madame?

ATHALIE.

Lui.

JOSABETH.

Je ne suis point sa mère.

[Montrant Zacharie.]
Voilà mon fils.

ATHALIE [à Joas.]

Et vous, quel est donc votre père?
Jeune enfant, répondez.

JOSABETH.

Le ciel jusqu'aujourd'hui...

ATHALIE.

Pourquoi vous pressez-vous de répondre pour lui?
C'est à lui de parler.

JOSABETH.

Dans un âge si tendre
Quel éclaircissement en pouvez-vous attendre?

ATHALIE.

Cet âge est innocent : son ingénuité
N'altère point encor la simple vérité.
Laissez-le s'expliquer sur tout ce qui le touche.

JOSABETH, tout bas.

Daigne mettre, grand Dieu, ta sagesse en sa bouche! [1]

---

1. Ce vers prépare et justifie tout ce qu'il y aura d'étonnant dans les réponses de Joas, suivant ce mot de l'Écriture : « Ex ore infantium et actentium perfecisti laudem. » (Ps. VIII, v. 3.) (L.)

ACTE II, SCÈNE VII.

ATHALIE.

Comment vous nommez-vous?

JOAS.

J'ai nom Éliacin.

ATHALIE.

Votre père?

JOAS.

Je suis, dit-on, un orphelin
Entre les bras de Dieu jeté dès ma naissance,
Et qui de mes parents n'eus jamais connoissance.

ATHALIE.

Vous êtes sans parents?

JOAS.

Ils m'ont abandonné.

ATHALIE.

Comment? et depuis quand?

JOAS.

Depuis que je suis né.

ATHALIE.

Ne sait-on pas au moins quel pays est le vôtre?

JOAS.

Ce temple est mon pays; je n'en connois point d'autre.

ATHALIE.

Où dit-on que le sort vous a fait rencontrer?

JOAS.

Parmi des loups cruels prêts à me dévorer.[1]

ATHALIE.

Qui vous mit dans ce temple?

JOAS.

Une femme inconnue,
Qui ne dit point son nom, et qu'on n'a point revue.

ATHALIE.

Mais de vos premiers ans quelles mains ont pris soin?

JOAS.

Dieu laissa-t-il jamais ses enfants au besoin?[2]
Aux petits des oiseaux il donne leur pâture,
Et sa bonté s'étend sur toute la nature.
Tous les jours je l'invoque; et d'un soin paternel
Il me nourrit des dons offerts sur son autel.

ATHALIE.

Quel prodige nouveau me trouble et m'embarrasse?
La douceur de sa voix, son enfance, sa grâce,

---

1. Athalie épuise toutes les questions de la curiosité et de la défiance, et ne peut parvenir à surprendre un mot qui l'éclaire sur ce qu'elle cherche. Plus les interrogations sont pressantes, plus on est charmé de la voir toujours confondue par la simplicité des réponses de l'enfant. Quel art dans ce vers :

Parmi des loups cruels prêts à me dévorer !

On présume naturellement que c'est là tout ce qu'ont dit à Joas ceux qui l'ont élevé; et cela se confirme dans la suite, lorsqu'il dit au grand-prêtre :

Un malheureux enfant aux ours abandonné, etc.

On ne l'a point trompé, et il ne trompe point. (L.)

2. Voyez la notice préliminaire, pages 129-130.

Font insensiblement à mon inimitié
Succéder... Je serois sensible à la pitié ?

ABNER.

Madame, voilà donc cet ennemi terrible.
De vos songes menteurs l'imposture est visible,
A moins que la pitié qui semble vous troubler
Ne soit ce coup fatal qui vous faisoit trembler.

ATHALIE, à Joas et à Josabeth.

Vous sortez ? [1]

JOSABETH.

Vous avez entendu sa fortune.
Sa présence à la fin pourroit être importune.

ATHALIE.

[à Joas.]

Non : revenez. Quel est tous les jours votre emploi ?

JOAS.

J'adore le Seigneur. On m'explique sa loi.
Dans son livre divin on m'apprend à la lire ;
Et déjà de ma main je commence à l'écrire.

ATHALIE.

Que vous dit cette loi ?

JOAS.

Que Dieu veut être aimé ;
Qu'il venge tôt ou tard son saint nom blasphémé ;

---

1. Avec quelle adresse Racine coupe ici une scène extrêmement longue, et par là renouvelle l'intérêt ! En voyant sortir Josabeth avec l'enfant, le spectateur respire et croit le danger passé, lorsque tout à coup Athalie faisant revenir l'enfant excite de nouvelles alarmes. (G.)

Qu'il est le défenseur de l'orphelin timide;
Qu'il résiste au superbe et punit l'homicide.[1]

ATHALIE.

J'entends. Mais tout ce peuple enfermé dans ce lieu,
A quoi s'occupe-t-il?

JOAS.

Il loue, il bénit Dieu.

ATHALIE.

Dieu veut-il qu'à toute heure on prie, on le contemple?

JOAS.

Tout profane exercice est banni de son temple.

ATHALIE.

Quels sont donc vos plaisirs?

OAS.

Quelquefois à l'autel
Je présente au grand-prêtre ou l'encens ou le sel;
J'entends chanter de Dieu les grandeurs infinies;
Je vois l'ordre pompeux de ses cérémonies.

ATHALIE.

Hé quoi! vous n'avez pas de passe-temps plus doux?
Je plains le triste sort d'un enfant tel que vous.

---

1. La réponse en elle-même est parfaite; car il n'y a pas là un mo qui ne soit dans les livres saints. Mais ces quatre vers, comme presque tous ceux que l'auteur met dans la bouche de Joas, ont un mérite théâtral, celui d'offrir un rapport sensible, ou avec lui-même, ou avec Athalie. Ici le premier vers, *que Dieu veut être aimé*, est pour tout le monde : le second et le quatrième sont pour Athalie, et l'application ne lui échappe pas, car elle répond par ce premier mot très-remarquable, *j'entends*. Le troisième vers est pour Joas. (L.)

ACTE II, SCÈNE VII.

Venez dans mon palais, vous y verrez ma gloire.

JOAS.

Moi! des bienfaits de Dieu je perdrois la mémoire?

ATHALIE.

Non, je ne vous veux pas contraindre à l'oublier.

JOAS.

Vous ne le priez point.

ATHALIE.

Vous pourrez le prier.

JOAS.

Je verrois cependant en invoquer un autre ?

ATHALIE.

J'ai mon Dieu que je sers ; vous servirez le vôtre.
Ce sont deux puissants dieux.

JOAS.

Il faut craindre le mien :
Lui seul est Dieu, madame, et le vôtre n'est rien.

ATHALIE.

Les plaisirs près de moi vous chercheront en foule.

JOAS.

Le bonheur des méchants comme un torrent s'écoule.[1]

ATHALIE.

Ces méchants, qui sont-ils?[2]

---

1. « Ad nihilum devenient (peccatores) tanquam aqua decurrens. ». (Ps. LVII, 8.)

2. Athalie, qui dans sa conscience se fait l'application de ce mot

JOSABETH.

Hé, madame! excusez
Un enfant...

ATHALIE, à Josabeth.

J'aime à voir comme vous l'instruisez.
Enfin, Éliacin, vous avez su me plaire;
Vous n'êtes point sans doute un enfant ordinaire.
Vous voyez, je suis reine, et n'ai point d'héritier.
Laissez là cet habit, quittez ce vil métier.
Je veux vous faire part de toutes mes richesses;
Essayez dès ce jour l'effet de mes promesses.
A ma table, partout, à mes côtés assis,
Je prétends vous traiter comme mon propre fils.[1]

JOAS.

Comme votre fils?

ATHALIE.

Oui... Vous vous taisez?

méchants, prend ici un ton plus sévère. Josabeth, qui voit sa colère sur le point d'éclater, se hâte d'excuser l'enfant; mais Athalie, à qui cette interruption a donné un moment pour réfléchir, revient à son système de perfidie et de séduction. (G.)

1. Voltaire prétend que Joad et Josabeth « n'ont autre chose à faire qu'à prendre Athalie au mot; qu'il est naturel qu'une vieille femme aime son petit-fils, quand elle n'a point d'autre héritier; qu'il est naturel qu'Athalie s'attache à Joas et lui laisse son petit royaume, etc. ». On dira donc à la reine : « Cet enfant que vous voulez traiter comme votre fils est en effet votre petit-fils; il est le frère de tous les princes que vous avez tués; il est le dernier de cette race que vous avez cru exterminer tout entière; il est le légitime maître de ce sceptre dont vous vous êtes emparée. C'est lui dont le ciel vous menace, et qui vous poursuit en songe un poignard à la main. Que pouvez-vous faire de mieux que de le reconnaître pour ce qu'il est? Que pouvons-nous faire de mieux que de le remettre entre vos mains? » S'il se pouvait que Joad et Josabeth eussent tenu ce discours (et c'est exactement celui que Voltaire veut leur faire tenir), la réponse n'est pas

ACTE II, SCÈNE VII.

JOAS.

Quel père
Je quitterois! et pour...

ATHALIE.

Hé bien?

JOAS.

Pour quelle mère!

ATHALIE, à Josabeth.

Sa mémoire est fidèle; et, dans tout ce qu'il dit,
De vous et de Joad je reconnois l'esprit.
Voilà comme, infectant cette simple jeunesse,
Vous employez tous deux le calme où je vous laisse.
Vous cultivez déjà leur haine et leur fureur;
Vous ne leur prononcez mon nom qu'avec horreur.

JOSABETH.

Peut-on de nos malheurs leur dérober l'histoire?
Tout l'univers les sait; vous-même en faites gloire.

ATHALIE.

Oui, ma juste fureur, et j'en fais vanité,

---

douteuse : elle est dans la scène même que Voltaire veut changer d'une façon si étrange, et la voici (acte II, sc. VII) :

> Enfin de votre Dieu l'implacable vengeance
> Entre nos deux maisons rompit toute alliance.
> David m'est en horreur, et les fils de ce roi,
> Quoique nés de mon sang, sont étrangers pour moi.

Ces paroles et un coup de poignard, voilà infailliblement la réponse d'Athalie. (L.)

Elle eût été infaillible surtout dans ces temps d'exterminations mutuelles, où les sentiments de pitié et d'humanité étaient à peu près inconnus.

A vengé mes parents sur ma postérité. [1]
J'aurois vu massacrer et mon père et mon frère,
Du haut de son palais précipiter ma mère,
Et dans un même jour égorger à la fois
(Quel spectacle d'horreur!) quatre-vingts fils de rois; [2]
Et pourquoi? pour venger je ne sais quels prophètes
Dont elle avoit puni les fureurs indiscrètes :
Et moi, reine sans cœur, fille sans amitié,
Esclave d'une lâche et frivole pitié,
Je n'aurois pas du moins à cette aveugle rage
Rendu meurtre pour meurtre, outrage pour outrage,
Et de votre David traité tous les neveux
Comme on traitoit d'Achab les restes malheureux!
Où serois-je aujourd'hui si, domptant ma foiblesse,
Je n'eusse d'une mère étouffé la tendresse;
Si de mon propre sang ma main versant des flots
N'eût par ce coup hardi réprimé vos complots?
Enfin de votre Dieu l'implacable vengeance
Entre nos deux maisons rompit toute alliance :
David m'est en horreur; et les fils de ce roi,
Quoique nés de mon sang, sont étrangers pour moi.

JOSABETH.

Tout vous a réussi? [3] Que Dieu voie, et nous juge.

1. « Athalia vero, mater Ochoziæ, videns mortuum filium suum, surrexit et interfecit omne semen regium. » — « Athalie, mère d'Ochozias, voyant son fils mort, s'éleva contre les princes de la race royale, et les fit tous tuer. » (*Reg.*, lib. IV, cap. xi, vers. 1.)

2. « Porro filii regis, septuaginta viri, apud optimates civitatis nutriebantur. Cumque venissent litteræ ad eos, tulerunt filios regis, et occiderunt septuaginta viros. » — « Or le roi Achab avait soixante et dix fils, qui étaient nourris chez les premières personnes de la ville (Samarie). Lorsque ces personnes eurent reçu les lettres de Jéhu, elles prirent les soixante et dix fils du roi, et les tuèrent. (*Reg.*, lib. IV, cap. xviii, vers. 4.)

3. Il y a ici un point d'interrogation dans les trois éditions publiées du vivant de Racine.

ACTE II, SCÈNE VIII.

ATHALIE.

Ce Dieu, depuis longtemps votre unique refuge,
Que deviendra l'effet de ses prédictions?
Qu'il vous donne ce roi promis aux nations,
Cet enfant de David, votre espoir, votre attente...
Mais nous nous reverrons. Adieu. Je sors contente :
J'ai voulu voir; j'ai vu.

ABNER, à Josabeth.

Je vous l'avois promis :
Je vous rends le dépôt que vous m'avez commis.

SCÈNE VIII.

JOAD, JOSABETH, JOAS, ZACHARIE, ABNER,
SALOMITH, LÉVITES, LE CHOEUR.

JOSABETH, à Joad.

Avez-vous entendu cette superbe reine,
Seigneur?

JOAD.

J'entendois tout, et plaignois votre peine.
Ces lévites et moi, prêts à vous secourir, [1]
Nous étions avec vous résolus de périr.

A Joas, en l'embrassant.

Que Dieu veille sur vous, enfant dont le courage

---

[1] Joad ne paraît avec ses lévites qu'après la retraite d'Athalie. Cette adresse du poëte est remarquable. Si l'on avait été prévenu plus tôt que le grand-prêtre se tenait prêt à secourir Joas, le spectateur aurait pu être moins alarmé des dangers auxquels ce jeune prince était exposé. (L. B.)

Vient de rendre à son nom ce noble témoignage.
Je reconnois, Abner, ce service important :
Souvenez-vous de l'heure où Joad vous attend.
Et nous, dont cette femme impie et meurtrière
A souillé les regards et troublé la prière,
Rentrons; et qu'un sang pur, par mes mains épanché,
Lave jusques au marbre où ses pas ont touché.

SCÈNE IX.

LE CHŒUR.

UNE DES FILLES DU CHŒUR.

Quel astre à nos yeux vient de luire?
Quel sera quelque jour cet enfant merveilleux?
Il brave le faste orgueilleux,
Et ne se laisse point séduire
A tous ses attraits périlleux.

UNE AUTRE.

Pendant que du dieu d'Athalie
Chacun court encenser l'autel,
Un enfant courageux publie
Que Dieu lui seul est éternel,
Et parle comme un autre Élie
Devant cette autre Jézabel.

UNE AUTRE.

Qui nous révélera ta naissance secrète,
Cher enfant? Es-tu fils de quelque saint prophète?

UNE AUTRE.

Ainsi l'on vit l'aimable Samuel
Croître à l'ombre du tabernacle :
Il devint des Hébreux l'espérance et l'oracle.
Puisses-tu, comme lui, consoler Israël!

UNE AUTRE chante.

O bienheureux mille fois
L'enfant que le Seigneur aime,
Qui de bonne heure entend sa voix,
Et que ce Dieu daigne instruire lui-même!
Loin du monde élevé, de tous les dons des cieux
Il est orné dès sa naissance;
Et du méchant l'abord contagieux
N'altère point son innocence.

TOUT LE CHOEUR.

Heureuse, heureuse l'enfance
Que le Seigneur instruit et prend sous sa défense!

LA MÊME VOIX, seule.

Tel en un secret vallon,
Sur le bord d'une onde pure,
Croît, à l'abri de l'aquilon,
Un jeune lis, l'amour de la nature.[1]
Loin du monde élevé, de tous les dons des cieux
Il est orné dès sa naissance;
Et du méchant l'abord contagieux

---

1. Après ce vers, dans la première édition d'*Athalie,* on passe immédiatement à la strophe qui commence par ces mots : *O palais de David,* etc. La répétition des quatre vers, *loin du monde élevé,* etc., et les neuf vers suivants, ont été ajoutés par Racine dans l'édition de 1692.

N'altère point son innocence.

TOUT LE CHOEUR.

Heureux, heureux mille fois
L'enfant que le Seigneur rend docile à ses lois!

UNE VOIX seule.

Mon Dieu, qu'une vertu naissante
Parmi tant de périls marche à pas incertains!
Qu'une âme qui te cherche et veut être innocente
Trouve d'obstacle à ses desseins!
Que d'ennemis lui font la guerre!
Où se peuvent cacher tes saints?
Les pécheurs couvrent la terre.

UNE AUTRE.

O palais de David, et sa chère cité,
Mont fameux, que Dieu même a longtemps habité,
Comment as-tu du ciel attiré la colère?
Sion, chère Sion, que dis-tu quand tu vois
Une impie étrangère
Assise, hélas! au trône de tes rois?

TOUT LE CHOEUR.

Sion, chère Sion, que dis-tu quand tu vois
Une impie étrangère
Assise, hélas! au trône de tes rois?

LA MÊME VOIX continue.

Au lieu des cantiques charmants [1]
Où David t'exprimoit ses saints ravissements,

---

1. Ce vers et les cinq suivants manquent dans les éditions de 1691 et 1692. Ils ont été ajoutés dans celle de 1697.

ACTE II, SCÈNE IX.

Et bénissoit son Dieu, son seigneur et son père;
Sion, chère Sion, que dis-tu quand tu vois
    Louer le dieu de l'impie étrangère,
Et blasphémer le nom qu'ont adoré tes rois?

UNE VOIX seule.

Combien de temps, Seigneur, combien de temps encore
Verrons-nous contre toi les méchants s'élever?
Jusque dans ton saint temple ils viennent te braver :
Ils traitent d'insensé le peuple qui t'adore.
Combien de temps, Seigneur, combien de temps encore
Verrons-nous contre toi les méchants s'élever?[1]

UNE AUTRE.

Que vous sert, disent-ils, cette vertu sauvage?
    De tant de plaisirs si doux
    Pourquoi fuyez-vous l'usage?
    Votre Dieu ne fait rien pour vous.

UNE AUTRE.

Rions, chantons, dit cette troupe impie;
De fleurs en fleurs, de plaisirs en plaisirs,
    Promenons nos désirs.
Sur l'avenir insensé qui se fie.
De nos ans passagers le nombre est incertain :
Hâtons-nous aujourd'hui de jouir de la vie;
    Qui sait si nous serons demain?

TOUT LE CHOEUR.

Qu'ils pleurent, ô mon Dieu! qu'ils frémissent de crainte

---

1. « Usquequo peccatores, Domine, usquequo peccatores gloriabuntur et loquentur iniquitatem? » — « Jusqu'à quand les pécheurs, Seigneur, jusqu'à quand les pécheurs triompheront-ils? jusqu'à quand proféreront-ils des paroles impies? (Psaume XCIII, vers. 3.)

Ces malheureux, qui de ta cité sainte
Ne verront point l'éternelle splendeur.
C'est à nous de chanter, nous à qui tu révèles
    Tes clartés immortelles ;
C'est à nous de chanter tes dons et ta grandeur.

UNE VOIX seule.

De tous ces vains plaisirs où leur âme se plonge,[1]
Que leur restera-t-il? Ce qui reste d'un songe
    Dont on a reconnu l'erreur.
  A leur réveil, ô réveil plein d'horreur !
    Pendant que le pauvre à ta table
Goûtera de ta paix la douceur ineffable,
Ils boiront dans la coupe affreuse, inépuisable,[2]
Que tu présenteras, au jour de ta fureur,
    A toute la race coupable.

TOUT LE CHOEUR.

O réveil plein d'horreur !
O songe peu durable !
O dangereuse erreur !

---

1. « Dormierunt somnum suum, et nihil invenerunt omnes viri divitiarum in manibus suis. » — « Ils se sont endormis du sommeil de la mort; et tous ces hommes qui se glorifiaient de leurs richesses n'ont rien trouvé dans leurs mains lorsqu'ils se sont éveillés. » (Ps. LXXV, vers. 6.)

2. « Calix in manu Domini vini meri plenus misto... Fæx ejus non est exinanita : bibent omnes peccatores terræ. » — « Le Seigneur tient en sa main une coupe de vin pur, pleine d'amertume... La lie n'en est pourtant pas encore épuisée; tous les pécheurs de la terre en boiront. » (Ps. LXXIV, vers. 9.)

FIN DU SECOND ACTE.

ACTE TROISIÈME.

SCÈNE PREMIERE.

MATHAN, NABAL, LE CHOEUR.

MATHAN.

Jeunes filles, allez : qu'on dise à Josabeth
Que Mathan veut ici lui parler en secret.

UNE DES FILLES DU CHOEUR.

Mathan! O Dieu du ciel, puisses-tu le confondre!

NABAL.

Hé quoi! tout se disperse, et fuit sans vous répondre?

MATHAN.

Approchons.

SCÈNE II.

ZACHARIE, MATHAN, NABAL.

ZACHARIE.

Téméraire, où voulez-vous passer
Au delà de ce lieu gardez-vous d'avancer.

C'est des ministres saints la demeure sacrée ;
Les lois à tout profane en défendent l'entrée.
Qui cherchez-vous? Mon père, en ce jour solennel,
De l'idolâtre impur fuit l'aspect criminel ;
Et devant le Seigneur maintenant prosternée,
Ma mère en ce devoir craint d'être détournée.

MATHAN.

Mon fils, nous attendrons ; cessez de vous troubler.
C'est votre illustre mère à qui je veux parler :
Je viens ici chargé d'un ordre de la reine.

SCÈNE III.

MATHAN, NABAL.

NABAL.

Leurs enfants ont déjà leur audace hautaine.
Mais que veut Athalie en cette occasion ?
D'où naît dans ses conseils cette confusion ?
Par l'insolent Joad ce matin offensée,
Et d'un enfant fatal en songe menacée,
Elle alloit immoler Joad à son courroux,
Et dans ce temple enfin placer Baal et vous.
Vous m'en aviez déjà confié votre joie ;
Et j'espérois ma part d'une si riche proie.
Qui fait changer ainsi ses vœux irrésolus ?

MATHAN.

Ami, depuis deux jours je ne la connois plus.
Ce n'est plus cette reine éclairée, intrépide,

Élevée au-dessus de son sexe timide,
Qui d'abord accabloit ses ennemis surpris,
Et d'un instant perdu connoissoit tout le prix :
La peur d'un vain remords trouble cette grande ame;
Elle flotte, elle hésite; en un mot, elle est femme.
J'avois tantôt rempli d'amertume et de fiel
Son cœur, déjà saisi des menaces du ciel;
Elle-même, à mes soins confiant sa vengeance,
M'avoit dit d'assembler sa garde en diligence;
Mais, soit que cet enfant devant elle amené,
De ses parents, dit-on, rebut infortuné,
Eût d'un songe effrayant diminué l'alarme,
Soit qu'elle eût même en lui vu je ne sais quel charme,
J'ai trouvé son courroux chancelant, incertain,
Et déjà remettant sa vengeance à demain.
Tous ses projets sembloient l'un l'autre se détruire.[1]
« Du sort de cet enfant je me suis fait instruire,
Ai-je dit : on commence à vanter ses aïeux;
Joad de temps en temps le montre aux factieux,
Le fait attendre aux Juifs comme un autre Moïse,
Et d'oracles menteurs s'appuie et s'autorise. »
Ces mots ont fait monter la rougeur sur son front.
Jamais mensonge heureux n'eut un effet si prompt.
« Est-ce à moi de languir dans cette incertitude?
Sortons, a-t-elle dit, sortons d'inquiétude.
Vous-même à Josabeth prononcez cet arrêt :
Les feux vont s'allumer, et le fer est tout prêt;
Rien ne peut de leur temple empêcher le ravage,
Si je n'ai de leur foi cet enfant pour otage. »

---

1. Racine a dit dans *Phèdre* (acte I, sc. III) :

   Comme on voit tous ses vœux l'un l'autre se détruire!

NABAL.

Hé bien? pour un enfant qu'ils ne connoissent pas,
Que le hasard peut-être a jeté dans leurs bras,
Voudront-ils que leur temple, enseveli sous l'herbe...

MATHAN.

Ah! de tous les mortels connois le plus superbe.
Plutôt que dans mes mains par Joad soit livré
Un enfant qu'à son Dieu Joad a consacré,
Tu lui verras subir la mort la plus terrible.
D'ailleurs pour cet enfant leur attache est visible.
Si j'ai bien de la reine entendu le récit,
Joad sur sa naissance en sait plus qu'il ne dit.
Quel qu'il soit, je prévois qu'il leur sera funeste ;
Ils le refuseront : je prends sur moi le reste ;
Et j'espère qu'enfin de ce temple odieux
Et la flamme et le fer vont délivrer mes yeux.

NABAL.

Qui peut vous inspirer une haine si forte?
Est-ce que de Baal le zèle vous transporte?
Pour moi, vous le savez, descendu d'Ismaël,
Je ne sers ni Baal, ni le dieu d'Israël.[1]

MATHAN.

Ami, peux-tu penser que d'un zèle frivole
Je me laisse aveugler pour une vaine idole,
Pour un fragile bois que malgré mon secours
Les vers sur son autel consument tous les jours?
Né ministre du Dieu qu'en ce temple on adore,

---

1. Voyez ci-dessus les remarques de Racine sur *Athalie*, p. 135.

Peut-être que Mathan le serviroit encore,
Si l'amour des grandeurs, la soif de commander,
Avec son joug étroit pouvoient s'accommoder.
  Qu'est-il besoin, Nabal, qu'à tes yeux je rappelle
De Joad et de moi la fameuse querelle,
Quand j'osai contre lui disputer l'encensoir,
Mes brigues, mes combats, mes pleurs, mon désespoir?
Vaincu par lui, j'entrai dans une autre carrière,
Et mon ame à la cour s'attacha tout entière.
J'approchai par degrés de l'oreille des rois,
Et bientôt en oracle on érigea ma voix.
J'étudiai leur cœur, je flattai leurs caprices;
Je leur semai de fleurs le bord des précipices;
Près de leurs passions rien ne me fut sacré; [1]
De mesure et de poids je changeois à leur gré.
Autant que de Joad l'inflexible rudesse
De leur superbe oreille offensoit la mollesse,
Autant je les charmois par ma dextérité :
Dérobant à leurs yeux la triste vérité,
Prêtant à leurs fureurs des couleurs favorables,
Et prodigue surtout du sang des misérables.
  Enfin, au dieu nouveau qu'elle avoit introduit,
Par les mains d'Athalie un temple fut construit.
Jérusalem pleura de se voir profanée;
Des enfants de Lévi la troupe consternée
En poussa vers le ciel des hurlements affreux. [2]
Moi seul, donnant l'exemple aux timides Hébreux,

---

1. Quand il s'agit de satisfaire leurs passions... l'expression a été désapprouvée par l'Académie.
2. Ce mot *hurlement* est du style de l'Écriture sainte. Les prophètes, pour dire *gémissez*, disent souvent *ululate;* et les historiens profanes expriment par le même mot le deuil des Orientaux : *Lugubris clamor, barbaro ululatu.* (QUINTE-CURCE, liv. III.) (L. R.)

Déserteur de leur loi, j'approuvai l'entreprise,
Et par là de Baal méritai la prêtrise ;
Par là je me rendis terrible à mon rival,
Je ceignis la tiare, et marchai son égal.
Toutefois, je l'avoue, en ce comble de gloire, [1]
Du Dieu que j'ai quitté l'importune mémoire
Jette encore en mon ame un reste de terreur :
Et c'est ce qui redouble et nourrit ma fureur.
Heureux si, sur son temple achevant ma vengeance,
Je puis convaincre enfin sa haine d'impuissance,
Et parmi le débris, le ravage et les morts,
A force d'attentats perdre tous mes remords !
Mais voici Josabeth.

SCÈNE IV.

JOSABETH, MATHAN, NABAL.

MATHAN.

Envoyé par la reine,
Pour rétablir le calme et dissiper la haine,
Princesse, en qui le ciel mit un esprit si doux,
Ne vous étonnez pas si je m'adresse à vous.
Un bruit, que j'ai pourtant soupçonné de mensonge,
Appuyant les avis qu'elle a reçus en songe,

---

[1]. Ce vers, qui indique si clairement dans quel sens Mathan a parlé, est la meilleure réponse à ceux qui lui ont reproché de *s'avilir* devant Nabal. Ils n'ont pas vu que, bien loin de croire *s'avilir*, il croit se relever en se représentant comme un grand politique, dont les vues sont bien supérieures aux scrupules superstitieux de Joad. Son apostasie, loin de lui paraître une infamie, est à ses yeux *le comble de la gloire*, parce qu'*il a ceint la tiare, et qu'il marche l'égal* de son *rival*. (L.)

ACTE III, SCÈNE IV.

Sur Joad, accusé de dangereux complots,
Alloit de sa colère attirer tous les flots.
Je ne veux point ici vous vanter mes services :
De Joad contre moi je sais les injustices ;
Mais il faut à l'offense opposer les bienfaits.
Enfin, je viens chargé de paroles de paix.
Vivez, solennisez vos fêtes sans ombrage.
De votre obéissance elle ne veut qu'un gage :
C'est, pour l'en détourner j'ai fait ce que j'ai pu,
Cet enfant sans parents, qu'elle dit qu'elle a vu.

JOSABETH.

Éliacin !

MATHAN.

J'en ai pour elle quelque honte :
D'un vain songe peut-être elle fait trop de compte.
Mais vous vous déclarez ses mortels ennemis,
Si cet enfant sur l'heure en mes mains n'est remis.
La reine, impatiente, attend votre réponse.

JOSABETH.

Et voilà de sa part la paix qu'on nous annonce !

MATHAN.

Pourriez-vous un moment douter de l'accepter ?
D'un peu de complaisance est-ce trop l'acheter ?

JOSABETH.

J'admirois si Mathan, dépouillant l'artifice,
Avoit pu de son cœur surmonter l'injustice,
Et si de tant de maux le funeste inventeur
De quelque ombre de bien pouvoit être l'auteur.

MATHAN.

De quoi vous plaignez-vous? Vient-on avec furie
Arracher de vos bras votre fils Zacharie?
Quel est cet autre enfant si cher à votre amour?
Ce grand attachement me surprend à mon tour.
Est-ce un trésor pour vous si précieux, si rare?
Est-ce un libérateur que le ciel vous prépare?
Songez-y : vos refus pourroient me confirmer
Un bruit sourd que déjà l'on commence à semer.

JOSABETH.

Quel bruit?

MATHAN.

Que cet enfant vient d'illustre origine ;
Qu'à quelque grand projet votre époux le destine.

JOSABETH.

Et Mathan, par ce bruit qui flatte sa fureur...

MATHAN.

Princesse, c'est à vous à me tirer d'erreur.
Je sais que, du mensonge implacable ennemie,
Josabeth livreroit même sa propre vie,
S'il falloit que sa vie à sa sincérité
Coûtât le moindre mot contre la vérité.
Du sort de cet enfant on n'a donc nulle trace?
Une profonde nuit enveloppe sa race?
Et vous-même ignorez de quels parents issu,
De quelles mains Joad en ses bras l'a reçu?
Parlez; je vous écoute, et suis prêt de vous croire :
Au Dieu que vous servez, princesse, rendez gloire.

JOSABETH.

Méchant, c'est bien à vous d'oser ainsi nommer
Un Dieu que votre bouche enseigne à blasphémer !
Sa vérité par vous peut-elle être attestée,
Vous, malheureux, assis dans la chaire empestée [1]
Où le mensonge règne et répand son poison ;
Vous, nourri dans la fourbe et dans la trahison ?

SCÈNE V.

JOAD, JOSABETH, MATHAN, NABAL.

JOAD.

Où suis-je ? De Baal ne vois-je pas le prêtre ?
Quoi ! fille de David, vous parlez à ce traître ?
Vous souffrez qu'il vous parle ? Et vous ne craignez pas
Que du fond de l'abîme entr'ouvert sous ses pas
Il ne sorte à l'instant des feux qui vous embrasent,
Ou qu'en tombant sur lui ces murs ne vous écrasent ?
Que veut-il ? De quel front cet ennemi de Dieu
Vient-il infecter l'air qu'on respire en ce lieu ?

MATHAN.

On reconnoît Joad à cette violence.
Toutefois il devroit montrer plus de prudence,
Respecter une reine, et ne pas outrager
Celui que de son ordre elle a daigné charger.

---

1. *Assis dans la chaire empestée* : expression tirée du psaume I : « In cathedra pestilentiæ non sedit. »

JOAD.

Hé bien ! que nous fait-elle annoncer de sinistre ?
Quel sera l'ordre affreux qu'apporte un tel ministre ?

MATHAN.

J'ai fait à Josabeth savoir sa volonté.

JOAD.

Sors donc de devant moi, monstre d'impiété.
De toutes tes horreurs, va, comble la mesure.
Dieu s'apprête à te joindre à la race parjure,
Abiron et Dathan, Doëg, Achitophel : [1]
Les chiens, à qui son bras a livré Jézabel,
Attendant que sur toi sa fureur se déploie,
Déjà sont à ta porte, et demandent leur proie.

MATHAN, il se trouble.

Avant la fin du jour... on verra qui de nous...
Doit... Mais sortons, Nabal.

NABAL.

Où vous égarez-vous ?
De vos sens étonnés quel désordre s'empare ?
Voilà votre chemin.

---

1. Abiron et Dathan se soulevèrent contre Moïse et Aaron : la terre s'entr'ouvrit sous leurs pas, et les dévora. (*Nomb.*, ch. xvi.) Doëg accusa, auprès de Saül, Abimelech d'avoir secouru David ; chargé de la vengeance de Saül, il massacra Abimelech et quatre-vingt-cinq prêtres de la ville de Nobé, tous revêtus de leurs ornements pontificaux. (*Rois*, liv. I, ch. xxii.) Achitophel prit le parti d'Absalon contre son père, et se pendit de désespoir de ce que ce jeune prince ne suivait pas ses conseils. (*Rois*, liv. II, ch. xvii.)

SCÈNE VI.

OAD, JOSABETH.

JOSABETH.

L'orage se déclare :
Athalie en fureur demande Éliacin.
Déjà de sa naissance et de votre dessein
On commence, seigneur, à percer le mystère :
Peu s'en faut que Mathan ne m'ait nommé son père.

JOAD.

Au perfide Mathan qui l'auroit révélé?
Votre trouble à Mathan n'a-t-il point trop parlé?

JOSABETH.

J'ai fait ce que j'ai pu pour m'en rendre maîtresse.
Cependant, croyez-moi, seigneur, le péril presse.
Réservons cet enfant pour un temps plus heureux.
Tandis que les méchants délibèrent entre eux,
Avant qu'on l'environne, avant qu'on nous l'arrache,
Une seconde fois souffrez que je le cache :
Les portes, les chemins lui sont encore ouverts.
Faut-il le transporter aux plus affreux déserts?
Je suis prête : je sais une secrète issue
Par où, sans qu'on le voie, et sans être aperçue,
De Cédron avec lui traversant le torrent,
J'irai dans le désert où jadis en pleurant,
Et cherchant comme nous son salut dans la fuite,
David d'un fils rebelle évita la poursuite.

Je craindrai moins pour lui les lions et les ours...
Mais pourquoi de Jéhu refuser le secours?
Je vous ouvre peut-être un avis salutaire.
Faisons de ce trésor Jéhu dépositaire.
On peut dans ses États le conduire aujourd'hui,
Et le chemin est court qui mène jusqu'à lui.
Jéhu n'a point un cœur farouche, inexorable;
De David à ses yeux le nom est favorable.
Hélas! est-il un roi si dur et si cruel,
A moins qu'il n'eût pour mère une autre Jézabel,
Qui d'un tel suppliant ne plaignît l'infortune?
Sa cause à tous les rois n'est-elle pas commune?

JOAD.

Quels timides conseils m'osez-vous suggérer?
En l'appui de Jéhu pourriez-vous espérer?

JOSABETH.

Dieu défend-il tout soin et toute prévoyance?
Ne l'offense-t-on point par trop de confiance?
A ses desseins sacrés employant les humains,
N'a-t-il pas de Jéhu lui-même armé les mains?

JOAD.

Jéhu, qu'avoit choisi sa sagesse profonde,
Jéhu, sur qui je vois que votre espoir se fonde,
D'un oubli trop ingrat a payé ses bienfaits :
Jéhu laisse d'Achab l'affreuse fille en paix,
Suit des rois d'Israël les profanes exemples,
Du vil dieu de l'Égypte a conservé les temples;
Jéhu, sur les hauts lieux enfin osant offrir
Un téméraire encens que Dieu ne peut souffrir,[1]

---

1. Depuis la construction du temple, il étoit expressément défendu par

N'a pour servir sa cause et venger ses injures
Ni le cœur assez droit, ni les mains assez pures.
Non, non : c'est à Dieu seul qu'il faut nous attacher.
Montrons Éliacin ; et, loin de le cacher,
Que du bandeau royal sa tête soit ornée :
Je veux même avancer l'heure déterminée,
Avant que de Mathan le complot soit formé.

SCÈNE VII.

JOAD, JOSABETH, AZARIAS, suivi du chœur et de plusieurs lévites.

JOAD.

Hé bien, Azarias, le temple est-il fermé?

AZARIAS.

J'en ai fait devant moi fermer toutes les portes.

JOAD.

N'y reste-t-il que vous et vos saintes cohortes?

AZARIAS.

De ses parvis sacrés j'ai deux fois fait le tour.
Tout a fui, tous se sont séparés sans retour,
Misérable troupeau qu'a dispersé la crainte ;
Et Dieu n'est plus servi que dans la tribu sainte.
Depuis qu'à Pharaon ce peuple est échappé,
Une égale terreur ne l'avoit point frappé.

Dieu même de sacrifier sur les hauts lieux, et même de célébrer aucune des cérémonies de la religion ailleurs que dans cette enceinte sacrée. (G.)

JOAD.

Peuple lâche, en effet, et né pour l'esclavage,
Hardi contre Dieu seul! Poursuivons notre ouvrage.
Mais qui retient encor ces enfants parmi nous?

UNE DES FILLES DU CHOEUR.

Hé! pourrions-nous, seigneur, nous séparer de vous?
Dans le temple de Dieu sommes-nous étrangères?
Vous avez près de vous nos pères et nos frères.

UNE AUTRE.

Hélas! si pour venger l'opprobre d'Israël,
Nos mains ne peuvent pas, comme autrefois Jahel,[1]
Des ennemis de Dieu percer la tête impie,
Nous lui pouvons du moins immoler notre vie.
Quand vos bras combattront pour son temple attaqué,
Par nos larmes du moins il peut être invoqué.

JOAD.

Voilà donc quels vengeurs s'arment pour ta querelle,
Des prêtres, des enfants, ô Sagesse éternelle!
Mais, si tu les soutiens, qui peut les ébranler?
Du tombeau, quand tu veux, tu sais nous rappeler;
Tu frappes et guéris, tu perds et ressuscites.[2]
Ils ne s'assurent point en leurs propres mérites,
Mais en ton nom sur eux invoqué tant de fois,

---

1. *Juges*, ch. IV. (*Note de Racine*, édit. de 1692 et 1697.) Sisara, général des Chananéens, ayant été défait par Barac, chef des Juifs, se retira dans la tente de Jahel, femme d'Haber; celle-ci, pendant son sommeil, le fit périr en lui enfonçant un clou dans la tête.

2. « Tu flagellas et salvas, deducis ad inferos et reducis. » — « Tu frappes et guéris, tu conduis aux enfers, et tu en ramènes. » (Tob., ch. XIII, vers. 2.)

En tes serments jurés au plus saint de leurs rois,
En ce temple où tu fais ta demeure sacrée,
Et qui doit du soleil égaler la durée.
Mais d'où vient que mon cœur frémit d'un saint effroi ?
Est-ce l'Esprit divin qui s'empare de moi ?
C'est lui-même ; il m'échauffe, il parle : mes yeux s'ouvrent,
Et les siècles obscurs devant moi se découvrent.
Lévites, de vos sons prêtez-moi les accords,
Et de ses mouvements secondez les transports.

LE CHOEUR chante au son de toute la symphonie des instruments.

Que du Seigneur la voix se fasse entendre,
Et qu'à nos cœurs son oracle divin
  Soit ce qu'à l'herbe tendre
Est, au printemps, la fraîcheur du matin. [1]

JOAD.

Cieux, écoutez ma voix ; terre, prête l'oreille. [2]
Ne dis plus, ô Jacob, que ton Seigneur sommeille.
Pécheurs, disparoissez : le Seigneur se réveille.

Ici recommence la symphonie, et Joad aussitôt reprend la parole.

Comment en un plomb vil l'or pur s'est-il changé ? [3]
Quel est dans le lieu saint ce pontife égorgé ? [4]

---

1. « Fluat ut ros eloquium meum, quasi imber super herbam. » — « Que mes paroles se répandent comme la rosée et comme les gouttes de l'eau du ciel qui tombe sur l'herbe. » (*Deuter.*, c. XXXII, vers. 2.)

2. « Audite, cœli, quæ loquor; audiat terra verba oris mei. » (*Deut.*, cap. XXXII, vers. 1.)

3. Joas. (*Note de Racine.*) — Le commencement de cette inspiration est pris de ce verset de Jérémie : « Quomodo obscuratum est aurum, mutatus est color optimus ? » — « Comment l'or s'est-il obscurci ? comment a-t-il changé sa couleur, qui était si belle ? » (*Lament. Jerem.*, cap. IV, vers. 1.)

4. Zacharie. (*Note de Racine.*) — La plupart ont dit que l'auteur détruit ici l'intérêt pour Joas, en prévenant sans nécessité les auditeurs que Joas doit un jour faire égorger le fils de son bienfaiteur. Plusieurs ont voulu

Pleure, Jérusalem, pleure, cité perfide,
Des prophètes divins malheureuse homicide :
De son amour pour toi ton Dieu s'est dépouillé ;
Ton encens à ses yeux est un encens souillé. [1]
    Où menez-vous ces enfants et ces femmes ? [2]
Le Seigneur a détruit la reine des cités : [3]
Ses prêtres sont captifs, ses rois sont rejetés ;
Dieu ne veut plus qu'on vienne à ses solennités. [4]
Temple, renverse-toi ; cèdres, jetez des flammes.
    Jérusalem, objet de ma douleur,
Quelle main en un jour a ravi tous tes charmes?
Qui changera mes yeux en deux sources de larmes [5]
    Pour pleurer ton malheur?

          AZARIAS.

O saint temple!

---

excuser cet endroit comme langage prophétique, qui ne fait pas naître une idée distincte. Les critiques ont répondu que si le discours du grand-prêtre ne porte aucune idée, il est inutile ; s'il présente quelque chose de réel, comme on n'en peut douter par les notes de l'auteur, il détruit l'intérêt. Les autres ont répliqué que l'intérêt principal de la pièce ne porte point sur Joas, mais sur l'accomplissement des promesses de Dieu en faveur de la race de David. (*Acad.*)

1. Dieu dit lui-même dans Isaïe, ch. I, vers. 13 : « Incensum abominatio est mihi. » — « L'encens m'est en abomination. »

2. Captivité de Babylone. (*Note de Racine.*)

3. « Facta est quasi vidua domina gentium princeps provinciarum facta est sub tributo. » — « La maîtresse des nations est devenue comme veuve ; la reine des provinces a été assujettie au tribut. » (*Lament. Jerem.*, cap. I, vers. 1.)

4. « Calendas vestras et solemnitates vestras odivit anima mea : facta sunt mihi molesta, laboravi sustinens. » — « Je hais vos solennités des premiers jours des mois, et toutes les autres ; elles me sont devenues à charge : je suis las de les souffrir. » (Is., ch. II, vers. 14.)

5. « Quis dabit capiti meo aquam, et oculis meis fontem lacrimarum? » — « Qui donnera de l'eau à ma tête, et à mes yeux une fontaine de larmes? » (Jer., cap. IX, vers. 1.)

ACTE III, SCÈNE VII.

JOSABETH.

O David !

LE CHOEUR.

Dieu de Sion, rappelle,
Rappelle en sa faveur tes antiques bontés.

<small>La symphonie recommence encore; et Joad, un moment après, l'interrompt.</small>

JOAD.

Quelle Jérusalem nouvelle [1]
Sort du fond du désert, brillante de clartés,
Et porte sur le front une marque immortelle ?
Peuples de la terre, chantez :
Jérusalem renaît plus charmante et plus belle.
D'où lui viennent de tous côtés
Ces enfants qu'en son sein elle n'a point portés ? [2]
Lève, Jérusalem, lève ta tête altière;
Regarde tous ces rois de ta gloire étonnés;
Les rois des nations, devant toi prosternés,
De tes pieds baisent la poussière;
Les peuples à l'envi marchent à ta lumière.
Heureux qui pour Sion d'une sainte ferveur
Sentira son âme embrasée !
Cieux, répandez votre rosée,
Et que la terre enfante son Sauveur ! [3]

---

1. L'Église. (*Note de Racine.*) — « Quæ est ista quæ ascendit per desertum sicut virgula fumi ex aromatibus myrrhæ, et thuris, et universi pulveris pigmentarii ? » — « Qui est celle-ci qui s'élève du désert comme une fumée qui monte des parfums de myrrhe, d'encens, et de toutes sortes de poudres de senteur ? » (*Cant. des cant.*, chap. III, vers. 6.)

2. Les Gentils. (*Note de Racine.*)

3. « Rorate, cœli, desuper, et nubes pluant justum; aperiatur terra, et

ATHALIE.

JOSABETH.

Hélas ! d'où nous viendra cette insigne faveur,
Si les rois de qui doit descendre ce Sauveur...

JOAD.

Préparez, Josabeth, le riche diadème
Que sur son front sacré David porta lui-même.

Aux lévites.

Et vous, pour vous armer, suivez-moi dans ces lieux
Où se garde caché, loin des profanes yeux,
Ce formidable amas de lances et d'épées [1]
Qui du sang philistin jadis furent trempées,[2]

---

germinet Salvatorem. » — « Cieux, envoyez d'en haut votre rosée, et que les nuées fassent descendre le juste comme une pluie ; que la terre s'ouvre et qu'elle germe le Sauveur. » (ISAIAS, cap. XLV, vers. 8.) — Toute cette prophétie, composée de passages de l'Écriture très-bien liés ensemble, est peut-être le plus beau morceau de poésie lyrique qu'il y ait en notre langue. Il a de plus l'avantage d'être dramatique et très-utile à l'action : il sert à remplir les lévites d'un enthousiasme divin ; il en fait des soldats invincibles, prêts à braver tous les dangers pour la défense de Joas et du temple. (G.)

1. « Deditque Joïada sacerdos centurionibus lanceas, clypeosque et peltas regis David, quas consecraverat in domo Domini. » - « Le grand-prêtre Joïada donna aux centeniers les lances, les boucliers et les écussons du roi David, qu'il avait consacrés dans la maison du Seigneur. » (*Paralip.*, lib. II, XXIII, vers. 9.)

2. Cette dernière circonstance d'un dépôt d'armes consacrées par David dans le temple répand sur la fin de cet acte une ardeur guerrière qui l'anime et l'échauffe. Joad ne quitte la scène que pour armer ses prêtres. La Harpe pense qu'il y a peu d'action dans ce troisième acte. Cependant le second acte s'est terminé à l'interrogatoire d'Athalie ; et à la fin du troisième, on s'arme pour défendre l'enfant qu'a réclamé Athalie par l'organe de Mathan. Le spectateur s'attend à voir fondre sur le temple les cohortes tyriennes. L'arrivée de Mathan, le développement de son caractère et de ses projets, l'exposition de son message, la manière dont il est reçu, l'expulsion ignominieuse de cet apostat, le conseil que tient Joad avec Josabeth sur l'ordre de la reine, sa résolution héroïque, ses inspirations prophétiques, ses mesures pour le couronnement de Joas, ses préparatifs de défense, il semble que, dans tout cela, il y a de quoi remplir suffisamment

Et que David vainqueur, d'ans et d'honneurs chargé,
Fit consacrer au Dieu qui l'avoit protégé.
Peut-on les employer pour un plus noble usage?
Venez, je veux moi-même en faire le partage.

SCÈNE VIII.

SALOMITH, LE CHOEUR.

SALOMITH.

Que de craintes, mes sœurs, que de troubles mortels!
   Dieu tout-puissant, sont-ce là les prémices,
      Les parfums et les sacrifices
Qu'on devoit en ce jour offrir sur tes autels?

UNE FILLE DU CHOEUR.

   Quel spectacle à nos yeux timides!
   Qui l'eût cru, qu'on dût voir jamais
Les glaives meurtriers, les lances homicides
      Briller dans la maison de paix?

UNE AUTRE.

D'où vient que, pour son Dieu, pleine d'indifférence,[1]
Jérusalem se tait en ce pressant danger?
   D'où vient, mes sœurs, que, pour nous protéger,
Le brave Abner au moins ne rompt pas le silence?

---

un acte d'une pièce dont l'action ne demande pas plus de trois ou quatre heures; et Racine lui-même, le plus régulier des poëtes, n'a point de tragédie dont la marche soit plus rapide. (G.)

1. Ce vers et les neuf suivants ne se trouvent point dans l'édition de 1691. Racine les a ajoutés dans l'édition de 1692.

SALOMITH.

Hélas! dans une cour où l'on n'a d'autres lois
Que la force et la violence,
Où les honneurs et les emplois
Sont le prix d'une aveugle et basse obéissance,
Ma sœur, pour la triste innocence
Qui voudroit élever sa voix?

UNE AUTRE.

Dans ce péril, dans ce désordre extrême,
Pour qui prépare-t-on le sacré diadème?

SALOMITH.

Le Seigneur a daigné parler;
Mais ce qu'à son prophète il vient de révéler,
Qui pourra nous le faire entendre?
S'arme-t-il pour nous défendre?
S'arme-t-il pour nous accabler?

TOUT LE CHOEUR chante.

O promesse! ô menace! ô ténébreux mystère!
Que de maux, que de biens sont prédits tour à tour!
Comment peut-on avec tant de colère
Accorder tant d'amour?

UNE VOIX seule.

Sion ne sera plus : une flamme cruelle
Détruira tous ses ornements.

UNE AUTRE VOIX.

Dieu protége Sion : elle a pour fondements
Sa parole éternelle.

ACTE III, SCÈNE VIII.

LA PREMIÈRE.

Je vois tout son éclat disparoître à mes yeux.

LA SECONDE.

Je vois de toutes parts sa clarté répandue.

LA PREMIÈRE.

Dans un gouffre profond Sion est descendue.

LA SECONDE.

Sion a son front dans les cieux.

LA PREMIÈRE.

Quel triste abaissement!

LA SECONDE.

Quelle immortelle gloire!

LA PREMIÈRE.

Que de cris de douleur!

LA SECONDE.

Que de chants de victoire!

UNE TROISIÈME.

Cessons de nous troubler : notre Dieu, quelque jour,
Dévoilera ce grand mystère.

TOUTES TROIS.

Révérons sa colère;
Espérons en son amour.

UNE AUTRE.

D'un cœur qui t'aime,

Mon Dieu, qui peut troubler la paix?
Il cherche en tout ta volonté suprême,
Et ne se cherche jamais.
Sur la terre, dans le ciel même,
Est-il d'autre bonheur que la tranquille paix
D'un cœur qui t'aime?

FIN DU TROISIÈME ACTE

ACTE QUATRIÈME.

SCÈNE PREMIÈRE.

JOAS, JOSABETH, ZACHARIE, SALOMITH,
UN LÉVITE, LE CHŒUR.

SALOMITH.

D'un pas majestueux, à côté de ma mère,
Le jeune Éliacin s'avance avec mon frère.
Dans ces voiles, mes sœurs, que portent-ils tous deux ?
Quel est ce glaive enfin qui marche devant eux ? [1]

JOSABETH, à Zacharie.

Mon fils, avec respect posez sur cette table
De notre sainte loi le livre redoutable.
Et vous aussi, posez, aimable Éliacin,
Cet auguste bandeau près du livre divin.
Lévite, il faut placer, Joad ainsi l'ordonne,
Le glaive de David auprès de sa couronne.

---

1. Comme le glaive était porté en cérémonie, l'expression *qui marche* est aussi juste que poétique. (L. R.) — Toute la pompe sacrée qui enrichit cet acte n'est point une vaine décoration, elle fait partie de l'action même, et parle au cœur comme aux yeux.

JOAS.

Princesse, quel est donc ce spectacle nouveau ?
Pourquoi ce livre saint, ce glaive, ce bandeau ?
Depuis que le Seigneur m'a reçu dans son temple,
D'un semblable appareil je n'ai point vu d'exemple.

JOSABETH.

Tous vos doutes, mon fils, bientôt s'éclairciront.

JOAS.

Vous voulez essayer ce bandeau sur mon front ?
Ah ! princesse, gardez d'en profaner la gloire :
Du roi qui l'a porté respectez la mémoire.
Un malheureux enfant aux ours abandonné...

JOSABETH, lui essayant le diadème.

Laissez, mon fils : je fais ce qui m'est ordonné.

JOAS.

Mais j'entends les sanglots sortir de votre bouche !
Princesse, vous pleurez ! Quelle pitié vous touche ?
Est-ce qu'en holocauste aujourd'hui présenté,
Je dois, comme autrefois la fille de Jephté,
Du Seigneur par ma mort apaiser la colère ?
Hélas ! un fils n'a rien qui ne soit à son père.[1]

JOSABETH.

Voici qui vous dira les volontés des cieux.
Ne craignez rien. Et nous, sortons tous de ces lieux.

---

1. Voyez ci-dessus les *Remarques* de Racine, pp. 135-136.

SCÈNE II.

JOAD, JOAS.

JOAS, *courant dans les bras du grand-prêtre.*

Mon père!

JOAD.

Hé bien, mon fils?

JOAS.

Qu'est-ce donc qu'on prépare?

JOAD.

Il est juste, mon fils, que je vous le déclare.
Il faut que vous soyez instruit, même avant tous,
Des grands desseins de Dieu sur son peuple et sur vous.
Armez-vous d'un courage et d'une foi nouvelle :
Il est temps de montrer cette ardeur et ce zèle
Qu'au fond de votre cœur mes soins ont cultivés,
Et de payer à Dieu ce que vous lui devez.
Sentez-vous cette noble et généreuse envie?

JOAS.

Je me sens prêt, s'il veut, de lui donner ma vie.

JOAD.

On vous a lu souvent l'histoire de nos rois :
Vous souvient-il, mon fils, quelles étroites lois
Doit s'imposer un roi digne du diadème?

JOAS.

Un roi sage, ainsi Dieu l'a prononcé lui-même,

Sur la richesse et l'or ne met point son appui,
Craint le Seigneur son Dieu ; sans cesse a devant lui
Ses préceptes, ses lois, ses jugements sévères,
Et d'injustes fardeaux n'accable point ses frères.[1]

JOAD.

Mais sur l'un de ces rois s'il falloit vous régler,
A qui choisiriez-vous, mon fils, de ressembler?

JOAS.

David, pour le Seigneur plein d'un amour fidèle,
Me paroît des grands rois le plus parfait modèle.

JOAD.

Ainsi dans leurs excès vous n'imiteriez pas
L'infidèle Joram, l'impie Ochosias?

JOAS.

O mon père!

JOAD.

Achevez, dites : que vous en semble?

JOAS.

Puisse périr comme eux quiconque leur ressemble!
Mon père, en quel état vous vois-je devant moi?

---

1. *Deuter.*, chap. XVII. (*Note de Racine.*) « Quumque fuerit constitutus, non multiplicabit sibi equos... Non habebit... argenti et auri immensa pondera... Describet sibi Deuteronomium legis hujus in volumine... Habebit secum, legetque illud omnibus diebus vitæ suæ, ut discat timere Dominum Deum suum, et custodire verba et cæremonias ejus, quæ in lege præcepta sunt : nec elevetur cor ejus in superbiam super fratres suos. » — « Et lorsqu'il sera établi roi, il n'amassera point un grand nombre de chevaux ; il n'aura point une quantité immense d'or et d'argent. Après qu'il sera assis sur son trône, il fera transcrire pour soi, dans un livre, ce Deutéronome et cette loi du Seigneur ; il l'aura avec soi, et il la lira tous les jours de sa vie, afin qu'il apprenne à craindre le Seigneur son Dieu, et à garder ses paroles et ses cérémonies, qui sont prescrites dans la loi : que son cœur ne s'élève point orgueilleusement au-dessus de ses frères. »

ACTE IV, SCÈNE III.

JOAD, se prosternant à ses pieds.

Je vous rends le respect que je dois à mon roi.
De votre aïeul David, Joas, rendez-vous digne.

JOAS.

Joas? Moi?

JOAD [se relevant.] [1]

Vous saurez par quelle grâce insigne,
D'une mère en fureur Dieu trompant le dessein,
Quand déjà son poignard étoit dans votre sein,
Vous choisit, vous sauva du milieu du carnage.
Vous n'êtes pas encore échappé de sa rage :
Avec la même ardeur qu'elle voulut jadis
Perdre en vous le dernier des enfants de son fils,
A vous faire périr sa cruauté s'attache,
Et vous poursuit encor sous le nom qui vous cache.
Mais sous vos étendards j'ai déjà su ranger
Un peuple obéissant et prompt à vous venger.
Entrez, généreux chefs des familles sacrées,
Du ministère saint tour à tour honorées.

SCÈNE III.

JOAS, JOAD, AZARIAS, ISMAEL, et les trois
autres chefs des lévites.

JOAD continue.

Roi, voilà vos vengeurs contre vos ennemis.

---

1. Les indications scéniques placées entre crochets ne sont pas dans les éditions originales ; la plupart ont été introduites pour la première fois dans l'édition de 1736. Nous conservons celles qui nous paraissent utiles.

Prêtres, voilà le roi que je vous ai promis.[1]

AZARIAS.

Quoi! c'est Éliacin?

ISMAEL.

Quoi! cet enfant aimable...

JOAD.

Est des rois de Juda l'héritier véritable,
Dernier né des enfants du triste Ochosias,
Nourri, vous le savez, sous le nom de Joas.[2]
De cette fleur si tendre et sitôt moissonnée,
Tout Juda, comme vous, plaignant la destinée,
Avec ses frères morts le crut enveloppé.
Du perfide couteau comme eux il fut frappé;
Mais Dieu du coup mortel sut détourner l'atteinte,
Conserva dans son cœur la chaleur presque éteinte,
Permit que, des bourreaux trompant l'œil vigilant,
Josabeth dans son sein l'emportât tout sanglant,
Et, n'ayant de son vol que moi seul pour complice,
Dans le temple cacha l'enfant et la nourrice.

JOAS.

Hélas! de tant d'amour et de tant de bienfaits,

---

1. » Anno autem septimo misit Joïada, et assumens centuriones et milites, introduxit ad se in templum Domini, pepigitque cum eis fœdus; et adjurans eos in domo Domini, ostendit eis filium regis. » — « La septième année Joïada envoya querir les centeniers et les soldats; il les fit entrer dans le temple du Seigneur, et fit un traité avec eux, et leur fit prêter le serment dans la maison du Seigneur, en leur montrant le fils du roi. » (*Reg.*, lib IV, cap. xi, vers. 4.)

2. « Ecce filius regis regnabit, sicut locutus est Dominus super filios David. » — « Voilà le fils du roi : c'est lui qui doit régner, selon ce que le Seigneur a prononcé en faveur de tous les descendants de David. » (*Paral.*, lib II, cap. xxiii, vers. 3.)

ACTE IV, SCÈNE III.

Mon père, quel moyen de m'acquitter jamais?

JOAD.

Gardez pour d'autres temps cette reconnoissance.
    Voilà donc votre roi, votre unique espérance.
J'ai pris soin jusqu'ici de vous le conserver :
Ministres du Seigneur, c'est à vous d'achever.
Bientôt de Jézabel la fille meurtrière,
Instruite que Joas voit encor la lumière,
Dans l'horreur du tombeau viendra le replonger :
Déjà, sans le connoître, elle veut l'égorger.
Prêtres saints, c'est à vous de prévenir sa rage ;
Il faut finir des Juifs le honteux esclavage,
Venger vos princes morts, relever votre loi,
Et faire aux deux tribus reconnoître leur roi.
L'entreprise, sans doute, est grande et périlleuse :
J'attaque sur son trône une reine orgueilleuse,
Qui voit sous ses drapeaux marcher un camp nombreux
De hardis étrangers, d'infidèles Hébreux ;
Mais la force est au Dieu dont l'intérêt me guide.
Songez qu'en cet enfant tout Israël réside.
Déjà ce Dieu vengeur commence à la troubler ;
Déjà, trompant ses soins, j'ai su vous rassembler.
Elle nous croit ici sans armes, sans défense.
Couronnons, proclamons Joas en diligence :
De là, du nouveau prince intrépides soldats,
Marchons, en invoquant l'arbitre des combats ;
Et, réveillant la foi dans les cœurs endormie,
Jusque dans son palais cherchons notre ennemie.
    Et quels cœurs si plongés dans un lâche sommeil,
Nous voyant avancer dans ce saint appareil,
Ne s'empresseront pas à suivre notre exemple ?

Un roi, que Dieu lui-même a nourri dans son temple,
Le successeur d'Aaron de ses prêtres suivi,
Conduisant au combat les enfants de Lévi,
Et, dans ces mêmes mains des peuples révérées,
Les armes au Seigneur par David consacrées !
Dieu sur ses ennemis répandra sa terreur.
Dans l'infidèle sang baignez-vous sans horreur ;
Frappez et Tyriens, et même Israélites.
Ne descendez-vous pas de ces fameux lévites [1]
Qui, lorsqu'au dieu du Nil le volage Israël
Rendit dans le désert un culte criminel,
De leurs plus chers parents saintement homicides,
Consacrèrent leurs mains dans le sang des perfides,
Et par ce noble exploit vous acquirent l'honneur
D'être seuls employés aux autels du Seigneur ?
 Mais je vois que déjà vous brûlez de me suivre.
Jurez donc, avant tout, sur cet auguste livre,[2]
A ce roi que le ciel vous redonne aujourd'hui,
De vivre, de combattre, et de mourir pour lui.

AZARIAS.

Oui, nous jurons ici pour nous, pour tous nos frères,

---

1. « Congregatique sunt ad eum omnes filii Levi, quibus ait : Dicit Dominus Deus Israel : Ponat vir gladium super femur suum... et occidat unusquisque fratrem, et amicum, et proximum suum. Feceruntque filii Levi juxta sermonem Moysi. » — « Et les enfants de Lévi s'étant tous assemblés autour de lui, il leur dit : Voici ce que dit le Seigneur, Dieu d'Israël : Que chaque homme mette son épée à son côté... et que chacun tue son frère, son ami, et celui qui lui est plus proche. Les enfants de Lévi firent ce que Moïse avait ordonné. » (*Exod.*, cap. xxxii, vers. 26, 27 et 28.)

2. « Et eduxerunt filium regis, imposuerunt ei diadema, et testimonium, dederuntque in manu ejus tenendam legem, et constituerunt eum regem : unxit quoque illum Joïada pontifex. » — « Ensuite ils amenèrent le fils du roi, et lui mirent la couronne sur la tête ; ils le revêtirent des ornements de sa dignité, lui mirent dans la main le livre de la loi, et le déclarèrent roi. Le grand-prêtre Joïada l'oignit et le sacra. » (*Paral.*, lib. II, cap. xxiii, vers 11.)

ACTE IV, SCÈNE III.

De rétablir Joas au trône de ses pères,
De ne poser le fer entre nos mains remis,
Qu'après l'avoir vengé de tous ses ennemis.
Si quelque transgresseur enfreint cette promesse,
Qu'il éprouve, grand Dieu, ta fureur vengeresse ;
Qu'avec lui ses enfants, de ton partage exclus,
Soient au rang de ces morts que tu ne connois plus ! [1]

JOAD.

Et vous, à cette loi, votre règle éternelle,
Roi, ne jurez-vous pas d'être toujours fidèle ?

JOAS.

Pourrois-je à cette loi ne me pas conformer ?

JOAD.

O mon fils, de ce nom j'ose encor vous nommer,
Souffrez cette tendresse et pardonnez aux larmes
Que m'arrachent pour vous de trop justes alarmes.
Loin du trône nourri, de ce fatal honneur
Hélas ! vous ignorez le charme empoisonneur ;
De l'absolu pouvoir vous ignorez l'ivresse
Et des lâches flatteurs la voix enchanteresse.
Bientôt ils vous diront que les plus saintes lois,
Maîtresses du vil peuple, obéissent aux rois ;
Qu'un roi n'a d'autre frein que sa volonté même ;
Qu'il doit immoler tout à sa grandeur suprême ;
Qu'aux larmes, au travail le peuple est condamné,
Et d'un sceptre de fer veut être gouverné ; [2]

---

1 « Sicut vulnerati dormientes in sepulchris quorum non es memor amplius. » — « Comme ceux qui, ayant été blessés à mort, dorment dans les sépulcres, dont vous ne vous souvenez plus. » (Ps. LXXXVII, vers. 6.)

2. Voici une note que M. de La Rochefoucauld-Liancourt, dans ses *Études*

Que, s'il n'est opprimé, tôt ou tard il opprime.
Ainsi de piége en piége, et d'abîme en abîme, [1]
Corrompant de vos mœurs l'aimable pureté,
Ils vous feront enfin haïr la vérité,
Vous peindront la vertu sous une affreuse image.
Hélas! ils ont des rois égaré le plus sage. [2]
 Promettez sur ce livre, et devant ces témoins,
Que Dieu fera toujours le premier de vos soins;
Que, sévère aux méchants, et des bons le refuge,
Entre le pauvre et vous, vous prendrez Dieu pour juge;
Vous souvenant, mon fils, que, caché sous ce lin,
Comme eux vous fûtes pauvre, et comme eux orphelin.

JOAS.

Je promets d'observer ce que la loi m'ordonne.
Mon Dieu, punissez-moi si je vous abandonne.

JOAD.

Venez : de l'huile sainte il faut vous consacrer.
Paroissez, Josabeth : vous pouvez vous montrer.

---

inédites de J. Racine, donne, sous ce vers, comme étant du poëte : « Michée prophétisoit en même temps que Jérémie, et il se sert de beaucoup d'expressions tirées de lui; il en emploie de trop fortes pour montrer les violences des grands : « Ce sont, dit-il, des gens qui mangent la chair de mon « peuple, qui lui arrachent la peau, lui brisent les os et les mettent en « pièces pour les brûler dans leurs chaudières. »

1. Cette rime est vicieuse; on ne doit point faire rimer une longue avec une brève. (*Acad.*)

2. Salomon.

3. Fénelon semble s'être rappelé ces deux vers, lorsque, dans le livre II de *Télémaque,* il dit : « Quand tu seras le maître des autres hommes, souviens-toi que tu as été foible, pauvre et souffrant comme eux. »

SCÈNE IV.

JOAS, JOAD, JOSABETH, ZACHARIE, AZARIAS,
SALOMITH, ETC., LE CHOEUR.

JOSABETH, embrassant Joas.

O roi, fils de David!

JOAS.

O mon unique mère!
Venez, cher Zacharie, embrasser votre frère.

JOSABETH, à Zacharie.

Aux pieds de votre roi prosternez-vous, mon fils.
[Zacharie se jette aux pieds de Joas.]

JOAD, pendant qu'ils s'embrassent.

Enfants, ainsi toujours puissiez-vous être unis!

JOSABETH, à Joas.

Vous savez donc quel sang vous a donné la vie?

JOAS.

Et je sais quelle main sans vous me l'eût ravie.

JOSABETH.

De votre nom, Joas, je puis donc vous nommer.

JOAS.

Joas ne cessera jamais de vous aimer,

LE CHOEUR.

Quoi ! c'est là...

JOSABETH.

C'est Joas.

JOAD.

Écoutons ce lévite.

SCÈNE V.

JOAS, JOSABETH, JOAD, ETC., UN LÉVITE.

UN LÉVITE.

J'ignore contre Dieu quel projet on médite ; [1]
Mais l'airain menaçant frémit de toutes parts ;
On voit luire des feux parmi des étendards ;
Et sans doute Athalie assemble son armée.
Déjà même au secours toute voie est fermée ;
Déjà le sacré mont, où le temple est bâti,
D'insolents Tyriens est partout investi.
L'un d'eux, en blasphémant, vient de nous faire entendre
Qu'Abner est dans les fers, et ne peut nous défendre.

JOSABETH, à Joas.

Cher enfant, que le ciel en vain m'avoit rendu,
Hélas ! pour vous sauver j'ai fait ce que j'ai pu.
Dieu ne se souvient plus de David votre père !

---

1. A peine Joas est-il couronné, à peine le spectateur a-t-il eu le temps de se livrer à des impressions si douces, que le poëte vient jeter la terreur tout au travers de cette pompe et de cette allégresse. (L.)

ACTE IV, SCÈNE V.

JOAD, à Josabeth.

Quoi! vous ne craignez pas d'attirer sa colère
Sur vous et sur ce roi si cher à votre amour?
Et quand Dieu, de vos bras l'arrachant sans retour,
Voudroit que de David la maison fût éteinte,
N'êtes-vous pas ici sur la montagne sainte
Où le père des Juifs sur son fils innocent[1]
Leva sans murmurer un bras obéissant,
Et mit sur un bûcher ce fruit de sa vieillesse,
Laissant à Dieu le soin d'accomplir sa promesse,
Et lui sacrifiant, avec ce fils aimé,
Tout l'espoir de sa race, en lui seul renfermé?

Amis, partageons-nous : qu'Ismaël en sa garde[2]
Prenne tout le côté que l'orient regarde;
Vous, le côté de l'ourse; et vous, de l'occident;
Vous, le midi. Qu'aucun, par un zèle imprudent,
Découvrant mes desseins, soit prêtre, soit lévite,
Ne sorte avant le temps, et ne se précipite;
Et que chacun enfin, d'un même esprit poussé,
Garde en mourant le poste où je l'aurai placé.
L'ennemi nous regarde, en son aveugle rage,
Comme de vils troupeaux réservés au carnage,
Et croit ne rencontrer que désordre et qu'effroi.

---

1. Abraham. (*Note de Racine.*)
2. « Tertia pars vestrum qui veniunt ad sabbatum, sacerdotum, et levitarum, et janitorum, erit in portis; tertia vero pars ad domum regis, et tertia ad portam quæ appellatur Fundamenti; omne vero reliquum vulgus sit in atriis domus Domini. » — « La troisième partie de vous tous, prêtres, lévites et portiers, qui venez pour faire votre semaine dans le temple, gardera les portes; l'autre troisième partie se placera vers le palais du roi, et la troisième à la porte que l'on nomme du Fondement; le reste du peuple se tiendra dans le parvis de la maison du Seigneur. » (*Paral.*, lib. II, cap. XXIII, vers. 5.)

Qu'Azarias partout accompagne le roi.

A Joas.

Venez, cher rejeton d'une vaillante race,
Remplir vos défenseurs d'une nouvelle audace ;
Venez du diadème à leurs yeux vous couvrir,
Et périssez du moins en roi, s'il faut périr.

A un lévite.

Suivez-le, Josabeth. Vous, donnez-moi ces armes.

[Au chœur.]

Enfants, offrez à Dieu vos innocentes larmes.

SCÈNE VI.

SALOMITH, LE CHOEUR.

TOUT LE CHOEUR chante.

Partez, enfants d'Aaron, partez :
Jamais plus illustre querelle
De vos aïeux n'arma le zèle.
Partez, enfants d'Aaron, partez :
C'est votre roi, c'est Dieu pour qui vous combattez.

UNE VOIX seule.

Où sont les traits que tu lances,
Grand Dieu, dans ton juste courroux ?
N'es-tu plus le Dieu jaloux ?
N'es-tu plus le Dieu des vengeances ?

UNE AUTRE.

Où sont, Dieu de Jacob, tes antiques bontés ?
Dans l'horreur qui nous environne,

ACTE IV, SCÈNE VI.

N'entends-tu que la voix de nos iniquités?
N'es-tu plus le Dieu qui pardonne?

TOUT LE CHOEUR.

Où sont, Dieu de Jacob, tes antiques bontés?

UNE VOIX seule.

C'est à toi que dans cette guerre
Les flèches des méchants prétendent s'adresser.
« Faisons, disent-ils, cesser
Les fêtes de Dieu sur la terre; [1]
De son joug importun délivrons les mortels;
Massacrons tous ses saints; renversons ses autels;
Que de son nom, que de sa gloire
Il ne reste plus de mémoire;
Que ni lui ni son Christ[2] ne règnent plus sur nous. »

TOUT LE CHOEUR.

Où sont les traits que tu lances,
Grand Dieu, dans ton juste courroux?
N'es-tu plus le Dieu jaloux?
N'es-tu plus le Dieu des vengeances?

UNE VOIX seule.

Triste reste de nos rois,
Chère et dernière fleur d'une tige si belle,
Hélas! sous le couteau d'une mère cruelle
Te verrons-nous tomber une seconde fois?
Prince aimable, dis-nous si quelque ange, au berceau,

---

1. « Quiescere faciamus omnes dies festos Dei a terra. » (Ps. LXXIII, vers. 8.)

2. Le nom de Christ peut s'entendre de Joas, qui va recevoir l'onction royale et du Sauveur promis qui portera ce nom. (P. M.)

Contre tes assassins prit soin de te défendre;
Ou si dans la nuit du tombeau
La voix du Dieu vivant a ranimé ta cendre?

UNE AUTRE.

D'un père et d'un aïeul contre toi révoltés,
Grand Dieu, les attentats lui sont-ils imputés?
Est-ce que sans retour ta pitié l'abandonne?

LE CHOEUR.

Où sont, Dieu de Jacob, tes antiques bontés?
N'es-tu plus le Dieu qui pardonne?

UNE DES FILLES DU CHOEUR, sans chanter.

Chères sœurs, n'entendez-vous pas
Des cruels Tyriens la trompette qui sonne?

SALOMITH.

J'entends même les cris des barbares soldats,
Et d'horreur j'en frissonne.
Courons, fuyons, retirons-nous[1]
A l'ombre salutaire
Du redoutable sanctuaire.

1. Ce vers n'a sa rime qu'au premier vers de l'acte V.

FIN DU QUATRIÈME ACTE.

ACTE CINQUIÈME.

SCÈNE PREMIÈRE.

ZACHARIE, SALOMITH, LE CHŒUR.

SALOMITH.

Cher Zacharie, hé bien ! que nous apprenez-vous ? [1]

ZACHARIE.

Redoublez au Seigneur votre ardente prière :
Peut-être nous touchons à notre heure dernière ;
Pour l'horrible combat, ma sœur, l'ordre est donné.

SALOMITH.

Que fait Joas ?

ZACHARIE.

Joas vient d'être couronné :
Le grand-prêtre a sur lui répandu l'huile sainte.

---

1. Ce vers, qui ne trouve sa rime que dans le chœur qui termine l'acte précédent, indique qu'il n'y a jamais d'entr'acte dans cette pièce (quand on la joue avec les chœurs), que la scène n'y est jamais vide, et que Salomith doit aller au-devant de Zacharie à l'instant même où les filles du chœur se retirent dans l'enceinte intérieure. (L.)

O ciel! dans tous les yeux quelle joie étoit peinte
A l'aspect de ce roi racheté du tombeau!
Ma sœur, on voit encor la marque du couteau.
On voit paroître aussi sa fidèle nourrice,
Qui, cachée en un coin de ce vaste édifice,
Gardoit ce cher dépôt, et n'avoit de ses soins
Que les yeux de ma mère et que Dieu pour témoins.
Nos lévites pleuroient de joie et de tendresse,
Et mêloient leurs sanglots à leurs cris d'allégresse.
Lui, parmi ces transports affable et sans orgueil,[1]
A l'un tendoit la main, flattoit l'autre de l'œil,
Juroit de se régler par leurs avis sincères,
Et les appeloit tous ses pères ou ses frères.

SALOMITH.

Ce secret au dehors est-il aussi semé?

ZACHARIE.

Ce secret dans le temple est encor renfermé.
Des enfants de Lévi la troupe partagée
Dans un profond silence aux portes s'est rangée.
Tous doivent à la fois précipiter leurs pas,
Et crier pour signal : Vive le roi Joas!
Mais mon père défend que le roi se hasarde,
Et veut qu'Azarias demeure pour sa garde.
Cependant Athalie, un poignard à la main,
Rit des foibles remparts de nos portes d'airain.
Pour les rompre, elle attend les fatales machines,
Et ne respire enfin que sang et que ruines.
Quelques prêtres, ma sœur, ont d'abord proposé
Qu'en un lieu souterrain, par nos pères creusé,

---

1. Le mot *affable* étoit alors nouveau. Il fut condamné par Patru, mais Racine le consacra par l'heureux emploi qu'il en fit.

ACTE V, SCÈNE I.

On renfermât du moins notre arche précieuse.
« O crainte, a dit mon père, indigne, injurieuse!
L'arche qui fit tomber tant de superbes tours,
Et força le Jourdain de rebrousser son cours,
Des dieux des nations tant de fois triomphante,
Fuiroit donc à l'aspect d'une femme insolente! »
Ma mère, auprès du roi, dans un trouble mortel,
L'œil tantôt sur ce prince et tantôt vers l'autel,[1]
Muette, et succombant sous le poids des alarmes,
Aux yeux les plus cruels arracheroit des larmes.
Le roi de temps en temps la presse entre ses bras,
La flatte... Chères sœurs, suivez toutes mes pas;
Et, s'il faut aujourd'hui que notre roi périsse,
Allons, qu'un même sort avec lui nous unisse.

SALOMITH.

Quelle insolente main frappe à coups redoublés?
Qui fait courir ainsi ces lévites troublés?
Quelle précaution leur fait cacher leurs armes?
Le temple est-il forcé?

ZACHARIE.

    Dissipez vos alarmes :
Dieu nous envoie Abner.

---

1. Il est à remarquer que, dans ce sujet si simple, tout est tableau. Quand le tableau n'est pas sur la scène, il est dans les vers du poëte. Joad, Josabeth, Joas, ne sont pas là, et on les voit comme s'ils y étaient, chacun d'eux avec les traits qui leur conviennent. (L.)

SCÈNE II.

ABNER, JOAD, JOSABETH, ZACHARIE, SALOMITH,
ISMAEL, DEUX LÉVITES, LE CHOEUR[1].

JOAD.

En croirai-je mes yeux,
Cher Abner? Quel chemin a pu jusqu'en ces lieux
Vous conduire au travers d'un camp qui nous assiége?
On disoit que d'Achab la fille sacrilége
Avoit, pour assurer ses projets inhumains,
Chargé d'indignes fers vos généreuses mains.

ABNER.

Oui, seigneur, elle a craint mon zèle et mon courage;
Mais c'est le moindre prix que me gardoit sa rage.
Dans l'horreur d'un cachot, par son ordre enfermé,
J'attendois que, le temple en cendre consumé,
De tant de flots de sang non encore assouvie,
Elle vînt m'affranchir d'une importune vie,
Et retrancher des jours qu'auroit dû mille fois
Terminer la douleur de survivre à mes rois.

JOAD.

Par quel miracle a-t-on obtenu votre grâce?

ABNER.

Dieu dans ce cœur cruel sait seul ce qui se passe.
Elle m'a fait venir; et, d'un air égaré :

---

1. Ces mots *le chœur* sont remplacés par *etc.* dans les éditions originales.

« Tu vois de mes soldats tout ce temple entouré,
Dit-elle; un feu vengeur va le réduire en cendre,
Et ton Dieu contre moi ne le sauroit défendre.
Ses prêtres toutefois, mais il faut se hâter,
A deux conditions peuvent se racheter :
Qu'avec Éliacin on mette en ma puissance
Un trésor dont je sais qu'ils ont la connoissance,
Par votre roi David autrefois amassé,
Sous le sceau du secret au grand-prêtre laissé.
Va, dis-leur qu'à ce prix je leur permets de vivre.[1] »

JOAD.

Quel conseil, cher Abner, croyez-vous qu'on doit suivre?

ABNER.

Et tout l'or de David, s'il est vrai qu'en effet [2]
Vous gardiez de David quelque trésor secret;
Et tout ce que des mains de cette reine avare
Vous avez pu sauver et de riche et de rare,
Donnez-le. Voulez-vous que d'impurs assassins
Viennent briser l'autel, brûler les chérubins,[3]

---

1. On a blâmé le choix qu'Athalie fait d'Abner pour porter au grand-prêtre ses dernières propositions; elle ne pouvait pas en faire un meilleur; car elle a craint de perdre le trésor dans le pillage du temple, comme elle l'avoue ici; et si quelqu'un pouvait engager l'inflexible Joad à des mesures de conciliation, c'était certainement Abner. Tel est l'avantage d'un plan bien conçu, que chaque objection y fait découvrir un mérite, et que l'injustice des critiques montre la sagesse de l'auteur. (L.)

2. Cette invention d'*un trésor caché*, qui est de l'auteur, est très-ingénieuse. Il s'ensuit qu'Athalie, trompée par son *avarice*, a l'air de se précipiter elle-même dans le piége au lieu d'y être attirée par Joad. Il n'y songeait nullement; il voulait même aller *la chercher jusque dans son palais*, mais elle vient se livrer entre ses mains. Il voit que c'est Dieu qui la conduit à sa perte, et il laisse faire Dieu et *son ennemie*. C'est ce que Louis Racine a très-bien senti et expliqué. (L.)

3. *D'impurs assassins*, les Tyriens qui composaient l'armée d'Athalie :

Et, portant sur notre arche une main téméraire,
De votre propre sang souiller le sanctuaire?

JOAD.

Mais siéroit-il, Abner, à des cœurs généreux
De livrer au supplice un enfant malheureux,
Un enfant que Dieu même à ma garde confie,
Et de nous racheter aux dépens de sa vie?

ABNER.

Hélas! Dieu voit mon cœur. Plût à ce Dieu puissant
Qu'Athalie oubliât un enfant innocent,
Et que du sang d'Abner sa cruauté contente
Crût calmer par ma mort le ciel qui la tourmente!
Mais que peuvent pour lui vos inutiles soins?
Quand vous périrez tous, en périra-t-il moins?
Dieu vous ordonne-t-il de tenter l'impossible?
Pour obéir aux lois d'un tyran inflexible,
Moïse, par sa mère au Nil abandonné,
Se vit, presque en naissant, à périr condamné;
Mais Dieu, le conservant contre toute espérance,
Fit par le tyran même élever son enfance.
Qui sait ce qu'il réserve à votre Éliacin;
Et si, lui préparant un semblable destin,
Il n'a point de pitié déjà rendu capable
De nos malheureux rois l'homicide implacable?
Du moins, et Josabeth comme moi l'a pu voir,

---

tous les incirconcis étaient impurs. *Brûler les chérubins.* « Et fecit in Oraculo duos cherubim de lignis olivarum, decem cubitorum altitudinis. » — « Il (Salomon) fit dans l'oracle (le sanctuaire) deux chérubins de bois d'olivier, qui avaient dix coudées de haut. » (*Reg.*, lib. III, cap. VI, vers 23.) Ces deux chérubins couvraient l'arche de leurs ailes et enfermaient l'arche et les deux autres chérubins d'or que Moïse avait placés au-dessus. (G.)

Tantôt à son aspect je l'ai vu s'émouvoir;[1]
J'ai vu de son courroux tomber la violence.
Princesse, en ce péril vous gardez le silence?
Hé quoi? pour un enfant qui vous est étranger
Souffrez-vous que sans fruit Joad laisse égorger
Vous, son fils, tout ce peuple, et que le feu dévore
Le seul lieu sur la terre où Dieu veut qu'on l'adore?
Que feriez-vous de plus, si des rois vos aïeux
Ce jeune enfant étoit un reste précieux?

JOSABETH, tout bas à Joad.

Pour le sang de ses rois vous voyez sa tendresse;
Que ne lui parlez-vous?

JOAD.

   Il n'est pas temps, princesse.

ABNER.

Le temps est cher, seigneur, plus que vous ne pensez.
Tandis qu'à me répondre ici vous balancez,
Mathan, près d'Athalie, étincelant de rage,
Demande le signal et presse le carnage.
Faut-il que je me mette à vos sacrés genoux?
Au nom du lieu si saint qui n'est ouvert qu'à vous,
Lieu terrible où de Dieu la majesté repose,
Quelque dure que soit la loi qu'on vous impose,
De ce coup imprévu songeons à nous parer.
Donnez-moi seulement le temps de respirer.
Demain, dès cette nuit, je prendrai des mesures
Pour assurer le temple et venger ses injures.

---

1. Suivant la remarque de l'Académie, la grammaire exigeait *je l'ai vue s'émouvoir*, j'ai vu *elle* qui s'émouvait. Mais c'était au XVIIe siècle un usage ordinaire de laisser sans accord le participe suivi d'un infinitif.

Mais je vois que mes pleurs et que mes vains discours
Pour vous persuader sont un foible secours ;
Votre austère vertu n'en peut être frappée :
Hé bien ! trouvez-moi donc quelque arme, quelque épée ;
Et qu'aux portes du temple, où l'ennemi m'attend,
Abner puisse du moins mourir en combattant.

JOAD.

Je me rends. Vous m'ouvrez un avis que j'embrasse :
De tant de maux, Abner, détournons la menace.
Il est vrai, de David un trésor est resté,[1]
La garde en fut commise à ma fidélité ;
C'étoit des tristes Juifs l'espérance dernière,
Que mes soins vigilants cachoient à la lumière.
Mais puisqu'à votre reine il le faut découvrir,
Je vais la contenter, nos portes vont s'ouvrir.
De ses plus braves chefs qu'elle entre accompagnée ;
Mais de nos saints autels qu'elle tienne éloignée
D'un ramas d'étrangers l'indiscrète fureur :
Du pillage du temple épargnez-moi l'horreur.
Des prêtres, des enfants lui feroient-ils quelque ombre ?[2]
De sa suite avec vous qu'elle règle le nombre.[3]

---

1. Voyez ci-dessus, pp. 136-137.
2. Selon le dictionnaire de l'Académie, on dit figurément d'un homme qui se défie de tout, que *tout lui fait ombre*. Racine a donc pu se servir de ce mot dans le sens de *faire ombrage*, et les académiciens à qui l'on doit les remarques sur *Athalie* n'avaient pas consulté leur dictionnaire lorsqu'ils ont condamné cette expression.
3. Athalie, entrant accompagnée de ses plus braves chefs, soutenue d'une escorte de ses plus fidèles guerriers, n'a point l'air d'une femme surprise sans défense et massacrée par trahison. Il semble qu'elle pouvait, avec sa suite, se défendre contre des prêtres et des enfants ; mais, à l'aspect de leur véritable roi, ses partisans l'abandonnent, et la seule nouvelle du couronnement de Joas disperse cette armée composée d'étrangers et d'infidèles Hébreux. (G.)

Et quant à cet enfant si craint, si redouté,
De votre cœur, Abner, je connois l'équité,
Je vous veux devant elle expliquer sa naissance :
Vous verrez s'il le faut remettre en sa puissance ;
Et je vous ferai juge entre Athalie et lui.

ABNER.

Ah! je le prends déjà, seigneur, sous mon appui.
Ne craignez rien. Je cours vers celle qui m'envoie.

SCÈNE III.

JOAD, JOSABETH, ISMAEL, ZACHARIE, ETC.

JOAD.

Grand Dieu! voici ton heure, on t'amène ta proie!
Ismaël, écoutez.

Il lui parle à l'oreille.

JOSABETH.

        Puissant maître des cieux,
Remets-lui le bandeau dont tu couvris ses yeux
Lorsque, lui dérobant tout le fruit de son crime,
Tu cachas dans mon sein cette tendre victime.

JOAD.

Allez, sage Ismaël, ne perdez point de temps :
Suivez de point en point ces ordres importants ;
Surtout qu'à son entrée, et que sur son passage
Tout d'un calme profond lui présente l'image.
Vous, enfants, préparez un trône pour Joas;

Qu'il s'avance suivi de nos sacrés soldats.
Faites venir aussi sa fidèle nourrice,
Princesse, et de vos pleurs que la source tarisse.

A un lévite.

Vous, dès que cette reine, ivre d'un fol orgueil,
De la porte du temple aura passé le seuil,
Qu'elle ne pourra plus retourner en arrière,
Prenez soin qu'à l'instant la trompette guerrière
Dans le camp ennemi jette un subit effroi :
Appelez tout le peuple au secours de son roi ;
Et faites retentir jusques à son oreille
De Joas conservé l'étonnante merveille.
Il vient.

SCÈNE IV.

JOAS, JOAD, JOSABETH, TROUPES DE PRÊTRES ET DE LÉVITES, ETC.

JOAD continue.

Lévites saints, prêtres de notre Dieu,[1]
Partout, sans vous montrer environnez ce lieu ;
Et, laissant à mes soins gouverner votre zèle,

---

1. « Levitæ autem circumdent regem habentes singuli arma sua. » — « Que les lévites demeurent toujours auprès de la personne du roi avec leurs armes. » (*Paral.*, lib. II, cap. XXIII, vers. 7.) Que d'ordres différents le grand-prêtre a donnés dans le même instant, sans paraître ému ! Il a envoyé Ismaël, il a fait préparer le trône de Joas et appeler sa nourrice, il a ordonné la proclamation quand il en sera temps ; maintenant il range les lévites qui doivent attendre Athalie, il rassure la timide Josabeth, il promet la victoire à Joas ; il a dit à Dieu : *On t'amène ta proie ;* il n'en doute point. (L. R.)

ACTE V, SCÈNE IV.

Pour paroître attendez que ma voix vous appelle.
Ils se cachent tous.
Roi, je crois qu'à vos vœux cet espoir est permis,
Venez voir à vos pieds tomber vos ennemis.
Celle dont la fureur poursuivit votre enfance
Vers ces lieux à grands pas pour vous perdre s'avance ;
Mais ne la craignez point : songez qu'autour de vous
L'ange exterminateur est debout avec nous.
Montez sur votre trône, et... Mais la porte s'ouvre :
Permettez un moment que ce voile vous couvre
Il tire un rideau.
Vous changez de couleur, princesse !

JOSABETH.

       Ah ! sans pâlir,
Puis-je voir d'assassins le temple se remplir ?
Quoi ! ne voyez-vous pas quelle nombreuse escorte...

JOAD.

Je vois que du saint temple on referme la porte :
Tout est en sûreté.

SCÈNE V.

ATHALIE, JOAS, caché derrière le rideau. JOAD, JOSABETH, ABNER, SUITE D'ATHALIE.

ATHALIE, à Joad.

     Te voilà, séducteur,
De ligues, de complots, pernicieux auteur,
Qui dans le trouble seul as mis tes espérances,
Éternel ennemi des suprêmes puissances !

En l'appui de ton Dieu tu t'étois reposé :
De ton espoir frivole es-tu désabusé?
Il laissé en mon pouvoir et son temple et ta vie.
Je devrois sur l'autel où ta main sacrifie
Te... Mais du prix qu'on m'offre il faut me contenter.¹
Ce que tu m'as promis, songe à l'exécuter :
Cet enfant, ce trésor qu'il faut qu'on me remette,
Où sont-ils?

JOAD.

Sur-le-champ tu seras satisfaite :
Je te les vais montrer l'un et l'autre à la fois.

Le rideau se tire. [On voit Joas sur son trône; sa nourrice est à genoux à sa droite; Azarias, l'épée à la main, est debout à sa gauche; et près de lui Zacharie et Salomith sont à genoux sur les degrés du trône; plusieurs lévites, l'épée à la main, sont rangés sur les côtés².]

Paroissez, cher enfant, digne sang de nos rois.
Connois-tu l'héritier du plus saint des monarques,
Reine? De ton poignard connois du moins ces marques.
Voilà ton roi, ton fils, le fils d'Ochozias.
Peuples, et vous, Abner, reconnoissez Joas.

ABNER.

Ciel!

ATHALIE, à Joad.

Perfide!

JOAD.

Vois-tu cette Juive fidèle
Dont tu sais bien qu'alors il suçoit la mamelle?

---

1. Il était impossible d'imiter d'une manière plus heureuse et plus naturelle le *quos ego* de Virgile. (G.)
2. Dans les éditions faites du vivant de Racine, et dans les premières qui ont paru après sa mort, on ne trouve que ces mots : *Le rideau se tire*. Les indications qui suivent ont été ajoutées dans l'édition de 1736.

ACTE V, SCÈNE V.

Il fut par Josabeth à ta rage enlevé :
Ce temple le reçut, et Dieu l'a conservé.
Des trésors de David voilà ce qui me reste.

ATHALIE.

Ta fourbe, à cet enfant, traître, sera funeste.
D'un fantôme odieux, soldats, délivrez-moi.

JOAD.

Soldats du Dieu vivant, défendez votre roi.

(Ici le fond du théâtre s'ouvre : on voit le dedans du temple; et les lévites armés sortent[1] de tous côtés sur la scène.)

ATHALIE.

Où suis-je? O trahison! ô reine infortunée !
D'armes et d'ennemis je suis environnée ![2]

JOAD.

Tes yeux cherchent en vain, tu ne peux échapper,
Et Dieu de toutes parts a su t'envelopper.
Ce Dieu que tu bravois en nos mains t'a livrée :
Rends-lui compte du sang dont tu t'es enivrée.

ATHALIE.

Quoi! la peur a glacé mes indignes soldats!

---

1. Dans l'édition de 1736, on a substitué le mot *entrent* au mot *sortent*.
2. « Audivit autem Athalia vocem populi currentis; et ingressa ad turbas in templum Domini, vidit regem sedentem super tribunal juxta morem, et cantores et turbas prope eum, omnemque populum terræ lætantem, et canentem tubis; et scidit vestimenta sua, clamavitque : Conjuratio! conjuratio! » — « Athalie entendit le bruit du peuple qui accourait; et, entrant parmi la foule dans le temple du Seigneur, elle vit le roi assis sur son trône, suivant la coutume, et les chantres et les trompettes auprès de de lui, et tout le peuple dans la réjouissance et sonnant de la trompette. Alors elle déchira ses vêtements, et elle s'écria : Trahison! trahison! » (*Reg.*, lib. IV, cap. XI, vers. 13, 14.)

Lâche Abner, dans quel piége as-tu conduit mes pas![1]

ABNER.

Reine, Dieu m'est témoin...

ATHALIE.

Laisse là ton Dieu, traître,
Et venge-moi.

ABNER se jette aux pieds de Joas.

Sur qui? Sur Joas! sur mon maître!

ATHALIE.

Lui, Joas! lui, ton roi? Songez, méchants, songez
Que mes armes encor vous tiennent assiégés.
J'entends à haute voix tout mon camp qui m'appelle.
On vient à mon secours : tremblez, troupe rebelle!

SCÈNE VI.

ISMAEL, JOAS, JOAD, ATHALIE, ETC.

ISMAEL, à Joad.

Seigneur, le temple est libre, et n'a plus d'ennemis :
L'étranger est en fuite, et le Juif est soumis.

---

1. Le spectateur sent combien ce reproche est injuste, puisque Abner ne savait rien; et c'est encore une des raisons qui font voir combien le silence que Joad a gardé avec lui était habilement ménagé par le poëte. Si Abner eût été instruit, c'est alors qu'il aurait joué un rôle *peu digne* d'un guerrier, comme un critique le dit très-injustement, puisque Abner ne fait que ce que doit faire un guerrier fidèle et brave, qui se range auprès de son roi. Et remarquez qu'au moment où il tire l'épée l'événement est encore incertain, comme Athalie le dit elle-même, et que le temple peut être forcé. (L.)

Comme le vent dans l'air dissipe la fumée,
La voix du Tout-Puissant a chassé cette armée.
Nos lévites, du haut de nos sacrés parvis,
D'Ochozias au peuple ont annoncé le fils,
Ont conté son enfance au glaive dérobée,
Et la fille d'Achab dans le piége tombée.
Partout en même temps la trompette a sonné :
Et ses sons et leurs cris dans son camp étonné
Ont répandu le trouble et la terreur subite
Dont Gédéon frappa le fier Madianite.
Les Tyriens, jetant armes et boucliers,
Ont, par divers chemins, disparu les premiers ;
Quelques Juifs éperdus ont aussi pris la fuite ; [1]
Mais, de Dieu sur Joas admirant la conduite,
Le reste à haute voix s'est pour lui déclaré.
Enfin, d'un même esprit tout le peuple inspiré,
Femmes, vieillards, enfants, s'embrassant avec joie,[2]
Bénissent le Seigneur et celui qu'il envoie.
Tous chantent de David le fils ressuscité.
Baal est en horreur dans la sainte cité ;
De son temple profane on a brisé les portes ;
Mathan est égorgé.[3]

1. Dans cette belle peinture de la joie publique, le poëte n'oublie pas de faire remarquer que *quelques Juifs éperdus* ont pris la fuite. Il a été dit, au commencement de la pièce, que plusieurs étaient du parti d'Athalie, et adoraient Baal. (L. R.)

2. « Lætatusque est omnis populus terræ, et civitas conquievit. » — « Tout le peuple fit une grande réjouissance, et la ville demeura en paix. » (*Reg.*, lib. IV, cap. xi, vers. 20.)

3. « Ingressusque est omnis populus terræ templum Baal, et destruxerunt aras ejus, et imagines contriverunt valide ; Mathan quoque sacerdotem Baal occiderunt coram altari. » — « Et tout le peuple étant entré dans le temple de Baal, ils renversèrent ses autels, brisèrent ses images en cent pièces, et tuèrent Mathan, prêtre de Baal, devant l'autel. » (*Reg.*, lib. IV, cap. xi, vers. 18.)

ATHALIE.

Dieu des Juifs, tu l'emportes![1]
Oui, c'est Joas; je cherche en vain à me tromper :
Je reconnois l'endroit où je le fis frapper;
Je vois d'Ochozias et le port et le geste;
Tout me retrace enfin un sang que je déteste.
David, David triomphe; Achab seul est détruit.
Impitoyable Dieu, toi seul as tout conduit!
C'est toi qui, me flattant d'une vengeance aisée,
M'as vingt fois en un jour à moi-même opposée :
Tantôt pour un enfant excitant mes remords,
Tantôt m'éblouissant de tes riches trésors
Que j'ai craint de livrer aux flammes, au pillage.
Qu'il règne donc ce fils, ton soin et ton ouvrage;
Et que, pour signaler son empire nouveau,
On lui fasse en mon sein enfoncer le couteau!
Voici ce qu'en mourant lui souhaite sa mère :
Que dis-je, souhaiter! Je me flatte, j'espère
Qu'indocile à ton joug, fatigué de ta loi,
Fidèle au sang d'Achab, qu'il a reçu de moi,
Conforme à son aïeul, à son père semblable,
On verra de David l'héritier détestable
Abolir tes honneurs, profaner ton autel,
Et venger Athalie, Achab et Jézabel.

[Athalie sort, les lévites la suivent.]

JOAD.

Qu'à l'instant hors du temple elle soit emmenée.[2]

1. Cette exclamation est sublime; c'est le *Christe, vicisti!* de Julien l'Apostat. (L. B.)
2. « Præcepit autem Joïada centurionibus qui erant super exercitum, et ait eis : Educite eam extra septa templi; et quicumque eam secutus

ACTE V, SCÈNE VI.

Et que la sainteté n'en soit point profanée.
Allez, sacrés vengeurs de vos princes meurtris[1]
De leur sang par sa mort faire cesser les cris.
Si quelque audacieux embrasse sa querelle,
Qu'à la fureur du glaive on le livre avec elle.

SCÈNE VII.

JOAS, JOAD, JOSABETH, ABNER, ETC.

JOAS.

Dieu, qui voyez mon trouble et mon affliction,
Détournez loin de moi sa malédiction,
Et ne souffrez jamais qu'elle soit accomplie :
Faites que Joas meure avant qu'il vous oublie.

JOAD, aux lévites.

Appelez tout le peuple, et montrons-lui son roi :
Qu'il lui vienne en ses mains renouveler sa foi.
Rois, prêtres, peuple, allons, pleins de reconnoissance,
De Jacob avec Dieu confirmer l'alliance,

---

fuerit feriatur gladio. Dixerat enim sacerdos : Non occidatur in templo Domini; imposueruntque ei manus... et interfecta est ibi. » — « Alors Joïada fit ce commandement aux centurions qui commandaient les troupes, et leur dit : Emmenez-la hors du temple; et si quelqu'un la suit, qu'il soit tué par l'épée : car le pontife avait dit : Qu'on ne la tue pas dans le temple du Seigneur. Les officiers se saisirent de sa personne, et elle fut tuée en ce lieu-là. » (*Reg.*, lib. IV, cap. XI, vers. 15 et 16.)

1. Comme de *meurtre* on a fait *meurtri*, il étoit naturel que l'un conservât le sens de l'autre, et c'est ce qui a eu lieu d'abord. Mais l'usage, qu'on ne peut pas toujours expliquer, en a décidé autrement, et depuis longtemps *meurtrir* ne signifie plus que *faire des meurtrissures, des contusions.* « Ils l'ont *meurtri* de coups. » Les Anglois, plus conséquents, disent dans un même sens les deux mots *murder* et *murdered*. (L.)

Et, saintement confus de nos égarements,
Nous rengager à lui par de nouveaux serments.
Abner, auprès du roi reprenez votre place.
Hé bien! de cette impie a-t-on puni l'audace?

SCÈNE VIII.

UN LÉVITE, JOAS, JOAD, ETC.

UN LÉVITE.

Le fer a de sa vie expié les horreurs.
Jérusalem, longtemps en proie à ses fureurs,
De son joug odieux à la fin soulagée,
Avec joie en son sang la regarde plongée.

JOAD.

Par cette fin terrible, et due à ses forfaits,
Apprenez, roi des Juifs, et n'oubliez jamais
Que les rois dans le ciel ont un juge sévère,
L'innocence un vengeur, et l'orphelin un père.

FIN D'ATHALIE.

EXAMEN CRITIQUE

D'ATHALIE

Athalie, le fait est constant, ne fut comprise et appréciée que peu à peu et comme par degrés. L'esprit de la nation s'y éleva, non du premier coup, mais progressivement. Il s'y éleva toutefois. Dans la première moitié du xviiie siècle, elle fut en pleine possession de l'admiration publique. Voltaire, au commencement de sa carrière, se fit l'organe le plus expressif de cette admiration. Écrivant au marquis de Maffei pour lui faire hommage de *Mérope,* il dit : « La France se glorifie d'*Athalie,* c'est le chef-d'œuvre de notre théâtre ; c'est celui de la poésie. » Dans l'*Épître à la duchesse du Maine,* qui est en tête d'*Oreste,* et qui date de 1750, il dit que Racine, se repentant d'avoir affaibli la scène par tant de déclarations d'amour, composa son chef-d'œuvre d'*Athalie :* « Mais, poursuit-il, quand il se fut ainsi détrompé, le public ne le fut pas encore. On ne put imaginer qu'une femme, un enfant et un prêtre pussent former une tragédie intéressante : l'ouvrage le plus approchant de la perfection qui soit jamais sorti de la main des hommes resta longtemps méprisé, et son illustre auteur mourut avec le chagrin d'avoir vu son siècle, éclairé, mais corrompu, ne pas rendre justice à son chef-d'œuvre. »

Mais bientôt les passions de Voltaire et les luttes de l'époque vinrent jeter un certain trouble dans cette intelligence et dans cette admiration d'*Athalie*. Le grand-prêtre apparut à Voltaire et aux philosophes de son école comme un représentant de la puissance religieuse et du fanatisme ; et ils le discutèrent, le condamnèrent comme s'il eût été un adversaire présent ; ils prirent parti contre lui et pour Athalie,

Si méchamment mise à mort par Joad.

Voltaire revient avec une vivacité de plus en plus grande sur ce qui l'irrite et l'obsède. Il compose des tragédies pour contrebalancer cet exemple d'intolérance. Il fait *Olympie* et les *Guèbres*. « Si un roi, dit-il dans une note d'*Olympie*, avait dans ses États un homme tel que Joad, il ferait fort bien de l'enfermer. »

Dans le *Discours historique et critique à l'occasion de la tragédie des* GUÈBRES, il introduit un Anglais, un *Milord Cornsbury*, à qui il attribue les critiques les plus passionnées contre l'œuvre de Racine. Nous ne reproduirons que l'extrait du *Dictionnaire philosophique*, où il a tâché de concilier son antipathie avec la justice. Il s'y exprime en ces termes :

« Je commencerai par dire d'*Athalie* que c'est là que la catastrophe est admirablement en action ; c'est là que se fait la reconnaissance la plus intéressante : chaque acteur y joue un grand rôle. On ne tue point Athalie sur le théâtre ; le fils des rois est sauvé et est reconnu roi : tout ce spectacle transporte les spectateurs.

« Je ferais ici l'éloge de cette pièce, le chef-d'œuvre de l'esprit humain, si tous les gens de goût de l'Europe ne s'accordaient pas à lui donner la préférence sur presque toutes les autres pièces. On peut condamner le caractère et l'action du grand-prêtre Joad ; sa conspiration, son fanatisme, peuvent être d'un très-mauvais exemple ; aucun souverain, depuis le Japon jusqu'à Naples, ne voudrait d'un tel pontife : il est factieux, insolent, enthousiaste, inflexible, sanguinaire ; il trompe indignement sa reine ; il fait égorger par des prêtres cette femme âgée de quatre-vingts ans, qui n'en voulait certainement pas à la vie du jeune Joas, *qu'elle voulait élever comme son propre fils.*

« J'avoue qu'en réfléchissant sur cet événement, on peut détester la personne du pontife; mais on admire l'auteur, on s'assujettit sans peine à toutes les idées qu'il présente; on ne pense, on ne sent que d'après lui. Son sujet, d'ailleurs respectable, ne permet pas les critiques qu'on pourrait faire si c'était un sujet d'invention. Le spectateur suppose avec Racine que Joad est en droit de faire tout ce qu'il fait; et ce principe une fois posé, on convient que la pièce est ce que nous avons de plus parfaitement conduit, de plus simple et de plus sublime. Ce qui ajoute encore au mérite de cet ouvrage, c'est que, de tous les sujets, c'était le plus difficile à traiter. »

Les disciples renchérirent encore sur le maître. D'Alembert insinua que Voltaire était un plus grand tragique que Racine[1], le cardinal de Bernis fit entendre qu'il préférait les *Guèbres* à *Athalie*[2], et Condorcet proclama que cette tragédie d'*Athalie* était décidément une pièce immorale.

L'académicien Suard prit la peine de réfuter en détail les objections de ce dernier. Nous reproduisons sa lettre pour donner une idée de la querelle qui s'éleva alors.

« Vous êtes bien sévère, mon ami, au sujet du chef-d'œuvre de la scène française.

« Vous prétendez que la tragédie d'*Athalie* est immorale, parce que, dites-vous, son principal personnage est fanatique.

« Vous pensez qu'il y a contradiction lorsque Joad dit :

> Dieu ne recherche point, aveugle en sa colère,
> Sur le fils qui le craint, l'impiété du père.

parce que Joad a dit précédemment :

---

1. Lettre du 11 déc. 1769.
2. Lettre du 28 févr. 1770.

> Dieu qui, frappant Joram, le mari de leur fille,
> A jusque sur son fils poursuivi sa famille.

« Mais lisez : sur le fils *qui le craint*.

« Voilà donc la différence. Joad pense que Dieu ne punit le fils des crimes de son père que lorsque le fils est impie aussi, c'est-à-dire lorsqu'il partage d'intention les crimes que le père a commis de fait.

« Cette explication vous prouve que ce passage n'est pas d'une si grande intolérance.

« Vous citez aussi :

> Daigne, daigne, mon Dieu ! sur Mathan et sur elle
> Répandre cet esprit d'imprudence et d'erreur
> De la chute des rois funeste avant-coureur.

« Vous pensez qu'il est horrible de présenter à l'hommage des peuples un Dieu qui ferait exprès des coupables pour les punir ; mais Athalie et Mathan ne sont-ils pas déjà des coupables ? Cette Athalie qui

> Se baigne impunément dans le sang de nos rois,
> Des enfants de son fils détestable homicide.

et ce Mathan

> Plus méchant qu'Athalie
> Et de toute vertu zélé persécuteur.

« Joad émet donc ici le principe, non pas que Dieu inspire des crimes pour les punir, mais qu'il inspire aux criminels assez d'imprudence et de mauvaise conduite même, si l'on veut l'entendre ainsi, pour qu'ils se découvrent eux-mêmes, et que l'état social puisse les connaître, les frapper et être plus en sûreté.

« Mais vous dites encore que Joad demande la mort de Joas, s'il se conduit avec peu de piété. Remarquez que Joad ne dit point s'il se conduit avec peu de piété, mais si Dieu prévoit

> Qu'indigne de sa race
> Il doive de David abandonner la trace.

« Or combien de fois n'avons-nous pas dit, vous et moi, de quelque homme déshonoré, qu'il eût été bien heureux pour sa famille qu'il fût mort au berceau? C'est un des vœux les plus ordinaires quand on parle des criminels et des tyrans. On l'a dit des Ravaillac et des Néron; et puisque Joas devait devenir roi, Joad n'avait-il pas raison de désirer qu'il mourût, plutôt que de devenir un de ces scélérats puissants qui font le malheur des peuples? Ce passage même est d'autant plus convenable dans la bouche de ce grand-prêtre, que Joas devenu roi fut réellement cruel et impie, et fit même périr le fils de Joad.

« Vous prétendez aussi qu'il attire Athalie dans un piége pour l'assassiner. C'est elle qui le dit. Mais il est facile de lui répondre qu'elle y est venue d'elle-même pour y chercher un trésor qu'elle convoitait, et aussi pour y reconnaître un enfant qu'elle craignait et qu'elle aurait certainement fait mettre à mort dès qu'un événement quelconque lui aurait révélé sa naissance. Pourquoi voudriez-vous que Joad lui livrât cet enfant pour qu'il soit égorgé par elle quelque jour, et ne doit-il pas avoir le courage de le défendre, lorsqu'il l'a élevé, adopté pour ainsi dire, et que cet enfant est son roi, de sa religion, le seul héritier de la maison de David, et le seul espoir d'Israël? »

Les critiques d'*Athalie*, animés par des haines profondes, étaient incapables de se placer, pour juger cette œuvre supérieure, au point de vue historique et philosophique où les esprits s'élèvent aisément aujourd'hui. Il est certain qu'*Athalie* est l'expression la plus haute, la plus complète et la plus parfaite de l'idée théocratique, une des grandes idées qui ont gouverné et qui gouvernent le monde. Le pouvoir spirituel redressant le pouvoir temporel, relevant le droit public, telle est la leçon qui ressort du magnifique poëme. Et notez que, pour être pris dans l'histoire hébraïque, le drame n'en a pas moins un sens éternel. Le pouvoir spirituel, plus ou moins défini, plus ou moins organisé, existe et existera dans toutes les civilisations. Il peut se déplacer; il ne s'anéantit point. Il y a toujours une force morale qui contre-balance l'empire politique et qui le brise parfois, lorsqu'il s'écarte des voies où les conditions d'ordre et de justice l'obligent de marcher. A bien y regarder, le complot de Joad est un fait qu'on n'aurait peut-être pas tort d'assimiler à certaines de nos révolutions modernes, quelle que soit la prodigieuse différence qui paraît exister entre ces événements.

Pour mettre en présence ces deux pouvoirs primordiaux, cet immortel antagonisme, dans une action typique, le poëte, lors même qu'il n'y aurait pas été contraint par sa croyance, devait chercher son sujet dans la société et chez le peuple où ce double pouvoir fut, dès l'antiquité la plus haute, le plus énergiquement constitué. Il n'aurait pu choisir mieux que l'histoire hébraïque qui est comme une perpétuelle démonstration de ce dualisme irréductible qui nulle part n'est marqué en traits aussi corrects, pour ainsi dire, et aussi saisissants. La foi de l'homme était d'accord avec le génie du poëte, et toute son éducation morale, toute son étude, toute son expérience, concouraient au même but.

Une seule chose aurait pu obscurcir sa vue, c'est le spectacle de l'autorité de Louis XIV, qui tendait à empiéter sur le domaine spirituel; mais Racine tenait, par ses relations et ses affections, à un des groupes persécutés, ce qui rectifiait son coup d'œil en corrigeant ce que son sentiment politique aurait pu avoir de trop exclusif. Aussi Sainte-Beuve a-t-il pu dire justement : « Pour faire *Athalie*, il fallait un poëte profondément chrétien, élevé comme le fut Racine à Port-Royal, et qui y fût fidèlement revenu. »

Nous ne saurions mieux faire que citer les pages consacrées par l'éminent critique à *Athalie :*

« *Athalie* est surtout une œuvre merveilleuse d'ensemble. C'est l'éloge, je le sais, qu'il faut donner à presque toutes les pièces de Racine; mais l'éloge s'applique ici dans une inconcevable rigueur. Depuis le premier vers d'*Athalie* jusqu'au dernier, le solennel mis en dehors et en action, le *solennel-éternel,* articulé dès la première rime, vous saisit et ne vous laisse plus. Rien de faible, rien qui relâche ni qui, un seul instant, détourne ; la variation n'est que celle d'un point d'orgue immense, où le flot majestueux monte plus ou moins, mais où il n'est pas un moment du ton qui ne concoure à la majesté souveraine et infinie.

« Aussi est-ce surtout à propos d'*Athalie* qu'il faut répéter ce que j'ai avancé en général de l'œuvre de Racine : tout ce qu'on en peut détacher est moindre et inférieur, si beau qu'on le trouve et a dans l'ensemble une autre valeur inqualifiable, indicible. L'auteur arrive par des moyens toujours simples à l'effet le plus auguste ; une fois entré, on suit, on se meut dans le miracle continuel, comme naturellement.

« Cet ordre, ce dessein avant tout, cet aspect d'ensemble qui est beau de toute beauté dans *Athalie,* nous est figuré dans le temple, et quel temple ! On a fait (et je le sais trop bien [1]), on a fait des objections au temple d'*Athalie,* on lui a opposé les mesures colossales de celui de Salomon, la colonne de droite nommée *Jachin* et celle de gauche nommée *Booz,* les deux chérubins de dix coudées de haut, en bois d'olivier revêtu d'or, tout ce cèdre du dedans du temple rehaussé de sculptures, de moulures, et la mer d'airain, et les bœufs d'airain, ouvrage d'Hiram. Racine, il est vrai, a peu parlé de l'œuvre d'Hiram et des soubassements de cette mer d'airain ; il n'a pas pris plaisir à épuiser le Liban comme d'autres à tailler dans l'Athos; son temple n'a que des *festons magnifiques,* et encore on ne les voit pas, la scène se passe dans une sorte de vestibule ; et cependant ce qui fait la suprême beauté et unité d'*Athalie,* c'est le temple, ce même temple juif de Salomon, mais déjà vu par l'œil d'un chrétien.

« Ce que Racine n'a pas décrit, et ce qu'aurait d'abord

---

[1]. Sainte-Beuve lui-même avait présenté ces objections dans ses premiers articles sur Racine.

décrit un moderne plus pittoresque que chrétien, est ce qui devait périr de l'ancien temple, ce qui n'était que figure et matière, ce que ce temple avait de commun sans doute, au moins à l'œil, avec les autres qui n'étaient pas le vrai et l'unique. Si notre grand Lyrique moderne avait eu à décrire le temple de Jérusalem, il eût pu y mettre bon nombre de ces vers de haute et vaste architecture qu'il a prodigués dans *le Feu du Ciel* à son panorama des villes maudites.

« Mais ce n'était qu'au dehors que ces descriptions eussent convenu : au fond du temple il n'y avait rien ; il y avait tout. Lorsque Pompée, usant du droit de conquête, entra dans le Saint des Saints, il observa avec étonnement, dit Tacite, qu'il n'y avait aucune image et que le sanctuaire était vide. C'était une opinion reçue en parlant des Juifs :

Nil præter nubes et cœli numen adorant.

« Si Racine, dans le temple d'*Athalie,* a moins rendu le *vestibule,* ça donc été pour mieux rendre le sanctuaire.

« Trop de décors eussent nui à la pensée ; trop de descriptions présentées avec une saillie disproportionnée nous eussent caché le vrai sujet, le Dieu un, spirituel, et qui remplit tout.

« Le grand personnage, ou plutôt l'unique d'*Athalie,* depuis le premier vers jusqu'au dernier, c'est Dieu. Dieu est là, au-dessus du grand-prêtre et de l'enfant, et à chaque point de cette simple et forte histoire à laquelle sa volonté sert de loi ; il y est invisible, immuable, partout senti, caché par le voile du Saint des Saints où Joad pénètre une fois l'an, et d'où il ressort le plus grand après Celui qu'on ne mesure pas.

« Cette unité, cette omnipotence du Personnage éternel, bien loin d'anéantir le drame, de le réduire à l'hymne continu, devient l'action dramatique elle-même, et en planant sur tous elle se manifeste par tous, se distribue et se réfléchit en eux selon les caractères propres à chacun : elle reluit en rayons pleins et directs dans la face du grand-prêtre, en aube rougissante au front du royal enfant, en rayons affaiblis et souvent noyés de larmes dans les yeux de Josabeth ; elle se brise en éclairs effarés au front d'Athalie, en lueurs bassement haineuses et lividement féroces au sourcil de Mathan ; elle tombe en lumière droite, pure, mais sans rayon, au cimier sans aigrette d'Abner. Tous ces personnages agissent, se meuvent selon leur personnalité humaine à la fois, et selon le souffle éternel : le grand-prêtre seul est comme la voix calme, haute, immuable de Dieu, redonnant le ton suprême, si les autres voix le font par instants baisser.

« Malgré donc tout ce qu'il y a de lyrique dans cette voix sans cesse ramenée du chœur et dans certains moments du grand-prêtre, nul drame n'est plus réalisé que celui d'*Athalie*, et par des personnages mieux dessinés ; nul plus saisissant, plus resserrant à chaque pas, et mieux poussant à l'intérêt, à la grande émotion, aux larmes, malgré la certitude du divin décret. On est jusqu'au bout dans une transe religieuse ; on est comme le fidèle Abner, dont l'esprit n'ose devancer l'issue ; on est muet et sans haleine comme ces lévites immobiles sous les armes et cachés ; on sent dresser ses cheveux à cet instant où, tout étant prêt, et Athalie donnant dans le piège, le grand-prêtre éclate :

> Grand Dieu ! voici ton heure, on t'amène ta proie ;

Et bientôt, s'adressant à Athalie elle-même :

> Tes yeux cherchent en vain, tu ne peux échapper,
> Et Dieu de toutes parts a su t'envelopper.

Consommation digne du drame lent et sûr conduit par Dieu seul.

« C'est tellement cet invisible qui domine dans *Athalie*, l'intérêt y vient tellement d'autre part que des hommes, bien que ces hommes y remplissent si admirablement le rôle qui leur est à chacun assigné, que le personnage intéressant du drame, l'enfant miraculeux et saint, Joas, est, à un moment capital, brisé lui-même et brisé comme exprès en sa fleur d'espérance. Dans cette scène de la fin du troisième acte, dans cette prophétie du grand-prêtre, qui est comme le *Sinaï* du drame, c'est Joas de qui il est dit :

> Comment en un plomb vil l'or pur s'est-il changé?

Car qu'est-ce que Joas? De quel poids est-il après tout dans les divins conseils? Joas tombe ; un autre succède : roseau pour roseau. Joas, dans cette scène prophétique, c'est la race de David, mais elle-même rejetée dès qu'elle a produit la tige unique, nécessaire et impérissable... La prophétie close, cet éclair deux fois surnaturel évanoui, le surnaturel ordinaire de la pièce continue; le drame reprend avec son intérêt un peu plus particulier; Joas redevient le rejeton intéressant à sauver et pour qui l'on tremble. Joad lui-même, en lui parlant, semble avoir oublié cette chute future entrevue par lui-même dans la prophétie. Pourtant une sorte de crainte à ce sujet ne cesse plus et fait ombre sur l'avenir et sur la persévérance de cet enfant merveilleux ; Joas y perd : la véritable unité de la pièce, Dieu, à qui tout remonte, y gagne.

« Je me rappelle qu'enfant, quand je lisais *Athalie*, il me prenait une peine profonde de cette chute prédite de Joas; à partir de ce endroit, la pièce, pour moi, était gâtée et comme défleurie. C'est que je jugeais en enfant, sur la fleur, tandis qu'il faut entrer avec Joad dans le néant de l'homme et dans les puissances du Très-Haut.

« Quoi qu'il en soit de cette ombre un moment aperçue au front de l'enfant, il est bien touchant que cet enfant tienne le principal rôle de la pièce, au moins quant à l'intérêt de tendresse; il sied que la plus auguste et la plus magnifique pièce sacrée ait pour héros un enfant et qu'elle ait été composée pour des enfants; c'est une harmonie chrétienne de plus : *Parvulis!*

« *Athalie*, comme art, égale tout. Le sentiment de l'Éternel, que j'ai marqué le dominant et l'unique de la pièce, est si bien conçu et exprimé par l'âme et par l'art à la fois, que ceux mêmes qui ne croiraient pas seraient pris non moins puissamment par ce seul côté de l'art, pour peu qu'ils y fussent accessibles. Quand le christianisme (par impossible) passerait, *Athalie* resterait belle de la même beauté, parce qu'elle le porte en soi, parce qu'elle suppose tout son ordre religieux, et le crée nécessairement. *Athalie* est belle comme l'*Œdipe-roi*, avec le vrai Dieu de plus. [1] »

Nous ne voyons pas ce qu'on pourrait ajouter à ce jugement. Un mot encore cependant. Il faut prendre garde quand on parle d'*Athalie*; car ce n'est pas le lecteur ou le spectateur qui mesure *Athalie*, mais *Athalie* qui mesure le spectateur et le lecteur. Reprenons maintenant l'histoire des représentations.

Les représentations d'*Athalie* ne se bornèrent pas à celles que nous avons énumérées précédemment.[2] Elles continuèrent à huis-clos pendant les années 1691, 1692 et 1693. Pendant ces années également, les demoiselles de Saint-Cyr vinrent quelquefois à Versailles représenter *Athalie*, mais si obscurément, avec si peu de bruit, que Dangeau, le minutieux chroniqueur, ne l'a pas noté une seule fois dans son *Journal*. Lorsque la jeune princesse de Savoie, qui allait devenir la duchesse de Bourgogne, vint à Versailles à la fin de l'année 1696, des représentations d'*Athalie* et d'*Esther* furent données en son honneur. Le 6 février 1697, elle vit *Athalie* à Saint-Cyr. Devenue duchesse de Bourgogne, elle la vit avec son jeune époux, le 27 février 1699, chez Mme de Maintenon, à Versailles. « On avoit fait venir pour cela, dit Dangeau, des demoiselles de Saint-Cyr qui la jouèrent fort bien. Le spectacle fut fort touchant et fort agréable. Cela se fit fort en particulier. »

En 1702, on prépara une représentation plus brillante. La duchesse de Bourgogne, qui avait alors dix-sept ans, devait y

---

1. *Port-Royal*, t. VI, pp. 144-150.
2. *Vie de Racine*, troisième partie.

avoir un rôle. Elle fut mécontente d'abord du personnage que Mme de Maintenon lui assigna ; elle désirait avoir celui de Josabeth. Elle l'obtint, et de ce moment changea totalement d'opinion sur la pièce. C'est ce que nous apprend une lettre de Mme de Maintenon au comte d'Ayen, publiée par La Beaumelle avec des additions apocryphes,[1] et réimprimée par M. Geoffroy,[2] d'après l'original conservé dans les archives de Mouchy :

« *Samedi au soir*. Mme la duchesse de Bourgogne m'a dit qu'elle ne voyoit point qu'*Athalie* réussit, que c'est une pièce fort froide, et plusieurs autres choses qui m'ont fait pénétrer, par la connoissance que j'ai de cette cour-là, que son personnage lui déplaît. Elle veut jouer Josabeth, qu'elle ne jouera pas comme la comtesse d'Ayen. Mais après avoir reconnu ses honnêtetés là-dessus, je lui ai dit que ce n'étoit pas à elle à se contraindre dans une chose qui ne se fait que pour son plaisir : elle est ravie et trouve *Athalie* une fort belle pièce. Il faut la jouer, puisque nous y sommes engagés ; mais en vérité il n'est pas agréable de s'ingénier de rien, non pas même pour eux... Il faut donc que la comtesse d'Ayen fasse Salomith ; car, sans compter l'honnêteté qu'on doit à Mme de Chailly, qu'on a fait venir exprès pour jouer Athalie, je ne puis me résoudre à voir la comtesse d'Ayen jouer la furieuse... »

Il y eut trois représentations : mardi 14, jeudi 23 et samedi 25 février 1702. Les rôles étaient ainsi distribués :

JOAS,	le jeune comte de l'Esparre, second fils du duc de Guiche.
ATHALIE,	la présidente de Chailly.
JOSABETH,	la duchesse de Bourgogne.
ZACHARIE,	M. de Champeron.
SALOMITH,	la comtesse d'Ayen.
ABNER,	le duc d'Orléans.

Pour le personnage du grand-prêtre, on eut recours à un

---

1. Amsterdam, 1757, t. V., pp. 1-2.
2. *Revue des Deux Mondes*, 15 janvier 1869.

acteur de profession, à Baron, alors dans toute sa renommée. Le comte d'Ayen fit Mathan, selon MM. Aimé Martin et Mesnard ; Azarias, selon Geoffroy. Cette incertitude tient à une faute d'impression dans l'article du *Mercure galant* de février 1702, qui rend compte de ces spectacles de Versailles.

Voici du reste ce compte rendu :

« On a joué trois fois *Athalie* de M. Racine, avec tous les ornements et les chœurs mis en musique depuis longtemps par M. Moreau, qui avoit fait ceux d'*Esther*. Ces chœurs ont été parfaitement bien exécutés par les demoiselles de la musique du roi. Mme la duchesse de Bourgogne a joué Josabeth avec toute la grâce et tout le bon sens imaginable, et, quoique son rang pût lui permettre de faire voir plus de hardiesse qu'une autre, celle qu'elle a fait paroître, seulement pour marquer qu'elle étoit maîtresse de son rôle, a toujours été mêlée d'une certaine timidité que l'on doit nommer plutôt modestie que crainte. Les habits de cette princesse étoient d'une grande magnificence, et cependant on peut dire que sa personne ornoit encore plus le théâtre que la richesse de ses habits. M. le duc d'Orléans a parfaitement bien joué le rôle d'Abner, et avec une intelligence que l'on n'attrape que lorsque l'on a beaucoup d'esprit. M. le comte d'Ayen a joué Joab,[1] et Mme la comtesse, sa femme, Salomith. Quand on a de l'esprit infiniment, on réussit dans tout ce qu'on se donne la peine d'entreprendre. Mme la présidente de Chailly s'est fait admirer dans le rôle d'Athalie, et M. le comte de l'Esparre, second fils de M. le duc de Guiche, qui n'a que sept à huit ans, a charmé dans le personnage du jeune roi Joas. M. de Champeron, qui est encore fort jeune, a très-bien réussi dans le rôle du fils du grand-prêtre Joad, et celui de ce grand-prêtre a été joué par le sieur Baron qui, au sentiment de tous ceux qui ont eu l'honneur d'être nommés pour voir jouer cette pièce qui n'a

---

1. Il n'y a pas de Joab dans *Athalie*. C'est la faute d'impression que nous signalions tout à l'heure.

été représentée que devant très-peu de monde, n'a jamais joué avec plus de force.

« A l'égard des autres acteurs, qui ne s'étant point encore donné le divertissement de représenter des pièces de théâtre, ignoroient eux-mêmes s'ils avoient quelque talent pour cela, tous ceux qui ont eu le plaisir de les voir jouer ont dit hautement que les meilleurs comédiens n'auroient pu jouer avec plus d'intelligence et de feu, ni faire répandre plus de larmes. On joignit à la troisième représentation d'*Athalie* les *Précieuses ridicules*, de Molière : cette petite comédie fut exécutée en perfection, et M. le duc d'Orléans, dans le rôle du vicomte, et M. le marquis de La Vallière dans celui du marquis, réjouirent fort la compagnie. »

Saint-Simon nous dit quels furent à peu près les spectateurs de ces représentations : « Il n'y avoit place que pour quarante spectateurs. Monseigneur et les deux princes, ses fils; Mme la princesse de Conti, M. du Maine, les dames du Palais, Mme de Noailles et ses filles, y furent seuls admis. Il n'y eut que deux ou trois courtisans en charge et en familiarité, et pas toujours. Madame y fut admise avec son grand habit de deuil ; le roi l'y convia, parce qu'elle aimoit fort la comédie. »

C'était déjà pour *Athalie* une manière de revanche de la modestie excessive où elle avait paru d'abord. Mais cette revanche ne fut complète que lorsque le chef-d'œuvre de Racine fut traduit au grand jour du théâtre public. Encore la première mise en scène laisse-t-elle à désirer, puisque les chœurs furent supprimés, et le chef-d'œuvre mutilé par conséquent dans une de ses parties essentielles.

Ce fut peu après la mort de Louis XIV, avant celle de Mme de Maintenon, que le Régent, malgré les réserves du privilége accorda, en 1716, aux Comédiens français l'autorisation de représenter cette tragédie, et cela sans consulter, bien entendu, ni la famille de l'auteur, ni personne. C'était assez juste, car *Athalie* appartenait de droit à la nation. On aurait pu cependant obliger les Comédiens à faire la part légitime des héritiers de Racine. Il n'en fut rien. « M. Racine, écrit un journaliste à la date de 1762 (c'est-à-dire quarante-six ans plus tard), est allé voir la salle de la Comédie il y a quelques jours. Sa grande dévotion l'empêche depuis longtemps de fréquenter le théâtre. Ce fils d'un illustre père a été accueilli avec tous les égards que les Comédiens lui doivent. Il a tout loué, tout admiré. Sa visite faite : « Messieurs, a-t-il ajouté, je viens répéter une petite dette. Vous savez que mon père avoit défendu par son testament qu'on jouât *Athalie*.[1] M. le Régent a depuis ordonné que, sans égard aux volontés du testateur, le drame seroit donné au public. Cet ordre de M. le duc d'Orléans ne me fait déroger en rien à mes droits. Je revendique en conséquence la part qui me doit revenir des représentations multipliées de ce chef-d'œuvre de mon père. » Cette demande a fort étourdi l'aréopage comique. Il est question de trouver un *mezzo termine* à cette contestation naissante. » Le même journal, dans un numéro suivant, confirme ce récit, et reprend : « Cela n'ira pas plus loin, à ce qu'on m'assure. Il (Louis Racine) coloroit sa demande du prétexte de charité : il vouloit faire des aumônes de cet argent. On prétend que les Comédiens se sont moqués de lui, et que cette restitution iroit de trente à quarante mille livres. »

La réclamation du fils de Racine était tardive sans doute, mais il est certain que de nos jours elle aurait été prise en plus sérieuse considération qu'elle ne le fut alors, et n'aurait pas, du moins, semblé si ridicule.

Athalie fut donc représentée pour la première fois par les Comédiens français, le mardi 3 mars 1716. Voici la distribution des rôles :

---

1. Louis Racine pouvait bien supposer que telle avait été la volonté de son père, mais dans les deux testaments que l'on trouvera reproduits tome VIII, à la fin des *Mémoires* de Louis Racine, il n'y a aucune disposition à ce sujet.

Notez que Louis Racine, en 1762, était âgé de soixante-neuf ans, qu'il avait été déjà frappé d'apoplexie et qu'il mourut le 29 janvier 1763.

JOAS,	le fils de Laurent, concierge de la Comédie.
ATHALIE,	Mlle Desmares.
JOAD,	Beaubourg.
JOSABETH,	Mlle Duclos.
ZACHARIE,	Mlle Mimi Dancourt.
ABNER,	Poisson fils.
MATHAN,	Dancourt.

Le Fèvre, rédacteur du *Mercure galant*, assez peu favorablement disposé, rend compte de cette représentation en ces termes : « Le 3 de mars, on représenta, sur le théâtre de la Comédie, la tragédie d'*Athalie*, où M. Beaubourg joua son rôle du grand-prêtre très-bien et très-fort. M. Dancourt fit le rôle de Mathan. Mlle Desmares fit le rôle d'Athalie, et Mlle Duclos celui de Josabeth. La conjecture de cette représentation se trouva heureuse pour ces actrices et pour la pièce; je crois être obligé d'apprendre au public pourquoi Athalie et Josabeth récitèrent leurs rôles avec tant d'art et de feu, que leur déclamation ravit tous les spectateurs. D'amies inséparables qu'elles étaient avant qu'il fût question d'*Athalie,* elles se sont (elles s'étaient disputé le principal rôle) juré une si forte inimitié que c'est aux motifs de leur haine que le public a la principale obligation du succès de cette tragédie, dont, en effet, les deux premières actrices sont, dans tout le cours de la pièce, des ennemies irréconciliables. Mlle Mimi Dancourt y joua le rôle de Zacharie avec toute la noblesse et toute la grâce imaginables. Pour Joas, dont le rôle fut représenté par le fils de Laurent, concierge de la Comédie, il fut admiré et applaudi de tout le monde, et, à proportion de son âge, il surpassa de beaucoup tous les autres acteurs de la Comédie. »

Il y a de l'ironie dans ces éloges. Mme de Caylus, elle, est tout à fait mécontente. « Je crois, dit-elle dans ses *Souvenirs,* que Racine eût été fâché de voir son *Athalie* aussi défigurée qu'elle m'a paru l'être par une Josabeth fardée, une Athalie outrée, et un grand-prêtre plus ressemblant aux capucinades du petit père Honoré qu'à la majesté d'un prophète divin. »

D'autres témoignages sont plus favorables à ces premiers interprètes d'*Athalie*. Quoi qu'il en soit, la tragédie fit beaucoup d'impression ; tout son mérite se révéla au public ; elle fut « reçue avec transport », dit Voltaire. Elle eut quatorze représentations du 3 au 28 mars.

Le 30 mars, *Athalie* fut jouée aux Tuileries devant le jeune roi Louis XV, âgé alors de six ans. Comme Joas, il restait le dernier d'une nombreuse famille royale. On lui appliquait quelques vers de la pièce :

> Voilà donc votre roi, votre unique espérance.
> J'ai pris soin jusqu'ici de vous le conserver...
> Du fidèle David c'est le précieux reste...
> Songez qu'en cet enfant tout Israël réside...

Comme le remarque Louis Racine, cette sorte d'à-propos donna au grand drame biblique un surcroît d'intérêt et de succès.

En 1721, le 10 juin, *Athalie* fut reprise devant le roi. Les rôles étaient distribués comme il suit :

JOAS,	le petit Dangeville.
ATHALIE,	Mlle Duclos.
JOAD,	Baron.
JOSABETH,	Mlle Dangeville.
ZACHARIE,	Mlle Deshayes.
ABNER,	Poisson fils.
MATHAN,	Legrand.

Baron, rentré au théâtre en 1720, reparaissait dans le rôle qu'il avait joué en 1702 à Versailles. Il y fut très-admiré, et *Athalie* fut dès lors appréciée à toute sa valeur.

En 1728-1729, nouvelle reprise :

JOAS,	la petite Dubreuil.
ATHALIE,	Mlle Lecouvreur.
JOAD,	Baron.
JOSABETH,	Mlle Duclos.
ZACHARIE,	Duchemin fils.
ABNER,	Dufresne.
MATHAN,	Fontenay.

Cette fois encore il y avait un progrès, au moins dans l'interprétation du personnage d'Athalie. Mme de Simiane, parlant, à la date du 19 décembre 1736, de sa petite fille Pouponne (Mlle de Castellane), qui a joué Athalie dans son couvent, exprime ainsi la différence qu'il y avait entre Mlle Lecouvreur et Mlle Duclos : « Le fort de *Pouponne,* c'est le sentiment, d'où il arrive que ce qu'elle déclame selon son petit goût et son intelligence vaut cent fois mieux que ce que nous lui apprenons : je viens de l'éprouver à cette dernière scène qui commence : « Te voilà, séducteur. » Je ne croyois pas qu'elle la sût : elle l'a dit mieux que tout le reste. Les choses qu'elle dit le moins bien, ce sont les simples, et où il ne faut pas de déclamation. C'étoit le triomphe de la Lecouvreur. Pour *Pouponne,* il lui faut de la fureur, c'est une petite Duclos. »

Cependant Adrienne Lecouvreur, malgré tout son génie, ne paraît pas avoir été l'actrice qui, au dernier siècle, ait déployé les plus remarquables qualités dans le rôle d'Athalie. Mlle Dumesnil, la violente et la terrible, laissa dans ce rôle de plus durables souvenirs. M. le marquis de La Rochefoucauld-Liancourt en a reproduit l'expression consignée dans le *Manuel du Théâtre-François :*

« Ce rôle est un de ceux, y est-il dit, que Mlle Dumesnil jouoit avec le plus de supériorité. Son entrée sur le théâtre étoit effrayante. Elle jetoit autour d'elle des regards furieux et remplis à la fois de menace et de terreur. Elle paroissoit poursuivie par la colère céleste, et fuyant, pour ainsi dire, devant un Dieu vengeur. Elle se remettoit ensuite, rappeloit sa fierté, et commençoit d'un ton noble et tranquille le récit de ce songe, l'un des plus beaux morceaux de poésie qu'on ait jamais entendu sur la scène tragique.

« Mais bientôt, se pénétrant des images que lui retraçoit le souvenir de ce songe funeste, elle les rendoit présentes aux yeux des spectateurs. On croyoit la voir successivement tendre les bras vers l'ombre de sa mère, se détourner avec horreur, en trouvant, au lieu d'elle, un horrible amas de membres

déchirés et sanglants, se rassurer ensuite à la vue d'un jeune
enfant vêtu d'un long habit de lin, et porter enfin sa main sur
la blessure qu'elle sembloit recevoir encore. Ce n'étoit plus un
récit, ce n'étoit plus un songe, c'étoit un fait, une action véritable.

« Mais tout son art, et, si on ose le dire, son génie dramatique, paraissoit se développer dans cette scène admirable déjà
citée. Éliacin, amené devant elle, rappeloit d'abord toutes ses
terreurs :

« C'est lui ! d'horreur encor tous mes sens sont saisis.

« Savante dans l'art de se contraindre, elle caressoit cet
enfant; mais c'étoient les caresses d'un tigre prêt à dévorer sa
proie. Son sourire avoit quelque chose de cruel ; ses yeux,
presque à chaque réponse, se fixoient alternativement, et avec
une expression différente, sur Mathan, sur Abner et sur Josabeth. Ils revenoient tomber sur Joas; et lorsque la voix, la
grâce et la sagesse prématurée de ce jeune prince lui causoient
une émotion involontaire, rien ne peut retracer la manière
dont elle exprimoit sa surprise d'un mouvement de pitié
étranger à son caractère.

« Mais quand, après un nouvel interrogatoire, aigrie par la
naïveté piquante des réponses d'Éliacin, elle se laissoit aller
enfin à toute sa fureur, qu'elle faisoit gloire de ses premiers
crimes et de sa haine implacable pour le sang de David, on
trembloit des crimes nouveaux qu'elle sembloit méditer; et
l'on ne pouvoit, sans frémir, entendre ses derniers mots :
« J'ai voulu voir, j'ai vu », ni voir le regard farouche dont
elle les accompagnoit et qui paroissoit annoncer la ruine du
temple et le massacre de ses prêtres.

« Cette scène, la plus belle et la plus parfaite dans toutes
ses parties que jamais poëte tragique ait conçue, est, on peut
le dire, l'épreuve la plus dangereuse où puisse être mis le
talent d'une actrice. Le succès de Mlle Dumesnil s'y soutint
constamment jusqu'au moment de sa retraite. »

Mlle Clairon s'essaya aussi dans ce rôle, mais son succès fut moindre que celui de Mlle Dumesnil « parce que c'est un rôle passionné, dit Grim, où l'art et le jeu raisonné sont mortels ». Cependant ce fut elle qui, de préférence à Mlle Dumesnil, fut choisie pour le remplir, lorsque *Athalie* fut représentée sur la scène du nouvel Opéra à Versailles, en 1770, pendant les fêtes du mariage du Dauphin et de la Dauphine. Les principaux rôles étaient distribués ainsi :

ATHALIE,	Mlle Clairon.
JOAD,	Brizart.
ABNER,	Lekain.
JOSABETH,	Mlle Dubois.

Brizart et Lekain excellaient dans leurs rôles. Ce fut dans cette occasion qu'*Athalie* fut entourée de tout l'appareil qui lui convient. Les décors et la mise en scène étaient magnifiques. On lit dans le *Mercure de France* d'octobre 1770 : « La décoration représentant le temple de Jérusalem était parfaitement bien peinte et de la plus grande ordonnance... La partie intérieure du temple, formée par une arcade assez haute et assez ouverte pour que l'œil ne perdît rien de la noblesse et de l'élévation de l'architecture, étoit terminée au fond par une colonnade circulaire, au-dessus de laquelle on avoit pratiqué une galerie destinée à recevoir une quantité considérable de prêtres et de peuple, dans l'instant où Joas paroît sur son trône, entouré de ses défenseurs victorieux. Il seroit difficile de donner une véritable idée de la beauté majestueuse de ce spectacle, rendu encore plus frappant par les chœurs nombreux... »

Il paraît qu'on avait mêlé à ces chœurs des éléments étrangers, des morceaux de l'opéra de Philidor, *Ernelinde*. C'était dépasser le but.

« Le jeu de Mlle Clairon, disent les auteurs des *Anecdotes dramatiques* (1775), ne répondit pas tout à fait à la grande réputation de cette actrice. Une longue absence du théâtre avoit peut-être déshabitué le public de l'applaudir. Mlle Dumesnil joua ce même rôle à Paris la semaine suivante ; et le parterre, pour la dédommager sans doute de ce qu'elle n'avoit pas joué à la cour, la reçut avec des applaudissements incroyables, avant même qu'elle récitât le premier vers. »

En 1790, au milieu des dissensions qui agitaient la Comédie-Française, on donna une représentation d'*Athalie* qui mérite d'être signalée dans l'histoire de ce chef-d'œuvre au théâtre. « Mlle Joly, excellente soubrette, voulut tenter un effort extraordinaire pour ramener la foule dans la salle et l'argent dans la caisse : elle fit annoncer qu'elle jouerait incessamment le rôle d'Athalie ; et cette bizarrerie mit bientôt en mouvement tous les oisifs de Paris. Un public innombrable se porta, le 23 octobre, à la Comédie-Française : on avait fait sur Mlle Joly ces deux vers, qui n'offrent qu'un mauvais calembour, mais qui préparaient à l'indulgence :

> Si l'actrice Joly n'est pas bonne *Athalie*,
> Le pis-aller sera de la rendre à *Thalie*.

Cette actrice surpassa peut-être l'attente qu'on s'en était formée : une diction pure, beaucoup de noblesse et de fermeté firent oublier la faiblesse de son organe et de son physique. La nature, en formant Mlle Joly, lui avait refusé cette force qui convient aux *reines tragiques*, mais elle lui avait donné, en revanche, cette grâce, cette finesse, qui en ont fait une des premières soubrettes du théâtre : sa tentative, un peu téméraire peut-être, n'en fut pas moins heureuse, et la pureté de ses motifs fit redoubler les applaudissements que lui prodiguait l'indulgence. Cette soirée fut remarquable par divers incidents : le public, reconnaissant au fond d'une loge Préville et Brizard, les applaudit avec ivresse, et les força de se placer sur le devant. Talma jouait un simple rôle de lévite, et un sifflet *introuvable* le poursuivit pendant toute la pièce avec la dernière indécence. On fit ce jour-là de nombreuses applications des vers de Racine aux circonstances révolutionnaires. »

Déjà, en 1787, le 16 août, une représentation d'*Athalie* avait été signalée par des applaudissements d'une signification menaçante. Le public avait souligné particulièrement par des battements de mains énergiques la tirade de Joad (acte IV, scène III):

> De l'absolu pouvoir vous ignorez l'ivresse
> Et des lâches flatteurs la voix enchanteresse.
> Bientôt ils vous diront que les plus saintes lois,
> Maîtresses du vil peuple, obéissent aux rois;
> Qu'un roi n'a d'autre frein que sa volonté même;
> Qu'il doit immoler tout à sa grandeur suprême;
> Qu'aux larmes, au travail le peuple est condamné,
> Et d'un sceptre de fer veut être gouverné;
> Que, s'il n'est opprimé, tôt ou tard il opprime.
> Ainsi de piége en piége, et d'abîme en abîme,
> Corrompant de vos mœurs l'aimable pureté,
> Ils vous feront enfin haïr la vérité.

Chose bizarre, mais bien significative, que des vers écrits pour Louis XIV par un poëte à qui l'on reproche volontiers d'avoir été courtisan, fussent, un siècle plus tard, d'une hardiesse presque séditieuse, et servissent à manifester les aspirations du pays à la liberté politique!

Mais c'est sous l'Empire surtout qu'*Athalie* porta ombrage au pouvoir. On ne la représentait qu'avec de nombreuses suppressions, pour éviter les allusions auxquelles elle prêtait. C'était le temps où Saint-Prix jouait Joad, Mlle Georges ou Mlle Duchesnois, Athalie; Talma ou Lafon, Abner.

En 1819, Talma prit possession du rôle de Joad qu'il marqua fortement à son empreinte. Il y eut quatre grandes représentations d'*Athalie* à l'Opéra au mois de mai de cette année. La deuxième de ces représentations produisit une somme de 17,000 francs. A côté de Talma, Mlle Duchesnois remplissait le rôle d'Athalie; Lafon, celui d'Abner. La musique des chœurs qui y fut exécutée, était celle composée par Gossec et par Haydn, en 1786. On trouva fort beau le chœur écrit pour le serment du IVe acte:

> Oui, nous jurons ici pour nous, pour tous nos frères, etc.,

vers que Racine n'avait pas destinés à être mis en musique.

Une autre musique pour les chœurs d'*Athalie* avait été composée par Boieldieu à Saint-Pétersbourg (1803-1811); elle ne fut connue du public parisien qu'après la mort de Boieldieu. Elle fut exécutée à Paris le 29 mai et les 2 et 3 juin 1838, dans des représentations extraordinaires données au Théâtre-Français. Mme Paradol, qui faisait ses adieux au public, jouait le rôle d'Athalie.

Le rôle d'Athalie fut un de ceux où Mlle Rachel déploya le plus de talent. Elle le remplit pour la première fois le 7 avril 1847. Les chœurs étaient supprimés, et la mise en scène médiocre. La grande actrice fit tout oublier. Th. Gautier rend compte ainsi de cette reprise :

« La reprise d'*Athalie* a été un triomphe pour Mlle Rachel et une honte pour le Théâtre-Français. Tant que Mlle Rachel est en scène, on est sérieux, on admire, on tremble, on applaudit; mais, sitôt qu'elle disparaît, la salle entière éclate de rire. Rien ne peut donner une idée de la mise en scène d'*Athalie*. C'est de la pompe comique, du Racine travesti. La figure des lévites, la tournure des lévites, le costume des lévites, la désinvolture des soldats de Dieu, c'est certainement la chose la plus plaisante qu'on ait jamais vue. Les soldats du pape seraient bien fiers s'ils voyaient ces soldats de Dieu. En vain Ligier leur dicte les ordres divins d'une voix grave et sonore; dès qu'ils obéissent, c'est-à-dire dès qu'ils remuent, les rires recommencent et la tragédie s'engloutit. Et ceux qui jouent du théorbe et de la harpe, dans le tabernacle, sur les marches de l'autel, qu'ils sont amusants, ceux-là! Quelle activité! Comme ils se démènent! les poëtes de Dieu valent bien les soldats de Dieu. Chose étrange! ils jouent de la harpe, on ne voit que des harpes, et l'on n'entend que des contre-basses! Mais aussi ils ont une manière de tirer les cordes qui doit produire des sons tout particuliers.

« Eh bien, la superbe Athalie parvient à jeter l'épouvante sur cette scène livrée au ridicule et dans cette salle en proie à la plus vive gaieté. Son entrée, au second acte, est admirable, Mlle Rachel possède ce don suprême qui fait les grandes tragédiennes : l'autorité. A sa vue seule, on comprend sa puissance; dans son maintien, dans son geste, dans son regard, on reconnaît une reine. Mlle Rachel a trouvé, dans le récit du songe, des effets nouveaux; elle ne dit pas : « Je l'ai vu ! » comme le disait Mlle Raucourt; mais les amateurs qui ont entendu les deux actrices prétendent que la manière dont Mlle Rachel dit ce mot est plus naturelle, et ils lui donnent la préférence. La scène de l'interrogatoire est comprise avec une rare intelligence. Quel calme! quelle simplicité! mais que ce calme est menaçant, que cette simplicité est effrayante ! La composition de ce rôle si important, si difficile, fait le plus grand honneur à la jeune tragédienne. C'est une étude savante qui la place très-haut dans l'estime des artistes consciencieux.

« Mlle Rachel se fait franchement vieille dans *Athalie*; elle porte de longs cheveux gris, et affecte la démarche à la fois assurée et chancelante des femmes respectables ; mais, malgré sa bonne volonté, elle paraît jeune, et très-jeune. Athalie semble avoir réalisé le rêve de Jézabel : elle a su réparer des ans l'irréparable outrage.

« Ligier est souvent applaudi dans le rôle de Joad; peut-être met-il, au cinquième acte, un peu trop de finesse dans son jeu; sans doute, le piége qu'il tend à Athalie est un piége malin, mais quand le secret est terrible, le voile qui le cache ne doit pas être si léger. Le sphinx est mystérieux; il n'est pas finot.

« Mlle Dinah Félix, actrice consommée, âgée de deux lustres, a obtenu un succès fou dans le rôle d'Éliacin... »

Athalie fut, à cette reprise, jouée dix-huit fois de suite.

Nous ne pouvons que noter les reprises solennelles. La dernière qui ait eu lieu à la Comédie-Française est celle du mois d'avril 1859. La musique des chœurs était composée par M. J. Cohen. Mme Guyon tenait le rôle d'Athalie. La tragédie continue à être représentée par intervalles telle à peu près qu'elle fut montée alors. Voici la distribution actuelle (27 mars 1877) :

Joad,	MM. Maubant.
Un lévite,	Boucher.
Abner,	Martel.
Nathan,	D. Vernon.
Ismael	Charpentier.
Azarias,	Baillet.
Nabal,	Richard.
Athalie,	Mmes E. Guyon.
Joas,	Reichemberg.
Josabeth,	Lloyd.
Salomith,	Fayolle.
Zacharie,	Martin.

A l'Odéon, nous avons eu, dans ces dernières années, des représentations qui n'offrirent rien de remarquable pour l'interprétation, mais où l'on exécuta l'ouverture et la musique des chœurs de Mendelssohn-Bartholdy. Mendelssohn, en Tudesque convaincu, avait adapté sa musique aux paroles d'un traducteur allemand. On chercherait en vain, par conséquent, à y saisir la coupe et l'harmonie des vers de Racine. Lorsqu'on voulut faire entendre cette composition en France, il fallut adapter la musique de Mendelssohn aux vers français. Malgré ces remaniements indispensables, plusieurs beaux morceaux ont été remarqués : *Sion, chère Sion... O réveil plein d'horreur!... Un cœur qui t'aime*, et la marche orchestrale du quatrième acte. L'ouverture est une symphonie brillante qui ne semble pas se rapporter suffisamment à la tragédie biblique.

Ces représentations furent très-suivies; quelques-unes furent données sur le théâtre de la Gaîté, aux Matinées du Dimanche, avant la transformation de ce théâtre en théâtre lyrique.

FIN DE L'EXAMEN CRITIQUE D'ATHALIE.

POÉSIES DIVERSES

PREMIERS VERS

FRANÇAIS ET LATINS DE RACINE

LE PAYSAGE[1]

ou

PROMENADE DE PORT-ROYAL DES CHAMPS

ODE PREMIÈRE.

LOUANGE DE PORT-ROYAL EN GÉNÉRAL.

Saintes demeures du silence,
Lieux pleins de charmes et d'attraits,

---

1. Les productions de la jeunesse de Racine, les premiers essais de sa muse, sont devenus des monuments vraiment curieux, puisqu'ils marquent de quel point ce grand homme est parti pour aller si loin. M. de Naurois, son arrière-petit-fils, a donc rendu un vrai service aux lettres en nous communiquant les manuscrits précieux dans lesquels Louis Racine avait recueilli les premières compositions, et pour ainsi dire les premiers thèmes de son illustre père, et en nous permettant d'en extraire la description, en vers français, de la fameuse abbaye de Port-Royal. (G.) Ces vers ont été composés par Racine antérieurement à 1658, lorsqu'il n'avait pas dix-neuf ans.

Port où, dans le sein de la paix,
Règne la Grâce et l'Innocence;
Beaux déserts qu'à l'envi des cieux,
De ses trésors plus précieux
    A comblé la nature,
Quelle assez brillante couleur
    Peut tracer la peinture
De votre adorable splendeur?

Les moins éclatantes merveilles
De ces plaines ou de ces bois,
Pourroient-elles pas mille fois
Épuiser les plus doctes veilles?
Le soleil vit-il dans son tour
Quelque si superbe séjour
    Qui ne vous rende hommage?
Et l'art des plus riches cités
    A-t-il la moindre image
De vos naturelles beautés?

Je sais que ces grands édifices
Que s'élève la vanité,
Ne souillent point la pureté
De vos innocentes délices.
Non, vous n'offrez point à nos yeux
Ces tours qui, jusque dans les cieux,
    Semblent porter la guerre,
Et qui, se perdant dans les airs,
    Vont encor sous la terre
Se perdre dedans les enfers.

Tous ces bâtiments admirables,
Ces palais partout si vantés,

Et qui sont comme cimentés
Du sang des peuples misérables ;
Enfin tous ces augustes lieux,
Qui semblent faire autant de dieux
   De leurs maîtres superbes,
Un jour trébuchant avec eux,
   Ne seront sur les herbes
Que de grands sépulcres affreux.

Mais toi, solitude féconde,
Tu n'as rien que de saints attraits,
Qui ne s'effaceront jamais
Que par l'écroulement du monde :
L'on verra l'émail de tes champs
Tant que la nuit de diamants
   Sèmera l'hémisphère ;
Et tant que l'astre des saisons
   Dorera sa carrière,
L'on verra l'or de tes moissons.

Que si, parmi tant de merveilles,
Nous ne voyons point ces beaux ronds,
Ces jets où l'onde, par ses bonds,
Charme les yeux et les oreilles,
Ne voyons-nous pas dans tes prés
Se rouler sur des lits dorés
   Cent flots d'argent liquide,
Sans que le front du laboureur,
   A leur course rapide,
Joigne les eaux de sa sueur ?

La nature est inimitable ;
Et quand elle est en liberté,

Elle brille d'une clarté
Aussi douce que véritable.
C'est elle qui, sur ces vallons,
Ces bois, ces prés et ces sillons,
    Signale sa puissance;
C'est elle par qui leurs beautés,
    Sans blesser l'innocence,
Rendent nos yeux comme enchantés.

ODE II.

LE PAYSAGE EN GROS.

Que je me plais sur ces montagnes,
Qui s'élevant jusques aux cieux,
D'un diadème gracieux
Couronnent ces belles campagnes!
O Dieu, que d'objets ravissants
S'y viennent offrir à mes sens!
    De leurs riches vallées,
Quel amas brillant et confus
    De beautés rassemblées
Éblouit mes yeux éperdus!

Delà j'aperçois les prairies,
Sur les plaines et les coteaux,
Parmi les arbres et les eaux,
Étaler leurs pompes fleuries.
Deçà je vois les pampres verts
Enrichir cent tertres divers
    De leurs grappes fécondes;

Et là les prodigues guérets,
  De leurs javelles blondes,
Border les prés et les forêts.

Dessus ces javelles fertiles,
[Et] dessus cet or tout mouvant,
Je vois aussi l'air et le vent
Promener leurs souffles tranquilles;
Et comme on voit l'onde en repos
Souvent refriser de ses flots
  La surface inconstante,
Je vois de ces pompeux sillons
  La richesse flottante
Ondoyer dessus ces vallons.

Je vois ce sacré sanctuaire,
Ce grand temple, ce saint séjour
Où Jésus encor chaque jour
S'immole pour nous à son père.
Muse, c'est à ce doux Sauveur
Que je dois consacrer mon cœur,
  Mes travaux et mes veilles :
C'est lui de qui le puissant bras
  Fit toutes ces merveilles
Qui nous fournissent tant d'appas.

Ainsi, d'un facile langage,
L'on voit ce temple spacieux,
S'élevant dessus tous les lieux,
Leur demander un humble hommage,
Et semble aller au firmament,
Publier encor hautement

A ces sphères roulantes,
Qu'ainsi qu'en l'azur lumineux
　De leurs voûtes brillantes,
Dieu loge en son sein bienheureux.

Je vois ce cloître vénérable,
Ces beaux lieux du ciel bien aimés,
Qui de cent temples animés
Cachent la richesse adorable.
C'est dans ce chaste paradis
Que règne en un trône de lis
　La virginité sainte :
C'est là que mille anges mortels,
　D'une éternelle plainte,
Gémissent aux pieds des autels.

Sacré palais de l'innocence,
Astres vivants, chœurs glorieux,
Qui faites voir de nouveaux cieux
Dans ces demeures de silence,
Non, ma plume n'entreprend pas
De tracer ici vos combats,
　Vos jeûnes et vos veilles :
Il faut, pour en bien révérer
　Les augustes merveilles,
Et les taire et les adorer.

Je vois les altières futaies,
De qui les arbres verdoyants,
Dessous leurs grands bras ondoyants,
Cachent les buissons et les haies :
L'on diroit même que les cieux

Posent sur ces audacieux
   Leur pesante machine,
Et qu'eux, d'un orgueil non pareil,
   Prêtent leur forte échine
A ces grands trônes du soleil.

Je vois les fruitiers innombrables
Tantôt rangés en espaliers
Tantôt ombrager les sentiers
De leurs richesses agréables.
Mais allons dans tous ces beaux lieux
Voir, d'un regard plus curieux,
   Leur pompe renfermée;
Et vous, souffrez, riches déserts,
   Que mon âme charmée
Contemple vos trésors divers.

ODE III.

DESCRIPTION DES BOIS.

Que ces vieux royaumes des ombres,
Ces grands bois, ces noires forêts,
Cachent de charmes et d'attraits
Dessous leurs feuillages si sombres !
C'est dans ce tranquille séjour
Que l'on voit régner nuit et jour
   La paix et le silence;
C'est là qu'on dit que nos aïeux,
   Au siècle d'innocence,
Goûtoient les délices des cieux.

C'est là que cent longues allées
D'arbres toujours riches et verts
Se font voir en cent lieux divers,
Droites, penchantes, étoilées.
Je vois mille troncs sourcilleux
Soutenir le faîte orgueilleux
    De leurs voûtes tremblantes ;
Et l'on diroit que le saphir,
    De deux portes brillantes
Ferme ces vrais lieux de plaisir.

C'est sous ces épaisses feuillées
Que l'on voit les petits oiseaux,
Ces chantres si doux et si beaux,
Errer en troupes émaillées ;
C'est là que ces hôtes pieux,
Par leurs concerts harmonieux,
    Enchantent les oreilles,
Et qu'ils célèbrent sans souci
    Les charmantes merveilles
De ces lieux qu'ils ornent aussi.

Là, d'une admirable structure,
On les voit suspendre ces nids,
Ces cabinets si bien bâtis,
Dont l'art étonne la nature ;
Là, parfois, l'un sur son rameau
Entraîne le petit fardeau
    D'une paille volante ;
L'autre console, en trémoussant,
    Sa famille dolente
De quelque butin ravissant.

Là, l'on voit la biche légère,
Loin du sanguinaire aboyeur,
Fouler, sans crainte et sans frayeur,
Le tendre émail de la fougère.
Là, le chevreuil, champêtre et doux,
Bondit aussi dessus les houx,
   En courses incertaines ;
Là, les cerfs, ces arbres vivants,
   De leurs bandes hautaines,
Font cent autres grands bois mouvants.

C'est là qu'avec de doux murmures
L'on entend les petits Zéphyrs,
De qui les tranquilles soupirs
Charment les peines les plus dures.
C'est là qu'on les voit tour à tour
Venir baiser avec amour
   La feuille [tremblotante] ; [1]
Là, pour joindre aux chants des oiseaux
   Leur musique éclatante,
Ils concertent sur les rameaux.

Là, cette chaleur violente
Qui, dans les champs et les vallons,
Brûle les avides [2] sillons,
Se fait voir moins fière et plus lente.
L'œil du monde voit à regret

---

1. Le manuscrit, les éditions de Geoffroi et d'Aimé Martin donnent :
        La feuille tremblante.

Il manque à ce vers une syllabe. Nous adoptons la correction proposée par M. Aignan.

2. On doit peut-être lire *arides*.

Qu'il ne peut percer le secret
    De ces lieux pleins de charmes :
Plus il y lance de clartés,
    Plus il leur donne d'armes
Contre ses brûlantes beautés.

ODE IV.

DE L'ÉTANG.

Que c'est une chose charmante
De voir cet étang gracieux,
Où, comme en un lit précieux,
L'onde est toujours calme et dormante!
Mes yeux, contemplons de plus près
Les inimitables portraits
    De ce miroir humide;
Voyons bien les charmes puissants
    Dont sa glace liquide
Enchante et trompe tous les sens.

Déjà je vois sous ce rivage
La terre jointe avec les cieux,
Faire un chaos délicieux
Et de l'onde et de leur image.
Je vois le grand astre du jour
Rouler dans ce flottant séjour
    Le char de la lumière;
Et, sans offenser de ses feux
    La fraîcheur coutumière,
Dorer son cristal lumineux.

Je vois les tilleuls et les chênes,
Ces géants de cent bras armés,
Ainsi que d'eux-mêmes charmés,
Y mirer leurs têtes hautaines ;
Je vois aussi leurs grands rameaux
Si bien tracer dedans les eaux
   Leur mobile peinture,
Qu'on ne sait si l'onde, en tremblant,
   Fait trembler leur verdure,
Ou plutôt l'air même et le vent.

Là, l'hirondelle voltigeante,
Rasant les flots clairs et polis,
Y vient, avec cent petits cris,
Baiser son image naissante.
Là, mille autres petits oiseaux
Peignent encore dans les eaux
   Leur éclatant plumage :
L'œil ne peut juger au dehors
   Qui vole ou bien qui nage
De leurs ombres et de leurs corps.

   Quelles richesses admirables
   N'ont point ces nageurs marquetés,
   Ces poissons aux dos argentés,
   Sur leurs écailles agréables !
   Ici je les vois s'assembler,
   Se mêler et se démêler
      Dans leur couche profonde ;
   Là, je les vois (Dieu ! quels attraits !)
      Se promenant dans l'onde,
   Se promener dans les forêts.

Je les vois en troupes légères,
S'élancer de leur lit natal ;
Puis tombant, peindre en ce cristal
Mille couronnes passagères.
L'on diroit que, comme envieux
De voir nager dedans ces lieux
   Tant de bandes volantes,
Perçant les remparts entr'ouverts
   De leurs prisons brillantes,
Ils veulent s'enfuir dans les airs.

Enfin, ce beau tapis liquide
Semble enfermer entre ses bords
Tout ce que vomit de trésors
L'Océan sur un sable aride :
Ici l'or et l'azur des cieux
Font, de leur éclat précieux,
   Comme un riche mélange ;
Là l'émeraude des rameaux,
   D'une agréable frange,
Entoure le cristal des eaux.

Mais quelle soudaine tourmente,
Comme de beaux songes trompeurs,
Dissipant toutes les couleurs,
Vient réveiller l'onde dormante ?
Déjà ses flots entre-poussés
Roulent cent monceaux empressés
   De perles ondoyantes,
Et n'étalent pas moins d'attraits
   Sur leurs vagues bruyantes
Que dans leurs tranquilles portraits.

ODE V.

DES PRAIRIES.

Mon Dieu, que ces plaines charmantes,
Ces grands prés si beaux et si verts,
Nous présentent d'appas divers
Parmi leurs richesses brillantes !
Ce doux air, ces vives odeurs,
Le pompeux éclat de ces fleurs
  Dont l'herbe se colore,
Semble-t-il pas dire à nos yeux
    Que le palais de Flore
Se fait voir vraiment en ces lieux ?

C'est là qu'on entend le murmure
De ces agréables ruisseaux,
Qui joignent leurs flots et les eaux
Au vif émail de la verdure.
C'est là qu'en paisibles replis,
Dans les beaux vases de leurs lits,
  Ils arrosent les herbes,
Et que leurs doux gazouillements
    De leurs ondes superbes
Bravent les bruits les plus charmants.

Je les vois, au haut des montagnes,[1]

---

1. Dans les fragments de ces odes publiés par le *Journal général de France,* 14 oct. 1788, on lit ici :

    Je les vois, du haut des montagnes.

Venir, d'un cours précipité,
Offrir leur tribut argenté
Dans le beau sein de ces campagnes ;
Et là, d'un pas respectueux,
Traîner en cercles tortueux
   Leurs sources vagabondes ;
Et, comme charmés des beautés
   De ces plaines fécondes,
S'y répandre de tous côtés.

Là ces Méandres agréables,
Descendant, et puis remontant,
Font, dans leur voyage inconstant,
Cent labyrinthes délectables.
Tantôt leurs flots en s'entr'ouvrant,
Se fuyant et se retrouvant,[1]
   Font cent îles fleuries ;
Tantôt, quittant leur lit natal,
   Ils bordent les prairies
D'une ceinture de cristal.

Là, quand le jour rapporte au monde
Le beau tribut de sa clarté,
Et que l'ombre et l'obscurité
Rentrent dans leur grottes profondes ;
Là, dis-je, des portes du ciel,
On voit de perles et de miel
   Choir une riche pluie,
Et Flore, pour ce doux trésor,

---

1. Ce vers manque dans le manuscrit et dans les éditions de Geoffroy et d'Aimé Martin. Il est rétabli d'après le *Journal général de France*.

Ouvrir, toute ravie,
Cent petits bassins d'ambre et d'or.

Là l'on voit aussi sur les herbes
Voltiger ces vivantes fleurs,
Les papillons dont les couleurs
Sont si frêles et si superbes :
C'est là qu'en escadrons divers
Ils répandent dedans les airs
　Mille beautés nouvelles,
Et que les essaims abusés
　Vont chercher sous leurs ailes
Les pleurs que l'Aurore a versés.

C'est là qu'en nombreuses allées
L'on voit mille saules épais,
De remparts superbes et frais
Ceindre ces plaines émaillées :
Oui, je les vois de tous côtés,
Abaissant l'éclat argenté[1]
　De leurs feuillages sombres,
Comme vouloir à ces ruisseaux,
　Qui dorment sous leurs ombres,
Faire d'officieux rideaux.

---

1. *Abaissant* est une correction proposée par M. Mesnard. Il y a dans le manuscrit et dans toutes les éditions : *En laissant*.

ODE VI.

DES TROUPEAUX ET D'UN COMBAT DE TAUREAUX.

C'est dans ces campagnes fleuries
Qu'on voit mille troupeaux errants
Aller en cent lieux différents,
Ronger les trésors des prairies :
Les uns, charmés par leur aspect,
En retirent avec respect
   Leurs dents comme incertaines ;
Les autres, d'un cours diligent,
   Vont boire en ces fontaines,
Qui semblent des coupes d'argent.

Là l'on voit les grasses génisses,
Se promenant à pas comptés,
Par des cris cent fois répétés,
Témoigner leurs chastes délices ;
Là les brebis sur des buissons
Font pendre cent petits flocons
   De leur neige luisante ;
Les agneaux aussi, bondissant
   Sur la fleur renaissante,
Lui rendent leur culte innocent.

Là l'on voit, en troupes superbes,
Les jeunes poulains indomptés,
Dessous leurs pas précipités,
Faire à peine courber les herbes :

Je vois ces jeunes furieux,
Qui semblent menacer les cieux,
   D'une tête hautaine,
Et par de fiers hennissements,
   S'élançant sur la plaine,
Défier les airs et les vents.

Mais quelle horrible violence
Pousse ces taureaux envieux
A troubler la paix de ces lieux
Sacrés aux charmes du silence?
Déja, transportés de courroux,
Et sous leurs pieds et sous leurs coups,
   Ils font gémir la terre;
Déja leur mugissante voix,
   Comme un bruyant tonnerre,
Fait trembler les monts et les bois.

Je vois déjà leur poil qui fume ;
Leurs yeux semblent étincelants;
Leurs gosiers secs et pantelants
Jettent plus de feu que d'écume;
La rage excite leur vigueur;
Le vaincu redevient vainqueur;
   Tout coup fait sa blessure :
Leur front entr'ouvert et fendu
   Fait rougir la verdure
D'un sang pêle-mêle épandu.

Parfois, l'un fuyant en arrière
Se fait voir plus foible et plus lent;
Et puis revient, plus violent,

Décharger son âpre colère :
De même un torrent arrêté,
D'abord suspendant sa fierté,[1]
   Remonte vers sa source,
Et puis, redoublant en fureur,
   Son indomptable course
Traîne le ravage et l'horreur.

Pendant cette rude tempête,
L'on voit les timides troupeaux
Attendre qui des deux rivaux
Les doit faire enfin sa conquête ;
Mais déjà l'un, tout glorieux,
Fait, d'un effort victorieux,
   Triompher sa furie ;
L'autre, morne et plein de douleur,
   Va loin de la prairie,
Cacher sa honte et son malheur.

Mais quittons ces tristes spectacles,
Qui n'offrent rien que d'odieux,
Pour aller visiter des lieux
Où l'on ne voit que des miracles.
Muse, si ce combat affreux
T'a presque fait, malgré mes vœux,
   Abandonner ces plaines,
Viens dans ces jardins, non de fleurs
   Inutiles et vaines,
Mais d'inestimables douceurs.

---

1. Il y a *suspend* dans le manuscrit de Louis Racine et dans les éditions de Geoffroy et d'Aimé Martin. Le vers étant trop court d'une syllabe, M. Mesnard a mis : *suspendant*. La correction nous semble admissible.

ODE VII.

DES JARDINS.

Mes yeux, pourrai-je bien vous croire?
Suis-je éveillé? Vois-je un jardin?
N'est-ce point quelque songe vain
Qui me place en ce lieu de gloire?
Je vois comme de nouveaux cieux
Où mille astres délicieux
    Répandent leur lumière,
Et semble qu'en ce beau séjour
    La terre est héritière
De tous ceux qu'a chassés le jour.

Déjà sur cette riche entrée
Je vois les pavis rougissants [1]
Étaler les rayons luisants
De leur belle neige empourprée.
Dieu! quels prodiges inouïs!
Je vois naître dessus les lis
    L'incarnat de la rose,
Je vois la flamme et sa rougeur

---

1. *Pavie, pavi* ou *pavis*, une sorte de pêche qui ne se fend pas. (*Dictionnaire Richelet*, 1679.)

    Là, des rouges pavis le duvet délicat.
        (Charles Perrault, Poëme sur le livre de M. de la Quintinie.

    Là sont les blonds pavis de pourpre colorés.
        (Desmarets, *Promenades de Richelieu*.)

La forme *pavie* est la plus usitée.

Dessus la neige éclose
Embellir même la blancheur.

Je vois cette pomme éclatante,
Ou plutôt ce petit soleil,
Ce doux abricot sans pareil,
Dont la couleur est si charmante.
Fabuleuses antiquités,
Ne nous vantez plus les beautés
   De vos pommes dorées :
J'en vois qui, d'un or gracieux
   Également parées,
Ravissent le goût et les yeux.

Je vois, sous la sombre verdure,
Ces deux fruits brillants et pompeux,
Parer les murs, comme orgueilleux
D'une inimitable bordure ;
C'est là qu'heureusement pressés,
Et l'un près de l'autre entassés
   Sur cent égales chaînes,
Ils semblent faire avec éclat,
   De leurs branches hautaines,
Cent sillons d'or et d'incarnat.

Je viens à vous, arbres fertiles,
Poiriers de pompe et de plaisirs,
Pour qui nos vœux et nos desirs
Jamais ne se sont vus stériles :
Soit vous qui, sans chercher d'appuis,
Voyez sous vos superbes fruits
   Se courber vos branchages,

Soit vous qui des riches habits
  De vos tremblants feuillages
Faites de si vastes tapis.

Mais quelle assez vive peinture
Suffit pour tracer dignement
Tout le pompeux ameublement
Dont vous a parés la nature?
Vous ne présentez à nos yeux
Que les fruits les plus précieux
  Qu'ait cultivés Pomone;
Ils ont eu le lis pour berceau,
  L'émeraude est leur trône,
L'or et la pourpre leur manteau.

Je les vois, par un doux échange,
Ici mûris, et là naissants,
De leurs fruits blonds et verdissants
Faire un agréable mélange;
J'en vois même dedans leur fleur
Garder encore la splendeur
  De leur blanche couronne,
Et joindre l'espoir du printemps
  Aux beaux fruits dont l'automne
Rend nos vœux à jamais contents.

Je sais quelle auguste matière
Pouvoit sur mes sombres crayons
Jeter encore les rayons
De son éclatante lumière;
Mais déjà l'unique flambeau,
Allant se plonger dedans l'eau,

A fait place aux ténèbres ;
Et les étoiles, à leur tour,
   Comme torches funèbres,
Font les funérailles du jour.

J'entends l'innocente musique
Des flûtes et des chalumeaux
Saluer l'ombre en ces hameaux
D'une sérénade rustique.
L'ombre qui, par ses doux pavots,
Venant enfin faire aux travaux
   Une paisible guerre,
Fait que ces astres précieux,
   Pâlissant sur la terre,
Semblent retourner dans les cieux.[1]

---

1. On reconnaît à cette description abondante et complaisante du paysage, des bois, de l'étang, des prairies, quel vif et frais sentiment, quel amour de la nature nourrissait cette jeune âme. Ce même vallon, que les autres jugeaient affreux et sauvage et la *mortification des yeux* par son horizon borné, lui, il y voyait ses chastes délices et en recueillait, en l'embellissant, chaque image... On a en ces strophes un premier Racine juvénile, tout naturel, et d'avant Boileau, le Racine bel esprit et rêveur, se souvenant de la *solitude* décrite par Saint-Amant, descendant de Pétrarque sans le savoir, sentant déjà d'avance comme Lamartine enfant à Milly. Y a-t-il au début, entre Boileau et lui, assez de différences de nature? l'un tout occupé des embarras des rues de Paris, des originaux du coin, et des mauvais vers qui ne font qu'un saut du Palais chez l'épicier ; ayant au cœur *dès quinze ans la haine d'un sot livre;* l'autre tout épris des fleurs, de la rosée, des ombrages et des eaux, y laissant volontiers courir son vers fluide et un peu brillanté, mais ému, et déjà sans doute y mêlant tout bas de vagues et chers fantômes. (SAINTE-BEUVE, *Port-Royal,* tome VI, pp. 89-90.)

FIN DE LA PROMENADE DE PORT-ROYAL.

II.[1]

BILLET EN VERS A ANTOINE VITART.[2]

Lisez cette pièce ignorante
Dont la phrase si peu coulante
Ne fait voir que trop clairement,
Pour vous parler sincèrement,
Que je ne suis pas un grand maître
En cette manière de lettre
Dont les poëtes si renommés
Ornent leurs écrits bien-aimés.
Mais ce seroit une imprudence
De vouloir que quand on commence
On n'écrivît rien que de bon,
Et qu'on vainquît même Apollon.
J'ai reçu les feuilles volantes,

---

1. M. Mesnard, qui a le premier publié cette pièce, ainsi que la plupart des pièces suivantes, estime que ces vers sont peut-être de 1655; Racine avait alors seize ans.

2. Antoine Vitart, frère puîné de Nicolas Vitart, cousin de Racine, ou, pour parler plus exactement, son oncle à la mode de Bretagne, était né à la Ferté-Milon, le 12 octobre 1638, un an et deux mois avant Racine. Il étudiait au collège d'Harcourt lorsque Racine avait avec lui cette correspondance en mauvaises rimes. (P. M.)

Ces feuilles belles et savantes
Où sont avec tant de clartés
Les immortelles vérités;
J'ai aussi le manche agréable
D'une étrille qui sent l'étable
Où le baudet de Molina
A reçu ce qu'il mérita.
Les plumes m'ont été données
Que vous nous avez achetées.
Je ne sais point de compliments
Pour joindre à mes remerciements.
Mon extrême reconnoissance...
Je connois trop votre prudence
Pour affecter de vains propos
Qui troubleroient votre repos.
Je crains même que cette lettre
Ne soit trop longue pour paroître
Devant des yeux tant occupés
Et d'autres soins enveloppés.
Car quel temps peut être de reste
Dans une philosophe teste
Qui ne respire qu'arguments,[1]
. . . .
Qui doit passer toutes les heures
Aux majeures et aux mineures

---

1. En 1654 avait paru une satire en vers, très-injurieuse, ayant pour titre : *l'Étrille du Pégase janséniste. Aux Rimailleurs de Port-Royal.* On la trouve attribuée au P. le Moyne dans un manuscrit de la bibliothèque de l'Arsenal (Belles-Lettres, n° 136), parmi des *Poésies diverses sur la bulle* UNIGENITUS. La pièce de vers dont parle Racine était sans doute une réponse de quelque poëte ami de Port-Royal. (P. M.)

Le vers qui rimait avec celui-ci a été omis dans la copie manuscrite. (P. M.)

Par où les subtils logiciens
Sont craints comme des magiciens?
Il n'y a tête qui résiste
Aux traits de ces puissants balistes;
Et malgré vous, quand ils voudront,
Des cornes ils vous donneront.
Mais, hélas! à qui je m'adresse?
Ma main tremble et sent sa foiblesse,
Quand je viens à considérer
Celui que je viens d'attaquer.
Il est maître, il est philosophe :
Malheur à celui qui l'accroche!
Mais taisons-nous, ne disons mot,
De peur qu'il ne nous traite en sot,
Que ses arguments ne nous montrent
Que déjà les cornes nous montent :
Ceux-là certes sont bien prudents
Qui ne disent mot à ces gens.
Reconnoissez par cette feuille
Qui choque votre portefeuille,
Qu'à toute heure, enfin qu'en tout lieu
Racine est tout à vous. Adieu.

III.[1]

AUTRE BILLET A ANTOINE VITART.

Quoi donc? cher cousin, ce silence,
Ces froideurs, cette négligence

---

1. M. Mesnard conjecture que ce billet est de la fin de 1656. Les événements dont il y est question se rapportent à cette année-là.

Ne pourront point avoir de fin?
Soit en françois, soit en latin,
Soit en poésie ou en prose,
Tout au moins j'écris quelque chose.
Pouvez-vous manquer de sujets
En lieu[1] plein de tant d'objets,
Où tous les jours mille merveilles
Frappent les yeux et les oreilles?
Quand vous n'iriez de vos fauxbour
Que jusqu'au collége d'Harcour,
Ce qui se fait, ce qui se passe
En ce grand et ce long espace
Ne paroît-il pas vous fournir
Assez de quoi t'entretenir?
Là l'on voit crier les gazettes
Des victoires et des défaites,
Les combats du roi polonois
Contre le prince suédois;
Ici l'on entend la censure,
La honte et la déconfiture
Des pauvres Augustiniens
Sous le nom de Janséniens.
D'autre part on crie au contraire
La sentence du grand vicaire,
L'hymne, l'histoire et le journal
Des miracles de Port-Royal.
Enfin l'on ne voit que nouvelles,
Que livres, qu'écrits, que libelles.
En tous quartiers, de tous côtés
On ne trouve que raretés.

---

1. Racine a fait ici *lieu* de deux syllabes, à moins qu'il n'y ait une faute du copiste, et qu'il ne faille lire : *en un lieu*. (P. M.)

Comment peux-tu donc, cher Antoine,
Sinon par mépris et par haine,
Vivre comme un silencieux
Dans le règne des curieux?
Si ce soupçon n'est véritable,
Au moins il est bien vraisemblable.
Quoi qu'il en soit de tout mon cœur
Je suis votre humble serviteur.

IV.[1]

SONNET POUR CÉLÉBRER LA NAISSANCE D'UN ENFANT DE NICOLAS VITART.

Il est temps que la nuit termine sa carrière :
Un astre tout nouveau vient de luire en ces lieux;
Déjà tout l'horizon s'aperçoit de ses feux;
Il échauffe déjà dans sa pointe première.

Et toi, fille du jour, qui nais devant ton père,
Belle Aurore, rougis, ou te cache à nos yeux :
Cette nuit un soleil est descendu des cieux,
Dont le nouvel éclat efface ta lumière.

Toi qui dans ton matin parois déjà si grand,
Bel astre, puisses-tu n'avoir point de couchant!
Sois toujours en beautés une aurore naissante.

---

1. Ce sonnet nous a été conservé par Louis Racine dans ses *Mémoires*. Voyez tome VIII, page 318. Il fut composé à l'occasion de la naissance de Marie-Charlotte Vitart, fille de Nicolas Vitart, née le 17 mai 1660.

A ceux de qui tu sors puisses-tu ressembler !
Sois digne de Daphnis et digne d'Amaranthe : [1]
Pour être sans égal, il les faut égaler. [2]

V.

MADRIGAL.[3]

Savantes Filles de Mémoire,
Je ne vous importune pas
Pour savoir chanter des [4] combats,
Ou pour acquérir de la gloire.
Hélas! je ne vous fais la cour
Que pour mieux peindre mon amour
Aux yeux de la belle Climène.
Aussi, plein d'un juste courroux,
Si vous ne touchez l'inhumaine,
Je vais prendre congé de vous.

VI.[5]

CHANSON.

L'on m'avoit dit, belle Climène,
De me garder de vos appas,

---

1. *Daphnis* et *Amarante* sont les noms poétiques que, dans sa correspondance, Racine donne à M. et à Mme Vitart.
2. Cette même année Racine avait écrit un autre sonnet, dont il parle à l'abbé Le Vasseur dans sa première lettre. Celui-là était adressé au cardinal Mazarin; nous ne l'avons plus.
3. Extrait des papiers de Louis Racine communiqués à M. Mesnard par M. Auguste de Naurois. Ce madrigal a été imprimé dans le *Journal général de France* du 14 octobre 1788, où il est attribué à Racine par M. Mercier.
4. Dans le *Journal général de France*, il y a *les*, au lieu de *des*.
5. Même source que la pièce précédente.

Et que vous étiez inhumaine :
Hélas! en vous voyant il ne m'en souvint pas.

VII.[1]

CHANSON.

Le printemps est de retour ;
Fuyons le bruit de la ville ;
. . . .
La campagne est plus tranquille :
Allons-y faire l'amour.

Quand on s'aime comme nous,
C'est agréable martyre ;
Mais que ce bien est plus doux,[2]
Iris, lorsque l'on soupire
Éloigné de tout jaloux !

[Ah !] jouissons des plaisirs
Où le beau temps nous convie ;
Les oiseaux et les zéphirs,
Loin de nous porter envie,
Animeront nos soupirs.

---

1. Même source.
2. Le manuscrit porte :

> C'est *un* agréable martyre,
> Mais que ce *lieu* est plus doux, etc.

M. Mesnard a corrigé le texte, altéré sans doute par le copiste.

VIII.[1]

CHANSON.

L'Amour charmé de vos beaux yeux
Pour vous faire une offrande est descendu des cieux :
Recevez-la, trop aimable personne,
   Sans crainte de vous hasarder ;
  Et ne croyez pas qu'il vous donne
  A dessein de vous demander.

IX.[2]

RÉPONSE A UN POULET.

Tendres soupirs, retournez vers Climène.
Vous m'avez assez bien expliqué ses desirs.
Je voudrois que mon cœur, pour soulager sa peine,
   Lui rendît soupirs pour soupirs ;
Mais, hélas ! dites-lui qu'il est à Célimène.

Célimène est cruelle, et je n'en dois attendre
   Que des rigueurs pires que le trépas :
   Mais le moyen de s'en défendre ?
L'amour donne nos cœurs à qui ne les a pas,
  Et les refuse à qui les veut bien prendre.

---

1. Même source.
2. Même source.

X.[1]

AD CHRISTUM.

O qui perpetuo moderaris sidera motu,
    Fulmine qui terras imperioque regis,
Summe Deus, magnum rebus solamen in arctis,
    Una salus famulis præsidiumque tuis,
Sancte parens, facilem præbe implorantibus aurem,
    Atque humiles placida suscipe mente preces;
Huc adsis tantum, et propius res adspice nostras,
    Leniaque afflictis lumina mitte locis.
Hanc tutare domum, quæ per discrimina mille,
    Mille per insidias vix superesse potest.
Aspice ut infandis jacet objectata periclis,
    Ut timet hostiles irrequieta manus.
Nulla dies terrore caret, finemque timoris
    Innovat infensc major ab hoste metus.
Undique crudelem conspiravere ruinam,
    Et miseranda parant vertere tecta solo.[2]
Tu spes sola, Deus, miseræ. Tibi vota precesque
    Fundit in immensis nocte dieque malis.
Quem dabis æterno finem, Rex magne, labori?
    Quis dabitur bellis invidiæque modus?
Nullane post longos requies speranda tumultus?
    Gaudia sedato nulla dolore manent?

---

1. Louis Racine, dans ses *Mémoires*, a donné, mais en partie seulement, cette pièce latine. Voyez tome VIII, page 315. Geoffroy l'a publiée complétement d'après la copie manuscrite qui lui avait été communiquée par M. Jacobé de Naurois. M. Mesnard l'a revue sur la même copie.

2. Il prévoit dans sa jeunesse ce qui est arrivé cinquante ans après. (*Note de Louis Racine dans la copie manuscrite.*)

Sicne adeo pietas vitiis vexatur inultis?
 Debita virtuti præmia crimen habet.
Aspice virgineum castis penetralibus agmen,
 Aspice devotos, sponse benigne, choros.
Hic sacra illæsi servantes jura pudoris,
 Te veniente die, te fugiente vocant;
Hic nemora, hic nullis quondam loca cognita muris,
 Hic horrenda tuis laudibus antra replent.
Huc tua dilectas deduxit Gratia turmas,
 Hinc ne unquam stygii moverit ira Noti.
Cœlestem liceat sponsum superare precando :
 Fas sentire tui numina magna Patris.
Huc quoque nos quondam tot tempestatibus actos
 Abripuit flammis Gratia sancta suis;
Ast eadem insequitur mœstis fortuna periclis;
 Ast ipso in portu sæva procella furit.
Pacem, summe Deus, pacem te poscimus omnes :
 Succedant longis paxque quiesque malis.
Te duce disruptas pertransiit Israel undas :
 Hos habitet, portus, te duce, vera salus.

XI.[1]

URBIS ET RURIS DIFFERENTIA.

Quanquam Parisiæ celebrentur ab omnibus artes,
 Et quisque in lato carcere clausus ovet,

1. Extrait du *Recueil de pièces d'histoire et de littérature* (4 vol. in-12), Paris, Chaubert, M.DCC.XXXI-M.DCC.XXXVIII, tome III, p. 124. Ce recueil est de l'abbé Granet et du P. Desmolets. « Ces vers, dit M. Mesnard, sont certainement de Racine. On ne peut en douter après avoir lu la réponse d'Antoine Vitart, où le jeu de mots *Radix*, au vers 28, montre bien que cette correspondance poétique était engagée avec Racine. »

VERS LATINS.

Nescio quid nostris arridet gratius arvis,
    Quod non in tantæ mœnibus urbis habes.
Illic assurgunt trabibus subnixa superbis
    Atria, et aurato culmine fulget apex.
Sed mihi dulcius est silvas habitare remotas,
    Tectaque quæ sicco stramine canna tegit.
Illic ultrices posuere sedilia curæ,
    Illic insidiæ, crimina, furta latent;
Hic requies, fidum pietas hic inclyta portum
    Invenit; his lucet sanctior aura locis.
Illic sæva fames laudum, hic contemptus honorum;
    Illic paupertas, hic fugiuntur opes.
Urbicolæ ruri, nil rusticus invidet urbi.
    Oppida plena dolis, ruraque fraude carent.
Quam miserum sacris viduas virtutibus urbes,
    Quam miserum stygiis præda manere lupis!
Sed quid non urbes habitent quoque numina, quæris?
    Non habitat fœdos Gratia pura locos.
Arcet fumus apes, expellunt crimina Christum;
    Mors vitam, clarum nox fugat atra diem.
Hic blandum invitant tranquilla silentia somnum;
    Illic assiduo murmure rupta quies.
Nempe micant, inquis, diversis floribus horti,
    Et lætos cantus plurima fundit avis.
Ergo dissimulas quam dulces ruris amœni
    Deliciæ, ruris cui levis umbra placet.
Hic vos securis, Musæ, regnatis in oris;
    Hic vobis virtus jungitur alma comes.
Oppida non fugiunt, fateor, non arma Camenæ:
    Loricam Pallas induit atque togam.
At laxis vitium frenis grassatur in urbe,
    Atque illic Musæ crimina sola docent.

Nequicquam pavidos circumdant mœnia reges;
  Frustra hæret lateri, nocte dieque, manus.
Non vera his, sed falsa quies; miserosque tumultus
  Mentis non lictor, non domus ampla movet.
Quisquis amas strepitas, per me licet, urbe potire;
  Me tamen ipsa magis rura nemusque juvant.

RÉPONSE D'ANTOINE VITART
AUX VERS PRÉCÉDENTS.

Quam legis en illa tibi littera venit ab urbe
  Ludere quæ alternis versibus ante dedit.
Nunc ruere, atque tibi satis expugnata videtur,
  Utraque dum posita cuspide Musa silet.
Stat tamen, et salvis medio tuta aggere gaudens
  Mœnibus, agresti non pavet arte minas.
Majores gerit illa animos, majoraque servat
  Pectora, quam ut duplici victa pavore cadat,
Congressus petit ecce novos, tua sustinet arma
  Impatiens, tantas nescia ferre moras.
Miles in excelsis nequicquam turribus adstat,
  Et queritur tardas hostis ad arma manus.
Otia tanta timet, quæ novit crescere virtus :
  Fortia sublato corda labore cadunt.
Ergo age, nec proprio pereant torpore, nec armis
  Sumere quæ jussit Musa sit ulla quies.
Te sequimur, quocumque ruis : si despicis urbes,
  Altera quæ placeant Musa vocata dabit.
Arma mihi tua tela ferent : his militat unis
  Dextera, te solum gaudet habere ducem.
Imbelles nec prima juvant certamina; quique
  Te primo incœpi, te properante sequor.
Nunc animos tua Musa novos concepit, et ante
  Assiduo nimium fracta labore, viget.

Nascentes in corde tacens ne comprime fœtus;
    Sæpe datos spernens nescit habere novos.
Augustas ne finge moras; tantum impiger aude,
    Cum sterilis *Radix* nesciat esse sibi.
Ecce tibi annuerunt gaudentes rure Camenæ,
    Jamque suos jactant te cecinisse lares.
Phœbus ovans ad bella vocat; tibi tela ministrat :
    Hæc tuus exspectat, vel moriturus, amat.

XII.[1]

JOANNES RACINE COGNATO SUO CARISSIMO VITART.

Quem, precor, inter nos habitura silentia finem?
    Cur tandem inceptum Musa relinquit opus?
Tertia fraterno lustrat jam lumine terras
    Luna, sed e vestro littera nulla solo.
Quin age, nunc crebro festinet epistola cursu;
    Nunc reddant solitas carmina nostra vices.
Ne pudeat longos interrupisse labores,
    Doctaque nobilibus fundere verba modis.
Jam silvas lusisse sat est : majora loquamur;
    Non Phœbum semper rura nemusque juvant.
Me modo detinuit divini Musa Maronis,
    Quæ magni Æneæ tristia bella canit.
O quantum cunctos visus superasse poetas!
    Quantum in Pieriis eminuisse choris!
Quem tanto conferre viro aut componere possis?
    Quod tandem in terris clarius exstat opus?

---

1. Cette pièce latine et les quatre suivantes ont été tirées d'une copie manuscrite qui appartient à M. Auguste de Naurois. (P. M.)

Si quæras artem et numeros, ubi copia fandi
  Largior, aut pariter verba rotunda fluunt?
Hic, fateor, summus, qui jucundo utile miscet :
  Pulchrius an quisquam recta Marone docet?
Undique figmentis sublimia dulcibus ornat
  Carmina, queis veri lux veneranda latet.
Exquisito alii celebrentur acumine mentis,
  Hic lingua, ingenio judicioque potens.
Ambitiosa suum frustra miratur Homerum
  Græcia, Lucanum Corduba magna suum :
Cedant Virgilio Graii, cedantque Latini;
  Unum Fama omni nomen in orbe canat.
Sed quid ego hæc autem toties memorata revolvo?
  Desinat ascripto littera nostra vale.

XIII.

LAUS HIEMIS.

Tandem importuni procul hinc cessere calores;
  Invisi tandem præteriere dies.
Jam non pestiferis damnosa canicula flammis
  Æstuat; haud rapido Phœbus ab axe furit.
Jam non perpetuis fervens micat ignibus æther;
  Non jam fulminibus nubila scissa fremunt.
Non funesta lues misero spatiatur in orbe;
  Morborum haud terris incubat atra cohors.
Libera non laxis ludit lascivia frænis;
  Non movet infandos turba profana choros.
Non obscura truces nemorum tegit umbra latrones;
  Non omnem insidiis detinuere viam.

Non jam vastatis miles dominatur in arvis;
　　Non miseranda urbes obsidione premit.
Non tristes furibunda ciet discordia pugnas;
　　Non dira insanus sævit in arma furor.
Immensis non rura jacent mutata sepulcris,
　　Flumina nec pratis sanguinolenta fluunt.
Sed pax pulsa redit tandem, gladiosque recondit,
　　Et dulces cornu divite fundit opes.
Arva colonus habet; felix requiescit arator;
　　Nec suaves somnos classica pulsa fugant.
Nunc duri optato clauduntur fine labores;
　　Et rigidum posito vomere cessat opus.
Quam juvat immites recubantem audire susurros
　　Ventorum, et somnos, imbre juvante, sequi!
Nunc remeat ludis studiosa caterva relictis,
　　Et gestit Phœbum sollicitare suum.
Musarum nunc tecta patent, foribusque reclusis
　　Reddunt jucundos templa diserta sonos.
Nunc divina sacris fumant altaria donis :
　　Gaudet communi relligione Deus.
Autumni verisque alios, æstusque voluptas
　　Decipiat; sed nos unica ducit hiems.
Hæc verum pacis regnum placidæque quietis;
　　Hæc summi adventu nobilitata Dei.

XIV.

IN AVARITIAM.[1]

Quid juvat ingentes ima tellure recondi
   Thesauros? segni nullus in ære color.
Abdita quid prosunt argenti aurique talenta?
   Non animo requiem plurima gaza parit.
Non vacuat curis mentem cumulata metallis
   Arca, nec immensi jugera magna soli.
Quid mare, quid terras omni ditione tenere,
   Cunctaque sub leges mittere regna juvat,
Cum te omnes terrent casus, sonus excitat omnis,
   Continuusque premit tristia corda pavor,
Dum trepidare metu exanimis noctesque diesque
   Cogeris, et lucris invigilare tuis?
Infelix sequitur crescentes cura laborque
   Divitias; major pectore crescit amor.
Necquicquam ingentes arenti gutture lymphas
   Hausit hydrops : nullo flumine pulsa sitis.
Acrior incensas depascit flamma medullas,
   Ni fugiat toto corpore dira lues.
Jam sileat nitidis sublimia tecta columnis,
   Jam non immensas jactet avarus opes :
Nam neque divitibus contingunt gaudia solis,
   Nec miser aut pejus divite vivit inops.
Nescia fortunæ virtus, nil indiga nummi,
   Ignota tentans astra subire via,

---

1. Paraphrase d'une ode d'Horace (liv. II, ode II).

Huic uni regnum defert diademaque tutum
    Quem non sævus opum flectere possit amor,
Qui non ventosæ plebis suffragia captat,
    Cui pia paupertas hæret amica comes,
Qui natus moriensque omnes decepit, et orbi
    Ignotus, solum novit amare Deum.
Pauperis exiguum, sed veri pignus amoris
    Accipe, pars animæ, care Vitarde, meæ :
Splendida sincerum non dona fatentur amicum,
    Parvaque non refugit munera magnus amor.

XV.

IN AVARUM.

Quis furor, o demens, quæ te vesania turbat?
    Quæque auri torquet turpia corda fames?
Qui cæcæ infandum Fortunæ numen adoras,
    Mendacique colis munera lata manu.
Heu! quid sollicito tantum indulgere labori,
    Quid tantum lucris invigilare juvat,
Immensam si nulla sitim tibi copia pellat,
    Atque opibus magnis immoriaris inops?
Nequicquam ingentes ima tellure recondis
    Thesauros, tectis plurima gemma micat;
Nequicquam auratis surgunt tibi nixa columnis
    Atria, et augusto culmine celsa nitent;
Nequicquam tibi mille rates super æquora currunt,
    Fecundique virent jugera vasta soli :
Nam requiem non gaza parit, miserosque tumultus
    Mentis non auri pondera fossa fugant;

Æratas nec cura timet conscendere naves,
  Nec refugit nitidæ lumina magna domus.
Sed quo majores congesserit atra cupido
  Divitias, major vexat ubique metus.
O quæstus furiosa fames! o turpis egestas!
  Quot nobis pestes quantaque damna creas!
Tu potes unanimes in bella accendere gentes,
  Tu summa immiti vertere regna manu.
Impietas tibi certa comes, fraudesque dolique;
  Per te nunc toto regnat in orbe scelus.
Hic nimium felix, cui quod non desit habenti
  Nullus corda pavor curaque nulla premit;
Quem sors nulla movet, sed casu immotus ab omni
  Fallaces firmo pectore spernit opes.

XVI.

DE MORTE HENRICI MONTMORANCII.

Ante patris statuam, nati implacabilis ira
  Occubui, indigna morte manuque cadens.
Illorum ingemuit neuter mea fata videndo :
  Ora patris, nati pectora, marmor erant.[1]

---

[1]. Sur la copie de ces vers on a écrit à la marge : « Obiit ann. 1632. Ætat. 38. » — Racine est-il bien l'auteur de ce quatrain? ou l'aurait-on simplement trouvé copié de sa main parmi ses papiers? Quoi qu'il en soit, ses autres vers latins sont loin de cette manière. (P. M.)

ODES

I.

LA NYMPHE DE LA SEINE

A LA REINE.[1]

(1660.)

Grande reine, de qui les charmes
S'assujettissent tous les cœurs,
Et, de nos discordes vainqueurs,
Pour jamais ont tari nos larmes ;
Princesse, qui voyez soupirer dans vos fers
Un roi qui de son nom remplit tout l'univers,[2]

---

1. Racine avait près de vingt et un ans lorsqu'il composa la *Nymphe de la Seine*. Voyez les lettres de Racine, tome VII, pp. 298-303.
Cette ode fut imprimée pour la première fois en 1660 ; réimprimée dans le Recueil dit *de Vitré, Elogia Julii Mazarini cardinalis. Parisiis. Excudebat Antonius Vitré,* 1666 ; enfin, insérée, après une soigneuse révision de l'auteur, dans le *Recueil de poésies chrétiennes et diverses dédié à M. le prince de Conti en* 1671, recueil formé par Loménie de Brienne et publié par La Fontaine, auquel Racine eut, du reste, une certaine part.[*] Elle s'y trouve à la page 217 du tome III. M. Mesnard a donné le premier les variantes des deux premières éditions.
2. Var. *Le plus grand conquérant qui soit dans l'univers* (1660-1666).

[*] Voyez notre La Fontaine, t. VII, p. XLVIII.

Et, faisant son destin, faites celui du monde,
Régnez, belle Thérèse, en ces aimables lieux
    Qu'arrose le cours de mon onde,
Et que doit éclairer le feu de vos beaux yeux.

    Je suis la Nymphe de la Seine :
    C'est moi dont les illustres bords
    Doivent posséder les trésors
    Qui rendoient l'Espagne si vaine.
Ils sont des plus grands rois l'agréable séjour;
Ils le sont des plaisirs, ils le sont de l'amour.
Il n'est rien de si doux que l'air qu'on y respire.
Je reçois les tributs de cent fleuves divers;
    Mais de couler sous votre empire,[1]
C'est plus que de régner sur l'empire des mers.[2]

    Oh! que bientôt sur mon rivage
    On verra luire de beaux jours!
    Oh! combien de nouveaux Amours
    Me viennent des rives du Tage!
Que de nouvelles fleurs vont naître sous vos pas!
Que je vois après vous de graces et d'appas
Qui s'en vont amener une saison nouvelle!
L'air sera toujours calme et le ciel toujours clair;
    Et près d'une saison si belle
L'âge d'or seroit pris pour un siècle de fer.

    Oh! qu'après de rudes tempêtes
    Il est agréable de voir

---

1. Var. *Mais couler dessous votre empire* (1660 et 1666).
2. Var. *M'est plus que de régner sur l'empire des mers* 1660).

ODES.

> Que les Aquilons, sans pouvoir,
> N'osent plus gronder sur nos têtes ! [1]
> Que le repos est doux après de longs travaux ! [2]
> Qu'on aime le plaisir qui suit beaucoup de maux ! [3]
> Qu'après un long hiver le printemps a de charmes !
> Aussi, quoique ma joie excède mes souhaits, [4]
> Qui n'auroit point senti d'alarmes
> Pourroit-il bien juger des douceurs de la paix ? [5]

> J'avois perdu toute espérance,
> Tant chacun croyoit malaisé
> Que jamais le ciel apaisé
> Dût rendre le calme à la France : [6]
> Mes champs avoient perdu leurs moissons et leurs fleurs;
> Je roulois dans mon sein moins de flots que de pleurs ;
> La tristesse et l'effroi dominoient sur mes rives;
> Chaque jour m'apportoit quelques malheurs nouveaux;
> Mes nymphes pâles et craintives
> A peine s'assuroient dans le fond de mes eaux. [7]

> De tant de malheurs affligée,
> Je parus un jour sur mes bords,

1. Var. *Ne grondent plus dessus nos têtes* (1660).
2. Var. *Que le repos est doux après de grands travaux !* (1666). « Il a mis *longs travaux*, encore qu'il ait laissé *long hiver* dans le septième vers. Il avait mis dans la copie : *un rude hiver*; mais l'imprimeur a oublié sa correction. » (*Note manuscrite* de Loménie de Brienne conservée à la bibliothèque de l'Arsenal.)
3. Var. *Qu'on aime le repos après de grands travaux !*
   Que le plaisir est doux qui suit beaucoup de maux ! (1660).
4. Var. *Aussi, quoique nos vœux soient contents désormais* (1660).
   Ainsi, quoique mes vœux soient contents désormais (1666).
5. Var. *Ne pourroit bien juger des douceurs de la paix* (1660 et 1666).
6. Var. *Dût rendre la paix à la France* (1660).
7. Var. *De peur qu'on ne les vît, troubloient toutes mes eaux* (1660).

Pensant aux funestes discords
Qui m'ont si longtemps outragée ; [1]
Lorsque d'un vol soudain je vis fondre des cieux [2]
Amour, qui me flattant de la voix et des yeux : [3]
« Triste Nymphe, dit-il, ne te mets plus en peine ;
Je te prépare un sort si charmant et si doux,
Que bientôt je veux que la Seine
Rende tout l'univers de sa gloire jaloux. [4]

[5] « Je t'amène, après tant d'années, [6]
Une paix de qui les douceurs,
Sans aucun mélange de pleurs,
Feront couler tes destinées. [7]
Mais ce qui doit passer tes plus hardis souhaits,
Une reine viendra sur les pas de la Paix ;
Comme on voit le soleil marcher après l'aurore,
Des rives du couchant elle prendra son cours ;
Et cet astre surpasse encore

1. VAR. *Qui m'avoient tellement changée* (1660 et 1666).
2. VAR. *Lorsque d'un vol subit je vis fondre des cieux* (1660 et 1666).
3. VAR. *Amour, qui m'adressant et sa voix et ses yeux* (1660).
4. VAR. *Rendre les plus heureux de sa gloire jaloux* (1660).
5. Au lieu de cette stance *Je t'amène* qui est dans les éditions de 1666 et de 1671 ; on lisait celle-ci dans l'édition de 1660 :

« Je sais bien l'ennui que te donne
La longue absence de la Paix ;
Je sais les tragiques effets
De l'impitoyable Bellone.
J'ai vu toute l'Europe en proie à sa fureur
Devenir un séjour de massacre et d'horreur ;
J'ai vu ses champs pillés, ses villes dans les chaînes,
Et ses fleuves perdant la couleur de leurs eaux,
Et se débordant dans les plaines,
Avec des flots de sang arroser des tombeaux. »

6. VAR. *Je t'apporte après tant d'années* (1666).
7. VAR. *Feront fleurir tes destinées* (1666).

Celui que l'Orient voit naître tous les jours.[1]

  « Non que j'ignore la vaillance
  Et les miracles de ton roi;
  Et que, dans ce commun effroi,
  Je doive craindre pour la France.
Je sais qu'il ne se plaît qu'au milieu des hasards;
Que livrer des combats et forcer des remparts
Sont de ses jeunes ans les délices suprêmes.
Je sais tout ce qu'a fait son bras victorieux;
  Et que plusieurs de nos dieux mêmes
Par de moindres exploits ont mérité les cieux.

  « Mais c'est trop peu pour son courage
  De tous ces exploits inouïs :
  Il faut désormais que Louis
  Entreprenne un plus grand ouvrage.
Il n'a que trop tenté le hasard des combats;
L'Espagne sait assez la valeur de son bras;

---

[1]. Cette stance, dans l'édition de 1666, est suivie des deux stances suivantes :

    « N'attends pas de mes seules veilles
    Ces inestimables trésors :
    Il faut que par d'autres ressorts
    Jules achève ces merveilles,
Jules, l'honneur du Tibre et ton illustre appui.
Déjà tous les mortels jettent les yeux sur lui.
Seul il peut avec moi les sauver du naufrage :
Nymphe, ne doute pas du succès glorieux
    D'une paix qui sera l'ouvrage
Du plus grand des héros et du plus grand des dieux.

    « Je sais bien l'ennui que te donne
    L'affreuse image des combats
    Qui te font gémir sous le bras
    De l'impitoyable Bellone... »

La fin comme à la note 5 de la page précédente.

Assez elle a fourni de lauriers à sa gloire :
Il faut qu'il en exige autre chose en ce jour,
  Et que, pour dernière victoire,
Elle fournisse encore un myrte à son amour.

  « Thérèse est l'illustre conquête
  Où doivent tendre tous ses vœux :
  Jamais un myrte plus fameux
  Ne sauroit couronner sa tête.
Le ciel, qui les avoit l'un pour l'autre formés,
Voulut que d'un même or leurs jours fussent tramés.
Elle est digne de lui comme il est digne d'elle.
Des reines et des rois chacun est le plus grand ; [1]
  Et jamais conquête si belle
Ne mérita les vœux d'un si grand conquérant.[2]

[3] « A son exemple, tous les princes
  Ne songeront plus désormais

---

1. VAR. *Le soleil en son tour ne voit rien de plus grand* (1666).
2. Ce jeu de mots de *conquête* et *conquérant* avait été fourni à Racine par Corneille, qui fait dire à Laodice, dans *Nicomède*, acte I, sc. I :

  Un si grand conquérant est encor ma conquête.

Et depuis, Racine l'employa encore dans *Andromaque*, acte V, sc. II :

  Mener en conquérant sa nouvelle conquête.

3. Avant cette stance, les deux premières éditions en donnent deux autres :

  « Ce sera cette belle reine
  Par qui tous ces vents irrités
  Qui désolent tant de cités
  Seront sans force et sans haleine.
Ses yeux désarmeront par leurs puissants regards
La fierté de ton jeune et redoutable Mars,
Et de son bras vainqueur feront tomber les armes.
Ce héros se verra subjuguer à son tour :
  Son cœur nourri dans les alarmes

Qu'à faire refleurir la paix
Et le calme dans leurs provinces.
L'abondance partout ramènera les jeux,
Les regrets et les soins s'enfuiront devant eux;
Toutes craintes seront pour jamais étouffées.
Les glaives renfermés ne verront plus le jour,
Ou bien se verront en trophées,
Par les mains de la Paix, consacrés à l'Amour.

« Cependant Louis et Thérèse
Passeront leur âge en ces lieux;
Et, plus satisfaits que les dieux,
Boiront le nectar à leur aise.
Je leur ferai cueillir, par de longues faveurs,
Tout ce que mon empire a de fruits et de fleurs;
Je bannirai loin d'eux tout sujet de tristesse;
Je serai dans leur cœur, je serai dans leurs yeux;
Et c'est pour les suivre sans cesse [1]
Que tu me vois quitter la demeure des cieux.

Ne se nourrira plus que de pensers d'amour.

« Tel, après quelque grand carnage,
Mars revient souvent dans les cieux,
Épouvantant les autres dieux
Par la fierté de son visage.
S'il aperçoit Vénus, il dépouille soudain
Ce visage farouche et cet œil inhumain
Qui le rendoient d'abord plus craint que le tonnerre.
Il soupire à ses pieds, languissant et confus,
Et ce grand foudre de la guerre
Demeure foudroyé par les yeux de Vénus. »

Dans l'édition de 1666, les trois derniers vers de la première de ces stances se lisent ainsi :

Ce héros apprendra l'usage des soupirs;
Son cœur nourri dans les alarmes
Goûtera sous mes lois de tranquilles plaisirs.

1. Var. *Autour d'eux je serai sans cesse*
Et quitterai pour eux la demeure des cieux (1630).

« Les Plaisirs viendront sur mes traces
  Charmer tes peuples réjouis.
  La Victoire suivra Louis,
  Thérèse amènera les Graces.
Les dieux mêmes viendront passer ici leurs jours.
Ton repos en durée égalera ton cours.¹
Mars de ses cruautés n'y fera plus d'épreuves ; ²
La gloire de ton nom remplira l'univers ;
  Et la Seine, sur tous les fleuves,
Sera ce que Thétis est sur toutes les mers.

« Mais il est temps que je me rende
  Vers le bel astre de ton roi ;
  Adieu, Nymphe, console-toi
  Sur une espérance si grande.
Thérèse va venir, ne répands plus de pleurs ;
Prépare seulement des lauriers et des fleurs,
Afin d'en faire hommage à sa beauté suprême. »
Ainsi finit Amour, me laissant à ces mots :
  Et je courus, à l'heure même,³
Conter mon aventure aux Nymphes de mes flots.

  O dieux ! que la seule pensée
  De voir un astre si charmant
  Leur fit oublier promptement
  Toute leur misère passée !
Que le Tage souffrit ! quels furent ses transports
Quand l'Amour lui ravit l'ornement de ses bords ! ⁴

---

1. VAR. *Ton repos durera tout autant que ton cours* (1660).
2. VAR. *Mars de ses cruautés n'y fera plus de preuves* (1660 et 1666).
3. VAR. *Et moi je fus, à l'heure même* (1660 et 1666).
4. VAR. *Que le Tage au contraire eut d'ennuis à souffrir !*
   Que l'Amour l'affligea lorsqu'il vous fut querir (1660).

Et que pour lui la guerre eût été moins à craindre !
Ses Nymphes, de regret, prirent toutes le deuil ;
    Et si leurs jours pouvoient s'éteindre,
La douleur auroit pu les conduire au cercueil.[1]

    [2] Ce fut alors que les nuages
    Dont nos jours étoient obscurcis
    Devant vous furent éclaircis,
    Et n'enfantèrent plus d'orages.
Nos maux de votre main eurent leur guérison ;
Vos yeux d'un nouveau jour peignirent l'horizon ;
La terre, sous vos pas, devint même fertile.
Le soleil, étonné de tant d'effets divers,
    Eut peur de se voir inutile,
Et qu'un autre que lui n'éclairât l'univers.

    L'impatiente Renommée,
    Ne pouvant cacher ses transports,
    Vint m'entretenir sur ces bords [3]
    De l'objet qui l'avoit charmée.
O dieux ! que ses discours accrurent mes desirs !

---

1. VAR. *La douleur auroit pu les réduire au cercueil* (1660).
    La douleur auroit pu leur ouvrir le cercueil (1666).
2. Avant cette strophe, on lit celle-ci dans les éditions de 1660 et 1666 :

    Mais en vain ses Nymphes plaintives
    Témoignèrent tant de douleurs :
    Amour se moqua de leurs pleurs
    Et vous enleva de ses rives.
On dit que devant vous il portoit son flambeau,
Et que pour vous conduire il ôta son bandeau,
Comme lorsqu'il s'apprête à conduire sa mère.
Dans les bras de Louis il vous remit soudain,
    Après qu'Hymen, à sa prière,
Eut achevé le nœud qu'avoit ourdi sa main.

3. VAR. *Vient m'entretenir sur mes bords* (1660 et 1666).

Que je sentis dès lors de joie et de plaisirs
A vous ouïr nommer si charmante et si belle!
Sa voix seule arrêta la course de mes eaux;
  Les Zéphyrs, en foule autour d'elle,
Cessèrent pour l'ouïr d'agiter mes roseaux.[1]

  Tout l'or dont se vante le Tage,
  Tout ce que l'Inde sur ses bords
  Vit jamais briller de trésors,
  Sembloit être sur mon rivage.
Qu'étoit-ce toutefois de ce grand appareil,
Dès qu'on jetoit les yeux sur l'éclat nonpareil
Dont vos seules beautés vous avoient entourée?

---

1. Cette stance, dans l'édition de 1660, est suivie de celles-ci :

  « Ah! me dit-elle, que ta reine
  Mérite de se faire aimer,
  Et que Louis doit estimer
  La gloire d'une telle chaîne!
Que l'on brûle aisément à son divin aspect!
Mais qu'elle imprime aussi de crainte et de respect,
Et que de majesté sa douceur accompagne!
Que l'éclat de vos lis s'accorde bien aux siens!
  Ah! France, est-il vrai que l'Espagne
Ait pu t'en envoyer d'aussi beaux que les tiens? »

  Mais enfin que sauroit-on dire
  Pour égaler les moindres traits
  Du nombre infini des attraits
  Qui rangent tout sous votre empire?
Qu'il vous faisoit beau voir en ce superbe jour
Où, sur un char conduit par la Paix et l'Amour,
Votre illustre beauté triompha sur mes rives!
Les discords après vous se voyoient enchaînés ;
  Mais, hélas! que d'âmes captives
Virent aussi leurs cœurs en triomphe menés!

Les six derniers vers sont cités par Racine dans la lettre à l'abbé Le Vasseur du 5 sept. 1660. (Voy. t. VII, p. 299.) L'édition de 1666 donne aussi cette dernière stance ; elle offre une variante pour les deux vers qui la terminent :

  Mais, parmi ces troupes captives,
  Qu'on vit aussi de cœurs en triomphe menés !

Je sais bien que Junon parut moins belle aux dieux,
                Et moins digne d'être adorée,
Lorsqu'en nouvelle reine elle entra dans les cieux.¹

                Régnez donc, princesse adorable,
                    Sans jamais quitter le séjour
                    De ce beau rivage, où l'Amour
                Vous doit être si favorable.
Si l'on en croit ce dieu, vous y devez cueillir
Des roses que sa main gardera de vieillir,²
Et qui d'aucun hiver ne craindront l'insolence;
Tandis qu'un nouveau Mars, sorti de votre sein,
                Ira couronner sa vaillance
De la palme qui croît aux rives du Jourdain.

II.

ODE SUR LA CONVALESCENCE DU ROI.

1663.³

            Revenez, troupes fugitives,
              Plaisirs, Jeux, Graces, Ris, Amours,

---

1. VAR. *Quand brillante d'attraits elle entra dans les cieux.* (1666)
Cette strophe se trouve dans la lettre à l'abbé Le Vasseur et dans l'édition de 1660 telle exactement qu'elle est dans l'édition de 1671.
2. Malherbe a dit :

> Les belles feuilles toujours vertes
> Qui gardent les noms de vieillir.

(*Ode à la reine mère du roi sur les heureux succès de sa régence.*)

3. Cette ode fut composée à l'occasion de la rougeole dont Louis XIV fut attaqué vers la fin de mai 1663. Elle parut imprimée séparément, à Paris, chez Pierre Le Petit, imprimeur-libraire ordinaire du roi, en 1663, in-4° de

Qui croyiez déja sur nos rives
Entendre le bruit des tambours :
Louis vit; et la perfidie
De l'insolente maladie
Qui l'avoit osé menacer,
Pareille à ces coups de tonnerre
Qui ne font que bruire et passer,
N'a fait qu'épouvanter la terre.

Mais vous ne sauriez vous résoudre
A venir sitôt en des lieux
Où vous avez cru que la foudre
Étoit prête à tomber des cieux;
Et, dans la frayeur où vous êtes,
Vous avez beau voir sur vos têtes
Le ciel tout à fait éclairci,
Vous ne vous rassurez qu'à peine,
Et n'osez plus paroître ici
Que Louis ne vous y ramène.

Tel, sur l'empire de Neptune,
Paroît le timide nocher
Qu'un excès de bonne fortune
A sauvé d'un affreux rocher :
Ses yeux, où la mort paroît peinte,
Regardent longtemps avec crainte
L'horrible sommet de l'écueil ;
Et le voyant si redoutable,

---

huit pages. Le nom de Racine est au bas en lettres capitales. Elle fut imprimée pour la première fois par Geoffroy dans l'édition de Racine qu'il donna en 1808.

Il tremble encore; et le cercueil
Lui paroît presque inévitable.

Mais, à moins que d'être insensible,
Pouvoit-on n'être point troublé?
Malgré leur constance invincible,
Les Vertus mêmes ont tremblé :
Elles craignoient que l'Injustice,
Levant toute barrière au Vice,
Ne leur fît des maux inouïs ;
Et, sous la conduite d'Astrée,
Si nous eussions perdu Louis,
Alloient quitter cette contrée.

Vous savez que s'il vous caresse
Pour se délasser quelquefois,
Il donne toute sa tendresse
Aux vertus dignes des grands rois,
Et qu'il suit bien d'autres maximes
Que ces princes peu magnanimes,
Qui n'aspirent à rien de beau,
Qu'un honteux loisir empoisonne,
Et qu'on voit descendre au tombeau
Sans être pleurés de personne.

En cette aventure funeste
Tout le monde a versé des pleurs;
Jamais la colère céleste
N'avoit plus effrayé les cœurs :
Non pas même au temps de nos pères,
Lorsque les destins trop sévères
Éteignirent ce beau soleil,

HENRI, dont l'éclat admirable
Promettoit un siècle pareil
A celui que chante la Fable.

Ce que ni l'aïeul ni le père
N'ont point fait au siècle passé,
Aujourd'hui la France l'espère
Du grand roi qu'ils nous ont laissé;
Et si la Fortune irritée,
Par une fin précipitée,
Eût traversé notre repos,
Nous pourrions bien dire à cette heure
Que le ciel donne les héros
Seulement afin qu'on les pleure.

Je sais que sa gloire devance
Le cours ordinaire du temps,
Et que sa merveilleuse enfance
Est pleine d'exploits éclatants;
Qu'il a plus forcé de murailles,
Plus gagné d'illustres batailles,
Que n'ont fait les plus vieux guerriers :
Aussi les Parques étonnées
Croyoient, en comptant ses lauriers,
Qu'il avoit vécu trop d'années.

Mais enfin, quoique la Victoire
S'empresse à le couvrir d'honneur,
Il n'est point content de sa gloire,
S'il n'achève notre bonheur :
Il veut que par toute la France
La paix ramène l'abondance,

Et prévienne tous nos besoins ;
Que les biens nous cherchent en foule,
Et que sans murmures ni soins
Son aimable règne s'écoule.

Qu'il vive donc, et qu'il jouisse
Des fruits de sa haute valeur ;
Que devant lui s'évanouisse
Toute apparence de douleur ;
Qu'auprès des beaux yeux de Thérèse
Son grand cœur respire à son aise,
Et que de leurs chastes amours
Naisse une famille féconde
A qui, comblé d'heur et de jours,
Il puisse partager le monde.

Et vous, conspirez à sa joie,
Amours, Jeux, Ris, Graces, Plaisirs,
Et que chacun de vous s'emploie
A satisfaire ses desirs :
Empêchez que son grand courage,
Qui dans mille travaux l'engage,
Ne le fasse trop tôt vieillir :
Rendez ses beaux jours toujours calmes,
Et faites-lui toujours cueillir
Autant de roses que de palmes.

III.

LA RENOMMÉE AUX MUSES.[1]

1663.

On alloit oublier les filles de Mémoire ;
  Et, parmi les mortels,
L'Ignorance et l'Erreur alloient ternir leur gloire,
  Et briser leurs autels :

Il falloit qu'un héros, de qui la terre entière
  Admire les exploits,
Leur offrît un asile, et fournît de matière [2]
  A leurs divines voix.

Elles étoient au ciel ; et la Nymphe qui vole
  Et qui parle toujours
Ne les vit pas plutôt, qu'elle prit la parole,
  Et leur tint ce discours :

« Puisqu'un nouvel Auguste aux rives de la Seine
  Vous appelle en ce jour,
Muses, pour voir Louis, abandonnez sans peine
  Le céleste séjour.

---

1. *La Renommée aux Muses* eut plus de succès que l'ode *Sur la convalescence du roi*, sans être beaucoup meilleure, quoique le sujet fût plus lyrique. Le poëte y célèbre les nombreux encouragements prodigués à cette époque par Louis XIV aux lettres, aux sciences et aux arts ; l'établissement des trois académies, les gratifications et les pensions accordées aux gens de lettres, aux savants nationaux et étrangers, etc. (G.)

2. Cette expression *fournir de matière* est dans Corneille, dans Boileau et dans les meilleurs écrivains du xviie siècle.

« Aussi bien voyez-vous que plusieurs des dieux mêmes,
  De sa gloire éblouis,
Prisent moins le nectar que le plaisir extrême
  D'être auprès de Louis.

« A peine marchoit-il, que la fille sacrée
  Qui se plaît aux combats,
Et Thémis, qui préside aux balances d'Astrée,
  Conduisirent ses pas.

« Les Vertus, qui dès lors suivirent leur exemple,
  Virent avec plaisir
Que le cœur de Louis étoit le plus beau temple
  Qu'elles pussent choisir.

« Aussi prompte que tout, nous vîmes la Victoire
  Suivre ses étendards,
Jurant qu'à si haut point elle mettroit sa gloire,
  Qu'on le prendroit pour Mars.

« On sait qu'elle marchoit devant cet Alexandre,
  Et que, plus d'une fois,
Elle arrêta la Paix toute prête à descendre
  Dans l'empire françois.

« Mais enfin ce héros, plus craint que le tonnerre,
  Après tant de hauts faits,
A trouvé moins de gloire à conquérir la terre
  Qu'à ramener la Paix.

« Ainsi, près de Louis, cette aimable déesse
  Établit son séjour;

Et de mille autres dieux, qui la suivent sans cesse,
  Elle peupla sa cour.

« Entre ces déités dont l'immortelle gloire
  Parut en ces beaux lieux,
On vit venir Thérèse : et sa beauté fit croire
  Qu'elle venoit des cieux.

« Vous-même, en la voyant, avouerez que l'aurore
  Jette moins de clartés,
Eût-elle tout l'éclat et les habits encore
  Dont vous la revêtez.

« Mais, quoique dans la paix Louis semble se plaire,
  Quel orgueil aveuglé
Osera s'exposer aux traits de sa colère
  Sans en être accablé ?

« Ah ! si ce grand héros vous paroît plein de charmes
  Dans le sein de la Paix,
Que vos yeux le verront terrible sous les armes,
  S'il les reprend jamais !

« Vous le verrez voler, plus vite que la foudre,
  Au milieu des hasards,
Faire ouvrir les cités, ou renverser en poudre
  Leurs superbes remparts.

« Qu'il fera beau chanter tant d'illustres merveilles
  Et de faits inouïs !
Et qu'en si beau sujet vous plairez aux oreilles
  Des peuples de Louis !

« Songez de quelle ardeur vous serez échauffées,
         Quand, pour vous écouter,
Vous trouverez ce prince à l'ombre des trophées
         Qu'il viendra de planter!

« Ainsi le grand Achille, assis près des murailles
         Où l'on pleuroit Hector,
De ses braves aïeux écoutoit les batailles,
         Et les siennes encor.

« Quoi que fasse Louis, soit en paix, soit en guerre,
         Il vous peut inspirer
Des chants harmonieux qui de toute la terre
         Vous feront admirer.

« Qu'on ne nous parle plus de l'amant d'Eurydice :
         Quoi qu'on dise de lui,
Le Strymon n'a rien vu que la Seine ne puisse
         Voir encore aujourd'hui.

« Je vous promets bien plus : la Fortune, sensible
         A des charmes si doux,
Laissera désarmer la rigueur inflexible
         Qu'elle eut toujours pour vous.

« En vain de vos lauriers on se paroit la tête;
         Et vos chantres fameux
Étoient les plus sujets aux coups de la tempête,
         Et les plus malheureux.

« C'est en vain qu'autrefois les lions et les arbres
         Vous suivoient pas à pas :

La Fortune, toujours plus dure que les marbres,
Ne s'en émouvoit pas.

« Mais ne la craignez plus : Louis contre sa haine
Vous protége aujourd'hui;
Et, près de cet Auguste, un illustre Mécène [1]
Vous promet son appui.

« Les soins de ce grand homme apaiseront la rage
De vos fiers ennemis;
Et, quoi qu'il vous promette, il fera davantage
Qu'il ne vous a promis.

« Venez donc, puisque enfin vous ne sauriez élire
Un plus charmant séjour
Que d'être près d'un roi dont le mérite attire
Tant de dieux à sa cour.

« Moi-même auprès de lui je ferois ma demeure,
Si ses exploits divers
Ne me contraignoient pas de voler à toute heure
Au bout de l'univers. »

Là finit son discours; et la troupe immortelle
Qui l'avoit écouté
Voulut voir ce héros que la Nymphe fidèle
Leur avoit tant vanté.

Sa présence effaça dans leur ame charmée
Le souvenir des cieux;
Et, dans le même instant, la prompte Renommée
L'alla dire en tous lieux.

1. Colbert.

IV.

ODE TIRÉE DU PSAUME XVII.[1]

Diligam te, Domine, etc.

Je t'aimerai, bonté suprême !
Mon défenseur et mon salut.
Grand Dieu ! d'un cœur plein de toi-même
Daigne accepter l'humble tribut !
De mes rivaux la haine impie
Attaquoit mon sceptre et ma vie ;
Tu sauves ma gloire et mes jours :
En rendre grace à ta tendresse,
C'est assurer à ma foiblesse
Un nouveau droit à tes secours.

Déja, dans mon ame éperdue
La mort, répandant ses terreurs,
Présentoit partout à ma vue
Et ses tourments et ses horreurs : [2]

---

[1]. Cette ode a été trouvée, ainsi que les notes qui l'accompagnent, à la vente de Racine le fils, et déposée à la Bibliothèque royale par M. Capperonnier. Le manuscrit est de la main même du grand Racine. Il est impossible de fixer l'époque précise à laquelle cette ode a été faite. On y trouve de la sagesse, de la correction et du goût. Elle est du même ton, du même genre que les hymnes du Bréviaire ; plusieurs strophes sont dignes des cantiques. Il est probable que le manuscrit de l'ode et des notes était destiné à être mis sous les yeux de Boileau. (G.)

Ce manuscrit ne se trouve plus à la Bibliothèque nationale.

[2]. Var. *Tout l'appareil de ses horreurs.*

Lequel aimeriez-vous mieux, monsieur? Dit-on *présenter des tourments à la vue de quelqu'un?* D'un autre côté, *partout et tout l'appareil.* (Note de Racine.)

Ma perte étoit inévitable ;
J'invoquai ton nom redoutable,
Et tu fus sensible à mes cris
Tu vis leur trame sacrilége,
Et ta piété rompit le piége
Où leurs complots m'avoient surpris.

Tu dis, et ta voix déconcerte [1]
L'ordre éternel des éléments ;
Sous tes pas la terre entr'ouverte
Voit chanceler ses fondements.
Dans sa frayeur le ciel s'abaisse ;
Devant ton trône une ombre épaisse
Te dérobe aux yeux des vivants ;
Des Chérubins dans le silence
L'aile s'étend ; ton char s'élance
A travers les feux et les vents.

Au-devant des pâles victimes
Que poursuit ton glaive perçant,
Prête à sortir de ses abîmes,
La mer accourt en mugissant ;
Intéressés à ta vengeance,
Tous les fléaux, d'intelligence,
S'unissent pour leur châtiment :
Du monde près de se dissoudre,
Le chaos, en proie à la foudre,
N'est plus qu'un vaste embrasement.

---

1. *Tu dis :* on retrouvera ce tour dans le plus beau des cantiques de Racine :
>Tu dis, et les cieux parurent, etc.

Cette strophe est très-remarquable par l'harmonie et la force lyrique. (G.)

Quand tu soulèves la nature
Contre leurs projets inhumains,
Tu récompenses ma droiture
Et l'innocence de mes mains.
Malgré le siècle et ses maximes,
Tu vis mon cœur exempt de crimes :
Pouvoit-il en vain t'implorer?
Dans mon transport vif et sincère,
Quels seront mes soins à te plaire,
Et mon ardeur à l'épurer!

De ton amour et de ta crainte
Ce cœur à jamais pénétré
Sera fidèle à ta loi sainte;
Et mon triomphe est assuré.
L'impie aux traits de ta justice
Croit échapper; mais le supplice
Tôt ou tard atteint les pécheurs,
Toujours propice aux ames pures,
C'est sur nos mœurs que tu mesures
Tes châtiments et tes faveurs.

Tel est l'arrêt de ta sagesse;
Tu soutiens l'humble vertueux,
Et tu confonds la folle ivresse
Du criminel présomptueux.
C'est pour toi que je prends les armes :
Parmi le trouble et les alarmes
Éclaire ma foible raison;
Guide mes pas; et, dans mon zèle,
Il n'est rempart ni citadelle
Que je ne force en ton saint nom.

Tu me reprends, tu me consoles;
Et le miel a moins de douceur,[1]
L'or est moins pur que les paroles
Que tu fais entendre à mon cœur.
Quel dieu plus saint, plus adorable,
Dans ses conseils plus admirable,
Plus magnifique en ses bienfaits!
Même au milieu de ta vengeance,
Combien de fois ton indulgence
M'en a-t-elle adouci les traits!

Tu mets un terme à ta justice,
Et ton courroux s'est apaisé;
Ta main m'enlève au précipice
Que les méchants m'avoient creusé :
Tel ils m'ont vu dans ma jeunesse,
Par les secours de ta tendresse,
Renverser leurs desseins pervers,
Tromper leur rage, et, sur ton aile,[2]
Prendre l'essor de l'hirondelle,[3]
Et m'envoler dans les déserts.

Dieu des batailles, dieu terrible,
Tu m'instruis dans l'art des combats!
Je te dois la force invincible
Qui soutient mon cœur et mon bras :[4]

1. Psaume XVIII, vers. 11. (*Note de Racine.*)
2. Ou, pour éviter la liaison des deux tercets :

> Tel jadis, porté sur ton aile,
> Je pris l'essor de l'hirondelle,
> Et m'envolai dans les déserts. (*Note de Racine*)

3. Psaume X, vers 1. (*Note de Racine.*)
4. Psaume X, vers. 1. (*Note de Racine.*)

Ce bras, armé pour leur supplice,
Ne cessera, sous ton auspice,
De triompher et de punir.
Oui, dans le sang de tes victimes,
De leur blasphème et de leurs crimes
J'abolirai le souvenir.

Tandis qu'en proie à l'anathème,
Ils pousseront en vain des cris
Vers les humains, vers le dieu même
Dont la fureur les a proscrits,
Sous mon règne heureux et tranquille
Je verrai mon peuple docile
M'offrir le tribut de son cœur.
L'étranger, forcé de me craindre,
Sera réduit lui-même à feindre
Un zèle ardent pour son vainqueur.

Tous ces succès sont ton ouvrage ;
Et tu me vois en ce grand jour,
Dieu d'Israël, en rendre hommage
A ton pouvoir, à ton amour.
Étends tes soins jusqu'à ma race.
A mes enfants, avec ta grace,
Transmets ma gloire et mes États :
Peux-tu signaler ta puissance
Avec plus de magnificence
Qu'en protégeant les potentats !

STANCES

A PARTHÉNICE.[1]

Parthénice, il n'est rien qui résiste à tes charmes :
Ton empire est égal à l'empire des dieux ;
Et qui pourroit te voir sans te rendre les armes,
Ou bien seroit sans ame, ou bien seroit sans yeux.

Pour moi, je l'avouerai, sitôt que je t'ai vue,
Je ne résistai point, je me rendis à toi ;
Mes sens furent charmés, ma raison fut vaincue,
Et mon cœur tout entier se rangea sous ta loi.

Je vis sans déplaisir ma franchise asservie ;
Sa perte n'eut pour moi rien de rude et d'affreux ;

---

1. Ces stances ont été insérées par Mercier dans le *Journal général de France*, de l'abbé de Fontenay, le 2 octobre 1788. Mercier affirmait qu'il avait copié ces stances sur un manuscrit où était une attestation écrite de la main de Racine le fils et conçue en ces termes : *Ces vers sont de mon père.* M. Mesnard croit qu'elles furent composées par Racine en 1661 ou 1662, pendant son séjour à Uzès, et rappelle que ce nom de Parthénice est dans une lettre à l'abbé Levasseur, du 3 juin 1661 (Voy. notre tome VII, p. 316.) — « Un scrupule, dit Sainte-Beuve, me vient en relisant les stances à Parthénice, qui rappellent tout à fait par le ton l'ancien poëte Des Portes, ce Racine de l'école de Ronsard ; elles pourraient bien être, pour la date, des années qui suivirent le séjour d'Uzès, et même avoir été faites tout simplement en l'honneur de Mlle Duparc, la première passion de Racine au théâtre. »

STANCES.

J'en perdis tout ensemble et l'usage et l'envie;
Je me sentis esclave, et je me crus heureux.

Je vis que tes beautés n'avoient pas de pareilles;
Tes yeux par leur éclat éblouissoient les miens;
La douceur de ta voix enchanta mes oreilles,
Les nœuds de tes cheveux devinrent mes liens.

Je ne m'arrêtai pas à ces beautés sensibles,
Je découvris en toi de plus rares trésors;
Je vis et j'admirai les beautés invisibles,
Qui rendent ton esprit aussi beau que ton corps.

Ce fut lors que, voyant ton mérite adorable,
Je sentis tous mes sens t'adorer tour à tour;
Je ne voyois en toi rien qui ne fût aimable,
Je ne sentois en moi rien qui ne fût amour.

Ainsi je fis d'aimer l'heureux apprentissage;
Je m'y suis plu depuis, j'en aime la douceur;
J'ai toujours dans l'esprit tes yeux et ton visage,
J'ai toujours Parthénice au milieu de mon cœur.

Oui, depuis que tes yeux allumèrent ma flamme,
Je respire bien moins en moi-même qu'en toi;
L'amour semble avoir pris la place de mon ame,
Et je ne vivrois plus, s'il n'étoit plus en moi.

Vous qui n'avez point vu l'illustre Parthénice,
Bois, fontaines, rochers, agréable séjour!
Souffrez que jusqu'ici son beau nom retentisse,
Et n'oubliez jamais sa gloire et mon amour.

IDYLLE SUR LA PAIX [1]

1685.

Un plein repos favorise vos vœux :
Peuples, chantez la Paix, qui vous rend tous heureux.

Un plein repos favorise nos vœux :
Chantons, chantons la Paix, qui nous rend tous heureux.

---

1. Cette pièce fut composée en 1685. Racine avait, depuis huit ans, renoncé à la poésie. Ce fut à la sollicitation du marquis de Seignelay, et à l'occasion de la fête donnée à Louis XIV par ce fils du grand Colbert, que Racine consentit à rentrer dans une carrière qu'il semblait alors avoir abandonnée pour toujours. Il y a de fort belles strophes dans cette idylle, qui fut mise en musique par Lulli, et chantée dans l'orangerie de Sceaux (16 juillet 1685). (G.)

Mme de Coligny écrivait, le 3 juillet, à Bussy-Rabutin : « M. de Seignelay se prépare à une grande fête. Il y aura un opéra dont Racine a fait les paroles. » Il s'agit de cette idylle.

La trêve de Ratisbonne durait depuis le 15 août 1684. Chanter les louanges de la paix, c'était, en ce moment-là, exprimer des vœux pour sa durée plus encore que célébrer un fait accompli.

L'*Idylle sur la paix* fut d'abord imprimée à part, deux feuillets in-4°; insérée dans le *Mercure galant* de juillet 1685; réimprimée en 1689 dans l'*Idylle et les festes de l'Amour et de Bacchus, pastorale représentée par l'Académie royale de Musique;* elle prit place dans les recueils de 1687 et 1697; on la trouve dans le recueil de vers choisis du P. Bouhours. Il n'y a pas de variantes.

IDYLLE SUR LA PAIX.

    Charmante Paix, délices de la terre,
    Fille du ciel, et mère des plaisirs,
       Tu reviens combler nos desirs;
Tu bannis la terreur et les tristes soupirs,
      Malheureux enfants de la guerre.

    Un plein repos favorise nos vœux :
Chantons, chantons la Paix, qui nous rend tous heureux.

     Tu rends le fils à sa tremblante mère;
      Par toi la jeune épouse espère
   D'être longtemps unie à son époux aimé.
    De ton retour le laboureur charmé
Ne craint plus désormais qu'une main étrangère
Moissonne avant le temps le champ qu'il a semé;
Tu pares nos jardins d'une grace nouvelle;
Tu rends le jour plus pur, et la terre plus belle.

    Un plein repos favorise nos vœux :
Chantons, chantons la Paix, qui nous rend tous heureux.

    Mais quelle main puissante et secourable
A rappelé du ciel cette Paix adorable?

    Quel Dieu, sensible aux vœux de l'univers,
    A replongé la Discorde aux enfers?

    Déja grondoient les horribles tonnerres
      Par qui sont brisés les remparts;
   Déja marchoit devant les étendards
      Bellone, les cheveux épars,

Et se flattoit d'éterniser les guerres
Que sa fureur souffloit de toutes parts.

Divine Paix, apprends-nous par quels charmes
Un calme si profond succède à tant d'alarmes?

Un héros, des mortels l'amour et le plaisir,
Un roi victorieux vous a fait ce loisir.[1]

Un héros, des mortels l'amour et le plaisir,
Un roi victorieux nous a fait ce loisir.

Ses ennemis, offensés de sa gloire,
Vaincus cent fois, et cent fois suppliants,
En leur fureur de nouveau s'oubliants,
Ont osé dans ses bras irriter la Victoire.
Qu'ont-ils gagné, ces esprits orgueilleux,
Qui menaçoient d'armer la terre entière?
Ils ont vu de nouveau resserrer leur frontière;
Ils ont vu ce roc sourcilleux,[2]
De leur orgueil l'espérance dernière,
De nos champs fortunés devenir la barrière.[3]

Un héros, des mortels l'amour et le plaisir,
Un roi victorieux nous a fait ce loisir.

Son bras est craint du couchant à l'aurore :

---

1. Imitation de ce vers de la première églogue de Virgile :
    Deus nobis hæc otia fecit.
2. Luxembourg.
3. La musique de cette belle strophe, et de celle qui commence par ces mots : *Déja grondoient,* etc., passait pour un des chefs-d'œuvre de Lulli. (G.)

La foudre, quand il veut, tombe aux climats gelés,
 Et sur les bords par le soleil brûlés.
De son courroux vengeur, sur le rivage more,[1]
 La terre fume encore.

  Malheureux les ennemis
  De ce prince redoutable !
  Heureux les peuples soumis
  A son empire équitable !

Chantons, bergers, et nous réjouissons :
 Qu'il soit le sujet de nos fêtes.
 Le calme dont nous jouissons
  N'est plus sujet aux tempêtes.

Chantons, bergers, et nous réjouissons :
 Qu'il soit le sujet de nos fêtes.
 Le bonheur dont nous jouissons
Le flatte autant que toutes ses conquêtes.

De ces lieux l'éclat et les attraits,
  Ces fleurs odorantes,
  Ces eaux bondissantes,[2]
  Ces ombrages frais,
Sont des dons de ses mains bienfaisantes.
De ces lieux l'éclat et les attraits
  Sont des fruits de ses bienfaits.

Il veut bien quelquefois visiter nos bocages ;

---

1. Alger avait été bombardé par Duquesne en 1682 et 1683. Tripoli venait de l'être par Tourville les 22, 23 et 24 juin 1685.
2. La cascade de Sceaux. (Note de l'édition de 1687.)

Nos jardins ne lui déplaisent pas.
Arbres épais, redoublez vos ombrages;
Fleurs, naissez sous ses pas.

O ciel, ô saintes destinées,
Qui prenez soin de ses jours florissants,
Retranchez de nos ans
Pour ajouter à ses années.[1]
Qu'il règne ce héros, qu'il triomphe toujours;
Qu'avec lui soit toujours la paix ou la victoire;[2]
Que le cours de ses ans dure autant que le cours
De la Seine et de la Loire.

Qu'il règne ce héros, qu'il triomphe toujours;
Qu'il vive autant que sa gloire!

1. Acclamations du peuple romain :

Cæsar! de nostris annis tibi Jupiter augeat annos!
(*Apologétique* de Tertullien, ch. xxxv.)

2. *Et* au lieu de *ou* dans le *Mercure galant* et dans les *Fêtes de l'Amour et de Bacchus* de 1689.

HYMNES

TRADUITES

DU BRÉVIAIRE ROMAIN[1]

LE LUNDI.

A MATINES.

Tandis que le sommeil, réparant la nature,
    Tient enchaînés le travail et le bruit,
Nous rompons ses liens, ô clarté toujours pure!
    Pour te louer dans la profonde nuit.

---

1. Composées probablement par le jeune Racine, pendant qu'il était à Port-Royal, ces hymnes furent revues et corrigées par lui lorsqu'elles furent insérées dans le *Bréviaire* de Le Tourneux. Ce *Bréviaire* fut achevé d'imprimer le 15 novembre 1687; le privilége avait été donné le 6 juillet 1675. Il fut condamné par sentence de l'officialité du 10 avril, et, dans les considérants de cette sentence, quelques passages des traductions de Racine sont visés.

Ces hymnes ont été publiées par Louis Racine, à la suite des *Mémoires sur la vie de son père*, 1747, pp. 61-78.

AD MATUTINUM.

Somno refectis artubus,
Spreto cubili surgimus:
Nobis, Pater, canentibus,
Adesse te deposcimus.

Que dès notre réveil notre voix te bénisse ;
  Qu'à te chercher notre cœur empressé
T'offre ses premiers vœux ; et que par toi finisse
  Le jour par toi saintement commencé.

L'astre dont la présence écarte la nuit sombre
  Viendra bientôt recommencer son tour :
O vous, noirs ennemis qui vous glissez dans l'ombre,
  Disparoissez à l'approche du jour.

Nous t'implorons, Seigneur : tes bontés sont nos armes :
  De tout péché rends-nous purs à tes yeux ;
Fais que, t'ayant chanté dans ce séjour de larmes,
  Nous te chantions dans le repos des cieux.

Exauce, Père saint, notre ardente prière,
  Verbe, son fils, Esprit, leur nœud divin,
Dieu qui, tout éclatant de ta propre lumière,
  Règnes au ciel sans principe et sans fin.

A LAUDES.

Source ineffable de lumière.

Te lingua primum concinat,
Te mentis ardor ambiat,
Ut actuum sequentium
Tu, sancte, sis exordium.

Cedant tenebræ lumini,
Et nox diurno sideri :
Ut culpa, quam nox intulit,
Lucis labascat munere.

Precamur idem supplices,
Noxas ut omnes amputes,
Et ore te canentium
Lauderis in perpetuum.

Præsta, pater piissime,
Patrique compar Unice,
Cum Spiritu Paraclito
Regnans per omne sæculum.

AD LAUDES.

Splendor paternæ gloriæ,

HYMNES.

Verbe en qui l'Éternel contemple sa beauté,
Astre, dont le soleil n'est que l'ombre grossière,
Sacré jour, dont le jour emprunte sa clarté;

    Lève-toi, Soleil adorable,
Qui de l'éternité ne fais qu'un heureux jour;
Fais briller à nos yeux ta clarté secourable,
Et répands dans nos cœurs le feu de ton amour.

    Prions aussi l'auguste Père,
Le Père dont la gloire a devancé les temps,
Le Père tout-puissant en qui le monde espère,
Qu'il soutienne d'en haut ses fragiles enfants.

    Donne-nous un ferme courage;
Brise la noire dent du serpent envieux;
Que le calme, grand Dieu, suive de près l'orage;
Fais-nous faire toujours ce qui plaît à tes yeux.

    Guide notre ame dans ta route,
Rends notre corps docile à ta divine loi;
Remplis-nous d'un espoir que n'ébranle aucun doute,
Et que jamais l'erreur n'altère notre foi.

De luce lucem proferens,
Lux lucis, et fons luminis,
Diem dies illuminans;

Verusque sol illabere,
Micans nitore perpeti :
Jubarque Sancti Spiritus
Infunde nostris sensibus.

Votis vocemus et Patrem,
Patrem perennis gloriæ,
Patrem potentis gratiæ,
Culpam releget lubricam.

Confirmet actus strenuos,
Dentes retundat invidi,
Casus secundet asperos,
Donet gerendi gratiam.

Mentem gubernet et regat;
Casto, fideli corpore,
Fides calore ferveat:
Fraudis venena nesciat.

Que Christ soit notre pain céleste;
Que l'eau d'une foi vive abreuve notre cœur :
Ivres de ton esprit, sobres pour tout le reste,
Daigne à tes combattants inspirer ta vigueur.

Que la pudeur chaste et vermeille
Imite sur leur front la rougeur du matin;
Aux clartés du midi que leur foi soit pareille;
Que leur persévérance ignore le déclin.

L'aurore luit sur l'hémisphère :
Que Jésus dans nos cœurs daigne luire aujourd'hui.
Jésus, qui tout entier est dans son divin Père,
Comme son divin Père est tout entier en lui.

Gloire à toi, Trinité profonde,
Père, Fils, Esprit saint : qu'on t'adore toujours,
Tant que l'astre des temps éclairera le monde,
Et quand les siècles même auront fini leur cours.

Christusque nobis sit cibus,
Potusque noster sit fides :
Læti bibamus sobriam
Ebrietatem spiritus.

Lætus dies hic transeat;
Pudor sit ut diluculum;
Fides velut meridies;
Crepusculum mens nesciat.

Aurora cursus provehit,
Aurora totus prodeat,
In Patre totus Filius,
Et totus in Verbo Pater.

Deo Patri sit gloria,
Ejusque soli Filio,
Cum Spiritu Paraclito,
Et nunc et in perpetuum.

LE MARDI.

A MATINES.

Verbe, égal au Très-Haut, notre unique espérance,
  Jour éternel de la terre et des cieux,
De la paisible nuit nous rompons le silence,
  Divin Sauveur, jette sur nous les yeux.

Répands sur nous le feu de ta grace invincible ;
  Que tout l'enfer fuie au son de ta voix ;
Dissipe ce sommeil qui rend l'ame insensible,
  Et la conduit dans l'oubli de tes lois.

O Christ ! sois favorable à ce peuple fidèle,
  Pour te bénir maintenant assemblé ;
Reçois les chants qu'il offre à ta gloire immortelle ;
  Et de tes dons qu'il retourne comblé.

AD MATUTINUM.

Consors paterni luminis,
Lux ipse lucis, et dies,
Noctem canendo rumpimus :
Assiste postulantibus.

Aufer tenebras mentium ;
Fuga catervas dæmonum ;
Expelle somnolentiam,
Ne pigritantes obruat.

Sic, Christe, nobis omnibus,
Indulgeas credentibus,
Ut prosit exorantibus,
Quod præcinentes psallimus.

1. Cette strophe est une de celles qui avaient été visées dans la sentence de l'officialité du 8 avril 1688. Dans le recueil de Louis Racine, elle est ainsi modifiée :

  Répands sur nous le feu de ta grâce puissante,
    Que tout l'enfer fuie au son de ta voix ;
  Dissipe ce sommeil d'une âme languissante
    Qui la conduit dans l'oubli de tes lois.

Il est très-probable, comme le croit M. Mesnard, que c'est Louis Racine qui est l'auteur de ce changement.

Exauce, Père saint, notre ardente prière,
  Verbe son fils, Esprit leur nœud divin.
Dieu qui, tout éclatant de ta propre lumière,
  Règnes au ciel sans principe et sans fin.

A LAUDES.

L'oiseau vigilant nous réveille ;
Et ses chants redoublés semblent chasser la nuit :
Jésus se fait entendre à l'ame qui sommeille,
Et l'appelle à la vie, où son jour nous conduit.

« Quittez, dit-il, la couche oisive
Où vous ensevelit une molle langueur :
Sobres, chastes et purs, l'œil et l'ame attentive,
Veillez : je suis tout proche, et frappe à votre cœur. »

Ouvrons donc l'œil à sa lumière,
Levons vers ce Sauveur et nos mains et nos yeux,
Pleurons et gémissons : une ardente prière
Écarte le sommeil, et pénètre les cieux.

Præsta, Pater piissime,
Patrique compar Unice,
Cum Spiritu Paraclito
Regnans per omne sæculum.

AD LAUDES.

Ales diei nuntius
Lucem propinquam præcinit :
Nos excitator mentium
Jam Christus ad vitam vocat.

« Auferte, clamat, lectulos,
Ægro sopore desides :
Castique, recti, ac sobrii,
Vigilate : jam sum proximus. »

Jesum ciamus vocibus,
Flentes, precantes, sobrii :
Intenta supplicatio
Dormire cor mundum vetat.

O Christ, ô soleil de justice !
De nos cœurs endurcis romps l'assoupissement ;
Dissipe l'ombre épaisse où les plonge le vice,
Et que ton divin jour y brille à tout moment !

Gloire à toi, Trinité profonde,
Père, Fils, Esprit saint : qu'on t'adore toujours,
Tant que l'astre des temps éclairera le monde,
Et quand les siècles même auront fini leur cours.

LE MERCREDI.

A MATINES.

Grand Dieu, par qui de rien toute chose est formée,
    Jette les yeux sur nos besoins divers ;
Romps ce fatal sommeil, par qui l'ame charmée
    Dort en repos sur le bord des enfers.

Daigne, ô divin Sauveur que notre voix implore,
    Prendre pitié des fragiles mortels,
Et vois comme du lit, sans attendre l'aurore,
    Le repentir nous traîne à tes autels.

Tu, Christe, somnum discute,
Tu rumpe noctis vincula,
Tu solve peccatum vetus,
Novumque lumen ingere.

Deo Patri sit gloria,
Ejusque soli Filio
Cum Spiritu Paraclito,
Et nunc et in perpetuum.

AD MATUTINUM.

Rerum Creator optime,
Rectorque noster, aspice :
Nos a quiete noxia,
Mersos sopore libera.

Te, sancte Christe, poscimus :
Ignosce tu criminibus. :
Ad confitendum surgimus,
Morasque noctis rumpimus.

C'est là que notre troupe, affligée, inquiète,
    Levant au ciel et le cœur et les mains,
Imite le grand Paul, et suit ce qu'un prophète
    Nous a prescrit dans ses cantiques saints.

Nous montrons à tes yeux nos maux et nos alarmes,
    Nous confessons tous nos crimes secrets;
Nous t'offrons tous nos vœux, nous y mêlons nos larmes.
    Que ta bonté révoque tes arrêts!

Exauce, Père saint, notre ardente prière,
    Verbe son fils, Esprit leur nœud divin,
Dieu qui, tout éclatant de ta propre lumière,
    Règnes au ciel sans principe et sans fin.

A LAUDES.

    Sombre nuit, aveugles ténèbres,
Fuyez : le jour s'approche, et l'Olympe blanchit :
Et vous, démons, rentrez dans vos prisons funèbres :
De votre empire affreux un Dieu nous affranchit.

Mentes manusque tollimus,
Propheta sicut noctibus
Nobis gerendum præcipit,
Paulusque gestis censuit.

Vides malum quod gessimus,
Occulta nostra pandimus;
Preces gementes fundimus;
Dimitte quod peccavimus.

Præsta, Pater piissime,

Patrique compar Unice
Cum Spiritu Paraclito
Regnans per omne sæculum.

AD LAUDES.

Nox et tenebræ et nubila,
Confusa mundi, et turbida,
(Lux intrat, albescit polus,
Christus venit), discedite.

HYMNES.

Le soleil perce l'ombre obscure ;
Et les traits éclatants qu'il lance dans les airs,
Rompant le voile épais qui couvroit la nature,
Redonnent la couleur et l'ame à l'univers.

O Christ, notre unique lumière,
Nous ne reconnoissons que tes saintes clartés !
Notre esprit t'est soumis ; entends notre prière,
Et sous ton divin joug range nos volontés.

Souvent notre ame criminelle,
Sur sa fausse vertu, téméraire, s'endort ;
Hâte-toi d'éclairer, ô lumière éternelle,
Des malheureux assis dans l'ombre de la mort !

Gloire à toi, Trinité profonde,
Père, Fils, Esprit saint : qu'on t'adore toujours,
Tant que l'astre des temps éclairera le monde,
Et quand les siècles même auront fini leur cours.

Caligo terræ scinditur
Percussa solis spiculo ;
Rebusque jam color redit,
Vultu nitentis sideris.

Te, Christe, solum novimus,
Te mente pura et simplici,
Flendo, et canendo, quæsumus,
Intende nostris sensibus.

Sunt multa fucis illita,
Quæ luce purgentur tua :
Tu, lux eoi sideris,
Vultu sereno illumina.

Deo Patri sit gloria,
Ejusque soli Filio,
Cum Spiritu Paraclito,
Et nunc et in perpetuum.

LE JEUDI.

A MATINES.

De toutes les couleurs que distinguoit la vue,
  L'obscure nuit n'a fait qu'une couleur :
Juste juge des cœurs, notre ardeur assidue
  Demande ici tes yeux et ta faveur.

Qu'ainsi, prompt à guérir nos mortelles blessures,
  Ton feu divin, dans nos cœurs répandu,
Consomme pour jamais leurs passions impures,[1]
  Pour n'y laisser que l'amour qui t'est dû.

Effrayés des péchés dont le poids les accable,
  Tes serviteurs voudroient se relever :
Ils implorent, Seigneur, ta bonté secourable,
  Et dans ton sang cherchent à se laver.

Seconde leurs efforts, dissipe l'ombre noire
  Qui dès longtemps les tient enveloppés ;

AD MATUTINUM.

Nox atra rerum contegit
Terræ colores omnium,
Nos confitentes poscimus,
Te, juste judex cordium.

Ut auferas piacula,
Sordesque mentis abluas :
Donesque, Christe, gratiam
Ut arceantur crimina.

Mens ecce torpet impia,
Quam culpa mordet noxia :
Obscura gestit tollere,
Et te, Redemptor, quærere.

Repelle tu caliginem
Intrinsecus quam maxime

---

1. Louis Racine a écrit *consume*. *Consomme* est la leçon du *Bréviaire* de Le Tourneux.

HYMNES.

Et que l'heureux séjour d'une immortelle gloire
Soit l'objet seul de leurs cœurs détrompés.

Exauce, Père saint, notre ardente prière,
　　Verbe son fils, Esprit leur nœud divin,
Dieu qui, tout éclatant de ta propre lumière,
　　Règnes au ciel sans principe et sans fin.

A LAUDES.

　　Les portes du jour sont ouvertes,
Le soleil peint le ciel de rayons éclatants :
Loin de nous cette nuit dont nos ames couvertes
Dans le chemin du crime ont erré si longtemps.

　　Imitons la lumière pure
De l'astre étincelant qui commence son cours,
Ennemis du mensonge et de la fraude obscure ;
Et que la vérité brille en tous nos discours.

　　Que ce jour se passe sans crime,
Que nos langues, nos mains, nos yeux, soient innocents ;

Ut in beato gaudeat
Se collocari lumine.

Præsta, Pater piissime,
Patrique compar Unice,
Cum Spiritu Paraclito
Regnans per omne sæculum.

AD LAUDES.

Lux ecce surgit aurea :

Pallens fatiscat cæcitas,
Quæ nosmet in præceps diu
Errore traxit devio.

Hæc lux serenum conferat,
Purosque nos præstet sibi :
Nihil loquamur subdolum,
Volvamus obscurum nihil.

Sic tota decurrat dies,
Ne lingua mendax, ne manus,

Que tout soit chaste en nous, et qu'un frein légitime
Aux lois de la raison asservisse les sens.

Du haut de sa sainte demeure
Un Dieu toujours veillant nous regarde marcher ;
Il nous voit, nous entend, nous observe à toute heure ;
Et la plus sombre nuit ne sauroit nous cacher.

Gloire à toi, Trinité profonde,
Père, fils, Esprit saint : qu'on t'adore toujours,
Tant que l'astre des temps éclairera le monde,
Et quand les siècles même auront fini leur cours.

LE VENDREDI.

A MATINES.

Auteur de toute chose, essence en trois unique,
Dieu tout-puissant, qui régis l'univers,
Dans la profonde nuit nous t'offrons ce cantique ;
Écoute-nous, et vois nos maux divers.

Tandis que du sommeil le charme nécessaire

Oculive peccent lubrici,
Ne noxa corpus inquinet.

Speculator adstat desuper,
Qui nos diebus omnibus,
Actusque nostros prospicit
A luce prima in vesperum.

Deo Patri sit gloria,
Ejusque soli Filio,

Cum Spiritu Paraclito
Et nunc et in perpetuum.

AD MATUTINUM.

Tu Trinitatis unitas,
Orbem potenter quæ regis,
Attende laudum cantica,
Quæ excubantes psallimus.

Nam lectulo consurgimus

Ferme les yeux du reste des humains,
Le cœur tout pénétré d'une douleur amère,
Nous implorons tes secours souverains.

Que tes feux de nos cœurs chassent la nuit fatale;
Qu'à leur éclat soient d'abord dissipés
Ces objets dangereux que la ruse infernale
Dans un vain songe offre à nos sens trompés.

Que notre corps soit pur; qu'une indolence ingrate
Ne tienne point nos cœurs ensevelis;
Que, par l'impression du vice qui nous flatte,
Tes feux sacrés n'y soient point affoiblis.

Qu'ainsi, divin Sauveur, tes lumières célestes
Dans tes sentiers affermissant nos pas,
Nous détournent toujours de ces piéges funestes
Que le démon couvre de mille appas.

Exauce, Père saint, notre ardente prière,
Verbe son fils, Esprit, leur nœud divin,
Dieu qui, tout éclatant de ta propre lumière,
Règnes au ciel sans principe et sans fin.

Noctis quieto tempore,
Ut flagitemus vulnerum
A te medelam omnium.

Quo fraude quidquid dæmonum
In noctibus deliquimus,
Abstergat illud cœlitus
Tuæ potestas gloriæ.

Ne corpus adsit sordidum,
Nec torpor instet cordium,
Nec criminis contagio
Tepescat ardor spiritus.

Ob hoc, Redemptor, quæsumus,
Reple tuo nos lumine,
Per quod dierum circulis,
Nullis ruamus actibus.

Præsta, Pater piissime,
Patrique compar Unice,
Cum Spiritu Paraclito
Regnans per omne sæculum.

A LAUDES.

Astre que l'Olympe révère,
Doux espoir des mortels rachetés par ton sang,
Verbe, fils éternel du redoutable Père,
Jésus, qu'une humble Vierge a porté dans son flanc,

Affermis l'ame qui chancelle;
Fais que, levant au ciel nos innocentes mains,
Nous chantions dignement et ta gloire immortelle
Et les biens dont ta grace a comblé les humains.

L'astre avant-coureur de l'aurore,
Du soleil qui s'approche annonce le retour;
Sous le pâle horizon l'ombre se décolore :
Lève-toi dans nos cœurs, chaste et bienheureux jour!

Sois notre inséparable guide,
Du siècle ténébreux perce l'obscure nuit;
Défends-nous en tout temps contre l'attrait perfide
De ces plaisirs trompeurs dont la mort est le fruit.

AD LAUDES.

Æterna cœli gloria,
Beata spes mortalium,
Celsi tonantis Unice,
Castæque proles Virginis,

Da dexteram surgentibus,
Exsurgat et mens sobria,
Flagrans et in laudem Dei
Grates rependat debitas.

Ortus refulget Lucifer,
Sparsamque lucem nuntiat :
Cadit caligo noctium,
Lux sancta nos illuminet.

Manensque nostris sensibus,
Noctem repellat sæculi,
Omnique fine diei
Purgata servet pectora.

Que la Foi dans nos cœurs gravée,
D'un rocher immobile ait la stabilité;
Que sur ce fondement l'Espérance élevée
Porte pour comble heureux l'ardente Charité.

Gloire à toi, Trinité profonde,
Père, Fils, Esprit saint : qu'on t'adore toujours,
Tant que l'astre des temps éclairera le monde,
Et quand les siècles même auront fini leur cours.

LE SAMEDI.

A MATINES.

O Toi qui, d'un œil de clémence,
Vois les égarements des fragiles humains ;
Toi, dont l'être un en trois, et le même en puissance,
A créé ce grand tout soutenu par tes mains,

Éteins ta foudre dans les larmes
Qu'un juste repentir mêle à nos chants sacrés ;
Et que puisse ta Grace, où brillent tes doux charmes,
Te préparer un temple en nos cœurs épurés !

Quæsita jam primum Fides
Radicet altis sensibus,
Secunda Spes congaudeat,
Qua major exstat Charitas.

Deo Patri sit gloria,
Ejusque soli Filio,
Cum Spiritu Paraclito
Et nunc et in perpetuum.

AD MATUTINUM.

Summæ Deus clementiæ,
Mundique factor machinæ,
Unus potentialiter,
Trinusque personaliter,

Nostros pius cum canticis
Fletus benigne suscipe :
Quo corde puro sordibus
Te perfruamur largius.

Brûle en nous de tes saintes flammes
Tout ce qui de nos sens excite les transports,
Afin que, toujours prêts, nous puissions dans nos ames
Du démon de la chair vaincre tous les efforts.

Pour chanter ici tes louanges,
Notre zèle, Seigneur, a devancé le jour :
Fais qu'ainsi nous chantions un jour avec tes anges
Les biens qu'à tes élus assure ton amour.

Père des anges et des hommes,
Sacré Verbe, Esprit saint, profonde Trinité,
Sauve-nous ici-bas des périls où nous sommes,
Et qu'on loue à jamais ton immense bonté.

A LAUDES.

L'aurore brillante et vermeille
Prépare le chemin au soleil qui la suit ;
Tout rit aux premiers traits du jour qui se réveille :
Retirez-vous, démons qui volez dans la nuit.

Fuyez, songes, troupe menteuse,

Lumbos, jecurque morbidum
Adure igni congruo,
Accincti ut sint perpetim,
Luxu remoto pessimo.

Ut quique horas noctium
Nunc concinendo rumpimus,
Donis beatæ patriæ
Ditemur omnes affatim.

Præsta, Pater piissime,

Patrique compar Unice,
Cum Spiritu Paraclito
Regnans per omne sæculum.

AD LAUDES.

Aurora jam spargit polum,
Terris dies illabitur,
Lucis resultat spiculum :
Discedat omne lubricum.

Phantasma noctis decidat;

Dangereux ennemis par la nuit enfantés,
Et que fuie avec vous la mémoire honteuse
Des objets qu'à nos sens vous avez présentés.

Chantons l'auteur de la lumière,
Jusqu'au jour où son ordre a marqué notre fin ;
Et qu'en le bénissant notre aurore dernière
Se perde en un midi sans soir et sans matin.

Gloire à toi, Trinité profonde,
Père, Fils, Esprit saint : qu'on t'adore toujours,
Tant que l'astre des temps éclairera le monde,
Et quand les siècles même auront fini leur cours.

LE LUNDI.

A VÊPRES.

Grand Dieu, qui vis les cieux se former sans matière,
  A ta voix seulement,
Tu séparas les eaux, leur marquant pour barrière [1]
  Le vaste firmament.

Mentis reatus subruat ;
Quidquid tenebris horridum
Nos attulit culpæ, cadat.

Et mane illud ultimum
Quod præstolamur cernui
In lucem nobis effluat,
Dum hoc canore concrepat.

Deo Patri sit gloria,

Ejusque soli Filio
Cum Spiritu Paraclito
Et nunc et in perpetuum.

AD VESPERAS.

Immense cœli conditor,
Qui mixta ne confunderent,
Aquæ fluenta dividens,
Cœlum dedisti limitem :

---

1. Dans l'édition de Luneau de Boisjermain, dans celles de 1807, de 1808, dans celle d'Aimé Martin, on lit *marquas* au lieu de *marquant*. Un prétendu manuscrit autographe du *British Museum* offre la même variante.

Si la voûte céleste a ses plaines liquides,
    La terre a ses ruisseaux,
Qui, contre les chaleurs, portent aux champs arides
    Le secours de leurs eaux.

Seigneur, qu'ainsi les eaux de ta grace féconde
    Réparent nos langueurs ;
Que nos sens désormais vers les appas du monde
    N'entraînent plus nos cœurs.

Fais briller de ta foi les lumières propices
    A nos yeux éclairés :
Qu'elle arrache le voile à tous les artifices
    Des enfers conjurés.

Règne, ô Père éternel, Fils, sagesse increéée,
    Esprit saint, Dieu de paix,
Qui fais changer des temps l'inconstante durée,
    Et ne changes jamais.

    Firmans locum cœlestibus,
    Simulque terræ rivulis,
    Ut unda flammas temperet,
    Terræ solum ne dissipent;

    Infunde nunc, piissime,
    Donum perennis gratiæ;
    Fraudis novæ ne casibus
    Nos error atterat vetus.

    Lucem fides inveniat;
    Sic luminis jubar ferat,
    Ut vana cuncta terreat,
    Hanc falsa nulla comprimant.

    Præsta, Pater piissime,
    Patrique compar Unice,
    Cum Spiritu Paraclito
    Regnans per omne sæculvm.

LE MARDI.

A VÊPRES.

Ta sagesse, grand Dieu! dans tes œuvres tracée,
    Débrouilla le chaos;
Et, fixant sur son poids la terre balancée,
    La sépara des flots.

Par là son sein fécond, de fleurs et de feuillages
    L'embellit tous les ans,
L'enrichit de doux fruits, couvre de pâturages
    Ses vallons et ses champs.

Seigneur, fais de ta grace, à notre ame abattue,
    Goûter les fruits heureux;
Et que puissent nos pleurs de la chair corrompue
    Éteindre en nous les feux.

Que sans cesse nos cœurs, loin du sentier des vices,
    Suivent tes volontés :
Qu'innocents à tes yeux, ils fondent leurs délices
    Sur tes seules bontés.

AD VESPERAS.

Telluris ingens conditor,
Mundi solum qui eruens,
Pulsis aquæ molestiis,
Terram dedisti immobilem ;

Ut germen aptum proferens,
Fulvis decora floribus,
Fecunda fructu sisteret,
Pastumque gratum redderet :

Montis perustæ vulnera
Munda virore gratiæ;
Ut facta fletu diluat,
Motusque pravos atterat.

Jussis tuis obtemperet,
Nullis malis approximet,
Bonis repleri gaudeat,
Et mortis actum nesciat.

Règne, ô Père éternel, Fils, sagesse incréée ;
    Esprit saint, Dieu de paix,
Qui fais changer des temps l'inconstante durée,
    Et ne changes jamais.

LE MERCREDI.

A VÊPRES.

Grand Dieu, qui fais briller sur la voûte étoilée
    Ton trône glorieux,
Et d'une blancheur vive à la pourpre mêlée
    Peins le centre des cieux,

Par toi roule à nos yeux, sur un char de lumière,
    Le clair flambeau des jours,
De tant d'astres par toi la lune en sa carrière
    Voit le différent cours.

Ainsi sont séparés les jours des nuits prochaines
    Par d'immuables lois ;
Ainsi tu fais connoître à des marques certaines
    Les saisons et les mois.

Præsta, Pater piissime,
Patrique compar Unice,
Cum Spiritu Paraclito
Regnans per omne sæculum.

AD VESPERAS.

Cœli Deus sanctissime,
Qui lucidum centrum poli
Candore pingis igneo,
Augens decoro lumine ;

Quarto die qui flammeam
Solis rotam constituens,
Lunæ ministras ordinem,
Vagosque cursus siderum ;

Ut noctibus, vel lumini
Diremptionis terminum
Primordiis et mensium
Signum dares notissimum.

HYMNES. 371

Seigneur, répands sur nous ta lumière céleste,
  Guéris nos maux divers ;
Que ta main invincible, aux démons si funeste, [1]
  Brise enfin tous nos fers.

Règne, ô Père éternel, Fils, Sagesse incréée,
  Esprit saint, Dieu de paix,
Qui fais changer des temps l'inconstante durée,
  Et ne changes jamais.

LE JEUDI.

A VÊPRES.

Seigneur, tant d'animaux par toi des eaux fécondes
  Sont produits à ton choix,
Que leur nombre infini peuple ou les mers profondes,
  Ou les airs et les bois.

Ceux-là sont humectés des flots que la mer roule;
  Ceux-ci, de l'eau des cieux;

Illumina cor hominum ;
Absterge sordes mentium ;
Resolve culpæ vinculum ;
Everte moles criminum.

Præsta, Pater piissime,
Patrique compar Unice,
Cum Spiritu Paraclito
Regnans per omne sæculum.

AD VESPERAS.

Magnæ Deus potentiæ,
Qui ex aquis ortum genus
Partim remittis gurgiti,
Partim levas in aera ;

Demersa lymphis imprimens,
Subvecta cœlis irrigans :

1. Louis Racine a mis :
   Que ta main secourable, aux démons si funeste.

Et, de la même source ainsi sortis en foule,
 Occupent divers lieux.

Fais, ô Dieu tout-puissant, fais que tous les fidèles,
 A ta grace soumis,
Ne retombent jamais dans les chaînes cruelles
 De leurs fiers ennemis!

Que, par toi soutenus, le joug pesant des vices
 Ne les accable pas!
Qu'un orgueil téméraire en d'affreux précipices
 N'engage point leurs pas!

Règne, ô Père éternel, Fils, Sagesse incréée,
 Esprit saint, Dieu de paix,
Qui fais changer des temps l'inconstante durée,
 Et ne changes jamais!

LE VENDREDI.

A VÊPRES.

Créateur des humains, grand Dieu, souverain maître
 De ce vaste univers,

Ut stirpe ab una prodita,
Diversa rapiant loca.

Largire cunctis servulis,
Quos mundat unda sanguinis;
Nescire lapsus criminum,
Nec ferre mortis tædium,

Ut culpa nullum deprimat,
Nullum levet jactantiā,
Elisa mens ne concidat,

Elata mens ne corruat.

Præsta, Pater piissime,
Patrique compar Unice,
Cum Spiritu Paraclito
Regnans per omne sæculum.

AD VESPERAS.

Plasmator hominis, Deus,
 Qui cuncta solus ordinans,

Qui, du sein de la terre, à ton ordre, vis naître
    Tant d'animaux divers.

A ces grands corps sans nombre et différents d'espèce,
    Animés à ta voix,
L'homme fut établi par ta haute sagesse,
    Pour imposer ses lois.

Seigneur, qu'ainsi ta grace à nos vœux accordée
    Règne dans notre cœur ;
Que nul excès honteux, que nulle impure idée
    N'en chasse la pudeur.

Qu'un saint ravissement éclate en notre zèle ;
    Guide toujours nos pas ;
Fais d'une paix profonde, à ton peuple fidèle,
    Goûter les doux appas.

Règne, ô Père éternel, Fils, Sagesse incréée,
    Esprit saint, Dieu de paix,
Qui fais changer des temps l'inconstante durée,
    Et ne changes jamais !

Humum jubes producere
Reptantis et feræ genus ;

Qui magna rerum corpora,
Dictu jubentis vivida,
Ut serviant per ordinem
Subdens dedisti homini.

Repelle a servis tuis,
Quidquid per immunditiam,
Aut moribus se suggerit,
Aut actibus se interserit.

Da gaudiorum præmia,
Da gratiarum munera ;
Dissolve litis vincula,
Adstringe pacis fœdera.

Presta, Pater piissime,
Patrique compar Unice,
Cum Spiritu Paraclito
Regnans per omne sæculum.

LE SAMEDI.

A VÊPRES.

Source éternelle de lumière,
Trinité souveraine et très-simple unité,
Le visible soleil va finir sa carrière ;
Fais luire dans nos cœurs l'invisible clarté.

Qu'au doux concert de tes louanges
Notre voix et commence et finisse le jour ;
Et que notre ame enfin chante avec tes saints anges
Le cantique éternel de ton céleste amour.

Adorons le Père suprême,
Principe sans principe, abîme de splendeur,
Le Fils, Verbe du Père, engendré dans lui-même,
L'Esprit des deux, qu'il lie, amour don, paix, ardeur.[1]

AD VESPERAS.

O lux beata Trinitas,
Et principalis Unitas
Jam sol recedit igneus,
Infunde lumen cordibus.

Te mane laudum carmine,
Te deprecemur vespere :
Te nostra supplex gloria
Per cuncta laudet sæcula.

Deo Patri sit gloria,
Ejusque soli Filio,
Cum Spiritu Paraclito,
Et nunc, et in perpetuum.
Amen.

1. Quoique l'hymne du samedi à vêpres soit attribuée, ainsi que les autres, par Louis Racine à son père, M. Mesnard l'a restituée à Le Maistre de Sacy ; elle existe en effet dans la première édition de l'*Office de l'Église*, etc., qu'on appelait *Heures de Port-Royal*, où Le Maistre de Sacy avait traduit en vers les hymnes des dimanches et des fêtes ; cette première édition est de 1650, c'est-à-dire d'une époque où Racine n'avait que onze ans.

CANTIQUES SPIRITUELS [1]

CANTIQUE PREMIER.

A LA LOUANGE DE LA CHARITÉ.

(Tiré de la première *Épître* de saint Paul aux Corinthiens, ch. XIII.)

Les méchants m'ont vanté leurs mensonges frivoles ;
    Mais je n'aime que les paroles
    De l'éternelle Vérité.
    Plein du feu divin qui m'inspire,
    Je consacre aujourd'hui ma lyre
    A la céleste Charité.

En vain je parlerois le langage des anges ;
    En vain, mon Dieu, de tes louanges
    Je remplirois tout l'univers :

---

1. Les *Cantiques spirituels* sont des odes admirables. Le génie de Racine s'y montre dans toute sa maturité ; c'est la dernière de ses productions : c'est le chant du cygne. Ils furent composés pour la communauté de Saint-Cyr, en 1694. (G.)

Ils furent imprimés cette année chez Denys Thierry, huit feuillets (16 pages) in-4°, et reproduits dans le recueil de 1697.

Un manuscrit autographe du premier cantique se trouve parmi les papiers de Racine à la Bibliothèque nationale. (F. fr. 12887, fol. 101-102.)

Sans amour, ma gloire n'égale
Que la gloire de la cymbale
Qui d'un vain bruit frappe les airs.

Que sert à mon esprit de percer les abîmes
Des mystères les plus sublimes,
Et de lire dans l'avenir?
Sans amour ma science est vaine,
Comme le songe dont à peine
Il reste un léger souvenir.

Que me sert que ma foi transporte les montagnes,
Que dans les arides campagnes,
Les torrents naissent sous mes pas;
Ou que, ranimant la poussière,
Elle rende aux morts la lumière,
Si l'amour ne l'anime pas?

Oui, mon Dieu, quand mes mains de tout mon héritage
Aux pauvres feroient le partage;
Quand même pour le nom chrétien,
Bravant les croix les plus infames,
Je livrerois mon corps aux flammes,
Si je n'aime, je ne suis rien.

Que je vois de vertus qui brillent sur ta trace,
Charité, fille de la Grace!
Avec toi marche la Douceur
Que suit, avec un air affable,
La Patience inséparable [1]
De la Paix, son aimable sœur.

---

1. Ce cantique fut écrit en 1694, et les mots *affable*, *inséparable*, étoient

Tel que l'astre du jour écarte les ténèbres,
De la Nuit compagnes funèbres,
Telle tu chasses d'un coup d'œil
L'envie, aux humains si fatale,
Et toute la troupe infernale
Des vices, enfants de l'orgueil.

Libre d'ambition, simple, et sans artifice,
Autant que tu hais l'injustice,
Autant la vérité te plaît.
Que peut la colère farouche
Sur un cœur que jamais ne touche
Le soin de son propre intérêt?

Aux foiblesses d'autrui loin d'être inexorable,
Toujours d'un voile favorable
Tu t'efforces de les couvrir.
Quel triomphe manque à ta gloire?
L'amour sait tout vaincre, tout croire,
Tout espérer, et tout souffrir.

Un jour Dieu cessera d'inspirer des oracles;
Le don des langues, les miracles,
La science aura son déclin :
L'amour, la charité divine,
Éternelle en son origine,
Ne connoîtra jamais de fin.[1]

dès lors acquis à la langue. Bouhours, dans ses *Doutes*, les avait repoussés en 1675.

1. M. Mesnard a lu sous les ratures du manuscrit autographe la strophe suivante supprimée ici par Racine :

L'enfant à peine sait exprimer ce qu'il pense,
Et tout marque en lui l'impuissance

Nos clartés ici-bas ne sont qu'énigmes sombres;
    Mais Dieu, sans voiles et sans ombres,
    Nous éclairera dans les cieux; [1]
    Et ce soleil inaccessible,
    Comme à ses yeux je suis visible,
    Se rendra visible à mes yeux.

L'amour sur tous les dons l'emporte avec justice.
    De notre céleste édifice
    La Foi vive est le fondement;
    La sainte Espérance l'élève,
    L'ardente Charité l'achève,
    Et l'assure éternellement.

Quand pourrai-je t'offrir, ô Charité suprême,
    Au sein de la lumière même,
    Le cantique de mes soupirs;
    Et, toujours brûlant pour ta gloire,
    Toujours puiser et toujours boire
    Dans la source des vrais plaisirs?

    Et l'enfance de sa raison;
    Mais il en fait un plien usage
    Quand son esprit mùri par l'âge
    Est dans sa parfaite saison.

1. La suppression de la strophe donnée dans la note précédente a obligé Racine à modifier ces trois vers, qui se lisent ainsi sous les ratures du manuscrit autographe :

    Ainsi l'homme ici-bas n'a que des clartés sombres;
    Mais sans énigmes et sans ombres
    Dieu l'éclairera dans les cieux.

CANTIQUE II.

SUR LE BONHEUR DES JUSTES, ET SUR LE MALHEUR DES RÉPROUVÉS. [1]

(Tiré du livre de la *Sagesse* ch. v.)

Heureux qui, de la sagesse
Attendant tout son secours,
N'a point mis en la richesse
L'espoir de ses derniers jours !
La mort n'a rien qui l'étonne ;
Et, dès que son Dieu l'ordonne,
Son ame, prenant l'essor,
S'élève d'un vol rapide
Vers la demeure où réside
Son véritable trésor.

De quelle douleur profonde
Seront un jour pénétrés
Ces insensés qui du monde,
Seigneur, vivent enivrés ;
Quand, par une fin soudaine,
Détrompés d'une ombre vaine
Qui passe et ne revient plus,
Leurs yeux, du fond de l'abîme,
Près de ton trône sublime
Verront briller tes élus !

---

1. Voyez la lettre de Racine à Boileau, en date du 3 octobre 1694 (tome VIII, p. 125).

« Infortunés que nous sommes,
Où s'égaroient nos esprits !
Voilà, diront-ils, ces hommes,
Vils objets de nos mépris :
Leur sainte et pénible vie
Nous parut une folie ;
Mais, aujourd'hui triomphants,
Le ciel chante leur louange,
Et Dieu lui-même les range
Au nombre de ses enfants.

« Pour trouver un bien fragile
Qui nous vient d'être arraché,
Par quel chemin difficile,
Hélas ! nous avons marché !
Dans une route insensée
Notre ame en vain s'est lassée,
Sans se reposer jamais,
Fermant l'œil à la lumière,
Qui nous montroit la carrière
De la bienheureuse paix.

« De nos attentats injustes
Quel fruit nous est-il resté ?
Où sont les titres augustes
Dont notre orgueil s'est flatté ?
Sans amis et sans défense,
Au trône de la vengeance
Appelés en jugement,
Foibles et tristes victimes,
Nous y venons de nos crimes
Accompagnés seulement. »

Ainsi, d'une voix plaintive,
Exprimera ses remords
La pénitence tardive
Des inconsolables morts.
Ce qui faisoit leurs délices,
Seigneur, fera leurs supplices;
Et, par une égale loi,
Tes saints trouveront des charmes
Dans le souvenir des larmes
Qu'ils versent ici pour toi.[1]

CANTIQUE III.

PLAINTE D'UN CHRÉTIEN SUR LES CONTRARIÉTÉS QU'IL ÉPROUVE AU DEDANS DE LUI-MÊME.

(Tiré de l'*Épître* de saint Paul aux Romains, ch. VII.)

Mon Dieu, quelle guerre cruelle!
Je trouve deux hommes en moi :
L'un veut que, plein d'amour pour toi,
Mon cœur te soit toujours fidèle;
L'autre, à tes volontés rebelle,
Me révolte contre ta loi.

L'un, tout esprit et tout céleste,
Veut qu'au ciel sans cesse attaché,
Et des biens éternels touché,

---

1. Dans la lettre à Boileau du 3 octobre 1694 (voyez tome VIII, page 128), Racine désigne cette sixième stance (nous avons dit *cinquième* par erreur) comme la quatrième. On en peut conclure qu'il a ajouté plus tard la première stance et l'avant-dernière.

Je compte pour rien tout le reste ;
Et l'autre, par son poids funeste,
Me tient vers la terre penché.

Hélas ! en guerre avec moi-même,
Où pourrai-je trouver la paix ?
Je veux, et n'accomplis jamais.
Je veux ; mais (ô misère extrême !)
Je ne fais pas le bien que j'aime,
Et je fais le mal que je hais.

O grace, ô rayon salutaire !
Viens me mettre avec moi d'accord,
Et, domptant par un doux effort
Cet homme qui t'est si contraire,
Fais ton esclave volontaire
De cet esclave de la mort.

CANTIQUE IV.

SUR LES VAINES OCCUPATIONS DES GENS
DU SIÈCLE.

(Tiré de divers endroits d'Isaïe et de Jérémie.)

Quel charme vainqueur du monde
Vers Dieu m'élève aujourd'hui ?
Malheureux l'homme qui fonde
Sur les hommes son appui !
Leur gloire fuit et s'efface
En moins de temps que la trace

Du vaisseau qui fend les mers,
Ou de la flèche rapide
Qui, loin de l'œil qui la guide,
Cherche l'oiseau dans les airs.

De la sagesse immortelle
La voix tonne et nous instruit :
« Enfants des hommes, dit-elle,
De vos soins quel est le fruit?
Par quelle erreur, ames vaines,
Du plus pur sang de vos veines
Achetez-vous si souvent,
Non un pain qui vous repaisse,
Mais une ombre qui vous laisse
Plus affamés que devant?

« Le pain que je vous propose
Sert aux anges d'aliment;
Dieu lui-même le compose
De la fleur de son froment.
C'est ce pain si délectable
Que ne sert point à sa table
Le monde que vous suivez.
Je l'offre à qui me veut suivre :
Approchez. Voulez-vous vivre?
Prenez, mangez, et vivez. »

O Sagesse! ta parole
Fit éclore l'univers,
Posa sur un double pôle
La terre au milieu des mers.
Tu dis, et les cieux parurent.

Et tous les astres coururent
Dans leur ordre se placer.
Avant les siècles tu règnes ;
Et qui suis-je, que tu daignes
Jusqu'à moi te rebaisser ?

Le Verbe, image du Père,
Laissa son trône éternel,
Et d'une mortelle mère
Voulut naître homme et mortel.
Comme l'orgueil fut le crime
Dont il naissoit la victime,
Il dépouilla sa splendeur,
Et vint, pauvre et misérable,
Apprendre à l'homme coupable
Sa véritable grandeur.

L'ame heureusement captive
Sous ton joug trouve la paix,
Et s'abreuve d'une eau vive
Qui ne s'épuise jamais.
Chacun peut boire en cette onde,
Elle invite tout le monde ;
Mais nous courons follement
Chercher des sources bourbeuses,
Ou des citernes trompeuses
D'où l'eau fuit à tout moment.

ÉPIGRAMMES

I.

ÉPIGRAMME SUR LA SIGNATURE DU FORMULAIRE DU CLERGÉ DE FRANCE, 1664.[1]

Contre Jansénius, j'ai la plume à la main,
Je suis prêt à signer tout ce qu'on me demande.
   Qu'il soit hérétique ou romain,
  Je veux conserver ma prébende.

II.

SUR CHAPELAIN.[2]

Froid, sec, dur, rude auteur, digne objet de satire,
De ne savoir pas lire oses-tu me blâmer?

---

1. Imprimée par les éditeurs de 1807 sous ce titre : *Impromptu fait dans la chambre de l'abbé Boileau, docteur de Sorbonne.* Ces éditeurs l'avaient trouvée dans les notes manuscrites de J.-B. Racine.

Barbier d'Aucourt rapporte ces quatre vers dans une lettre en date du 4 juin 1664. Ils ont été faits à l'occasion du formulaire du clergé de France qui parut avant celui du pape Alexandre VII. (A. M.)

Le même quatrain, avec une légère variante, est en tête d'une longue pièce de vers que M. Mesnard a donnée parmi les morceaux attribués à Racine, supposant que Racine, aidé peut-être de Boileau, a pu s'amuser ensuite à développer l'idée qui lui était venue d'abord. Nous reproduisons cette pièce ci-après.

2. Les détails relatifs à cette épigramme sont dans les Mémoires de Louis Racine (tome VIII, pp. 325-326). On y voit que Racine n'y a pris part qu'avec plusieurs autres poëtes du temps.

Hélas! pour mes péchés, je n'ai su que trop lire,
　　Depuis que tu fais imprimer!

III.[1]

SUR ANDROMAQUE.

La vraisemblance est choquée en ta pièce,[2]
　Si l'on en croit et d'Olonne et Créqui :
Créqui dit que Pyrrhus aime trop sa maîtresse;
D'Olonne, qu'Andromaque aime trop son mari.[3]

IV.

SUR LE MÊME SUJET.

Créqui prétend qu'Oreste est un pauvre homme
　Qui soutient mal le rang d'ambassadeur;
Et Créqui de ce rang connoît bien la splendeur :
Si quelqu'un l'entend mieux, je l'irai dire à Rome.[4]

---

1. Imprimée dans le *Bolæana* inséré en 1740 dans les œuvres de Boileau. Une note des éditeurs de 1807 indique que cette épigramme était citée dans les manuscrits de J.-B. Racine.

2. Variante de l'édition d'Amsterdam 1750, de l'édition de Luneau de Boisjermain et autres :

　　Le vraisemblable est peu dans cette pièce.

3. Le duc Charles de Créqui « n'avait pas la réputation d'aimer trop les femmes », comme dit Monchesnay. Louis de La Trémouille, comte d'Olonne, était surtout fameux par les intrigues de la sienne. Bussy Rabutin s'est plu à les raconter dans le premier volume de son *Histoire amoureuse des Gaules*.

4. Créqui, ambassadeur à Rome, y avait reçu un affront que Louis XIV dut venger.

ÉPIGRAMMES.

V.[1]

SUR L'IPHIGÉNIE DE LE CLERC.

Entre Le Clerc et son ami Coras,
Tous deux auteurs rimant de compagnie,
N'a pas longtemps sourdirent grands débats
Sur le propos de leur *Iphigénie.*
Coras lui dit : « La pièce est de mon cru. »
Le Clerc répond : « Elle est mienne, et non vôtre. »
Mais aussitôt que l'ouvrage a paru,
Plus n'ont voulu l'avoir fait l'un ni l'autre.[2]

VI.[3]

SUR L'ASPAR DE M. DE FONTENELLE.

L'origine des sifflets.

Ces jours passés, chez un vieil histrion,
Un chroniqueur mettoit en question
Quand à Paris commença la méthode
De ces sifflets qui sont tant à la mode.

---

1. Imprimée par Furetière dans son *Second factum* (1685), dans l'édition des œuvres de Racine d'Amsterdam 1692, dans le *Ménagiana* (1693), etc. Le texte varie beaucoup. Nous adoptons le premier, celui de Furetière, sauf au quatrième vers : *leur Iphigénie,* au lieu de *son Iphigénie,* qu'il donne. Furetière dit que cette épigramme a été attribuée à La Fontaine, mais cela vient d'une méprise facile à expliquer. Il n'échappera à personne que l'épigramme de Racine rappelle un petit conte tiré d'Athénée qui figure dans la première partie des *Contes* de La Fontaine, et dont les héros sont Axiocus et Alcibiade.

2. Le Clerc ne désavoua point son *Iphigénie :* il voulut au contraire se l'attribuer tout entière et ôter à Coras la part qu'il pouvait y avoir. L'épigramme n'en est pas moins excellente, parce que ce n'est pas la vérité, c'est le trait malin que l'on cherche dans un ouvrage de ce genre. (G.)

3. C'est là une des meilleures épigrammes de Racine : le philosophe

« Ce fut, dit l'un, aux pièces de Boyer. »
Gens pour Pradon voulurent parier.
« Non, dit l'acteur, voici toute l'histoire,
Que par degrés je vais vous débrouiller :
Boyer apprit au parterre à bailler;
Quant à Pradon, si j'ai bonne mémoire,
Pommes sur lui volèrent largement;
Or quand sifflets prirent commencement,
C'est (j'y jouois, j'en suis témoin fidèle),
C'est à l'*Aspar* du sieur de Fontenelle. »

VII.[1]

SUR LE GERMANICUS DE PRADON.[2]

Que je plains le destin du grand Germanicus !
   Quel fut le prix de ses rares vertus !
  Persécuté par le cruel Tibère,
  Empoisonné par le traître Pison,
Il ne lui restoit plus, pour dernière misère,[3]
   Que d'être chanté par Pradon.

Fontenelle ne pouvait s'en consoler ; et cet homme, qui avait tant d'esprit, ne trouva jamais pour se venger que des injures grossières et des plaisanteries détestables. La tragédie d'*Aspar* fut donnée le 7 décembre 1680 : la première représentation n'en fut point achevée. (G.) Nous suivons la leçon du *Furetiriana* (1696).

1. Cette épigramme se trouve dans l'édition des OEuvres de Racine de 1728. Les frères Parfait l'ont donnée dans le tome XIII de l'*Histoire du Théâtre françois*.

2. Cette tragédie de Pradon n'a jamais été imprimée : elle fut représentée le 22 décembre 1694.

3. *Manquoit*, au lieu de *restoit*, dans l'*Histoire du Théâtre françois*.

VIII.[1]

SUR LE SÉSOSTRIS DE LONGEPIERRE.

Ce fameux conquérant, ce vaillant Sésostris,
Qui jadis en Égypte, au gré des destinées,
　　Véquit de si longues années[2]
N'a vécu qu'un jour à Paris.[3]

IX.[4]

SUR LA JUDITH DE BOYER.[5]

A sa *Judith*, Boyer, par aventure,

---

1. Cette épigramme se trouve dans l'édition des OEuvres de Racine de 1728; elle est aussi au tome XIII de l'*Histoire du Théâtre françois*.
2. *Véquit* : expression usitée du temps de Racine, et qui, d'après la remarque de Richelet, était de plus beau style que *vécut*.
3. Longepierre et Pradon ont été malheureux : le premier a été en butte aux épigrammes de Racine et de Rousseau; le second s'est vu déchiré par les satires de Boileau et par les épigrammes de Racine. Il y a des gens qui prétendent qu'il était au-dessous de Racine de s'acharner sur de misérables poëtes dramatiques, assez punis par leurs chutes : il ne faut pas plaindre Pradon, personnage aussi orgueilleux que sot. Longepierre mérite plus de pitié : c'était un homme plus instruit et un meilleur homme que Pradon. Sa tragédie de *Sésostris* représentée le 28 décembre 1695 n'a point été imprimée. (G.)
4. Cette épigramme est dans l'édition des OEuvres de Racine de 1722. Les frères Parfait l'ont reproduite dans le tome XIII de l'*Histoire du Théâtre françois*. Les éditeurs de 1807 l'ont trouvée dans les manuscrits de J.-B. Racine.
5. Il n'y a point d'exemple d'une mauvaise pièce qui ait eu un succès aussi prodigieux que celui de *Judith*. On en cite des circonstances tout à fait extraordinaires : le concours était, dit-on, si grand, que les hommes furent forcés de se retirer dans les coulisses et de céder les banquettes du théâtre aux femmes. La pièce faisait couler tant de larmes, que les femmes avaient des mouchoirs étalés sur leurs genoux. Une des scènes les plus pathétiques de la tragédie fut appelée la scène des mouchoirs. Nous avons vu ces pantomimes larmoyantes se renouveler à *Misanthropie et Repentir*. Boyer fit la sottise de faire imprimer sa pièce pendant la quinzaine de Pâques, 1695.

Étoit assis près d'un riche caissier ; [1]
Bien aise étoit : car le bon financier
S'attendrissoit et pleuroit sans mesure.
« Bon gré vous sais, lui dit le vieux rimeur :
Le beau vous touche, et n'êtes pas d'humeur
A vous saisir pour une baliverne. »
Lors le richard, en larmoyant, lui dit :
« Je pleure, hélas ! de ce pauvre Holoferne,
Si méchamment mis à mort par Judith. » [2]

X.[3]

SUR L'ASSEMBLÉE DES ÉVÊQUES
CONVOQUÉE A PARIS PAR ORDRE DU ROI.[4]

Un ordre, hier venu de Saint-Germain,
Veut qu'on s'assemble : on s'assemble demain.

Elle fut sifflée quand on la reprit, le lundi de Quasimodo. La Champmeslé, qui jouait Judith, très-scandalisée d'un accueil et d'un bruit auquel elle était peu accoutumée, dit au parterre : « Messieurs, nous sommes surpris de ce que vous recevez si mal une pièce que vous avez applaudie pendant tout le carême. » Il y avait alors des plaisants au parterre ; un de ces plaisants répondit : « Les sifflets étaient à Versailles, aux sermons de l'abbé Boileau. » On peut croire ce qu'on voudra de cette anecdote ; mais le succès extravagant et la soudaine disgrace de la *Judith* de Boyer sont des faits certains. (G.)

1. Suivant Brossette et une note des manuscrits de J.-B. Racine, ce riche caissier était Charles Renouard de La Touanne, trésorier de l'extraordinaire des guerres.

2. Voltaire a par la suite retourné cette épigramme contre Racine et a parlé de la reine Athalie,

Si méchamment mise à mort par Joad.

3. Cette épigramme est dans l'édition des œuvres de Racine de 1728. Les éditeurs de 1807 en ont trouvé un texte un peu différent dans les papiers manuscrits de J.-B. Racine.

4. M. Mesnard croit qu'il s'agit ici de l'assemblée de 1681.

MADRIGAL.

Notre archevêque et cinquante-deux autres
  Successeurs des apôtres
S'y trouveront. Or de savoir quel cas
S'y doit traiter, c'est encore un mystère :
C'est seulement une chose très-claire
Que nous avions cinquante-deux prélats
  Qui ne résidoient pas.[1]

MADRIGAL.

COMPOSÉ POUR LE DUC DU MAINE.[2]

L'auteur aux beaux-esprits.

Ne pensez pas, messieurs les beaux-esprits,
  Que je veuille, par mes écrits,
Prendre ma place un jour au temple de Mémoire.
  Savez-vous de qui je suis fils?
  Il me faut bien une autre gloire
  Et des lauriers d'un plus grand prix.

---

1. C'est le texte des éditeurs de 1807. L'édition de 1728 et les éditions suivantes donnent ces quatre derniers vers comme il suit :

> S'y traitera, c'est encore un mystère :
> C'est seulement chose très-claire
> Que nous avons cinquante-deux prélats
> Qui ne résident pas.

2. Ce madrigal fut imprimé dans les *OEuvres diverses d'un auteur de sept ans* (M. le duc du Maine), 1679. Cizeron Rival et la plupart des éditeurs le donnent à Racine.

Charles Nodier, dans ses *Mélanges tirés d'une petite Bibliothèque*, publiés en 1829, n'élève aucun doute à cet égard, mais il veut de plus gratifier Racine de la pièce suivante, qui jusqu'à ce jour avait été attribuée à Boileau, et qui se trouve dans ses œuvres :

> Quel est cet Apollon nouveau
> Qui, presqu'au sortir du berceau,
> Vient régner sur notre Parnasse?
> Qu'il est brillant! qu'il a de grace!
> Du plus grand des héros je reconnois le fils.
> Il est déjà tout plein de l'esprit de son père.

VERS

POUR LE PORTRAIT D'ANTOINE ARNAULD [1]

Sublime en ses écrits, doux et simple de cœur,
Puisant la vérité jusqu'en son origine,
De tous ses longs combats Arnauld sortit vainqueur,
Et soutint de la foi l'antiquité divine. [2]
De la grace il perça les mystères obscurs ;
Aux humbles pénitents traça des chemins sûrs ;
Rappela le pécheur au joug de l'Évangile.
Dieu fut l'unique objet de ses desirs constants :
L'Église n'eut jamais, même en ses premiers temps,
De plus zélé vengeur, ni d'enfant plus docile.

> Et le feu des yeux de sa mère
> A passé jusqu'en ses écrits.

Faut-il donc dépouiller Boileau de ces vers pour les donner à Racine ? M. Charles Nodier le pense, et voici sa raison : c'est que sur un exemplaire des *OEuvres d'un auteur de sept ans* dont il est possesseur, le nom de Racine se trouve précisément placé au-dessous de cette pièce. L'argument est fort, et nous serions très-disposé à adopter cet avis de M. Nodier, si nous-même nous ne possédions ce joli madrigal écrit tout entier de la main de Boileau et signé de lui. Il n'y a donc pas lieu de le donner à Racine. (A. M.)

1. Racine eut toujours une vénération extraordinaire et une espèce de passion pour le grand Arnauld : jamais la crainte de déplaire à la cour ne put arrêter l'explosion de ses sentiments pour ce docteur célèbre. Presque tous les éditeurs de Racine ont défiguré ce beau portrait, en substituant, dans le second vers, *jusqu'à* à *jusqu'en ;* et, dans le troisième, *ses longs travaux* à *ses longs combats*. Dans le *Nécrologe de Port-Royal* (1723), ces vers sont imprimés comme nous les donnons ici. (G.)

2. Allusion au livre de *la Perpétuité de la Foi.*

ÉPITAPHE D'ANTOINE ARNAULD.[1]

Haï des uns, chéri des autres,
Admiré de tout l'univers,[2]
Et plus digne de vivre au siècle des apôtres
Que dans un siècle si pervers,
Arnauld vient de finir sa carrière pénible.
Les mœurs n'eurent jamais de plus grave censeur;
L'erreur, d'ennemi plus terrible;
L'Église, de plus ferme et plus grand défenseur.

VERS.

SUR LE PORT-ROYAL.[3]

C'est là qu'on foule aux pieds les douceurs de la vie
Et que dans une exacte et sainte austérité,
A l'abri de la vérité,
On triomphe des traits de la plus noire envie.
Mais, hélas! gémissons. De ce séjour si beau
Tu ne vois à présent que le triste tombeau,
Depuis que la vertu qui régnoit dans ce temple
Succombe sous l'effort et sous la dureté
De ceux qui ne pouvant la prendre pour exemple
L'immolent à leur lâcheté.

---

1. Cette épitaphe est, dans le *Nécrologe de Port-Royal,* signée du nom de l'abbé Régnier. Mais les éditeurs de 1807 l'ont trouvée dans les papiers de J.-B. Racine, et Louis Racine, dans ses *Mémoires,* la revendique pour son père.

2. Louis Racine écrit :

Estimé de tout l'univers.

3. M. Mesnard a extrait ces vers du *Nécrologe de Port-Royal* où ils figurent, p. LXVIII, avec l'indication : par M. Racine.

PIÈCES ATTRIBUÉES A RACINE

I.[1]

VERS SUR LA SIGNATURE DU FORMULAIRE.

Contre Jansénius j'ai la plume à la main,
Je suis prêt à signer tout ce qu'on me demande.
Qu'il soit ce qu'on voudra, calviniste ou romain,[2]
 Je veux conserver ma prébende.

Contre Jansénius je signe sur-le-champ ;
 Tout mon bénéfice en dépend,
 Et je le perds si je m'obstine.
 Je signe donc de bonne foi.

1. Les quatre vers cités par J.-B. Racine comme un impromptu fait par son père dans la chambre de l'abbé Boileau, et qui se trouvent ci-devant en tête des épigrammes (V. page 385) ont, dans la lettre de Barbier d'Aucourt, du 4 juin 1664, une suite et un développement que J.-B. Racine ne connaissait pas. Cette suite et ce développement sont-ils de Racine? Une note manuscrite, qu'on lit à la fin d'un exemplaire de la lettre de Barbier d'Aucourt (*Lettre d'un avocat à un de ses amis sur la signature du fait contenu dans le Formulaire*), qui est à la Bibliothèque de Metz, l'atteste, et cette note est d'une écriture presque contemporaine. M. Mesnard n'est pas éloigné de croire que Racine est en effet l'auteur de ce morceau, et il l'a reproduit parmi les pièces attribuées à Racine. Nous mettons également le morceau entier sous les yeux du lecteur, d'après le texte de l'édition in-4º de la *Lettre*, qui paraît être l'édition originale. Nous ne croyons nullement que Racine ait fait ces vers.

2. C'est une variante du texte donné ci-dessus, d'après les manuscrits de J.-B. Racine.

On voit assez que quand je signe,
C'est moins contre lui que pour moi.

Signer, ne signer pas, tout cela m'est égal,
Le jansénisme n'étant rien ;
Il est aussi certain que ce n'est pas un mal,
Comme il est assuré que ce n'est pas un bien.

Le Formulaire a deux défauts :
Il est téméraire, il est faux.
On peut toutefois le souscrire.
Ces ridicules faussetés
Ne blessent point les vérités,
Et c'est mentir bien moins que rire.

A même temps que j'eus signé,
Un de mes amis étonné
Me vint accuser d'injustice.
« Ami, dit-il, qu'avez-vous fait?
— Ami, lui dis-je, un fort bon trait :
J'ai conservé mon bénéfice. »

Je rêve sur le Formulaire
Au milieu du contre et du pour.
Je ne sais pas encor ce qu'il me faudra faire,
Et je vais l'apprendre à la cour.

Je signerai tout franc dans le sens qu'on ordonne,
Et quand ce seroit un péché,
Il est si finement caché
Qu'il ne sera su de personne.

Je ne saurois tant m'obstiner :
Je ne me fais jamais traîner :
Et mon cœur va comme on le mène.
« Mettez, dit-on, votre nom là.
— Prenez-le, dis-je, le voilà.
Pour si peu ce n'est pas la peine. »

Contre Jansénius je n'épargnerai rien ;
Je suis tout résolu de signer sans réplique.
    Qu'il soit persan, turc ou chrétien,
    Je serai toujours politique.

Contre Jansénius cette main va souscrire :
C'est le plus hérétique et le plus dissolu...
    Non que je l'aie ou vu ou lu;
    Mais je le sais par ouï-dire.

    Certes, c'est bien injustement,
    Que l'on blâme la signature :
Sans elle on n'entre point dans la cléricature,
    Et l'on peut dire assurément
    Qu'elle est la seconde tonsure,
    Et le huitième sacrement.

    Je me trouve en un mauvais pas :
Si je signe une fois, je fais une injustice;
Aussi, d'autre côté, si je ne signe pas,
Il ne faut espérer ni rang ni bénéfice.
    Que faire en cette extrémité?
    Il faut signer sans résistance,
    Et perdre un peu de charité,
    Pour se conserver l'espérance.

    Je ne crois point le Formulaire,
    Et toutefois je l'ai signé.
    De grands esprits m'ont condamné,
    Et m'ont dit que j'étois faussaire.
Mais pourtant, n'en déplaise à ces esprits si hauts,
    Lorsque par une signature
    On maintient sa prébende sûre.
    Ce n'est point là signer à faux.

    Et contre la justice et contre la raison
    Je vais condamner un grand homme;
    Mais d'un crime qui plaît à Rome
    On a facilement pardon.

Quand j'écris pour mes intérêts,
Et que je suis touché de près,
Je veux savoir ce que je signe;
Mais dans ce nouveau cas, ce qui m'est ordonné
Ne touchant que la foi soit humaine ou divine,
Je veux bien faire un blanc signé.[1]

« Quoi! prieur, me dit-on, vous faisiez l'obstiné?
Pourquoi donc avez-vous signé?
— C'est pour faire enrager tout le corps moliniste,
Qui sans doute a plus mal au cœur
De ma qualité de prieur
Que de celle de janséniste. »

Enfin j'ai signé malgré moi,
Il a fallu céder aux lois des monastères.
Mais que n'ai-je signé d'une aussi bonne foi
Que la plupart de nos bons Pères!
Un que je crois des plus pieux,
Voyant souscrire tout le monde,
Ne détourna jamais les yeux
D'un papier qui faisoit la ronde;
Et tout surpris de cet effet,
Il dit tout bas cette parole:
« Mon Père, qu'est-ce que l'on fait?
— C'est, lui dis-je, qu'on nous enrôle. »
Il prit cela si bonnement,
Qu'au moment qu'il signa la brigue:
« Oui, dit-il, je crois fermement
Que nous aurons la sainte ligue. »

Un gardien, à la barbe grise,
Me dit avec des mots pressants:
« Il faut condamner sans remise
Jansénius en son vrai sens.

---

1. Au lieu de *blanc signé*, on dit plutôt aujourd'hui *blanc seing*, que Furetière, en 1690, nomme une locution provinciale : voyez son *Dictionnaire*, au mot BLANC. (P. M.)

— Il faut donc, dis-je, qu'on le nomme.
— Non, non, repartit ce bon homme,
N'attendez pas de moi de savoir ce que c'est ;
    Je ne suis pas si téméraire
    Que d'entreprendre ici de faire
    Ce que le pape n'a pas fait. »

Un novice tout neuf et qui ne fait que naître
    Dit au Révérend Père maître :
    « Enfin, Dieu merci, j'ai signé,
    Et je tiens pour très-infaillible
    Que ce Jansénius horrible
    Est un hérétique obstiné.
    Ah ! Dieu ! qu'il est plein de malice !
    Je réponds qu'il n'y manque rien
    Du mensonge et de l'artifice ;
    Croyez que je le connois bien.
    — Vous savez donc, lui dit le Père,
    Que cet évêque étoit faux frère...
    — Évêque ! reprit à grands cris
    Le petit novice entrepris.
    Évêque ! reprit-il encore.
    Ah ! Père, que je suis surpris !
    Je le croyois ou turc ou more. »

Un vieux Père, tenant une vieille chronique
    Me dit en s'approchant de moi :
    « Votre profession de foi.
Signez : Jansénius est un franc hérétique.
    — Mais, dis-je, je ne l'ai point lu.
    — Il n'est pas question de lire,
    Dit le Père tout résolu :
    Il n'est question que d'écrire. »

    Dans moi-même j'ai bien souffert,
    Mais pourtant il l'a fallu faire :
    Tout le monde étoit de concert
    Pour souscrire le Formulaire.

Le voyant donc aller grand train,
De main en main, de place en place :
« Que veut-on, dis-je, que je fasse?
Tout ceci n'est qu'un jeu de main. »

Pour venir au point de signer,
Un prédicateur d'importance,
Apprêté pour nous sermonner,
Ne parla que d'obéissance.
« Sacrifiez vos actions,
Dit-il avec un zèle extrême,
Quittez vos inclinations,
Enfin renoncez à vous-même. »
J'ai si bien suivi cette loi,
Que je vous proteste et vous jure
Que dans toute ma signature
Je n'ai rien mis du tout de moi.

Quand au commencement d'un facheux catéchisme
J'entendis condamner la révolte d'Adam :
« C'en est fait, dis-je alors, et voici l'arrièr'-ban,
Où tout le monde ira contre le jansénisme. »
Mais je ne pus plus en douter,
Quand le prédicateur, se laissant emporter
Par une subite tempête,
Disoit à chaque bout de champ
Qu'au grand sacrifice d'Abraham [1]
Isaac sans réplique avoit donné sa tête.
« Ah! dis-je, je vois bien qu'on veut avoir ma main,
Et qu'il faudra signer sans attendre à demain. »

Je tins ferme longtemps sur ce malheureux point ; [2]
Mais voyant qu'il faudroit abandonner la ville,
Qu'on proscrivoit tous ceux qui ne souscrivoient point,
Et qu'on les mettoit en exile : [3]

---

1. Les deux dernières syllabes sont contractées.
2. Cette seconde partie, en tête de laquelle il y a le mot *Autre*, plus sûrement encore que la première, n'est pas de Racine.
3. *Sic.*

Soyons, dis-je, plutôt du nombre des souscrits,
Qu'au rang malheureux des proscrits. »

Je voulois tout résolûment
Ne point signer le Formulaire ;
Mais je fus contraint de le faire
Par la force d'un compliment.
Je ne pus résister à la douceur extrême
Du Révérend Père gardien :
« Mon fils, dit-il, ne craignez rien,
Je vous aime autant que moi-même,
Je vous considère entre tous,
Et vous devez signer ce que je vous propose :
Vous le voyez, c'est une chose
Que j'ai fait[1] longtemps devant vous. »

Le Père maître, dont l'aspect
Imprime un sensible respect,
Tenant en main le Formulaire :
« Mes enfants, nous dit-il d'un esprit tout humain,
J'ai votre salut dans ma main ;
Et si vous le voulez, nous conclurons l'affaire.
Il n'y faut rien examiner,
Et cette affaire d'importance
Est dans une telle assurance
Qu'il ne reste plus qu'à signer. »
Aussitôt le zèle s'emporte,
Et l'on signe de bonne foi.

Cependant, quand ce fut à moi
Je n'ai pas une âme si forte,
Et je voulus savoir pourquoi ;
Mais le noviciat se mit d'abord à braire :
« Pourquoi ? ô grand Dieu ! quel forfait !

---

1. L'accord du participe est violé ; mais la règle, surtout avec le participe du verbe *faire,* ne s'observait pas alors aussi rigoureusement qu'aujourd'hui. (P. M.)

Hé ! faut-il demander pourquoi l'on doit le faire,
   Quand le Père maître l'a fait ? »

Après que pour signer on eut fait l'oraison,
Et que chacun marchoit dans la mauvaise route,
   Je voulus proposer un doute,
   Et demander une raison.
« Mais, dit-on, pour trancher les discours les plus amples,
Vous avez vu signer trente religieux :
Soyez donc satisfait d'avoir eu trente exemples,
Et ne demandez point de raison dans ces lieux. »

   Un Père, avec empressement,
   Sans dire pourquoi ni comment,
   Alloit d'une vitesse extrême ;
Et comme en moins de rien nous fûmes tous souscrits :
   « Bon, dis-je tout bas dans moi-même ;
   A d'autres, tous ceux-là sont pris. »

   Si je ne fais la signature,
   Il faut que je perde ma cure.
   Je signe donc résolûment,
   Et je crois faire justement ;
   Car enfin, quoi que l'on m'oppose,
Si je ne signe pas je manque d'équité,
   Et je donne pour peu de chose
   Ce que j'ai beaucoup acheté.

Pour moi, je ne suis point de ces esprits si forts,
Qui pour ne point signer font les derniers efforts,
Jusqu'à sacrifier leurs biens à leurs caprices.
Je n'ai qu'une prébende et je signe une fois.
   Mais que ne dois-je signer trois,
   Et que n'ai-je trois bénéfices ?

   En cas de la souscription
   Je n'en veux qu'à mon bénéfice.
   On dit que c'est une injustice,
Et moi je crois que c'est une précaution.

Mais qu'on l'accorde ou qu'on le nie,
Je ne fais point difficulté
De conserver par fausseté
Ce que j'acquis par simonie.

Il est vrai que la signature
A bien étonné des esprits.
Pour moi je n'en suis point surpris.
Par là j'ai conservé ma cure;
Et quoiqu'on m'appelle parjure,
Il est évidemment certain
Que ce n'est point jurer en vain.

S'il s'agissoit ici de vivre,
Il faudroit aller sûrement;
Et l'Évangile seulement,
Ce seroit ce qu'il faudroit suivre ;
Mais s'agissant dans cet endroit
D'écrire seulement un trait,
L'Évangile n'est pas ce qu'on suit davantage;
Et sans qu'il faille contrôler,
En cas d'écrire ou de parler,
Il ne faut que suivre l'usage.

Je veux bien avouer ce point :
Si j'avois pu sans signature
Conserver ma petite cure,
J'aurois été de ceux qui ne signeront point;
Car, à vous parler sans surprise,
Ils ont la vérité pour eux;
Leur sentiment est généreux,
Et c'est tout l'esprit de l'Église.
Mais avec ce spirituel
Il faut un peu ce temporel.

Ayant signé le Formulaire,
Un ami qui ne se peut taire
M'accusa d'infidélité :
« Pourquoi, dit-il, pourquoi par une lâche feinte

Abandonner la vérité,
Puisqu'elle est éternelle et sainte ?
— Vous voulez donc, lui dis-je, en savoir le pourquoi ?
C'est parce qu'étant sainte et qu'étant éternelle,
Je ne dois rien craindre pour elle,
Et je ne dois penser qu'à moi. »

Puisque tout le monde a signé,
Je ne veux pas être obstiné :
Je prends le papier et la plume.
Je signe librement mon nom ;
Et sans examiner si c'est le droit ou non,
Il suffit que c'est la coutume.

II.

CONTRE RICHELIEU, DÉTRACTEUR D'*Iphigénie*. [1]

Quand Chimène plaignoit son amoureux martyre,
D'abord un Richelieu voulut la diffamer :
A peine Despréaux publie une satire
Que Richelieu d'abord s'efforce à la blâmer.
Richelieu maintenant, achetant des suffrages,
Combat *Iphigénie* et l'attaque en tout lieu.
C'est le destin des bons ouvrages
D'avoir en tête un Richelieu.

---

1. Cette épigramme est attribuée à Racine par le bibliophile Jacob (M. Paul Lacroix), dans le *Bulletin du bouquiniste*, numéro du 1ᵉʳ septembre 1863. M. Lacroix l'a trouvée dans les notes manuscrites de Tralage. Cette attribution en est fort douteuse.

III.

SUR *la Troade*, TRAGÉDIE DE PRADON.[1]

Quand j'ai vu de Pradon la pièce détestable,
Admirant du destin le caprice fatal :
« Pour te perdre, ai-je dit, Ilion déplorable,
  Pallas a toujours un cheval. »

IV.

SONNET SUR LA MÊME TRAGÉDIE.[2]

D'un crêpe noir Hécube embéguinée
Lamente, pleure, et grimace toujours ;
Dames en deuil courent à son secours :
Oncques ne fut plus lugubre journée.

Ulysse vient, fait nargue à l'hyménée,
Le cœur féru de nouvelles amours.
Pyrrhus et lui font de vaillants discours ;
Mais aux discours leur vaillance est bornée.

Après cela, plus que confusion :
Tant il n'en fut dans la grande Ilion,
Lors de la nuit aux Troyens si fatale.

---

1. Imprimée sans nom d'auteur dans le *Portefeuille de M. L. D. F.* (de La Faille), 1694, cette épigrammme a été attribuée à Racine par de La Place (*Pièces intéressantes et peu connues*) et par Bruzen de La Martinière (*Nouveau portefeuille poétique*). Il est très-permis de conserver des doutes sur la légitimité de cette attribution. *La Troade* de Pradon fut jouée, pour la première fois, au théâtre de l'Hôtel de Bourgogne, le mardi 17 janvier 1679.

2. Même source que l'épigramme précédente.

En vain Baron[1] attend le brouhaha,
Point n'oseroit en faire la cabale :
Un chacun bâille, et s'endort, ou s'en va.

V.

SONNET SUR LA TRAGÉDIE DE *Genséric*, DE MADAME DESHOULIÈRES. [2]

La jeune Eudoxe est une bonne enfant,
La vieille Eudoxe une franche diablesse,
Et Genséric un roi fourbe et méchant,
Digne héros d'une méchante pièce.

Pour Trasimond, c'est un pauvre innocent,
Et Sophronie en vain pour lui s'empresse ;
Hunneric est un homme indifférent,
Qui comme on veut et la prend et la laisse.

Et sur le tout le sujet est traité
Dieu sait comment ! Auteur de qualité,
Vous vous cachez en donnant cet ouvrage.

C'est fort bien fait de se cacher ainsi ;
Mais pour agir en personne bien sage,
Il nous falloit cacher la pièce aussi.

---

1. « Il jouait, disent en note les frères Parfait, le rôle de Pyrrhus, et Champmeslé celui d'Ulysse. »
2. Ce sonnet est tiré également du *Portefeuille de M. L. D. F.* (De La Faille), 1694. Il a été attribué à Racine par Bruzen de La Martinière. *Genséric, roi des Vandales*, tragédie de Mme Deshoulières, fut représenté en janvier 1680 sur le théâtre de l'Hôtel de Bourgogne.

VI.

CHANSON CONTRE FONTENELLE. [1]

Adieu, ville peu courtoise,
Où je crus être adoré. [2]
Aspar est désespéré.
Le poulailler de Pontoise [3]
Me doit ramener demain
Voir ma famille bourgeoise,
Me doit ramener demain,
Un bâton blanc à la main. [4]

Mon aventure est étrange.
On m'adoroit à Rouen.
Dans le *Mercure galant*
J'avois plus d'esprit qu'un ange.
Cependant je pars demain,
Sans argent et sans louange ;
Cependant je pars demain,
Un bâton blanc à la main.

---

1. Ces deux couplets, qui parurent lors de la chute de l'*Aspar* de Fontenelle, furent attribués dans le temps à Racine, et cette opinion s'est conservée jusqu'à nos jours. (*Édit de* 1807.)

2. Dans l'édition de 1807, avec commentaire de la Harpe, on lit :

Où je crus être admiré.

3. Le *poulailler* est la petite messagerie conduite par les coquetiers.

4. C'est la marque de la déconfiture. On disait d'une garnison contrainte à sortir d'une place sans armes ni bagage, qu'elle en sortait *le bâton blanc à la main*. (P. M.)

PIÈCES ATTRIBUÉES A RACINE. 407

VII.[1]

ÉPIGRAMME SUR LES COMPLIMENTS QUI FURENT
FAITS AU ROI
A L'OCCASION DE SA CONVALESCENCE.[2]

Grand Dieu, conserve-nous ce roi victorieux
 Que tu viens de rendre à nos larmes.
Fais durer à jamais des jours si précieux :
 Que ce soient là nos dernières alarmes.
  Empêche d'aller jusqu'à lui
 Le noir chagrin, le dangereux ennui,
Toute langueur, toute fièvre ennemie...
  Et les vers de l'Académie.

VIII.

COUPLETS[3] SUR LA RÉCEPTION DE FONTENELLE
A L'ACADÉMIE FRANÇOISE.[4]

 Or, écoutez, noble assistance,
 Ce qu'à l'Académie on fit,
 Dans la mémorable séance
 Où l'on reçut un bel esprit.
  Ce qui fut dit

---

1. Cette épigramme a été imprimée dans l'édition des OEuvres de Racine, de Luneau de Boisjermain (1768).

2. On venait de faire au roi l'opération de la fistule en 1686.

3. Ces couplets se trouvent dans une édition des OEuvres de Fontenelle, publiée à Amsterdam en 1764. L'éditeur déclare dans une note que Racine le fils doute fort qu'ils soient de son père; et sa raison d'en douter est que les amis les plus intimes de cet illustre poëte ne lui en ont jamais parlé : il ne les connaissait même que depuis la mort de Fontenelle, par M. Thiriot, qui les donnait sans balancer à Racine. (A.-M.)

4. Sur la séance académique où Fontenelle fut reçu, on peut voir le *Mercure galant* de mai 1691, p. 91-128; on y trouve l'explication de plusieurs passages de ces vers satiriques.

Par ces modèles d'éloquence
A bien mérité d'être écrit.

Quand le novice académique
Eut salué fort humblement,
D'une normande rhétorique
Il commença son compliment,
    Où sottement
De sa noblesse poétique
Il fit un long dénombrement.

Corneille, diseur de nouvelles,
Suppôt du *Mercure galant*,
Loua son neveu Fontenelle,
Et vanta le prix excellent
    De son talent ;
Non satisfait des bagatelles
Qu'il dit de lui douze fois l'an.[1]

Entêté de son faux système,
Perrault, philosophe mutin,
Disputa d'une force extrême;
Et coiffé de son avertin,[2]
    Fit le lutin,
Pour prouver clairement lui-même
Qu'il n'entend ni grec ni latin.

Doyen de pesante figure,[3]
Qui trouves le secret nouveau

---

1. Le *Mercure* de mai 1691 donne aux pages 96-116 le discours de Thomas Corneille, qui fut obligé, dit-il, quoiqu'il ne fût alors que chancelier, de parler au lieu de l'abbé Têtu, directeur de la Compagnie, l'état de santé de celui-ci ne lui permettant pas de s'acquitter de ses fonctions. (P. M.)

2. Maladie qui attaque les bêtes à cornes, et qui leur donne la *phrénésie*; *avertin* a donc ici le sens le *phrénésie*, de *manie*. Ce mot est encore d'usage, surtout en parlant des animaux. (A. M.)

3. « Ces deux discours (*celui de Corneille et celui de Thomas Corneille*) ayant été prononcés, M. Charpentier, doyen, prit la parole, et dit que devant avoir l'honneur de complimenter le Roi sur ses nouvelles conquêtes, comme

De parler aux rois en peinture,
Et d'apostropher leur tableau,
Ah! qu'il fait beau
De te voir, dans cette posture,
Faire à Louis le pied de veau![1]

Si tu ne savois pas mieux faire,
Lavau, falloit-il imprimer?
Ne sors point de ton caractère ;
Contente-toi de déclamer,
Sans présumer
Que ton éloquence grossière
Sur le papier puisse charmer.

Boyer, Le Clerc, couple inutile,
Grands massacreurs de Hollandois,
Porteurs de madrigaux en ville,
Moitié Gascons, moitié François.
Vieux Albigeois,
Allez exercer votre style
Près du successeur d'Henri trois.

Touchant les vers de Benserade,
On a fort longtemps balancé
Si c'est louange ou pasquinade
Mais le bonhomme est fort baissé ;
Il est passé ;
Qu'on lui chante une sérénade
De *Requiescat in pace.*

Prions donc, Messieurs, je vous prie,
Leur protecteur, le grand Louis,

le plus ancien de la Compagnie, si la modestie de Sa Majesté ne lui eût pas fait refuser toutes sortes de harangues, il alloit lire ce qu'il avoit préparé pour s'acquitter d'un devoir si glorieux. » (*Mercure* de mai 1691, p. 116.) — Le *Compliment de M. Charpentier au Roi* est cité dans le même *Mercure,* aux pages 309-319.

1. « On dit figurément et bassement : *Faire le pied de veau,* pour dire : faire la révérence. » (*Dictionnaire de l'Académie* de 1694.)

Que du corps de l'Académie
Tous ignorants soient interdits ;
Comme jadis,
Quand Richelieu, ce grand génie,
Prit les premiers quatre fois dix.

IX.

ÉPIGRAMME CONTRE BOYER.[1]

Quand les pièces représentées
De Boyer sont peu fréquentées,
Chagrin qu'il est d'y voir peu d'assistants,
Voici comme il tourne la chose :
Vendredi la pluie en est cause,
Et le dimanche le beau temps.

X.

ÉPIGRAMME SUR LES DÉMÊLÉS DE BOSSUET ET DE FÉNELON DANS L'AFFAIRE DU QUIÉTISME.[2]

Dans ce combat où deux prélats de France
Semblent chercher la vérité,
L'un dit qu'on détruit l'espérance,
L'autre que c'est la charité :
C'est la foi qui se perd, et personne n'y pense.

---

1. Le *Menagiana*, dans son tome II (1694), p. 303 et 304, rapporte à propos de Boyer cette épigramme, dont il parle en ces termes : « M. R... fit contre lui (*contre Boyer*) l'épigramme que je vais vous dire sur ce qu'à la sortie d'une de ces pièces, où il n'y avoit pas eu grand monde, il en avoit rejeté la faute sur la pluie. » Il semble bien que M. R... ne peut signifier ici que « Racine ». (P. M.)

2. La Beaumelle, au tome V, p. 62, des *Mémoires pour servir à l'histoire de Mme de Maintenon* (édition de Hambourg, 1756), a cité cette petite pièce parmi ses *Pièces justificatives* (n° VII), en avertissant qu'elle est de Racine, qui a rimé un mot du pape Innocent XII.

XI.

STANCE A LA LOUANGE DE LA CHARITÉ.[1]

Quand tu saurois parler le langage des anges ;
Quand ta voix prédiroit tous les succès futurs,
Et que, perçant du ciel les voiles plus obscurs,
Tu verrois du Seigneur les mystères étranges ;
Quand ta foi te rendroit le maître des démons,
Qu'elle auroit le pouvoir de transporter les monts,
Et que de tous tes biens tu ferois des largesses ;
Quand aux tourments du feu tu livrerois ton corps :
Tu possèdes en vain tant de saintes richesses,
Si la charité manque à tes rares trésors.

XII.

QUATRAIN
SUR *l'Art de prêcher* ET SUR LE POËME *De l'Amitié* DE M. L'ABBÉ DE VILLIERS.[2]

Pour bien prêcher, pour être ami fidèle,
Il a gardé les règles qu'il prescrit.
Cœur noble en lui, cœur droit non moins excelle
Que beau parler et gracieux esprit.

---

1. Tirée du *Recueil des pièces curieuses et nouvelles* (la Haye, 1694, tome II, p. 640), où à la suite du *Cantique à la louange de la charité par M. Racine,* on trouve ces vers, sous le titre de *Stance sur le même sujet,* par le même. M. Aimé Martin les a pour la première fois insérés parmi les OEuvres de Racine.

2. Ces vers se trouvent dans les *OEuvres de Racine* (Amsterdam, M.DCC.XXII), tome II, p. 509. On ne les a pas réimprimés dans les éditions suivantes. Nous ignorons sur quel fondement les éditeurs d'Amsterdam ont cru qu'ils étaient de Racine. (P. M.)

XIII.

SONNET CONTRE *Agamemnon*, TRAGÉDIE DE BOYER.[1]

On dit qu'Agamemnon est mort,
Il court un bruit de son naufrage,
Et Clytemnestre tout d'abord
Célèbre un second mariage.

Le roi revient et n'a pas tort
D'enrager de ce beau ménage.
Il aime une nonne bien fort,
Et prêche à son fils d'être sage.

De bons morceaux par-ci par-là
Adoucissent un peu cela ;
Bien des gens ont crié merveilles.

J'ai fort crié de mon côté ;
Mais comment faire en vérité ?
Les vers m'écorchoient les oreilles.

1. Ce sonnet est dans le *Portefeuille de M. L. D. F.* (De La Faille), Carpentras, 1694, sans nom d'auteur. M. Ed. Fournier, dans *Racine à Uzès*, l'attribue à Racine ; mais rien ne justifie cette attribution. La tragédie d'*Agamemnon*, dont il est ici question, fut représentée sous le nom de M. d'Assezan, le 12 mars 1680. — Voyez l'article des frères Parfait sur cette tragédie, *Histoire du Théâtre-François*, pp. 181-187.

ŒUVRES DIVERSES

EN PROSE

AVERTISSEMENT DE L'ÉDITEUR

Louis Racine a exposé très-longuement l'origine de ces lettres dans les Mémoires pour servir à la vie de son père. (Voyez tome VIII, p. 328-332.) La première des *Visionnaires* de Nicole où se trouve le passage contre les poëtes de théâtre est datée du dernier jour de décembre 1665. Voici le passage en entier :

« Chacun sait que sa première profession (la première profession de Desmarets de Saint-Sorlin contre qui sont composées les *Visionnaires*) a été de faire des romans et des pièces de théâtre et que c'est par où il a commencé à se faire connoître dans le monde. Ces qualités, qui ne sont pas fort honorables au jugement des honnêtes gens, sont horribles étant considérées selon les principes de la religion chrétienne et les règles de l'Évangile. Un faiseur de romans et un poëte de théâtre est un empoisonneur public, non des corps, mais des âmes des fidèles, qui se doit regarder comme coupable d'une infinité d'homicides spirituels, ou qu'il a causés en effet, ou qu'il a pu causer par ses écrits pernicieux. Plus il a eu soin de couvrir d'un voile d'honnêteté les passions criminelles qu'il y décrit, plus il les a rendues dangereuses et capables de surprendre les âmes simples et innocentes. Ces sortes de péchés sont d'autant plus effroyables, qu'ils sont toujours subsistants, parce que ces livres ne périssent pas, et qu'ils répandent toujours le même venin dans ceux qui les lisent. »

Racine venait de faire représenter *Alexandre :* « Mon père, dit Jean-Baptiste Racine, prit cela pour lui ; il écouta un peu trop sa vivacité naturelle ; il prit la plume ; et, sans rien dire à personne, il fit et répandit dans le public une lettre sans nom d'auteur où il turlupinoit ces messieurs de la manière la plus sanglante et la plus amère. La lettre fit grand bruit; les molinistes y battirent des mains, et furent charmés d'avoir enfin trouvé ce qu'ils cherchoient depuis si longtemps et si inutilement, c'est-à-dire un homme dont ils pussent opposer la plume à celle de Pascal, bien fâchés cependant de ne pas connoître l'auteur de la lettre. L'abbé Testu, qui vit que personne ne la réclamoit, crut qu'il pouvoit bien se l'approprier, et il s'en déclara tout haut l'auteur. Cela acheva de piquer mon père qui ne put souffrir une pareille impudence et ne fit plus difficulté de se nommer. Ce fut sans doute dans ce temps-là que l'archevêque de Paris[1] le fit solliciter d'écrire contre Port-Royal, et lui fit même offrir pour cela un canonicat. Je ne garantis pourtant pas ce fait et je me contente de rapporter simplement ce que j'ai ouï dire. »

Les deux réponses à la lettre de Racine sont de mars et d'avril 1666. Ces deux réponses furent insérées dans l'Édition des *Imaginaires* et des *Visionnaires* faite en 1667. L'avertissement du tome II contenait le passage suivant : « Pendant qu'on démêloit cette querelle avec le sieur Desmarets, on en fit une à l'auteur des *Visionnaires* sur quelques mots qu'il avoit dits en passant, dans la première de ces lettres, contre les romans et les comédies. Un jeune poëte s'étant chargé de l'intérêt commun de tout le théâtre, l'attaqua par une lettre qui courut fort dans le monde, où il contoit des histoires faites à plaisir et il enveloppoit tout le Port-Royal dans ce différend particulier qu'il avoit avec l'auteur des *Visionnaires*; car il y déchiroit fort M. Le Maistre, la feue mère Angélique, l'auteur des *Enluminures* et de la traduction de Térence. Tout étoit faux dans cette lettre et contre le bon sens, depuis le commencement jusqu'à la fin. Elle avoit néanmoins un certain éclat, qui la rendoit assez proportionnée aux petits esprits dont le monde est plein; de sorte qu'il y eut deux personnes qui crurent à propos d'y répondre, et ils le firent, en effet, d'une telle manière que ceux qui avoient témoigné quelque estime pour cette lettre eurent honte d'en avoir ainsi jugé. On a cru que l'on seroit bien aise que l'on conservât ces deux réponses en les insé-

---

[1]. Hardouin de Beaumont de Péréfixe.

AVERTISSEMENT DE L'ÉDITEUR.

rant dans ce recueil, d'autant plus que le monde fut partagé dans le jugement qu'il en fit, les uns ayant plus estimé celle qui parut la première, et qui par cette raison est imprimée la première dans ce recueil, et les autres s'étant hautement déclarés pour la seconde. Je ne préviendrai point le jugement des lecteurs en me déclarant plus pour l'une que pour l'autre ; mais il est vrai néanmoins que je ne suis aucunement partagé entre ces deux pièces, et qu'il me semble qu'elles sont assez visiblement inégales pour ne pas douter de celle à qui l'on doit donner l'avantage. Si ces deux personnes n'avoient pris soin de répondre pour l'auteur des *Visionnaires*, il étoit bien résolu de laisser ce jeune poëte jouir à son aise de la satisfaction qu'il avoit de son ouvrage. Mais pour montrer néanmoins qu'il n'avoit rien dit contre les romans et les comédies pour le seul désir de rabaisser le sieur Desmarets, et qu'il a toujours eu les mêmes sentiments à l'égard de ces divertissements dangereux, on a cru qu'il ne seroit pas inutile de faire imprimer dans le recueil un petit *Traité de la comédie* qu'il a fait il y a quelques années. »

Racine, piqué de cette nouvelle provocation, se disposa à publier sa seconde lettre à la suite de la première en les faisant précéder d'une préface. Louis Racine nous dit comment Boileau l'en détourna. Non-seulement l'auteur ne fit imprimer ni la réplique ni la préface, mais il retira le plus d'exemplaires de la première qu'il put. L'abbé Tallemant s'avisa un jour, en pleine Académie, de lui reprocher cette faute. « Oui, monsieur, lui répondit Racine, vous avez raison ; c'est l'endroit le plus honteux de ma vie, et je donnerais tout mon sang pour l'effacer. » Ce qui fit taire l'abbé Talmant et tous les rieurs qui commençaient à lui applaudir.

La seconde lettre de Racine a été imprimée au tome IV des *Œuvres de Nicolas Despréaux*, La Haye, 1722. Elle avait été trouvée, dit-on, dans les papiers d'Ellies Dupin, parent et ami de Racine. La préface ne fut publiée que dans l'édition des œuvres de Racine de 1807. Depuis 1756, le manuscrit était à la bibliothèque du roi avec les autres papiers que Louis Racine y avait déposés.

PRÉFACE

POUR UNE ÉDITION DES DEUX LETTRES
A L'AUTEUR DES *IMAGINAIRES*, ETC.

Je ne crois pas faire un grand présent au public, en lui donnant ces deux lettres ; il en a vu une il y a un an, et je lui aurois abandonné l'autre bientôt après, si quelques considérations ne m'avoient obligé de la retenir. Je n'avois point prétendu m'engager dans une longue querelle, en prenant l'intérêt de la comédie ; mon dessein étoit seulement d'avertir l'auteur des *Imaginaires* d'être un peu plus réservé à prononcer contre plusieurs personnes innocentes. Je crus qu'un homme qui se mêloit de railler tant de monde étoit obligé d'entendre raillerie, et j'eus regret de la liberté que j'avois prise, dès qu'on m'eut dit qu'il prenoit l'affaire sérieusement.

Ce n'est pas que je crusse que son ressentiment dût aller bien loin. J'avois vu ma lettre entre les mains de quelques gens de sa connoissance, qui en avoient ri comme les autres, mais qui l'avoient regardée comme une bagatelle qui ne pouvoit nuire à personne ; et Dieu sait si j'en avois eu la moindre pensée ! Je savois que le Port-Royal n'avoit pas accoutumé de répondre à tout le monde. Ils se vantoient assez souvent de n'avoir jamais daigné accorder cet honneur à des personnes qui le briguoient depuis dix ans, et je fus fort étonné quand je vis deux lettres qu'ils prirent la peine de publier contre la mienne.

J'avoue qu'elles m'encouragèrent à en faire une seconde ; mais lorsque j'étois prêt à la laisser imprimer, quelques-uns de mes amis me firent comprendre qu'il n'y avoit point de plaisir à rire avec des gens délicats, qui se plaignent qu'on les *déchire* dès qu'on les nomme; qu'il ne falloit pas trouver étrange que l'auteur des *Imaginaires* eût écrit contre la comédie, et qu'il n'y avoit presque point de régent dans les colléges qui n'exhortât ses écoliers à n'y point aller : et d'autres des leurs me dirent que les lettres qu'on avoit faites contre moi étoient désavouées de tout le Port-Royal ; qu'elles étoient même assez inconnues dans le monde, et qu'il n'y avoit rien de plus incommode que de se défendre devant mille gens qui ne savent pas seulement que l'on nous ait attaqués. Enfin, ils m'assurèrent que ces messieurs n'en garderoient pas la moindre animosité contre moi, et ils me promirent, de leur part, un silence que je n'avois pas songé à leur demander.

Je me rendis facilement à ces raisons. Je crus qu'il ne seroit plus parlé ni de la lettre, ni des réponses ; et, sans m'intéresser davantage dans le parti des comédies ni des tragédies, je me résolus de leur laisser jouer à leur aise celles qu'ils nous donnoient tous les jours avec Desmarets et les jésuites.

Mais je vois bien que ces bons solitaires sont aussi sensibles que les gens du monde ; qu'ils ne souffrent volontiers que les mortifications qu'ils se sont imposées à eux-mêmes, et qu'ils ne sont pas si fort occupés au bien commun de l'Église, qu'ils ne songent de temps en temps aux petits déplaisirs qui les regardent en particulier. Ils ont publié, depuis huit jours, un recueil de toutes leurs *Visionnaires,* imprimé en Hollande. Ce n'est pas qu'on leur demandât cette seconde édition avec beaucoup d'empressement. La première, quoique défendue, n'a pas encore été débitée à Paris. Mais l'auteur s'est imaginé peut-être qu'on liroit plus volontiers, en deux volumes, des lettres qu'on n'avoit pas voulu lire en deux feuilles. Il a eu soin de les faire imprimer en même caractère que les dix-huit *Lettres provinciales*, comme il avoit eu soin de les pousser jusqu'à la dix-huitième, sans nécessité, et il avoit impatience de servir de seconde partie à M. Pascal.

Il dit déjà, dans l'une de ses préfaces, que *quelques personnes ont voulu égaler ses lettres aux Provinciales.* Il leur répond modestement à la vérité; mais on trouve qu'il y avoit plus de modestie à lui, et même plus de bon sens, de ne point du tout parler de cette objection qui apparemment ne lui avoit été faite que par lui-même. On voit peu de fondement à cette ressemblance affectée ; et l'on commence à dire que la seconde partie de M. Pascal sera aussi peu lue que la *Suite du Cid* et le *Supplément* de Virgile.[1]

Quoi qu'il en soit, les réponses qu'on m'avoit faites n'avoient pas assez persuadé le monde que je n'avois point de bon sens. *On n'avoit point encore honte d'avoir ri en lisant ma lettre.* Mais aussi ne falloit-il pas qu'un homme d'autorité, comme l'auteur des *Imaginaires,* se

---

1. En 1637, il parut une tragi-comédie d'Urbain Chevreau, intitulée *la Suite et le Mariage du Cid.* La même année, Desfontaines fit jouer la *Vraie Suite du Cid.* Le supplément de Virgile est un poëme latin faisant suite au douzième livre de l'*Énéide ;* il est de Maffée Vegio, mort en 1458. (*Édit.* 1807.)

donnât la peine de prouver ce qui en étoit. C'est bien assez pour lui de prononcer, il n'importe que ce soit dans sa propre cause. L'intérêt n'est pas capable de séduire de si grands hommes ; ils sont les seuls infaillibles. Il dit donc que je suis un *jeune poëte* ; il déclare *que tout étoit faux dans ma lettre, et contre le bon sens depuis le commencement jusqu'à la fin.* Cela est décisif : cependant elle fut lue de plusieurs personnes, qui n'y remarquèrent rien contre le sens commun ; mais ces personnes étoient sans doute *de ces petits esprits dont le monde est plein.* Ils n'ont que le sens commun en partage ; ils ne savent pas qu'il y a un véritable bon sens, qui n'est pas donné à tout le monde, et qui est réservé à ceux qui connoissent le véritable sens de Jansénius.

A l'égard des faussetés qu'il m'impute, je demanderois volontiers à ce vénérable théologien en quoi j'ai erré ; si c'est dans le droit ou dans le fait?[1] J'ai avancé que la comédie étoit innocente ; le Port-Royal dit qu'elle est criminelle ; mais je ne crois pas qu'on puisse taxer ma proposition d'hérésie ; c'est bien assez de la taxer de témérité. Pour le fait, ils n'ont nié que celui des capucins ; encore ne l'ont-ils pas nié tout entier. Mais ils en croiront tout ce qu'ils voudront ; je sais bien que, quand ils se sont mis en tête de nier un fait, toute la terre ne les obligeroit pas de l'avouer.

Toute la grâce que je lui demande, c'est qu'il ne m'oblige pas non plus à croire un fait qu'il avance, lorsqu'il dit que le monde fut partagé entre les réponses qu'on fit à ma lettre, et qu'on disputa longtemps laquelle

---

1. Distinction sur laquelle se retranchaient alors les opposants au formulaire. Les cinq propositions sont-elles condamnables? c'était le *droit.* Sont-elles dans le livre de Jansénius? c'était le *fait.* (Édit. 1807.)

des deux étoit la plus belle. Il n'y eut pas la moindre dispute là-dessus ; et, d'une commune voix, elles furent jugées aussi froides l'une que l'autre. Il ne falloit pas qu'il les redonnât au public, s'il avoit envie de les faire passer pour bonnes. Il eût parlé de loin, et on l'auroit pu croire sur sa parole.

Mais tout ce qu'on fait pour ces messieurs a toujours un caractère de bonté que tout le monde ne connoît pas; Il n'importe que l'on compare dans un écrit les fêtes retranchées avec les auvents retranchés,[1] il suffit que cet écrit soit contre M. l'archevêque ; ils le placeront tôt ou tard dans leurs recueils : ces impiétés ont toujours quelque chose d'utile à l'Église.

Enfin il est aisé de connoître, par le soin qu'ils ont pris d'immortaliser ces réponses, qu'ils y avoient plus de part qu'ils ne disoient. A la vérité, ce n'est pas leur coutume de laisser rien imprimer pour eux, qu'ils n'y mettent quelque chose du leur. On les a vus plus d'une fois porter aux docteurs les *Approbations* toutes dressées : la louange de leurs livres leur est une chose trop précieuse. Ils ne s'en fient pas à la louange de la Sorbonne. Les *Avis de l'imprimeur* sont d'ordinaire des éloges qu'ils se donnent à eux-mêmes ; et l'on scelleroit à la chancellerie des *Priviléges* fort éloquents, si leurs livres s'imprimoient avec *Privilége*.

---

[1]. Un arrêt du conseil du 19 novembre 1606, rendu sur une ordonnance du prévôt de Paris, avait fixé la hauteur et la saillie des auvents qu'on était alors dans l'usage de construire au-devant des boutiques dans les rues de Paris. Ce fut dans ce même temps que parut l'ordonnance de l'archevêque de Paris qui supprimait un certain nombre de fêtes. L'auteur d'une lettre sur l'ordonnance de l'archevêque avait cru trouver une plaisanterie ingénieuse, en faisant le rapprochement de ces deux circonstances. Cette lettre était en vers, et elle fut attribuée à Barbier d'Aucourt. (*Edit.* 1807.)

LETTRE A L'AUTEUR

DES *HÉRÉSIES IMAGINAIRES*

ET DES *DEUX VISIONNAIRES*[1]

Monsieur,

Je vous déclare que je ne prends point de parti entre M. Desmarets et vous. Je laisse à juger au monde quel est le visionnaire de vous deux. J'ai lu jusqu'ici vos lettres avec assez d'indifférence, quelquefois avec plaisir, quelquefois avec dégoût, selon qu'elles me sembloient bien ou mal écrites. Je remarquois que vous prétendiez prendre la place de l'auteur des *Petites Lettres*;[2] mais je remarquois en même temps que vous étiez beaucoup au-dessous de lui, et qu'il y avoit une grande différence entre une *Provinciale* et une *Imaginaire*.

Je m'étonnois même de voir le Port-Royal aux mains avec MM. Chamillard[3] et Desmarets. Où est cette fierté, disois-je, qui n'en vouloit qu'au pape, aux archevêques et aux jésuites ? Et j'admirois en secret la conduite de ces

---

1. Les *Visionnaires* furent portées par la suite au nombre de huit.
2. Les Provinciales.
3. C'était un docteur de Sorbonne. Barbier d'Aucourt lui adressa quelques lettres intitulées *les Chamillardes*.

pères qui vous ont fait prendre le change, et qui ne sont plus maintenant que les spectateurs de vos querelles. Ne croyez pas pour cela que je vous blâme de les laisser en repos. Au contraire, si j'ai à vous blâmer de quelque chose, c'est d'étendre vos inimitiés trop loin, et d'intéresser dans le démêlé que vous avez avec Desmarets cent autres personnes dont vous n'avez aucun sujet de vous plaindre.

Et qu'est-ce que les romans et les comédies peuvent avoir de commun avec le jansénisme? Pourquoi voulez-vous que ces ouvrages d'esprit soient une occupation peu honorable devant les hommes, et horrible devant Dieu? Faut-il, parce que Desmarets a fait autrefois un roman et des comédies,[1] que vous preniez en aversion tous ceux qui se sont mêlés d'en faire? Vous avez assez d'ennemis; pourquoi en chercher de nouveaux? Oh! que le Provincial étoit bien plus sage que vous! Voyez comme il flatte l'Académie, dans le temps même qu'il persécute la Sorbonne. Il n'a pas voulu se mettre tout le monde sur les bras; il a ménagé les faiseurs de romans; il s'est fait violence pour les louer; car, Dieu merci, vous ne louez jamais que ce que vous faites. Et, croyez-moi, ce sont peut-être les seules gens qui vous étoient favorables.

Mais si vous n'étiez pas contents d'eux, il ne falloit pas tout d'un coup les injurier. Vous pouviez employer des termes plus doux que ces mots d'*empoisonneurs publics*, et de *gens horribles parmi les chrétiens*. Pensez-vous que l'on vous en croie sur votre parole? Non, non, monsieur: on n'est point accoutumé à vous croire si

---

1. Le roman est intitulé *Ariane;* c'est un ouvrage bizarre, et même licencieux. Desmarets est auteur d'un autre roman qui a pour titre *Roxane;* mais il ne publia que la première partie. (G.)

légèrement. Il y a vingt ans que vous dites tous les jours que les cinq propositions ne sont pas dans Jansénius ; cependant on ne vous croit pas encore.

Mais nous connoissons l'austérité de votre morale. Nous ne trouvons point étrange que vous damniez les poëtes : vous en damnez bien d'autres qu'eux. Ce qui nous surprend, c'est de voir que vous voulez empêcher les hommes de les honorer. Hé! monsieur, contentez-vous de donner les rangs dans l'autre monde ; ne réglez point les récompenses de celui-ci. Vous l'avez quitté il y a longtemps. Laissez-le juger des choses qui lui appartiennent. Plaignez-le, si vous voulez, d'aimer des bagatelles, et d'estimer ceux qui les font; mais ne leur enviez point de misérables honneurs auxquels vous avez renoncé.

Aussi bien il ne vous sera pas facile de les leur ôter : ils en sont en possession depuis trop de siècles. Sophocle, Euripide, Térence, Homère et Virgile nous sont encore en vénération, comme ils l'ont été dans Athènes et dans Rome. Le temps, qui a abattu les statues qu'on leur a élevées à tous, et les temples mêmes qu'on a élevés à quelques-uns d'eux, n'a pas empêché que leur mémoire ne vînt jusqu'à nous. Notre siècle, qui ne croit pas être obligé de suivre votre jugement en toutes choses, nous donne tous les jours des marques de l'estime qu'il fait de ces sortes d'ouvrages, dont vous parlez avec tant de mépris; et malgré toutes ces maximes sévères que toujours quelque passion vous inspire, il ose prendre la liberté de considérer toutes les personnes en qui l'on voit luire quelques étincelles du feu qui échauffa autrefois ces grands génies de l'antiquité.

Vous croyez, sans doute, qu'il est bien plus honorable de faire des *Enluminures*, des *Chamillardes* et des *Onguents*.

pour la brûlure.[1] Que voulez-vous? tout le monde n'est pas capable de s'occuper à des choses si importantes. Tout le monde ne peut pas écrire contre les jésuites. On peut arriver à la gloire par plus d'une voie.

Mais, direz-vous, il n'y a plus maintenant de gloire à composer des romans et des comédies. Ce que les païens ont honoré est devenu horrible parmi les chrétiens. Je ne suis pas un théologien comme vous ; je prendrai pourtant la liberté de vous dire que l'Église ne nous défend point de lire les poëtes ; qu'elle ne nous commande point de les avoir en horreur. C'est en partie dans leur lecture que les anciens Pères se sont formés. Saint Grégoire de Nazianze n'a pas fait de difficulté de mettre la passion de Notre-Seigneur en tragédie. Saint Augustin cite Virgile aussi souvent que vous citez saint Augustin.

Je sais bien qu'il s'accuse de s'être laissé attendrir à la comédie, et d'avoir pleuré en lisant Virgile. Qu'est-ce que vous concluez de là? Direz-vous qu'il ne faut plus lire Virgile, et ne plus aller à la comédie? Mais saint Augustin s'accuse aussi d'avoir pris trop de plaisir aux chants de l'Église. Est-ce à dire qu'il ne faut plus aller à l'église?

Et vous autres, qui avez succédé à ces Pères, de quoi vous êtes-vous avisés de mettre en françois les comédies de Térence?[2] Falloit-il interrompre vos saintes occupations pour devenir des traducteurs de comédies? Encore,

---

1. L'*Onguent pour la brûlure* est un poëme burlesque contre les jésuites, en dix-huit cents vers : on l'attribue à Barbier d'Aucourt, auteur des *Chamillardes*, des *Gaudinettes*. Racine se moque avec raison de ces titres indécents et très-ridicules. (G.) — Ce pamphlet, qui parut en 1664, avait pour titre : l'*Onguent pour la brûlure, ou le Secret d'empêcher les jésuites de brûler les livres.*

2. Cette traduction est de Le Maistre de Sacy. Il n'a traduit que trois pièces : l'*Andrienne*, les *Adelphes* et le *Phormion*.

si vous nous les aviez données avec leurs grâces, le public vous seroit obligé de la peine que vous avez prise. Vous direz peut-être que vous en avez retranché quelques libertés. Mais vous dites aussi que le soin qu'on prend de couvrir les passions d'un voile d'honnêteté ne sert qu'à les rendre plus dangereuses. Ainsi, vous voilà vous-mêmes au rang des *empoisonneurs*.

Est-ce que vous êtes maintenant plus saints que vous n'étiez en ce temps-là? Point du tout. Mais en ce temps-là Desmarets n'avoit point écrit contre vous. Le crime du poëte vous a irrités contre la poésie. Vous n'avez pas considéré que ni M. d'Urfé,[1] ni Corneille,[2] ni Gomberville,[3] votre ancien ami, n'étoient point responsables de la conduite de Desmarets. Vous les avez tous enveloppés dans sa disgrâce. Vous avez même oublié que mademoiselle de Scudéry avoit fait une peinture avantageuse du Port-Royal dans sa *Clélie*. Cependant j'avois ouï dire que vous aviez souffert patiemment qu'on vous eût loués dans ce livre horrible. L'on fit venir au désert le volume qui parloit de vous. Il y courut de main en main, et tous les solitaires voulurent voir l'endroit où ils étoient traités d'*illustres*. Ne lui a-t-on pas même rendu ses louanges dans l'une des *Provinciales*, et n'est-ce pas elle que l'auteur entend, lorsqu'il parle d'une personne qu'il admire sans la connoître?

Mais, monsieur, si je m'en souviens, on a loué même Desmarets dans ces lettres. D'abord l'auteur en avoit parlé avec mépris, sur le bruit qui couroit qu'il travailloit aux

---

1. D'Urfé (Honoré), auteur de *l'Astrée*.
2. Pierre Corneille.
3. Le Roi de Gomberville, auteur du roman de *Polexandre* et de plusieurs autres, mourut à Paris en 1674.

apologies des jésuites. Il vous fit savoir qu'il n'y avoit point de part. Aussitôt il fut loué comme un homme d'honneur, et comme un homme d'esprit.

Tout de bon, monsieur, ne vous semble-t-il pas qu'on pourroit faire sur ce procédé les mêmes réflexions que vous avez faites tant de fois sur le procédé des jésuites? Vous les accusez de n'envisager dans les personnes que la haine ou l'amour qu'on avoit pour leur compagnie. Vous deviez éviter de leur ressembler. Cependant on vous a vus de tout temps louer et blâmer le même homme, selon que vous étiez contents ou mal satisfaits de lui. Sur quoi je vous ferai souvenir d'une petite histoire que m'a contée autrefois un de vos amis. Elle marque assez bien votre caractère.

Il disoit qu'un jour deux capucins arrivèrent au Port-Royal, et y demandèrent l'hospitalité. On les reçut d'abord assez froidement, comme tous les religieux y étoient reçus. Mais enfin il étoit tard, et l'on ne put pas se dispenser de les recevoir. On les mit tous deux dans une chambre, et on leur porta à souper. Comme ils étoient à table, le diable, qui ne vouloit pas que ces bons pères soupassent à leur aise, mit dans la tête de quelqu'un de vos messieurs, que l'un de ces capucins étoit un certain père Maillard, qui s'étoit depuis peu signalé à Rome en sollicitant la bulle du pape contre Jansénius. Ce bruit vint aux oreilles de la mère Angélique.[1] Elle accourut au parloir avec précipitation, et demande qu'est-ce qu'on a servi aux capucins, quel pain et quel vin on leur a donnés? La tourière lui répond qu'on leur a donné du pain blanc et du vin des messieurs. Cette supérieure zélée commande qu'on le leur

---

1. Angélique Arnauld, abbesse de Port-Royal, et sœur du grand Arnauld.

ôte, et que l'on mette devant eux du pain des valets et du cidre. L'ordre s'exécute. Ces bons pères, qui avoient bu chacun un coup, sont bien étonnés de ce changement. prennent pourtant la chose en patience, et se couchent, non sans admirer le soin qu'on prenoit de leur faire faire pénitence. Le lendemain ils demandèrent à dire la messe, ce qu'on ne put pas leur refuser. Comme ils la disoient, M. de Bagnols entra dans l'église, et fut bien surpris de trouver le visage d'un capucin de ses parents, dans celui que l'on prenoit pour le père Maillard. M. de Bagnols avertit la mère Angélique de son erreur, et l'assura que ce père étoit un fort bon religieux, et même dans le cœur assez ami de la vérité. Que fit la mère Angélique ? Elle donna des ordres tout contraires à ceux du jour de devant. Les capucins furent conduits avec honneur de l'église dans le réfectoire, où ils trouvèrent un bon déjeuner qui les attendoit, et qu'ils mangèrent de fort bon cœur, bénissant Dieu qui ne leur avoit point fait manger leur pain blanc le premier.

Voilà, monsieur, comme vous avez traité Desmarets, et comme vous avez toujours traité tout le monde : qu'une femme fût dans le désordre,[1] qu'un homme fût dans la débauche, s'ils se disoient de vos amis, vous espériez toujours de leur salut; s'ils vous étoient peu favorables, quelque vertueux qu'ils fussent, vous appréhendiez toujours le jugement de Dieu pour eux. La science étoit traitée comme la vertu : ce n'étoit pas assez, pour être savant, d'avoir étudié toute sa vie, d'avoir lu

1. On a pu croire qu'ici l'auteur avait eu en vue la duchesse de Longueville. Cette princesse, si fameuse par ses intrigues pendant les troubles de la Fronde, s'était jetée depuis peu de temps dans la vie pénitente, sous la direction de MM. Singlin et de Sacy, et tous les amis de Port-Royal la prônaient comme un modèle de sagesse et de piété. (*Édit.* 1807.)

tous les auteurs; il falloit avoir lu Jansénius, et n'y avoir point lu les Propositions.

Je ne doute point que vous ne vous justifiiez par l'exemple de quelque père : car, qu'est-ce que vous ne trouvez point dans les Pères? Vous nous direz que saint Hiérosme a loué Ruffin comme le plus savant homme de son siècle, tant qu'il a été son ami; et qu'il traita le même Rufin comme le plus ignorant homme de son siècle, depuis qu'il se fut jeté dans le parti d'Origène. Mais vous m'avouerez que ce n'est pas cette inégalité de sentiments qui l'a mis au rang des saints et des docteurs de l'Église.

Et, sans sortir encore de l'exemple de Desmarets, quelles exclamations ne faites-vous point sur ce qu'un homme qui a fait autrefois des romans, et qui confesse, à ce que vous dites, qu'il a mené une vie déréglée, a la hardiesse d'écrire sur les matières de la religion! Dites-moi, monsieur, que faisoit dans le monde M. Le Maistre? Il plaidoit, il faisoit des vers; tout cela est également profane, selon vos maximes. Il avoue aussi dans une lettre qu'il a été dans le déréglement, et qu'il s'est retiré chez vous pour pleurer ses crimes. Comment donc avez-vous souffert qu'il ait tant fait de traductions, tant de livres sur les matières de la grâce? Ho, ho! direz-vous, il a fait auparavant une longue et sérieuse pénitence. Il a été deux ans entiers à bêcher le jardin, à faucher les prés, à laver les vaisselles. Voilà ce qui l'a rendu digne de la doctrine de saint Augustin. Mais, monsieur, vous ne savez pas quelle a été la pénitence de Desmarets. Peut-être a-t-il fait plus que tout cela. Croyez-moi, vous n'y regarderiez point de si près s'il avoit écrit en votre faveur. C'étoit là le seul moyen de sanctifier une plume profanée par des romans et des comédies.

Enfin, je vous demanderois volontiers ce qu'il faut que nous lisions, si ces sortes d'ouvrages nous sont défendus. Encore faut-il que l'esprit se délasse quelquefois. Nous ne pouvons pas toujours lire vos livres. Et puis, à vous dire la vérité, vos livres ne se font plus lire comme ils faisoient. Il y a longtemps que vous ne dites plus rien de nouveau. En combien de façons avez-vous conté l'histoire du pape Honorius?[1] Que l'on regarde tout ce que vous avez fait depuis dix ans, vos Disquisitions, vos Dissertations, vos Réflexions, vos Considérations, vos Observations, on n'y trouvera autre chose, sinon que les propositions ne sont pas dans Jansénius. Hé! messieurs, demeurez-en là. Ne le dites plus. Aussi bien, à vous parler franchement, nous sommes résolus d'en croire plutôt le pape et le clergé de France que vous.

Pour vous, monsieur, qui entrez maintenant en lice contre Desmarets, nous ne refusons point de lire vos lettres. Poussez votre ennemi à toute rigueur. Examinez chrétiennement ses mœurs et ses livres. Feuilletez les registres du Châtelet. Employez l'autorité de saint Augustin et de saint Bernard pour le déclarer visionnaire. Établissez de bonnes règles pour nous aider à reconnoître les fous : nous nous en servirons en temps et lieu. Mais ne lui portez point de coups qui puissent retomber sur les autres; surtout, je vous le répète, gardez-vous bien de croire vos lettres aussi bonnes que les *Lettres provinciales* : ce seroit une étrange vision que cela. Je vois bien que voulez attraper ce genre d'écrire : l'enjouement de M. Pascal a plus servi à votre parti que tout

---

1. Le pape Honorius vivait dans le viie siècle. Ses Lettres furent condamnées par le sixième concile, comme infectées de *monothéisme*.

le sérieux de M. Arnauld. Mais cet enjouement n'est point du tout votre caractère, vous retombez dans les froides plaisanteries des *Enluminures*; vos bons mots ne sont d'ordinaire que de basses allusions. Vous croyez dire, par exemple, quelque chose de fort agréable quand vous dites, sur une exclamation que fait M. Chamillard, que *son grand O n'est qu'un o en chiffre;* et quand vous l'avertissez de ne pas suivre le grand nombre *de peur d'être un docteur à la douzaine,* on voit bien que vous vous efforcez d'être plaisant ; mais ce n'est pas le moyen de l'être.

Retranchez-vous donc sur le sérieux, remplissez vos lettres de longues et doctes périodes, citez les Pères, jetez-vous souvent sur les injures, et presque toujours sur les antithèses : vous êtes appelé à ce style, il faut que chacun suive sa vocation.

Je suis, etc.

RÉPONSE A L'AUTEUR

DE LA LETTRE

CONTRE LES *HÉRÉSIES IMAGINAIRES*

ET LES *VISIONNAIRES*

Monsieur,

J'ai lu ce que vous répondez à l'auteur des *Hérésies Imaginaires* et des *Visionnaires*. Vous déclarez d'abord que vous ne prenez point de parti entre lui et Desmarets; je vous déclare aussi que je n'y en prends point; mais je ne veux pas dire, comme vous, *que je laisse à juger au monde quel des deux est le Visionnaire*. Je ne voudrois pas que le monde crût que je ne susse pas faire un jugement si aisé, et que, voyant d'un côté l'auteur des *Lettres,* qui ne cite que les saints Pères, comme vous lui reprochez; et de l'autre côté, Desmarets, qui ne dit que des folies, je ne pusse pas discerner que c'est ce dernier qui est le visionnaire et le fanatique. Mais cela ne doit pas vous faire croire que je prends parti, puisque c'est, au contraire, une preuve que je n'en prends point, et que je suis seulement pour la vérité.

1. Nous croyons devoir publier les deux réponses suivantes, parce qu'elles sont absolument nécessaires à l'intelligence de la seconde lettre de Racine. Nicole ayant gardé le silence, deux jansénistes zélés osèrent prendre sa défense. Le premier est M. Dubois, connu par quelques traductions de Cicéron, et dont Mme de Sévigné parle comme d'un homme d'esprit et d'une agréable conversation. Sa réponse passe pour la meilleure des deux.

Je vous dirai donc, sans aucun intérêt particulier, que le monde rit de vous entendre parler si négligemment d'un ouvrage qui a été généralement approuvé, et qui ne pouvoit pas manquer de l'être, sous le nom de tant de saints Pères qui le remplissent de leurs plus beaux sentiments. « J'ai lu vos lettres, dites-vous, avec assez d'indifférence, quelquefois avec plaisir, quelquefois avec dégoût, selon qu'elles me sembloient bien ou mal écrites, » c'est-à-dire selon que vous étiez de bonne ou de mauvaise humeur. Mais je ne m'arrête point à cela, et je crois que c'est seulement un préambule pour venir à votre but, qui est de venger la poésie d'un affront que vous prétendez qu'elle a reçu. *Le crime du poëte,* dites-vous à tout le Port-Royal, *vous a irrité contre la poésie.*

Mais, monsieur, s'il se trouvoit qu'en effet on ne l'eût point offensée, n'auroit-on pas grand sujet de se moquer des efforts que vous faites pour la défendre? Voyez donc tout à loisir si on peut lui avoir fait quelque outrage, puisqu'on n'a pas seulement parlé d'elle. On n'a pas seulement nommé la poésie dans toute la lettre; et tout ce qu'on y dit, ne regardant que les poëtes de théâtre, si c'est une injure, elle ne peut offenser que la comédie seulement, et non pas la poésie. Croyez-vous que ce soit la même chose, et prenez-vous ainsi l'espèce pour le genre?

On voit bien dès là que vous êtes un poëte de théâtre, et que vous défendez votre propre cause : car vous auriez vu plus clair dans celle d'un autre, et vous n'auriez pas confondu deux choses qui sont aussi différentes que le bien et le mal. Mais enfin, puisqu'on a seulement parlé des poëtes de théâtre, qu'a-t-on dit contre eux qui puisse vous mettre si fort en colère? On les a appelés *empoisonneurs des âmes;* c'est ce qui vous offense, et je ne sais pourquoi : car jusqu'ici ces poëtes n'ont point accoutumé de s'en offenser. Peut-être avez-vous oublié, en écrivant votre lettre, que la comédie n'a point d'autre fin que d'inspirer des passions aux spectateurs; et que les passions, dans le sentiment même des philosophes païens, sont les maladies et les poisons des âmes.

Au moins apprenez-moi comme il faut agir avec vous : car je vois qu'on vous fâche quand on dit que les poëtes empoisonnent; et je crois qu'on vous fâcheroit encore davantage si l'on disoit que vous n'empoisonnez point, que votre muse est une innocente, qu'elle n'est pas capable de faire aucun mal, qu'elle ne donne pas la moindre tentation, qu'elle ne touche pas seulement le cœur, et qu'elle le laisse dans le même état où elle le trouve.

Ce discours vous devroit flatter bien sensiblement, puisqu'il est tout contraire à celui qui vous a si rudement choqué. Mais, si je ne me trompe, il vous déplaît encore plus que tout ce qu'a pu dire l'auteur des *Lettres;* et peut-être voudriez-vous à présent ne vous être pas piqué si mal à propos de ce qu'il a dit que les poëtes de théâtre sont des empoisonneurs d'âmes.

Je ne pense pas aussi que ces poëtes s'en offensent, et je crois qu'après vous il n'y en a point qui ne sachent que l'art du théâtre consiste principalement dans la composition de ces poisons spirituels. N'ont-ils pas toujours nommé la comédie *l'art de charmer,* et n'ont-ils pas cru, en lui donnant cette qualité, la mettre au-dessus de tous les arts? Ne voit-on pas que leurs ouvrages sont composés d'un mélange agréable d'intrigues, d'intérêts, de passions et de personnes, où ils ne considèrent point ce qui est véritable, mais seulement ce qui est propre pour toucher les spectateurs, et pour faire couler dans leur cœur des passions qui les empoisonnent de telle sorte qu'ils s'oublient eux-mêmes, et qu'ils prennent un intérêt sensible dans des aventures imaginaires?

Mais cet empoisonnement des cœurs, qui les rend ou gais, ou tristes, au gré des poëtes, est le plus puissant effet de la comédie; et les poëtes n'ont garde de s'offenser quand on leur dit qu'ils *empoisonnent,* puisque c'est leur dire qu'ils excellent dans l'art, et qu'ils font tout ce qu'ils veulent faire.

Pourquoi donc trouvez-vous si mauvais ce que tous les autres ne trouvent point désagréable? Et pourquoi n'avez-vous pu souffrir que l'auteur des *Lettres* ait dit, en passant, que les pièces de théâtre sont *horribles, étant considérées selon les principes de la religion chrétienne et les règles de l'Évangile?* Il me semble que la vérité et la politique devoient vous obliger de souffrir cela patiemment. Car enfin, puisque tout le monde sait que l'esprit du christianisme n'agit que pour éteindre les passions, et que l'esprit du théâtre ne travaille qu'à les allumer, quand il arrive que quelqu'un dit un peu rudement que ces deux esprits sont contraires; il est certain que le meilleur pour les poëtes c'est de ne point répondre, afin qu'on ne réplique pas ; et de ne point nier, afin qu'on ne prouve pas plus fortement ce qu'on avoit seulement proposé.

Est-ce que vous croyez que l'auteur des *Lettres* ne puisse prouver ce qu'il avance? Pensez-vous que, dans l'*Évangile,* qui condamne jusques aux paroles oisives, il ne puisse trouver la condamnation de ces paroles enflammées, de ces accents passionnés et de ces soupirs ardents, qui font le style de la comédie? Et doutez-vous qu'il ne soit bien aisé de faire voir que le christianisme a de l'horreur pour le théâtre, puisque d'ailleurs le théâtre a tant d'horreur pour le christianisme.

L'esprit de pénitence, qui paroît dans l'*Évangile,* ne fait-il pas peur à ces esprits enjoués qui aiment la comédie? Les vertus des chrétiens, ne sont-ce pas les vices de vos héros? Et pourroit-on leur pardonner une patience et une humilité évangélique? La religion chrétienne, qui règle jusqu'aux désirs et aux pensées, ne condamne-t-elle pas ces vastes projets d'ambition, ces grands dessins de vengeance, et toutes ces aventures d'amour, qui forment les plus belles idées des poëtes? Ne semble-t-il pas aussi que l'on sorte du christianisme, quand on entre à la comédie? On n'y voit que la morale des païens, et l'on n'y entend que le nom des faux dieux.

Je ne veux pas pousser ces raisons plus loin; et ce que j'en ai dit est seulement pour vous faire connoître à quoi vous vous exposez d'écrire contre l'auteur des *Lettres,* qui peut bien en dire davantage, lui qui sait les Pères, et qui les cite si à propos.

Vous eussiez mieux fait, sans doute, de ne point relever ce qu'il a dit, et de laisser tout tomber sur Desmarets, à qui on ne pouvoit parler moins fortement, puisqu'il est assez *visionnaire* pour dire lui-même qu'il a fait les aventures d'un roman avec l'esprit de la grâce, et pour s'imaginer qu'il peut traiter les mystères de la grâce avec une imagination de roman.

Vous deviez, ce me semble, penser à cela, et prendre garde aussi à qui vous aviez affaire, parce qu'il y a des gens de toute sorte. Ce que vous dites seroit bon de poëte à poëte ; mais il n'est rien de moins judicieux que de le dire à l'auteur des *Lettres* et à ceux que vous joignez avec lui.

Ce sont des *solitaires*, dites-vous, des *austères qui ont quitté le monde;* et parce qu'ils ont écrit cinq ou six mots contre la comédie, vous invectivez aussitôt contre eux, et vous irritez cette austérité chrétienne, qui pourroit vous dire des vérités dont vous seriez peu satisfait.

Je ne comprends point par quelle raison vous avez voulu leur répondre; et il me semble qu'un poëte un peu politique ne les auroit pas seulement entendus. Est-ce que vous ne voulez pas qu'il soit permis à qui que ce soit de parler mal de la comédie? Entreprendrez-vous tous ceux qui ne l'approuveront pas? Vous aurez donc bien des apologies à faire, puisque tous les jours les plus grands prédicateurs la condamnent publiquement aux yeux des chrétiens et à la face des autels.

Mais vous n'avez pas songé à tant de choses, et vous êtes venu dire tout d'un coup : « Qu'est-ce que les romans et les comédies peuvent avoir de commun avec le jansénisme? » Rien du tout, monsieur : et c'est pourquoi vous ne devez pas trouver fort étrange si le jansénisme n'approuve pas la comédie. Ce n'est pas, après tout, que l'auteur des *Lettres* ait rien dit que vous ne disiez encore plus fortement; et vous prouvez positivement tout ce qu'il avance, quoique vous ayez dessein de prouver le contraire. Il dit que les poëtes de théâtre ne travaillent pas selon les règles de l'*Évangile;* et vous soutenez qu'on leur a bâti des temples, dressé des autels, et élevé des statues : il faut donc conclure que les poëtes ont rendu les peuples idolâtres, et qu'eux-mêmes ont été les idoles. Peut-on dire plus fortement qu'ils sont des empoisonneurs publics, et que leurs ouvrages sont horribles, étant considérés selon les principes de la religion et les règles de l'Évangile?

Tout ce que vous dites ensuite, vos raisonnements, vos comparaisons, vos histoires et vos railleries sont des preuves particulières de ce que l'auteur des *Lettres* n'a dit qu'en général; et il n'y a personne qui n'en pût dire bien davantage, s'il vouloit juger des autres poëtes par vous-même.

Que pensez-vous qu'on puisse croire de votre esprit, quand on vous entend parler des saints Pères avec un mépris si outrageant, et quand vous dites à tout le Port-Royal : « Qu'est-ce que vous ne trouvez point dans les Pères ? » Comme si des Pères étoient de faux témoins, et qu'ils fussent capables de dire toute chose. Ils ne disent pourtant pas que la comédie soit une occupation chrétienne, et vous ne trouverez pas non plus dans leurs livres cette manière méprisante dont vous traitez les saints que l'Église honore. Mais vous croyez avoir grande raison, et vous apportez l'exemple de saint Hiérosme, comme si ceux de Port-Royal avoient dessein de s'en servir pour justifier une prétendue contradiction dont vous accusez leur conduite. « Vous nous direz, leur dites-vous, que saint Hiérosme a loué Rufin comme le plus savant homme de son siècle, tant qu'il a été son ami; et qu'il traita le même Rufin comme le plus ignorant homme de son siècle, depuis qu'il se fut jeté dans le parti d'Origène. » Vous devinez mal; ils ne vous diront point cela : ce n'est point leur pensée, c'est la vôtre. Mais quand ils auroient voulu dire une si mauvaise raison et d'une manière si injurieuse à saint Hiérosme, vous deviez attendre qu'ils l'eussent dit, et alors vous auriez eu raison de vous railler d'eux, au lieu qu'ils ont sujet de se moquer de vous.

Après ce raisonnement, vous en faites un autre pour justifier la comédie, et il y a plaisir de vous le voir pousser à votre mode. Vous croyez qu'il est invincible; et, parce que vous n'en voyez point la réponse, vous ne pouvez concevoir qu'il y en ait. Vous la demandez hardiment à l'auteur des *Lettres*, comme s'il ne pouvoit la donner, et comme s'il étoit impossible de savoir ce que vous ne savez pas. « Saint Augustin, dites-vous, s'accuse de s'être laissé attendrir à la comédie : qu'est-ce que vous concluez de là? Direz-vous qu'il ne faut point aller à la comédie? Mais saint Augustin s'accuse aussi d'avoir pris trop de plaisir au chant de l'Église. Est-ce à dire qu'il ne faut point aller à l'église? »

Ce raisonnement prouve invinciblement ce que vous dites six ou sept lignes plus haut, que vous n'êtes point théologien : on ne peut pas en douter après cela; mais on doutera peut-être si vous êtes chrétien, puisque vous osez comparer le chant de l'Église avec les déclamations du théâtre.

Qui ne sait que la divine psalmodie est une chose si bonne d'elle-même, qu'elle ne peut devenir mauvaise que par le même abus qui rend quelquefois les sacrements mauvais? Et qui ne sait au contraire que la comédie est naturellement si mauvaise, qu'il n'y a point de détour d'intention qui puisse la rendre bonne?

Avec quel esprit avez-vous donc joint deux choses plus contraires que n'étoient l'arche d'alliance et l'idole de Dagon, et qui sont aussi éloignées que le ciel l'est de l'enfer? Quoi! vous comparez l'Église avec le théâtre, les divins cantiques avec les cris des bacchantes, les saintes Écritures avec les discours impudiques, les lumières des prophètes avec des imaginations de poëtes, l'esprit de Dieu avec le démon de la comédie! Ne rougissez-vous pas et ne tremblez-vous pas d'un excès si horrible?

Non, vous n'êtes pas seulement ému, et votre muse n'a point peur de cette effroyable impiété, ni des effets malheureux qu'elle peut produire. « Nous ne trouvons pas étrange, dites-vous, que vous damniez les poëtes : ce qui nous surprend, c'est que vous voulez empêcher les hommes de les honorer. » C'est-à-dire que ce misérable honneur que vous cherchez parmi les hommes vous est plus précieux que votre salut : vous ne trouvez pas étrange qu'on vous damne, et vous ne pouvez souffrir qu'on ne vous estime pas; vous renoncez à la communion des saints, et vous n'aspirez qu'au partage *des Sophocles et des Virgiles*. Qu'on dise de vous tout ce qu'on voudra, mais qu'on ne dise point que vous n'avez pas *quelques étincelles de ce feu qui échauffa autrefois ces grands génies de l'antiquité;* vous ne craignez point de mourir comme eux, après avoir vécu comme eux : et vous ne pensez pas au misérable état de ces malheureux génies que vous regardez avec tant d'envie et d'admiration : ils brûlent perpétuellement où ils sont, et on les loue seulement où ils ne sont pas.

C'est ainsi que les saints Pères en parlent; mais il vous importe peu de ce qu'ils disent : ce ne sont point vos auteurs, et vous ne les citez que pour les accuser. Vous n'avez cité saint Hiérosme que pour faire voir qu'il avoit l'esprit inégal; vous n'avez cité saint Augustin que pour montrer qu'il avoit le cœur trop sensible ; et vous ne citez saint Grégoire de Nazianze que pour abuser de son autorité en faveur de la comédie. « Saint Grégoire de Nazianze, dites-vous, n'a pas fait de difficulté de mettre la Passion de Notre-Seigneur en tragédie. » Mais, quoi qu'il en soit, si vous prétendez vous servir de cet exemple, il faut vous résoudre à passer pour un poëte de la Passion, et à renoncer à toute l'antiquité païenne. Voyez donc ce que vous avez à faire. Voulez-vous quitter ces grands héros? Voulez-vous abandonner ces fameuses héroïnes? Si vous ne le faites, saint Grégoire de Nazianze ne fera rien pour vous, et vous l'aurez cité contre vous-même. Si vous ne suivez son exemple, vous ne pouvez employer son autorité, et vous ne sauriez dire que, parce qu'il a fait une tragédie sainte, il vous est permis d'en faire de profanes. Tout ce qu'on peut conclure de là, c'est que la poésie est bonne d'elle-même; qu'elle est capable de servir aux divins mystères, qu'elle peut chanter les louanges de Dieu, et qu'elle seroit très-innocente, si les poëtes ne l'avoient point corrompue.

Cette seule raison détruit tous les faux raisonnements que vous faites et que vous concluez, en disant à tous les gens de Port-Royal que *le crime du poëte les a irrités contre la poésie*. On voit bien que vous avez voulu faire une pointe, mais vous l'avez faite de travers; et vous deviez dire, au contraire, que le crime commis contre la poésie les a irrités contre le poëte : car ils n'ont parlé que des poëtes profanes, qui abusent de leur art; et ils n'ont rien dit qui pût offenser la poésie. Ils savent qu'elle n'est point mauvaise de sa nature, et qu'elle est sanctifiée par les prophètes, par les patriarches et par les Pères. David, Salomon, saint Prosper, ont fait des poésies; et, à leur exemple, ceux de Port-Royal en ont fait aussi : ils ont mis en vers françois les plus augustes mystères de la religion, les plus saintes maximes de la morale chrétienne, les hymnes, les proses, les cantiques de l'Église; et ils ont fait de saints concerts que les fidèles chantent, et que les anges peuvent chanter.

Il n'y a donc point de conséquence ni de proportion de ce qu'ils font avec ce qu'ils condamnent; et c'est vainement que vous tâchez d'y en trouver, et que vous comparez la conduite de M. Le Maistre avec celle de Desmarets. En vérité, vous ne pouviez rien faire de plus contraire à cette gloire que vous poursuivez si ardemment : car quelle estime peut-on avoir pour vous, quand on voit que vous comparez si injustement deux personnes dont les actions sont autant opposées qu'elles le peuvent être?

Tout le monde sait que M. Le Maistre a fait des plaidoyers que les jurisconsultes admirent, où l'éloquence défend la justice, où l'Écriture instruit, où les Pères prononcent, où les conciles décident. Et vous comparez ces plaidoyers aux romans de Desmarets, qu'on ne peut lire sans horreur, où les passions sont toutes nues, et où les vices paroissent effrontément et sans pudeur !

Pour qui pensez-vous passer, et quel jugement croyez-vous qu'on fasse de votre conduite, quand vous offensez tous les juges en comparant le Palais avec le théâtre, la jurisprudence avec la comédie, l'histoire avec la fable, et un très-célèbre avocat avec un très-mauvais poëte ?

Pouvez-vous dire que M. Le Maistre a fait dans sa retraite *tant de traductions des Pères,* et le comparer avec Desmarets, qui fait gloire de ne rien traduire, et qui ne produit que des visions chimériques? Il faut pourtant que vous acheviez cette comparaison si odieuse à tout le monde ; et parce que Desmarets avoue des crimes qu'il ne peut nier, vous en accusez aussi M. Le Maistre ; vous abusez indignement de son humilité, qui lui a fait dire qu'il avoit été dans le dérèglement, et vous ne prenez pas garde que ce qu'il appelle dérèglement, c'est ce que vous appelez souverain bien : c'est cet honneur du siècle que vous cherchez avec tant de passion, et qu'il a fui avec tant de force. Il s'est dérobé à la gloire du monde qui l'environnoit ; et il est vrai que, pour s'en éloigner davantage, il a fait toutes les actions qui lui sont le plus contraires.

Mais s'il a bêché la terre, comme vous dites, avec quel esprit osez-vous en parler comme vous faites? Et quel sentiment pouvez-vous avoir des vertus chrétiennes, puisque vous raillez publiquement ceux qui les pratiquent? Vous parleriez sérieusement et avec éloge de ces anciens Romains qui savoient cultiver la terre et conquérir les provinces, que l'on voyoit à la tête d'une armée, après les avoir vus à la queue d'une charrue ; et vous vous moquez d'un chrétien qui a bêché la terre avec la même main dont il a écrit les Vies des saints et les traductions des Pères. Vous ne sauriez voir, sans rire, un homme véritablement chrétien, véritablement humble, et qui a cette véritable science qui n'enfle point, qui n'empêchoit pas l'Apôtre de travailler aux ouvrages des mains et de prêcher l'*Évangile.*

Mais, après que vous avez bien raillé d'une *longue et sérieuse pénitence,* vous dites, pour achever votre comparaison, que Desmarets a *peut-être fait plus que tout cela.* Je voudrois de tout mon cœur le pouvoir dire, mais je me tromperois, et je le démentirois en le disant. Il n'a garde de se repentir d'avoir fait des romans, puisqu'il assure lui-même qu'il les a faits avec l'esprit de Dieu; il proteste, en parlant de son roman [1] en vers, qui est rempli de fables impertinentes et de fictions impures, « que Dieu l'a si sensiblement assisté pour lui faire finir ce grand ouvrage, qu'il n'ose dire en combien peu de temps il l'a achevé ». Il attribue au Saint-Esprit tous les égarements de son imagination; il prend pour des grâces divines les corruptions, les profanations et les violements qu'il fait de la parole divine. Si on le veut croire, ce n'est plus lui qui parle, c'est Dieu qui parle en lui. Il est l'organe des vérités célestes et adorables; c'est un *David,* c'est un *prophète,* c'est un *Micahel,* c'est un *Eliachim,* c'est enfin tout ce qu'un fou s'imagine. Mais il ne se l'imagine pas seulement; il l'écrit, il l'imprime, il le publie, et on le peut voir dans les endroits de ses livres que l'auteur des *Lettres* a cités.

Si vous aviez fait réflexion sur toutes ces choses, je ne pense pas que vous eussiez pu comparer Desmarets avec aucun des mortels; il est sans doute incomparable, il le dit lui-même; et, s'élevant plus haut que l'Apôtre n'a jamais été, il parle bien plus hardiment que lui des choses divines; il ne s'écrie point : *O altitudo!* Rien ne l'épouvante, et il entre sans crainte dans les mystères incompréhensibles de l'*Apocalypse :* c'est son livre; il se plaît à dissiper, par ses lumières, les ombres mystérieuses que Dieu a répandues sur ces saintes vérités; et, comme avec l'ombre et la lumière on fait toutes sortes de figures, aussi Desmarets, avec le feu de son imagination et l'obscurité de l'*Apocalypse,* forme toutes sortes de visions et de fantômes.

C'est ainsi qu'il a fait cette grande armée de *cent quarante-quatre mille personnes,* dont il parle tant dans son *Avis du Saint-Esprit au Roi;* et c'est ainsi qu'il a formé toutes ces conceptions chimériques et monstrueuses que l'auteur des *Lettres* a rapportées, et que vous témoignez avoir lues.

Mais, en vérité, pouvez-vous les avoir lues, et parler de Des-

---

1. Clovis, ou la France chrétienne, etc.

marets comme vous faites, le défendre publiquement, et inventer pour lui tant de fausses raisons? Ne craignez-vous point qu'on dise que vous êtes un soldat de son armée, et qu'on mette dans le rang de ses visions la comparaison que vous faites de M. Le Maistre avec lui? Je vois bien que tout vous est égal, la vérité et le mensonge, la sagesse et la folie, et qu'il n'y a rien de si contraire que vous n'ajustiez dans vos comparaisons.

Pour vos histoires, elles sont poétiques; vous les avez accommodées au théâtre, et il n'y a personne qui ne sache que vous avez changé un cordelier en capucin. Mais cette fausseté, qui est si publiquement reconnue, et qui ôte la vraisemblance à tout le reste, décrédite encore moins votre histoire que la conduite que vous attribuez à la mère Angélique. On voit bien que ce n'est pas elle qui parle, et que cette sainte religieuse étoit bien éloignée de penser à ce que vous lui faites dire dans un conte si ridicule; aussi n'empêcherez-vous jamais, par de telles suppositions, qu'il ne soit véritable que tous les religieux ont toujours été bien reçus à Port-Royal; et l'on a que trop de témoins de la charité et de la générosité avec laquelle on a reçu les jésuites mêmes, dans un temps où il sembloit qu'ils n'y étoient venus que pour voir les marques funestes des maux qu'ils y ont faits, et pour insulter à l'affliction de ces pauvres filles. On ne peut pas demander une plus grande preuve de l'hospitalité de Port-Royal, ni souhaiter une conviction plus forte de la fausseté de votre histoire. Je ne pense pas aussi que vous l'ayez dite pour la faire croire, mais seulement pour faire rire; et vous n'avez été trompé qu'en ce que vous croyiez qu'on riroit de l'histoire, et qu'on ne rit que de l'auteur.

On jugera si vos reproches sont plus raisonnables : voici le plus grand que vous faites à ceux de Port-Royal, et par lequel vous prétendez les rendre coupables des mêmes choses qu'ils condamnent dans les poëtes de théâtre. « De quoi vous êtes-vous avisés, leur dites-vous, de mettre en françois les comédies de Térence? » Ils se sont avisés, monsieur, d'instruire la jeunesse dans la langue latine, qui est nécessaire pour les plus justes emplois des hommes, et de donner aux enfants une traduction pure et chaste d'un auteur qui excelle dans la pureté de cette langue. Mais, vous-même, *de quoi vous êtes-vous avisé* de leur reprocher cette traduction plutôt que celle des autres livres de grammaire qu'ils ont donnés au public, puisqu'ils ont tous une même fin, qui est l'instruction des enfants, et qu'ils viennent tous d'un même principe, qui est la charité ?

Vous voulez abuser du mot de *comédies,* et confondre celui qui les fait pour le théâtre, avec celui qui les traduit seulement pour les écoles; mais il y a tant de différence entre eux, qu'on ne peut pas tirer de conséquence de l'un à l'autre. Le traducteur n'a dans l'esprit que des règles de grammaire qui ne sont point mauvaises par elles-mêmes, et qu'un bon dessein peut rendre très-bonnes; mais le poëte a bien d'autres idées dans l'imagination : il sent toutes les passions qu'il conçoit, et il s'efforce même de les sentir, afin de les mieux concevoir; il s'échauffe, il s'emporte, il se flatte, il s'offense et se passionne jusqu'à sortir de lui-même pour entrer dans le sentiment des personnes qu'il représente; il est quelquefois Turc, quelquefois Maure, tantôt homme, tantôt femme, et il ne quitte une passion que pour en prendre une autre; de l'amour il tombe dans la haine, de la colère il passe à la vengeance, et toujours il veut faire sentir aux autres les mouvements qu'il souffre lui-même; il est fâché quand il ne réussit pas dans ce malheureux dessein; et il s'attriste du mal qu'il n'a pas fait.

Quelquefois ses vers peuvent être assez innocents; mais la volonté du poëte est toujours criminelle, les vers n'ont pas toujours assez de charme pour empoisonner, mais le poëte veut toujours qu'ils empoisonnent; il veut toujours que l'action soit passionnée, et qu'elle excite du trouble dans le cœur des spectateurs.

Quel rapport trouvez-vous donc entre un poëte de théâtre et le traducteur de Térence? L'un traduit un auteur pour l'instruction des enfants, qui est un bien nécessaire; l'autre fait des comédies, dont la meilleure qualité est d'être inutiles. L'un travaille à éclaircir la langue de l'Église, l'autre enseigne à parler le langage des fables et des idolâtres; l'un ôte tout le poison que les païens ont mis dans leurs comédies, l'autre en compose de nouvelles, et tâche d'y mettre de nouveaux poisons; l'un enfin fait un sacrifice à Dieu en travaillant utilement pour le bien de l'État et de l'Église, et l'autre fait un sacrifice au démon, comme dit saint Augustin, en lui donnant des armes pour perdre les âmes.

Cependant vous égalez ces deux esprits; vous ne mettez point de différence entre leurs ouvrages, et vous obligez toutes les personnes justes de vous dire, avec saint Hiérosme, qu'il n'est rien de plus honteux que de confondre ce qui se fait pour le plaisir inutile des hommes avec ce qui se fait pour l'instruction des enfants : *et quod in pueris necessitatis est, crimen in se facere voluptatis.*

Reconnoissez donc, monsieur, que la traduction de Térence est bien différente des comédies de Desmarets, et qu'une traduction si pure, qui est une preuve de doctrine et un effet de charité, ne sauroit jamais être un fondement raisonnable du reproche que vous faites à ceux que vous attaquez.

Mais vous les accusez encore avec plus d'injustice et plus d'imprudence, quand vous leur dites : « En combien de façons avez-vous conté l'histoire du pape Honorius? » N'est-ce pas là un reproche bien judicieux? vous ne dites point que cette histoire soit fausse, vous ne dites point qu'ils la rapportent mal, et vous les accusez seulement de l'avoir souvent rapportée. Mais je vous demande qui est le plus coupable, ou celui qui prêche toujours la vérité, ou celui qui résiste toujours à la vérité. Et qui doit-on accuser, ou le Port-Royal qui a dit tant de fois une histoire véritable, ou les ennemis du Port-Royal, qui n'ont jamais répondu à cette histoire, et qui bien souvent ont fait semblant de ne la pas entendre?

Est-ce point cette surdité politique que vous trouvez si admirable dans les jésuites, et qui vous fait dire : « J'admirois en secret la conduite de ces pères, qui vous ont fait prendre le change, et qui ne sont plus maintenant que les spectateurs de vos querelles? » On ne peut pas vous répondre plus doucement, qu'en disant qu'il est très-faux que les jésuites aient fait prendre le change à Port-Royal, et qu'au contraire le Port-Royal a toujours eu une constance invincible en défendant la vérité contre tous ceux qui l'attaquent. Que si depuis quelque temps les écrits ne s'adressent pas directement aux jésuites, et s'ils ne sont plus, comme vous dites, que les spectateurs du combat, c'est parce qu'on les a mis hors d'état de combattre. On a ruiné leur dessein; on a renversé leurs prétentions; on a découvert leur secret; on a éclairci leurs équivoques; on les a enfin réduits à ne plus répondre; et assurément vous n'avez rien à reprocher au Port-Royal de ce côté-là.

Vous vous tournez d'un autre; et vous dites à l'auteur des *Imaginaires* qu'il a affecté le style des *Provinciales*. C'est par là que vous commencez et que vous finissez votre lettre. « Vous prétendiez, lui dites-vous, prendre la place de l'auteur des *Petites Lettres*. Je vois bien que vous voulez attraper ce genre d'écrire ; mais cet enjouement n'est point du tout votre caractère. » Je ne vous réponds pas ce que tout le monde sait, que les sujets sont bien différents, et qu'un enjouement perpétuel seroit peut-être un aussi grand défaut dans les *Imaginaires,* comme il est une grâce dans les *Provinciales*. Je vous demande seulement : Pourquoi jugez-vous des intentions d'un auteur, qui vous sont cachées, et pourquoi n'avez-vous pas voulu juger des actions et des livres de Desmarets, qui sont visibles à tout le monde ? Ce ne peut être que par une raison fort mauvaise pour vous ; n'obligez personne à la découvrir ; et ne dites point de vous-même que l'auteur des *Lettres* a voulu écrire comme M. Pascal. Il n'a voulu faire que ce qu'il a fait; il a voulu convaincre ses lecteurs de la fausseté d'une prétendue hérésie, et il les a convaincus d'une manière qui, sans comparaison, est forte, évidente, agréable et très-facile.

On peut en juger par les efforts que vous avez faits contre lui, puisque vous avez été chercher des railleries jusque dans l'Écriture sainte. « Jetez-vous sur les injures, lui dites-vous, vous êtes appelé à ce style, et il faut que chacun suive sa vocation. » Vous pensez donc que la vocation porte au mal et aux injures. La Sorbonne diroit assurément que c'est une erreur ; mais, pour moi, je dis seulement que c'est une mauvaise raillerie, et peut-être que vous serez plus touché d'avoir fait un mensonge ridicule, que d'avoir outragé la vérité.

Il paroît assez, par la profession que vous faites, et par la manière dont vous écrivez, que vous craignez moins d'offenser Dieu que de ne plaire pas aux hommes, puisque, pour flatter la passion de quelques-uns, vous vous moquez de l'Écriture, des conciles, des saints Pères, et des personnes qui tâchent d'imiter leurs vertus.

Pour justifier la comédie, qui est une source de corruption, vous raillez la pénitence, qui est le principe de la vie spirituelle; vous riez de l'humilité que saint Bernard appelle la vertu de Jésus-Christ; et vous parlez, avec une vanité de païen, des actions les plus saintes et des ouvrages les plus chrétiens. Vous pensez qu'en nommant seulement les livres de Port-Royal, vous les avez entièrement détruits; et vous croyez avoir suffisamment répondu à tous les anciens conciles, en disant qu'ils ne sont pas nouveaux.

Désabusez-vous, monsieur, et ne vous imaginez point que le monde soit assez injuste pour juger selon votre passion : il n'y a personne, au contraire, qui n'ait horreur de voir que votre haine va déterrer les morts, et outrager lâchement la mémoire de M. Le Maistre et de la mère Angélique par des railleries méprisantes et des calomnies ridicules.

Mais quoi que vous disiez contre des personnes d'un mérite si connu dans le monde et dans l'Église, ce sera par leur vertu qu'on jugera de vos discours; on joindra le mépris que vous avez pour elles avec les abus que vous faites de l'Écriture et des saints Pères; et l'on verra qu'il faut que vous soyez étrangement passionné, et que ceux contre qui vous écrivez soient bien innocents, puisque vous n'avez pu les accuser sans vous railler de ce qu'il y a de plus saint dans la religion, et de plus inviolable parmi les hommes, et sans blesser à même temps la raison, la justice, l'innocence et la piété.

Ce 22 mars 1666.

RÉPONSE A LA LETTRE

ADRESSÉE A L'AUTEUR

DES *HÉRÉSIES IMAGINAIRES*

Monsieur,

Je ne sais si l'auteur des *Hérésies imaginaires* jugera à propos de vous faire réponse. Je connois des gens qui auroient sujet de se plaindre s'il le faisoit. Ils ont souffert avec patience qu'on ait répondu à M. Desmarets, et je ne m'en étonne pas : un prophète mérite quelque préférence. Mais vous, monsieur, qui n'avez pas encore prophétisé, il y auroit de l'injustice à vous traiter mieux qu'on ne les a traités. Pour moi, qui ne suis point de Port-Royal, et qui n'ai de part à tout ceci qu'autant que j'y en veux prendre, je crois que, sans vous faire d'affaire avec le père du Bosc, ni avec M. de Marandé, je vous puis dire un mot sur le sujet de votre lettre. J'espère que cela ne sera pas inutile pour en faire connoître le prix. Le monde passe quelquefois trop légèrement sur les choses; il est bon de les lui faire remarquer.

Vous avez grand soin, pour vous mettre bien dans l'esprit du lecteur, de l'avertir avant toutes choses que vous *ne prenez point le parti* de M. Desmarets. C'est fort prudemment fait. Vous

---

1. L'auteur de cette seconde réponse, Jean Barbier, qui depuis ajouta à son nom celui d'Aucourt, était alors un jeune avocat dont la plume était estimée, et qui écrivait en faveur de Port-Royal, par haine pour les jésuites. Huit ans après cette lettre, il fit une méchante satire en vers sur l'*Iphigénie* de Racine. Il fut reçu à l'Académie française en 1683, et mourut en 1694. (*Édit.* 1807.)

SECONDE RÉPONSE.

avez bien senti qu'il n'y a pas d'honneur à gagner. Il commence à être connu dans le monde, et vous savez ce qu'on en a dit en assez bon lieu. Mais, sans mentir, cette prudence ne dure guère. Et comment peut-on dire, dans les trois premières lignes d'une lettre, qu'on ne se déclare point pour Desmarets, et qu'on laisse à juger au monde lequel est le visionnaire de lui ou de l'auteur des *Hérésies imaginaires*? En vérité, tout homme qui peut parler de cette sorte est bien déclaré.

Dites le vrai, monsieur : l'envie de dire un bon mot vous a emporté; et vous n'en avez pas vu les conséquences. Vous avez cru qu'il n'y avoit qu'à prendre un tour de raillerie, et que par là on mettoit sûrement les rieurs de son côté. Cela n'est pas tout à fait ainsi : la raillerie échoue contre les vérités établies et reconnues dans le monde. Croyez-vous qu'il n'y ait qu'à dire des injures aux gens? Il y a un choix d'injures comme de louanges; il faut que les unes et les autres conviennent, et il n'y a rien de si misérable que de les appliquer au hasard. On a pu traiter Desmarets de visionnaire, parce qu'il est reconnu pour tel, et qu'il a eu soin d'en donner d'assez belles marques. Ses amis voudroient bien se revancher; mais il faut qu'ils prennent quelque autre voie; car de répondre, comme un écho qui répète les mots qu'on lui dit, que c'est l'auteur des *Hérésies imaginaires* qui en est un, cela pourroit passer à la Chine, où l'on ne connoît ni l'un ni l'autre; mais en France on sait à peu près à quoi l'on s'en doit tenir; on dira que vous ne vous connoissez pas en visionnaires, et que si jamais vous le devenez, il y a sujet de craindre que vous ne le soyez longtemps avant de vous en apercevoir. Tout le monde convient, jusques aux ennemis de Port-Royal, et aux jésuites mêmes, que l'auteur des *Hérésies imaginaires* n'a rien qui ressente la vision. On ne s'est encore guère avisé de l'attaquer sur cela; et ceux mêmes qui l'ont accusé d'hérésie se sont bien gardés de l'accuser d'extravagance : car, en matière d'hérésie, il est plus aisé d'en faire accroire, et surtout quand il s'agit d'une hérésie aussi mince et aussi difficile à apercevoir que celle qu'on reproche aux jansénistes. Il y a peu de gens capables de démêler les choses : on dispute, on embrouille; l'accusateur se sauve dans l'obscurité. Mais, en matière de folie, dès qu'il y a une accusation formée, il est sûr qu'il y aura quelqu'un de condamné. Le monde s'y connoît, il juge, il fait justice ; mais il veut des preuves, et des preuves qui concluent : sinon, votre accusation sans preuve devient une preuve contre vous.

Vous voilà donc, monsieur, réduit à la nécessité de prouver ce que vous avez avancé contre l'auteur des *Hérésies imaginaires :* autrement vous voyez bien où cela va, et vous n'en serez pas quitte pour dire que vous n'avez point jugé, que vous vous êtes contenté de laisser à juger aux autres, et que vous n'avez point appliqué les règles que vous voulez qu'on établisse. Le monde entend ce langage ; et si vous n'avez que cela pour vous sauver, je vous tiens en grand danger.

Mais, voyons si vous serez plus heureux dans le reste, et si ce que vous dites à l'auteur des *Hérésies imaginaires* sur le sujet de ses lettres vous réussira mieux. *Vous les avez lues,* dites-vous, *tantôt avec plaisir, tantôt avec dégoût, selon qu'elles vous sembloient bien ou mal écrites.* Je vois bien ce que vous voulez qu'on entende par là, c'est-à-dire que vous louez ce qu'il y a de bon, et que vous blâmez ce qu'il y a de mauvais. Cette sorte de critique est fort prudente : tant que vous parlerez comme cela, vous ne vous compromettrez point. Toutefois vous prenez courage ; et pour faire voir que vous êtes homme de bon goût, et que vous vous y connoissez, vous vous avancez jusqu'à dire qu'il y a une différence entre les *Imaginaires* et les *Lettres au Provincial*. Voilà un grand effort de jugement et, qui vous a bien coûté. C'est dommage que vous ne vous étendiez pas davantage sur ce sujet. Mais vous avez vos raisons. Il y a quelquefois des inconvénients à entrer dans le détail : le plus sûr est de se tenir aux termes généraux, et de faire le dégoûté. Mais, monsieur, à vous parler franchement, cela ne réussit pas toujours ; et pour quelques gens de bonne volonté qui se laissent persuader par là, qu'on en pense bien plus que l'on en dit, il y en a beaucoup d'autres qui croient que qui ne dit rien n'a rien à dire. Vous dites pourtant quelque chose sur la fin de votre lettre ; car vous savez approfondir quand il vous plaît. Veut-on donc savoir ce qu'il y a de mauvais dans les lettres de *l'Hérésie imaginaire?* Le voici : « C'est que les bons mots (des *Chamillardes*) ne sont d'ordinaire que de basses allusions, comme quand on dit que le grand O de M. Chamillard n'est qu'un 0 en chiffre, et qu'il ne doit pas suivre le grand nombre, de peur d'être un docteur à la douzaine. » Il n'y a personne qui n'y fût attrapé, et on ne se seroit jamais avisé qu'on pût prouver qu'il y a trop de pointes dans les épigrammes de Catulle, parce que celles de Martial en sont pleines. Quoi donc, monsieur! est-il possible que vous n'ayez pas connu la différence qu'il y a des *Imaginaires* aux *Chamillardes?* Et comment avez-vous pu croire qu'elles fussent du même auteur, et même que ces dernières vinssent de Port-Royal? Faut-il donc que vous soyez si malheureux que tous les efforts que vous avez faits contre les *Imaginaires* se réduisent à faire voir que vous n'êtes pas capable de connoître une différence aussi visible et aussi marquée que celle-là? Je ne sais si cela ne feroit point entrer les gens en soupçon sur les louanges que vous donnez aux *Provinciales* : on croira que vous les louez sur la foi d'autrui, et que vous seriez peut-être aussi embarrassé à en marquer les beautés, que vous avez été peu heureux à trouver les défauts des *Hérésies imaginaires*. Quiconque aura bien senti les grâces des premières aimera celles-ci, et verra bien que, s'il y a quelque chose qui se puisse soutenir auprès des *Provinciales,* ce sont les *Hérésies imaginaires*.

Il est certain que les *Petites Lettres* sont inimitables. Il y a des grâces, des finesses, des délicatesses qu'on ne sauroit assez admirer; mais il est vrai aussi qu'il n'y a jamais eu de sujet plus heureux que celui de M. Pascal. On n'en trouve pas toujours qui soient capables de ces sortes d'agréments; et quoique ce soit une extravagance insigne que de prétendre qu'on soit obligé à la créance intérieure du fait de Jansénius, et qu'on puisse traiter comme hérétiques ceux qui n'en sont pas persuadés, cela ne se fait pas sentir, et ne divertit pas comme les décisions des casuistes. C'est une grande faute de jugement que de demander partout le même caractère et le même air; et c'est avec beaucoup de raison que l'auteur des *Hérésies imaginaires,* bien loin *de vouloir attraper ce genre d'écrire,* comme vous le lui reprochez à perte de vue, a pris une manière plus grave et plus sérieuse. Cependant lorsqu'il lui tombe quelque chose entre les mains qui mérite d'être joué peut-on s'y prendre plus finement, et y donner un meilleur tour? Et, quelque sujet qui se présente, peut-on démêler les choses embrouillées avec plus d'adresse et de netteté? Peut-on mieux mettre les vérités dans leur jour? Peut-on mieux pénétrer les replis du cœur humain, et en faire mieux connoître les ruses?

Je ne prétends pas marquer tout ce qu'il y a de beau dans les lettres de l'*Hérésie imaginaire;* cela seroit fort superflu pour les gens qui ont le goût bon et fort peu utile pour les autres. Et pour vous, monsieur, je ne sais si vous en profiteriez. C'est une mauvaise marque de finesse de sentiment que d'avoir confondu les *Chamillardes* avec les *Hérésies imaginaires,* et les *Enluminures* avec l'*Onguent à la brûlure ;* et si vous avez eu si peu de discernement en cela, il est difficile que vous en ayez beaucoup en d'autres choses.

D'ailleurs je crois qu'on auroit de la peine à vous faire entendre raison sur le sujet de l'auteur des *Hérésies imaginaires :* il vous a touché par où vous étiez le plus sensible. Le moyen de souffrir que l'on maltraite ainsi impunément les faiseurs de romans et les poëtes de théâtre ! Il est aisé à voir que vous plaidez votre propre cause, et que ce que vous dites sur ce sujet ne vous a guère coûté : cette tirade d'éloquence, ou plutôt ce lieu commun de deux pages, représente parfaitement un poëte qui se fâche ; mais encore est-il bon de savoir pourquoi. Dites-nous donc, monsieur, prétendez-vous que les faiseurs de romans et de comédies soient des gens de grande édification parmi les chrétiens? Croyez-vous que la lecture de leurs ouvrages soit fort propre à faire mourir en nous le vieil homme, à éteindre les passions, et à les soumettre à la raison? Il me semble qu'eux-mêmes s'en expliquent assez, et qu'ils font consister tout leur art et toute leur industrie à toucher l'âme, à l'attendrir, à imprimer dans le cœur de leur lecteur toutes les passions qu'ils peignent dans les personnes qu'ils représentent, c'est-à-dire à rendre semblables à leurs héros ceux qui doivent regarder Jésus-Christ comme leur modèle et se rendre semblables à lui. Si ce n'est là tout le contraire de l'*Évangile,* j'avoue que je ne m'y connois pas ; et il faut entendre la religion comme Desmarets entend l'*Apocalypse,* pour trouver mauvais qu'un chrétien et un théologien, étant obligé de parler sur cette matière, appelle ces gens-là des *empoisonneurs publics,* et tâche de donner aux chrétiens de l'horreur pour leurs ouvrages.

Mais bien loin que cela les offense, n'y trouvent-ils pas même quelque chose qui les flatte? Et n'est-ce pas les louer selon leur goût que de leur reprocher de faire ce qu'ils prétendent? Les injures n'offensent que lorsqu'elles nous exposent au mépris ou des autres ou de nous-mêmes. Or, personne ne croit qu'on ait droit de le mépriser, ni ne se méprise soi-même, pour pécher contre des règles contraires à celles qu'il s'est proposé de suivre. Ainsi nous voyons que ceux qui cherchent à s'agrandir dans le monde ne s'offensent point des injures que leur disent les philosophes contemplatifs qui prêchent la vie retirée : ils les regardent dans un ordre dont ils ne sont pas, et où l'on juge autrement des choses.

Voilà donc les bons poëtes hors d'intérêt. Les autres devroient prendre part à cette injure : car ils n'*empoisonnent* guère ; ils ne sont coupables que par l'intention. Cependant ils murmurent, par un secret dépit, de voir qu'ils n'ont part qu'à la malédiction du péché, et qu'ils n'en recueillent point le fruit : on les reconnoît par là ; et je crois qu'on peut presque établir pour règle que, dès qu'on en voit quelqu'un qui fait ces sortes de plaintes, on peut lire ses ouvrages en sûreté de conscience.

Que s'il y a quelque gloire à bien faire des comédies et des romans, comme il y en peut avoir, en mettant le christianisme à part, et à ne considérer que cette malheureuse gloire que les hommes reçoivent les uns des autres, et qui est si contraire à l'esprit de la foi, selon les paroles de Jésus-Christ, l'auteur des *Hérésies imaginaires* ne veut point la ravir à ceux à qui elle est due, quoique, à dire vrai, cette gloire consiste plutôt à se connoître à ces choses et être capable de les faire, qu'à les faire effectivement : elle ne mérite pas qu'on y emploie son temps et son travail, et s'il étoit permis d'agir pour la gloire, ce n'est pas celle-là qu'il faudroit se proposer. La véritable gloire, s'il y en a parmi les hommes, est attachée à des occupations plus sérieuses et plus importantes : car ils ont eu cette justice de régler les récompenses selon l'utilité des emplois, et ils savent bien faire la différence de ceux qui leur procurent des biens réels et solides, et de ceux qui ne contribuent qu'à leur divertissement. C'est ce qu'a voulu dire l'auteur des *Hérésies imaginaires,* quand il a dit que cette occupation étoit *peu honorable,* même devant les hommes.

Mais enfin il n'empêche pas qu'on connoisse ce qu'il y a de beau dans les ouvrages de Sophocle, d'Euripide, de Térence et de Corneille, et qu'on ne l'estime son prix : on peut même dire qu'il s'y connoît, et qu'il sait les règles par où il en faut juger. Il n'ignore pas ce qu'il y a de plus fin dans l'éloquence, les grâces les plus naturelles, les manières les plus tendres et les plus capables de toucher, se trouvent dans ces sortes d'ouvrages; mais c'est pour cela même qu'ils sont dangereux. Plus ceux qui les composent sont habiles, plus on a le droit de les traiter d'empoisonneurs; et plus vous vous efforcez de les louer, plus vous les rendez dignes de ce reproche.

Que voulez-vous donc dire, et que prétendez-vous par cette grande exagération qui fait la moitié de votre lettre? Que signifient tous ces beaux traits : « Que les romans et les comédies n'ont rien de commun avec le jansénisme; qu'on se doit contenter de donner les rangs en l'autre monde, sans régler les récompenses de celui-ci; qu'on ne doit point envier à ceux qui s'amusent à ces bagatelles, de misérables honneurs auxquels on a renoncé? » pour ne rien dire du reste : car il faudroit tout copier. En vérité, le zèle de la poésie vous emporte : il est dangereux de s'y laisser aller, on n'en revient pas comme on veut, cela n'aide pas à penser juste et toute votre lettre se ressent de cette émotion qui vous a pris dès le commencement : car, dites-moi, monsieur, à quoi songez-vous, quand vous avancez que si l'on concluoit « qu'il ne faut pas aller à la comédie, parce que saint Augustin s'accuse de s'y être laissé attendrir, il faudroit aussi conclure, de ce que le même saint s'accuse d'avoir trop pris de plaisir aux chants de l'Église, qu'il ne faut plus aller à l'église? « Quoi! s'il faut quitter les choses qui sont mauvaises, et dont nous ne saurions faire un bon usage, faut-il aussi quitter les bonnes, parce que nous en pouvons faire un mauvais? Est-ce ainsi que vous raisonnez? Mais si cette fougue n'est pas heureuse pour le raisonnement, au moins elle sert à embellir les histoires, et il est aisé de connoître celles qui ont passé par les mains de ceux qui savent faire des desseins de romans.

On voit bien que vous avez travaillé sur celle des deux capucins. Mais ce n'est pas assez : il est juste que chacun profite de ce qui lui appartient, et que le monde sache ce qu'il y a de votre invention dans le récit de cette aventure. Je ne vous déroberai rien ; ce qui n'est point de vous est fort peu de chose, et vous allez être fort bien partagé.

Il est vrai (car j'ai eu soin de m'en informer) que deux capucins, dont l'un étoit parent de M. de Bagnols, vinrent un jour à Port-Royal demander l'hospitalité. On en donna avis à la mère Angélique ; et, comme on lui demanda si l'on ne leur feroit point quelque réception extraordinaire, à cause de M. de Bagnols, elle répondit qu'on ne devoit rien ajouter pour cela à la manière dont on avoit accoutumé de recevoir les religieux et que M. de Bagnols ne vouloit point qu'en sa considération on changeât, même dans les moindres choses, les pratiques du monastère.

Voilà, monsieur, comment la chose se passa : de sorte que cette imagination que l'un de ces capucins fût le père Maillard ou Mulart; cet empressement avec lequel la mère Angélique court au parloir, ce cidre et ce pain des valets mis à la place du pain blanc et du vin des messieurs ; cette reconnoissance du prétendu père Maillard en disant la messe ; tout cela est de votre cru, sans compter l'application des proverbes et les autres gentillesses de la narration.

Cela ne va pas mal pour une petite histoire ; et, sur ce pied-là, du moindre sujet du monde vous feriez un fort gros roman. Ce que j'y trouve à redire est que la vraisemblance n'est pas tout à fait bien gardée, et qu'il eût été difficile qu'à Port-Royal, où l'on étoit bien averti que c'étoit le père Mulart, cordelier, qui avoit sollicité à Rome la constitution du pape Innocent X contre les cinq Propositions, on eût pu prendre un capucin pour cet homme-là. Mais vous n'y regardez pas de s'y près, et d'ailleurs c'est là tout le nœud de l'affaire. Car si ce capucin ne passe tantôt pour le père Mulart, et tantôt pour le parent de M. de Bagnols ; et si, selon cela, on ne lui fait boire tantôt du cidre, tantôt du vin des messieurs, à quoi aboutira l'histoire ? Il faut songer à tout. Vous aviez besoin de quelque chose qui prouvât « qu'on a vu de tout temps ceux de Port-Royal louer et blâmer le même homme, selon qu'ils étoient contents ou mal satisfaits de lui ». Car, en vérité, l'exemple de Desmarets ne suffisoit pas. Et si vous prétendez qu'on l'ait loué pour une simple excuse de civilité que lui fait M. Pascal, d'avoir cru qu'il étoit l'auteur des apologies des jésuites, vous n'êtes pas difficile en panégyriques.

Pour l'histoire du volume de *Clélie*, peut-être qu'en réduisant tous les solitaires à celui à qui on envoya ce livre de Paris, et le plaisir que vous supposez qu'ils prirent à se voir traiter d'*illustres*, à la complaisance qu'il ne put se défendre d'avoir pour celui qui l'obligea de voir l'endroit dont il s'agit : peut-être, dis-je, qu'elle approcheroit de la vérité ; mais je ne vois pas qu'en cet état-là elle vous pût servir de grand'chose.

Que vous reste-t-il donc qui puisse servir de fondement au reproche que vous faites à ceux de Port-Royal, de ne juger des choses que selon leur intérêt ? « On a bien souffert, dites-vous, que M. Le Maistre ait fait des traductions et des livres sur la matière de la grâce, et on trouve étrange que Desmarets en fasse sur des matières de religion. » Sans mentir, la comparaison est bien choisie! M. Le Maistre, après avoir passé plusieurs années dans une grande retraite, et dans la pratique de plusieurs exercices de pénitence et de piété chrétienne, et après avoir joint à ses talents naturels des connoissances qui le rendoient très-capable d'écrire sur les plus grandes vérités de la religion, ne s'en est pas toutefois jugé digne, par cette même humilité qui fait qu'il s'accuse de déréglement et de crime, quoique, même avant sa retraite, sa vie eût toujours été une vie fort réglée. Il n'a jamais écrit sur les matières de la grâce, et n'a rien entrepris que de simples traductions et des histoires pieuses. Et Desmarets, après avoir passé sa vie à faire des romans et des comédies, a sauté tout d'un coup jusqu'au plus haut degré de la contemplation et de la spiritualité la plus fine. Et, sur le témoignage qu'il a rendu de lui-même qu'il étoit envoyé pour donner aux hommes l'intelligence des mystères, il a commencé à se mettre en possession du titre et du ministère de prophète, à établir le nouvel ordre des victimes, à leur donner les règles de sa nouvelle théologie mystique ; enfin, à débiter cet amas et ce mélange de profanations et d'extravagances qui paroissent dans ses ouvrages. Que dites-vous de ce parallèle? Trouvez-vous que cette réserve et cette modestie si chrétienne de M. Le Maistre soit fort propre pour autoriser les égarements de Desmarets? Je ne sais s'il vous saura bon gré de vous être avisé de cette comparaison,

Il faut qu'il ait soin de se tenir toujours dans cette élévation de l'ordre prophétique, pour n'en pas sentir le mauvais effet ; et, pour peu qu'il voulût revenir à la condition des autres hommes, il verroit que c'est un mauvais lustre pour lui que M. Le Maistre.

Vous voyez donc, monsieur, que vous ne faites rien moins que ce que vous prétendez : et je ne pense pas que personne demeure convaincu, sur l'histoire des deux capucins, sur les louanges qu'on a données à M. Desmarets, ni sur l'exemple de M. Le Maistre, que ceux de Port-Royal ne jugent que selon leurs intérêts. Votre première saillie vous a mise en malheur. Quand on est échauffé, on s'éblouit soi-même de ce qu'on écrit, et l'on se persuade aisément que les choses sont bien prouvées, pourvu qu'elles soient soutenues d'amplifications et de lieux communs. Pour cela, vous vous en servez admirablement. Peut-on rien voir de mieux poussé que celui-ci ? « Qu'une femme fût dans le désordre, qu'un homme fût dans la débauche, s'ils se disoient de vos amis, vous espériez toujours de leur salut ; s'ils vous étoient peu favorables, quelque vertueux qu'ils fussent, vous appréhendiez toujours le jugement de Dieu pour eux. Ce n'étoit pas assez, pour être savant, d'avoir étudié toute sa vie, d'avoir lu tous les auteurs : il falloit avoir lu Jansénius, et n'y point avoir lu les Propositions. »

Il ne manque rien à cela que d'être vrai. Mais nous en parlons bien à notre aise, nous qui le regardons de sang-froid. Si nous étions piqués au jeu, et que nous nous sentissions enveloppés dans la disgrâce commune des poëtes de théâtre et des faiseurs de romans, cela nous paroîtroit vrai comme une démonstration de mathématiques. L'imagination change terriblement les objets : Quand on est plein de la douleur d'une telle injure, il n'est pas aisé de s'en défaire. On a beau parler d'autre chose, on ne songe jamais qu'à celle-là, et l'on y revient toujours. Y a-t-il rien de plus naturel que cette demande qui sort de la plénitude de votre cœur : *Enfin que faut-il que nous lisions, si ces sortes d'ouvrages sont défendus ?* Il n'y a personne qui ne crût que c'est là la conclusion d'un discours qu'on auroit fait pour soutenir qu'il est permis de lire des romans et des comédies. Point du tout ; il ne s'agit point de cela. Mais c'est un cœur pressé qui se décharge, et qui fait tout venir à propos.

Cette question me fait souvenir de ce qu'un homme disoit à un évêque qui ne vouloit pas le recevoir aux ordres : « Que voulez-vous donc que je fasse, monseigneur? que j'aille voler sur les grands chemins? » Cet homme ne connoissoit que deux conditions dans le monde : celle de prêtre et celle de voleur de grands chemins. Et vous, vous ne connoissez qu'une sorte de plaisir dans la vie : la lecture des romans et des comédies. Mon Dieu, monsieur! qu'il me semble que vous auriez de choses à faire avant que de songer à lire des romans ! Mais vous avez pris votre parti, et il y a grande apparence que vous n'en reviendrez pas sitôt. Je vois à peu près ce qu'il vous faut, et je ne m'étonne pas si les Disquisitions et les Dissertations vous ennuient. Vous n'avez pas besoin d'une fort grande soumission pour vous rapporter de tout cela au pape et au clergé de France. Ce n'est pas là ce qui vous intéresse. Vous trouverez bon tout ce que fera l'auteur des *Hérésies imaginaires* : vous lui donnez tout pouvoir, et vous lui abandonnez même M. Desmarets, pourvu *qu'il ne lui porte point de coups qui puissent retomber sur les autres* (car c'est là ce qui vous tient au cœur), et qu'il vous laisse jouir en paix de cette *petite étincelle du feu qui échauffa autrefois les grands génies de l'antiquité,* qui vous est tombée en partage.

Mais, monsieur, il semble qu'un homme aussi tendre et aussi sensible que vous l'êtes ne devroit songer qu'à vivre doucement et à éviter les rencontres fâcheuses, Et comment est-ce que vous n'avez pas mieux aimé dissimuler la part que vous auriez pu prendre à l'injure commune que de vous mettre au hasard de vous attirer une querelle particulière? Cependant vous ne vous contentez pas d'attaquer celui dont vous croyez avoir sujet de vous plaindre : vous étendez votre ressentiment contre tous ceux qui ont quelque liaison avec lui. Il semble qu'ils soient en communauté de péchés, et qu'en faisant le procès au premier qui se présente on le fait à tous.

Voudriez-vous répondre comme cela pour tous vos confrères, et n'auriez-vous point assez de votre iniquité à porter? Il est vrai que, si vous ne vous étiez avisé de cet expédient, votre lettre auroit été un peu courte. Il a fallu mettre tous les jansénistes en un, et même avoir recours à des choses où ils n'ont point de part, pour trouver de quoi la grossir. Encore, avec tout cela, n'avez-vous pas eu grand'chose à dire; et peut-être qu'après avoir bien tout considéré on trouvera que vous n'avez rien dit. Vous voyez bien à quoi se réduit ce que nous avons vu de votre lettre jusqu'ici. Et croyez-vous encore dire quelque chose quand vous alléguez la traduction de Térence? N'est-ce pas un beau moyen pour repousser le reproche d'*empoisonneurs,* et pour rendre ceux de Port-Royal coupables du mal que ce livre peut faire; que de dire qu'ils ont tâché d'y apporter le remède, et qu'ils ont pris pour cela la meilleure voie qu'on pouvoit prendre? Les comédies de Térence sont entre les mains de tout le monde, et particulièrement de ceux qui apprennent la langue latine. Il faut qu'ils passent par là : c'est une nécessité qu'on ne sauroit éviter. On l'a reconnue au concile de Trente; et dans l'Index des livres qu'on a défendus, on a excepté expressément ceux que le besoin d'apprendre le latin a rendus nécessaires. Que peut-on donc faire de mieux pour les jeunes gens qui ont ce livre entre les mains, et qui tâchent de l'entendre, que de leur donner une traduction qui le leur explique de telle sorte qu'elle les fasse passer par-dessus les endroits qui seroient capables de les corrompre, qui leur ôte de devant les yeux tout ce qu'il y a de trop libre et qui supprime à ce dessein des comédies tout entières? S'il y en a qui s'attachent à ce livre pour le plaisir qu'ils y prennent, sans se mettre en peine du péril où ils s'exposent, on ne sauroit les en empêcher. Mais peut-on nier que cette traduction ne soit un excellent moyen pour conserver la pureté et l'innocence de ceux qui, ne cherchant dans cet ouvrage que ce qu'on y doit chercher, qui est d'y prendre une teinture de l'air et du style de cet auteur, et d'y apprendre la pureté de sa langue, se tiennent à ce que la traduction leur explique, et sont détournés de lire le reste, où le secours de cette traduction leur manque, par la peine qu'ils auroient à l'entendre? Que peut-on donc dire de celui qui, pour avoir un prétexte de traiter d'empoisonneur l'auteur de cette traduction, et d'envelopper dans ce reproche tous ceux de Port-Royal, selon le nouveau privilége qu'il se donne, tâche lui-même d'empoisonner un dessein qui n'est pas seulement très-innocent, mais qui est encore très-louable et très-utile?

Vous avez bien connu qu'il y avoit là un peu de mauvaise foi ; et c'est pour cela que vous avez voulu essayer de prévenir la réponse qu'on vous pourroit faire. Mais vous vous y prenez d'une manière qui mérite d'être remarquée. Vous vous êtes souvenu qu'on avoit dit quelque part que le soin qu'on prend de couvrir les passions d'un voile d'honnêteté ne sert qu'à les rendre plus dangereuses; et, sans savoir trop bien ce que cela signifie, vous avez cru que vous vous sauveriez par là, comme si en retranchant les libertés des comédies de Térence on avoit rendu les passions qui y sont représentées plus dangereuses en les couvrant d'un voile d'honnêteté.

C'est le plus grand hasard du monde, quand on applique bien ce qu'on n'entend pas : couvrir les passions d'un voile d'honnêteté, ce n'est pas ôter d'un livre ce qu'il y a d'impur et de déshonnête. Un même livre peut avoir des endroits trop libres, et d'autres où les passions soient exprimées par des voies qui ne blessent point la pudeur ni la bienséance, qui fassent beaucoup entendre en disant peu, et qui, sans rien perdre de ce qu'elles ont de doux et de capable de toucher, leur donnent encore l'agrément de la retenue et de la modestie. Ce ne sont pas ces endroits déshonnêtes qui empêchent le mal que ceux-ci peuvent faire : ce seroit un plaisant scrupule que de n'oser les ôter, de peur de rendre le livre plus dangereux, et je ne connois que vous qui les y voulussiez remettre par principe de conscience.

Mais d'ailleurs ce n'est pas par ces passions couvertes et déguisées que Térence est dangereux, surtout dans les comédies qu'on a traduites; il a des délicatesses admirables, mais elles ne sont pas de ce genre-là; et dès qu'on en a retranché ce qu'il y a de trop libre, il n'est plus capable de nuire.

Je pourrois ajouter à cela qu'encore que toutes les comédies soient dangereuses, et qu'il fût à souhaiter qu'on les pût supprimer toutes, celles des anciens le sont beaucoup moins que celles qu'on fait aujourd'hui. Ces dernières nous émeuvent d'ordinaire tout autrement, parce qu'elles sont prises sur notre air et sur notre tour; que les personnes qu'elles nous représentent sont faites comme celles avec qui nous vivons, et que presque tout ce que nous y voyons, ou nous prépare à recevoir les impressions de quelque chose de semblable que nous trouverons bientôt, ou renouvelle celles que nous avons déjà reçues.

Mais nous retomberions insensiblement sur un sujet qui vous

importune, et vous ne prenez pas plaisir qu'on parle contre les comédies et les romans. D'ailleurs, je vois que vous n'aimez pas que l'on soit longtemps sur une même matière : c'est ce qui vous a dégoûté des écrits de Port-Royal, et qui fait que vous vous plaignez qu'ils ne disent plus rien de nouveau. Cela ne me surprend point; je commence à connoître votre humeur : vous jugez à peu près de ces écrits comme des romans ; vous croyez qu'ils ne sont faits que pour divertir le monde, et que, comme il aime les choses nouvelles, on doit avoir soin de n'y rien dire que de nouveau. Il y a d'autres gens qui les lisent dans une disposition un peu différente de la vôtre : ils y cherchent l'éclaircissement des contestations ; ils tâchent à profiter des vérités dont on se sert pour soutenir la cause que l'on défend ; ils remarquent comment on démêle les difficultés et les équivoques ; ils sont surpris d'y voir que, tandis que ceux qui disent que les Propositions sont dans Jansénius demeurent sans preuve sur une chose dont les yeux sont juges, ceux qui nient qu'elles y soient, quoiqu'ils fussent déchargés de la preuve, selon la règle de droit, ont prouvé cent et cent fois cette négative d'une manière invincible ; enfin, ils aiment à voir dissiper tout ce qu'on allègue pour la créance du fait de *Jansénius*, en le réduisant à l'espèce de celui d'*Honorius*; et, au lieu que la répétition de cette histoire vous ennuie, ils voient avec plaisir qu'il n'y a qu'à la répéter pour faire évanouir le fantôme de la *nouvelle hérésie*, toutes les fois qu'on le ramène. N'est-il pas vrai, monsieur, que vous avez bien de la peine à comprendre comment il peut y avoir des gens de cette humeur-là? Quoi ! on ne se lasse point de lire les écrits de théologie *pleins de longues et doctes périodes,* où l'on ne fait autre chose que *citer les Pères,* et où l'on *justifie sa conduite par leurs exemples !* On peut souffrir des gens qui trouvent dans *les Pères* tout ce qu'ils veulent, qui *examinent chrétiennement les mœurs et les livres,* et qui vont chercher dans saint Bernard et dans saint Augustin des *règles* pour discerner ceux qui sont véritablement sages d'avec ceux qui ne le sont pas !

Je crois, monsieur, qu'il est bon de vous avertir que, si les meilleurs amis de ceux de Port-Royal les vouloient louer, ils ne diroient que ce que vous dites. Je vois bien que vous n'y prenez pas garde; et sous ombre qu'on ne loue point de cette sorte ni les romans ni ceux qui les font, vous croyez ne les point louer. Voilà ce que c'est que de vous être rempli la tête de ces belles idées! Vous ne concevez rien de grand que ces sortes d'ouvrages et leurs auteurs; et vous ne connaissez point d'autres louanges que celles qui leur conviennent. Cet entêtement pourroit bien vous jouer quelque mauvais tour, et vous ne feriez pas mal de vous en défaire. Mais au moins, tant qu'il durera, prenez bien garde qui vous louerez : autrement, en pensant louer quelque Père de l'Église, ou quelque théologien, vous courez risque de faire insensiblement l'éloge de La Calprenède[1]. Cela vaut la peine que vous y songiez.

Cependant, monsieur, je crois que l'auteur des *Imaginaires* peut se tenir en repos, et qu'à moins qu'il ne se fasse en vous un changement aussi prompt et aussi extraordinaire que celui qui s'est fait dans M. Desmarets, vous ne lui ferez pas grand mal, non plus qu'à tous les autres que vous intéressez dans la querelle que vous lui faites. Vous auriez pu chercher quelque autre voie *pour arriver à la gloire;* et quand vous y aurez bien pensé, vous trouverez sans doute que celle-ci n'est pas la plus aisée ni la plus sûre.

Ce 1er avril 1666.

1. Auteur des romans de *Cassandre* de *Cléopâtre* et de *Pharamond*.

LETTRE

AUX DEUX APOLOGISTES DE L'AUTEUR

DES *HÉRÉSIES IMAGINAIRES*

Je pourrois, messieurs, vous faire le même compliment que vous me faites : je pourrois vous dire qu'on vous fait beaucoup d'honneur de vous répondre; mais j'ai une plus haute idée de tout ce qui sort de Port-Royal, et je me tiens, au contraire, fort honoré d'entretenir quelque commerce avec ceux qui approchent de si grands hommes. Toute la grâce que je vous demande, c'est qu'il me soit permis de vous répondre en même temps à tous deux : car, quoique vos lettres soient écrites d'une manière bien différente, il suffit que vous combattiez pour la même cause; je n'ai point d'égard à l'inégalité de vos humeurs, et je ferois conscience de séparer deux jansénistes : aussi bien je vois que vous me reprochez à peu près les mêmes crimes; toute la différence qu'il y a, c'est que l'un me les reproche avec chagrin, et tâche

---

1. On peut voir, dans les Mémoires sur la Vie de Jean Racine, comment il se décida, d'après les conseils de Boileau, à ne pas publier cette seconde lettre. Elle fut trouvée, on ne sait par quel hasard, dans les papiers de l'abbé Dupin, et ses héritiers la firent imprimer.

partout d'émouvoir la pitié et l'indignation de ses lecteurs, au lieu que l'autre s'est chargé de les réjouir. Il est vrai que vous n'êtes pas venus à bout de votre dessein : le monde vous a laissés rire et pleurer tout seuls. Mais le monde est d'une étrange humeur : il ne vous rend point justice; pour moi, qui fais profession de vous la rendre, je vous puis assurer au moins que le mélancolique m'a fait rire, et que le plaisant m'a fait pitié. Ce n'est pas que vous demeuriez toujours dans les bornes de votre partage : il prend quelquefois envie au plaisant de se fâcher, et au mélancolique de s'égayer; car, sans compter la manière ingénieuse dont il nous peint ces Romains qu'on voyoit *à la tête d'une armée et à la queue d'une charrue,* il me dit assez galamment « que, si je veux me servir de l'autorité de saint Grégoire en faveur de la tragédie, il faut me résoudre à être toute ma vie le poëte de la Passion ». Voyez à quoi l'on s'expose quand on force son naturel! il n'a pu rire sans abuser du plus saint de nos mystères; et la seule plaisanterie qu'il fait est une impiété.

Mais vous vous accordez surtout dans la pensée que je suis un poëte de théâtre, vous en êtes pleinement persuadés; et c'est le sujet de toutes vos réflexions sévères et enjouées. Où en seriez-vous, messieurs, si l'on découvroit que je n'ai point fait de comédies? Voilà bien des lieux communs hasardés, et vous auriez pénétré inutilement tous les replis du cœur d'un poëte.

Par exemple, messieurs, si je supposois que vous êtes deux grands docteurs; si je prenois mes mesures là-dessus, et qu'ensuite (car il arrive des choses plus extraordinaires) on vînt à découvrir que vous n'êtes rien moins tous deux que de savants théologiens, que ne diriez-vous point de moi? Vous ne manqueriez pas encore de vous écrier que je ne me connois point en auteurs, *que je confonds les Chamillardes avec les Visionnaires*, et que je prends des hommes fort communs pour de grands hommes : aussi ne prétendez pas que je vous donne cet avantage sur moi; j'aime mieux croire, sur votre parole, que vous ne savez pas les Pères, et que vous n'êtes tout au plus que les très-humbles serviteurs de l'auteur des *Imaginaires*.

Je croirai même, si vous voulez, que vous n'êtes point de Port-Royal, comme le dit un de vous, quoiqu'à dire le vrai j'aie peine à comprendre qu'il ait renoncé de gaieté de cœur à sa plus belle qualité. Combien de gens ont lu sa lettre, qui ne l'eussent pas regardée si le Port-Royal ne l'eût adoptée, si ces messieurs ne l'eussent distribuée avec les mêmes éloges qu'un de leurs écrits ! Il a voulu peut-être imiter M. Pascal, qui dit, dans quelqu'une de ses lettres, qu'il n'est point de Port-Royal. Mais, messieurs, vous ne considérez pas que M. Pascal faisoit honneur à Port-Royal, et que Port-Royal vous fait beaucoup d'honneur à tous deux. Croyez-moi, si vous en êtes, ne faites point de difficulté de l'avouer; et si vous n'en êtes point, faites tout ce que vous pourrez pour y être reçus : vous n'avez que cette voie pour vous distinguer. Le nombre de ceux qui condamnent Jansénius est trop grand : le moyen de se faire connoître dans la foule! Jetez-vous dans le petit nombre de ses défenseurs; commencez à faire les importants; mettez-vous dans la tête que l'on ne parle que de vous, et que l'on vous cherche partout pour vous arrêter ; délogez souvent, changez de nom, si vous ne l'avez déjà fait[1] ; ou plutôt n'en changez point

---

1. Allusion à l'usage où étaient la plupart des écrivains de Port-Royal,

du tout : vous ne sauriez être moins connus qu'avec le vôtre ; surtout louez vos messieurs, et ne les louez pas avec retenue. Vous les placez justement après David et Salomon ; ce n'est pas assez ; mettez-les devant, vous ferez un peu souffrir leur humilité ; mais ne craignez rien : ils sont accoutumés à bénir tous ceux qui les font souffrir.

Aussi vous vous en acquittez assez bien : vous les voulez obliger à quelque prix que ce soit. C'est peu de les préférer à tous ceux qui ont jamais paru dans le monde, vous les préférez même à ceux qui se sont le plus signalés dans leur parti : vous rabaissez M. Pascal pour relever l'auteur des *Imaginaires*; vous dites que M. Pascal n'a que l'avantage d'avoir eu des sujets plus heureux que lui. Mais, monsieur, vous qui êtes plaisant, et qui croyez vous connoître en plaisanterie, trouvez-vous que le pouvoir prochain et la grâce suffisante fassent des sujets plus divertissants que tout ce que vous appelez les *Visions de Desmarets?* Cependant vous ne nous persuaderez pas que les dernières *Imaginaires* soient aussi agréables que les premières *Provinciales* : tout le monde lisoit les unes, et vos meilleurs amis peuvent à peine lire les autres.

Pensez-vous vous-même que je fasse une grande injustice à ce dernier de lui attribuer une *Chamillarde?* Savez-vous qu'il y a d'assez bonnes choses dans ces *Chamillardes?* Cet homme ne manque point de hardiesse, il possède assez bien le caractère de Port-Royal : il traite

---

de prendre des noms supposés. Nicole avait pris celui de Damvillers, de Paul Irénée, de Wendrock, etc.; de Sacy avait traduit les fables de Phèdre, sous le nom du sieur de Saint-Aubin; il prit depuis les noms de Gournay, de Royaumont, de du Beuil, etc. On a cru mal à propos que ce trait était dirigé contre Barbier, puisque celui-ci ne prit le surnom de d'Aucourt que dix ans après la date de cette lettre. (*Édit. 1807.*)

le pape familièrement, il parle aux docteurs avec autorité. Que dis-je? Savez-vous qu'il a fait un grand écrit qui a mérité d'être brûlé?[1] Mais cela seroit plaisant que je prisse contre vous le parti de tous vos auteurs; c'est bien assez d'avoir défendu M. Pascal. Il est vrai que j'ai eu quelque pitié de voir traiter l'auteur des *Chamillardes* avec tant d'inhumanité, et tout cela parce qu'on l'a convaincu de quelques fautes; il fera mieux une autre fois, il a bonne intention. Il s'est fait cent querelles pour vos amis; voulez-vous qu'il soit mal avec tout le monde, et qu'il ne soit estimé des jésuites ni des jansénistes? Ne craignez-vous point que l'on vous fasse le même traitement? Car qui empêchera quelque autre de me répondre, et de me dire, en parlant de vous : « Quoi, monsieur! vous avez pu croire que messieurs de Port-Royal avoient adopté une lettre si peu digne d'eux! Ne voyez-vous point qu'elle rebat cent fois la même chose, qu'elle est obscure en beaucoup d'endroits, et froide partout? » Ils me diront ces raisons, et d'autres encore, et j'en serai fâché pour vous; car votre belle humeur tient à peu de chose : la moindre mortification la suspendra, et vous retomberez dans la mélancolie de votre confrère.

Mais il s'ennuieroit peut-être, si je le laissois plus longtemps sans l'entretenir : il faut revenir à lui, et faire tout ce que je pourrai pour le divertir. J'avoue que ce n'est pas une petite entreprise; car que dire à un homme qui ne prend rien en raillerie, et trouve partout des sujets de se fâcher? Ce n'est pas que je condamne sa mauvaise

---

1. Le journal de Gorin de Saint-Amour, imprimé en 1662, avait été condamné, par arrêt du conseil d'État de 1664, à être brûlé par la main du bourreau. Ce livre a été rédigé par MM. Arnauld et de Sacy sur les mémoires de Saint-Amour. (*Édit. 1807.*)

humeur; il a ses raisons : c'est un homme qui s'intéresse sérieusement dans le succès de vos affaires, il voit qu'elles vont de pis en pis, et qu'il n'est pas temps de se réjouir; c'est sans doute ce qui fait qu'il s'emporte tant contre la comédie. Comment peut-on aller au théâtre, comment peut-on se divertir, lorsque la vérité est persécutée, lorsque la fin du monde s'approche, lorsque tout le monde a tantôt signé? Voilà ce qu'il pense, et c'est ce qu'allégua un jour fort à propos un de vos confrères; car je ne dis rien de moi-même.

C'étoit chez une personne qui, en ce temps-là, étoit fort de vos amis; elle avoit eu beaucoup d'envie d'entendre lire le *Tartuffe*, et l'on ne s'opposa point à sa curiosité : on vous avoit dit que les jésuites étoient joués dans cette comédie; les jésuites au contraire se flattoient qu'on en vouloit aux jansénistes. Mais il n'importe, la compagnie étoit assemblée; Molière alloit commencer, lorsqu'on vit arriver un homme fort échauffé, qui dit tout bas à cette personne : « Quoi! madame, vous entendrez une comédie le jour que le mystère de l'iniquité s'accomplit, ce jour qu'on nous ôte nos mères! » Cette raison parut convaincante : la compagnie fut congédiée; Molière s'en retourna, bien étonné de l'empressement qu'on avoit eu pour le faire venir, et de celui qu'on avoit pour le renvoyer... En effet, messieurs, quand vous raisonnerez de la sorte, nous n'aurons rien à répondre, il faudra se rendre : car de me demander, comme vous faites, si je crois la comédie une chose sainte, si je la crois propre à faire mourir le vieil homme, je dirai que non; mais je vous dirai en même temps qu'il y a des choses qui ne sont pas saintes, et qui sont pourtant innocentes. Je vous demanderai si la chasse, la musique, le plaisir de faire des sabots, et quelques autres plaisirs que vous ne vous refusez pas à vous-mêmes, sont fort propres à faire mourir le vieil homme; s'il faut renoncer à tout ce qui divertit, s'il faut pleurer à toute heure? Hélas! oui, dira le mélancolique. Mais que dira le plaisant? Il voudra qu'il lui soit permis de rire quelquefois, quand ce ne seroit que d'un jésuite; il vous prouvera, comme ont fait vos amis, que la raillerie est permise, que les Pères ont ri, que Dieu même a raillé.

Et vous semble-t-il que les *Lettres provinciales* soient autre chose que des comédies? Dites-moi, messieurs, qu'est-ce qui se passe dans les comédies? On y joue un valet fourbe, un bourgeois avare, un marquis extravagant, et tout ce qu'il y a dans le monde de plus digne de risée. J'avoue que le Provincial a mieux choisi ses personnages : il les a cherchés dans les couvents et dans la Sorbonne; il introduit sur la scène tantôt des jacobins, tantôt des docteurs, et toujours des jésuites. Combien de rôles leur fait-il jouer! Tantôt il amène un jésuite bon homme, tantôt un jésuite méchant, et toujours un jésuite ridicule. Le monde en a ri pendant quelque temps, et le plus austère janséniste auroit cru trahir la vérité que de n'en pas rire.

Reconnoissez donc, monsieur, que puisque nos comédies ressemblent si fort aux vôtres, il faut bien qu'elles ne soient pas si criminelles que vous le dites. Pour les Pères, c'est à vous de nous les citer; c'est à vous, ou à vos amis, de nous convaincre, par une foule de passages, que l'Église nous interdit absolument la comédie, en l'état qu'elle est : alors nous cesserons d'y aller, et nous attendrons patiemment que le temps vienne de mettre les jésuites sur le théâtre.

J'en pourrois dire autant des romans, et il semble que vous ne les condamnez pas tout à fait. « Mon Dieu ! monsieur, me dit l'un de vous, que vous avez de choses à faire avant que de lire des romans ! Vous voyez qu'il ne défend pas de les lire ; mais il veut auparavant que je m'y prépare sérieusement. Pour moi, je n'en avois pas une idée si haute : je croyois que ces sortes d'ouvrages n'étoient bons que pour désennuyer l'esprit, pour l'accoutumer à la lecture, et pour le faire passer ensuite à des choses plus solides. En effet, quel moyen de retourner aux romans, quand on a lu une fois les voyages de Saint-Amour, Wendrock, Palafox,[1] et tous vos auteurs ? Sans mentir, ils ont toute une autre manière d'écrire que les faiseurs de romans ; ils ont toute une autre adresse pour embellir la vérité : ainsi vous avez grand tort quand vous m'accusez de les comparer avec les autres. Je n'ai point prétendu égaler Desmarets à M. Le Maistre ; il ne faut point pour cela que vous souleviez les juges et le palais

---

1. Saint-Amour. Louis Gorin de Saint-Amour, filleul de Louis XIII, recteur de l'Université de Paris, fut envoyé à Rome par les évêques partisans des jansénistes, pour défendre leur cause. Il publia, en 1662, en un volume in-folio, le journal de ce qui s'était passé à Rome touchant les cinq propositions, depuis 1646 jusqu'à 1653. C'est ce journal que Racine désigne ici sous le titre de *Voyages de Saint-Amour*.

Wendrock. C'est sous ce nom, ou plutôt sous celui de *Guillelmus Wendrockius*, que Nicole publia sa traduction latine des *Lettres Provinciales*. Des notes et des dissertations très-savantes sur le texte même rendent cette traduction précieuse, et lui donnèrent, dans le temps, une grande vogue.

Palafox. Jean de Palafox, évêque d'Osma, un des prélats qui honorent le plus le clergé espagnol. Son zèle pour les droits de l'épiscopat le brouilla avec les jésuites, lorsqu'il n'était encore qu'évêque de Los Angelos, dans le Mexique. Il écrivit contre eux une lettre au pape Innocent X : c'est cette lettre que Racine indique ici. Le grand Arnauld a écrit l'histoire de la vie de Palafox et de ses différends avec les jésuites. Les œuvres de ce vertueux et savant évêque ont été recueillies à Madrid en 1762. Cette collection forme treize volumes in-folio. Son histoire de la conquête de la Chine par les Tartares a été traduite en français. (G.)

contre moi ; je reconnois de bonne foi que les plaidoyers de ce dernier sont, sans comparaison, plus dévots que les romans du premier. Je crois bien que si Desmarets avoit revu ses romans depuis sa conversion, comme on dit que M. Le Maistre a revu ses plaidoyers, il y auroit peut-être mis de la spiritualité ; mais il a cru qu'un pénitent devoit oublier tout ce qu'il a fait pour le monde. Quel pénitent, dites-vous, qui fait des livres de lui-même, au lieu que M. Le Maistre n'a jamais osé faire que des traductions ! Mais, messieurs, il n'est pas que M. Le Maistre n'ait fait des préfaces, et vos préfaces sont fort souvent de fort gros livres. Il faut bien se hasarder quelquefois : si les saints n'avoient fait que traduire, vous ne traduiriez que des traductions.

Vous vous étendez fort au long sur celle qu'on a faite de Térence ; vous dites que je n'en puis tirer aucun avantage, et que le traducteur a rendu un grand service à l'État et à l'Église, en expliquant un auteur nécessaire pour apprendre la langue latine. Je le veux bien ; mais pourquoi choisir Térence ? Cicéron n'est pas moins nécessaire que lui, il est plus en usage dans les colléges ; il est assurément moins dangereux : car quand vous nous dites qu'on ne trouve point dans Térence ces passions ouvertes que vous craignez tant, il faut bien que vous n'ayez jamais lu la première et la cinquième scène de l'*Andrienne*, et tant d'autres endroits des comédies que l'on a traduites : vous y auriez vu ces passions naïvement exprimées ; ou plutôt il faut que vous ne les ayez lues que dans le françois ; et, en ce cas, j'avoue que vous les avez pu lire sans danger.

Voilà, messieurs, tout ce que je voulois vous dire : car pour l'histoire des capucins, il paroît bien, par la manière dont vous la niez, que vous la croyez véritable. L'un de vous me reproche seulement d'avoir pris des capucins pour des cordeliers. L'autre me veut faire croire que j'ai voulu parler du père Mulard. Non, messieurs : je sais combien ce cordelier est décrié parmi vous; on se plaignoit encore en ce temps-là d'un capucin, et ce sont des capucins qui ont bu le cidre. Il se peut faire que celui qui m'a conté cette aventure, et qui y étoit présent, n'a pas retenu exactement le nom du père dont on se plaignoit : mais cela ne fait pas que le reste ne soit véritable. Et pourquoi le nier ? Quel tort cela fait-il à la mère Angélique ? Cela ne doit point empêcher vos amis d'achever sa Vie, qu'ils ont commencée; ils pourront même se servir de cette histoire, et ils en feront un chapitre particulier, qu'ils intituleront : *De l'esprit de discernement que Dieu avoit donné à la sainte mère.*

Vous voyez bien que je ne cherche pas à faire de longues lettres : je ne manquerois pas de matière pour grossir celle-ci; je pourrois vous rapporter cent de vos passages, comme vous rapportez presque tous les miens; mais, ou ils seroient ennuyeux, et je ne veux pas que vous vous ennuyiez vous-mêmes; ou ils seroient divertissants, et je ne veux pas qu'on me reproche, comme à vous, que je ne divertis que par les passages des autres. Je prévois même que je ne vous écrirai pas davantage. Je ne refuse point de lire vos *apologies,* ni d'être spectateur de vos disputes, mais je ne veux point y être mêlé. Ce seroit une chose étrange que, pour un avis que j'ai donné en passant, je me fusse attiré sur les bras tous les disciples de saint-Augustin. Ils n'y trouveroient pas leur compte : ils n'ont point accoutumé d'avoir affaire à des inconnus. Il leur faut des gens connus et des plus élevés en dignité ; je ne suis ni l'un ni l'autre, et par conséquent je crains peu ces vérités dont vous me menacez. Il se pourroit faire qu'en me voulant dire des injures vous en diriez au meilleur de vos amis. Croyez-moi, retournez aux jésuites : ce sont vos ennemis naturels. Je suis, etc.

De Paris, ce 10 mai 1666.

TABLE

DU TOME CINQUIÈME.

VIE DE RACINE. — TROISIÈME ET DERNIÈRE PARTIE.

— 1677-1699. —

		Pages.
Vie de Racine		I
I.	Racine à la cour; — à la suite des armées	III
II.	Racine dans son ménage	XIV
III.	Tragédies sacrées	XIX
IV.	Dernières querelles littéraires	XLIX
V.	Racine et Port-Royal	LIV
VI.	Racine a-t-il été en disgrâce?	LVI
VII.	Derniers jours et mort de Racine	LVII
VIII.	La tombe et la famille	LX
IX.	Jugements sur Racine	LXV
	La Bruyère	LXVII
	Vauvenargues	LXIX
	Geoffroy	LXXIX
	D. Nisard	LXXXI
	Sainte-Beuve	XCII
	H. Taine	XCVI
	H. Babou	CIV
	Émile Chasles	CV
	Paul de Saint-Victor	CVII

TABLE.

	Pages.
Notice préliminaire sur *Esther*	3
Préface	15
ESTHER	19
Examen critique d'*Esther*	103
Notice préliminaire sur *Athalie*	117
Quelques remarques écrites par Racine dans le temps apparemment qu'il composait son *Athalie*	133
Préface	139
ATHALIE	145
Examen critique d'*Athalie*	251

POÉSIES DIVERSES.

PREMIERS VERS FRANÇAIS ET LATINS DE RACINE.

I.	Le Paysage ou Promenade de Port-Royal des Champs.	279
	Ode première. Louange de Port-Royal en général.	279
	Ode II. Le Paysage en gros.	282
	Ode III. Description des bois.	285
	Ode IV. De l'étang.	288
	Ode V. Des prairies.	291
	Ode VI. Des troupeaux et des combats de taureaux.	294
	Ode VII. Des jardins.	297
II.	Billet en vers à Antoine Vitart.	301
III.	Autre billet à Antoine Vitart.	303
IV.	Sonnet pour célébrer la naissance d'un enfant de Nicolas Vitart.	305
V.	Madrigal.	306
VI.	Chanson.	306
VII.	Chanson.	307
VIII.	Chanson.	308
IX.	Réponse à un poulet.	308
X.	*Ad Christum*.	309
XI.	*Urbis et ruris differentia*.	310
	Réponse d'Antoine Vitart aux vers précédents.	312

	Pages.
XII. *Joannes Racine cognato suo carissimo Vitart*.	313
XIII. *Laus hiemis*.	314
XIV. *In avaritiam*.	316
XV. *In avarum*.	317
XVI. *De morte Henrici Montmorancii*.	318

ODES 319
  I. La Nymphe de la Seine à la reine (1660). 319
  II. Sur la convalescence du roi (1663). 329
  III. La Renommée aux Muses (1663). 334
  IV. Ode tirée du psaume XVII, *Diligam te, Domine*, etc. 339
STANCES à Parthénice. 344

IDYLLE sur la paix (1685). 346.

HYMNES traduites du Bréviaire romain. 351
  Le lundi, à Matines. 351
    — à Laudes. 352
  Le mardi, à Matines. 355
    — à Laudes. 356
  Le mercredi, à Matines. 357
    — à Laudes. 358
  Le jeudi, à Matines 360
    — à Laudes. 361
  Le vendredi, à Matines. 362
    — à Laudes. 364
  Le samedi, à Matines. 365
    — à Laudes. 366
  Le lundi, à Vêpres. 367
  Le mardi — . . . . 369.
  Le mercredi — 370
  Le jeudi — 371
  Le vendredi — 372
  Le samedi — 374

CANTIQUES SPIRITUELS. 375
  Cantique premier. A la louange de la Charité. 375
  Cantique II. Sur le bonheur des justes et sur le malheur des
    réprouvés 379

TABLE.

Pages.

Cantique III. Plainte d'un chrétien sur les contrariétés qu'il éprouve au dedans de lui-même. 381
Cantique IV. Sur les vaines occupations des gens du siècle. . . 382

ÉPIGRAMMES 385
I. Épigramme sur la signature du formulaire du clergé de France (1664) 385
II. Sur Chapelain 385
III. Sur *Andromaque*. 386
IV. Sur le même sujet 386
V. Sur l'*Iphigénie* de Le Clerc 387
VI. Sur l'*Aspar* de M. de Fontenelle. L'*Origine des sifflets*. . . 387
VII. Sur le *Germanicus* de Pradon 388
VIII. Sur le *Sésostris* de Longepierre 389
IX. Sur la *Judith* de Boyer 389
X. Sur l'assemblée des évêques convoquée à Paris par ordre du roi. 390
Madrigal composé pour le duc du Maine. 391
Vers pour le portrait d'Antoine Arnauld. 392
Épitaphe d'Antoine Arnauld 393
Vers sur le Port-Royal. 393

PIÈCES ATTRIBUÉES A RACINE. 394
I. Vers sur la signature du formulaire. 394
II. Contre Richelieu, détracteur d'*Iphigénie*. 403
III. Sur la *Troade*, tragédie de Pradon. 404
IV. Sonnet sur la même tragédie. 404
V. Sonnet sur la tragédie de *Genséric*, de Mme Deshoulières. . . 405
VI. Chanson contre Fontenelle. 406
VII. Épigramme sur les compliments qui furent faits au roi à l'occasion de sa convalescence. 407
VIII. Couplets sur la réception de Fontenelle à l'Académie françoise. 407
IX. Épigramme contre Boyer. 410
X. Épigramme sur les démêlés de Bossuet et de Fénelon dans l'affaire du quiétisme. 410
XI. Stance à la louange de la Charité. 411
XII. Quatrain sur l'*Art de prêcher* et sur le poëme *De l'Amitié* de M. l'abbé de Villiers. 411

XIII. Sonnet contre *Agamemnon*, tragédie de Boyer. 412

OEUVRES DIVERSES EN PROSE.

Avertissement de l'éditeur. 415
Préface pour une édition des deux Lettres à l'auteur des *Imaginaires*, etc. 418
Lettre à l'auteur des *Hérésies imaginaires* et des *Deux Visionnaires*. 423
Réponse à l'auteur de la Lettre contre les *Hérésies imaginaires* et les *Visionnaires* 433
Réponse à la lettre adressée à l'auteur des *Hérésies imaginaires*. . . 448
Lettre aux deux apologistes de l'auteur des *Hérésies imaginaires*. . . 463

FIN DE LA TABLE DU TOME V.

PARIS. — Impr. J. CLAYE. — A. QUANTIN et Cⁱᵉ, rue Saint-Benoît. — [614]

ŒUVRES COMPLÈTES
DE VOLTAIRE

NOUVELLE ÉDITION

AVEC NOTICES, PRÉFACES, VARIANTES, TABLE ANALYTIQUE

LES NOTES DE TOUS LES COMMENTATEURS ET DES NOTES NOUVELLES

CONFORME POUR LE TEXTE A L'ÉDITION DE BEUCHOT

Enrichie des découvertes les plus récentes et mise au courant des travaux qui ont paru jusqu'à ce jour

Précédée de la **VIE DE VOLTAIRE** par Condorcet

ET D'AUTRES ÉTUDES BIOGRAPHIQUES

Ornée d'un portrait en pied d'après la statue du foyer public de la Comédie-Française

Cette édition des Œuvres complètes de VOLTAIRE, imprimée par M. Quantin, formera environ quarante-cinq volumes in-8° cavalier, sur beau papier du Marais, au prix de 6 fr. le volume.

La publication aussitôt terminée, le prix du volume sera porté à 7 fr.

Il en sera tiré 150 exemplaires sur grand papier de Hollande à 15 fr. le volume.

Les six volumes du théâtre sont en vente, les autres paraîtront régulièrement toutes les trois semaines.

OUVRAGE TERMINÉ
ŒUVRES COMPLÈTES DE DIDEROT

Revues sur les éditions originales et complétées d'après les manuscrits de la bibliothèque de l'Ermitage, avec notices, notes, par J. ASSÉZAT et M. TOURNEUX, 20 volumes in-8° cavalier, avec portraits et planches, à 7 fr.

CORRESPONDANCE LITTÉRAIRE

PHILOSOPHIQUE ET CRITIQUE

DE GRIMM, DIDEROT, &c.

Nouvelle édition collationnée sur les textes originaux, comprenant, outre ce qui a été publié à diverses époques et les fragments supprimés en 1813 par la censure, les parties inédites conservées à la Bibliothèque ducale de Gotha et à l'Arsenal de Paris. Notice, notes, table générale, par Maurice TOURNEUX.

La *Correspondance littéraire* formera environ 10 volumes in-8° cavalier ; le caractère et le papier seront semblables à ceux des *Œuvres complètes* de Diderot. 6 francs le volume.

Il sera tiré 100 exemplaires sur papier de Hollande au prix de 15 francs le volume.

Le premier volume est en vente, et les volumes suivants paraîtront de mois en mois.

www.ingramcontent.com/pod-product-compliance
Lightning Source LLC
Chambersburg PA
CBHW060413230426
43663CB00008B/1470